Das Mesolithikum in Süddeutschland

Teil 2: Naturwissenschaftliche Untersuchungen

Herausgegeben von Wolfgang Taute

Beiträge von

Joachim Boessneck, Karl Brunnacker, Margrit Brunnacker †,
Alfred Czarnetzki, Paul Filzer, Edelgard Harbison-Soergel,
Johannes Lepiksaar, Hans Oeschger, Wolfgang Rähle,
Heinz-Hermann Reichenbach-Klinke, Elisabeth Schmid,
Fritz H. Schweingruber, Gerhard Storch, Friedrich Strauch
und Wolfgang Taute

Verlag Archaeologica Venatoria
Institut für Urgeschichte der
Universität Tübingen

e

Gedruckt mit Unterstützung der Deutschen Forschungsgemeinschaft
Institut für Urgeschichte der Universität Tübingen,
Schloß, D-7400 Tübingen
Gesamtherstellung durch Druckerei Tübinger Chronik eG, Tübingen
ISBN 3-921618-08-8

INHALT

1

Einleitung

von WOLFGANG TAUTE, Tübingen

Mit 1 Abbildung und 2 Tabellen

Seit dem Jahre 1961 habe ich in verschiedenen Gegenden Süddeutschlands (Abb. 1), vor allem unter Felsdächern und in Höhlen der Schwäbischen Alb, Grabungen mit dem Ziel durchgeführt, das Spätpaläolithikum und vor allem das Mesolithikum in diesem Raum zu erhellen, die urgeschichtlichen Kulturen des ausklingenden Eiszeitalters und der frühen Nacheiszeit. Keine urgeschichtliche Periode Süddeutschlands war bis dahin von der Forschung derart vernachlässigt worden wie das Spätpaläolithikum und das Mesolithikum.

Dank dieser Grabungen ist es gelungen, durch die Korrelation mehrerer vielgliedriger Kulturschichten-Folgen die Spanne zwischen dem auslaufenden Jungpaläolithikum (dem späten Magdalénien) und dem Altneolithikum (der Linienbandkeramik) stratigraphisch zu überbrücken. Für die dazwischen liegende Zeit von rund 6000 Jahren Dauer, für das Spätpaläolithikum und das Mesolithikum, konnte so eine relative Chronologie erarbeitet werden. Sie besteht in der stratigraphisch gesicherten Abfolge einer Reihe von Entwicklungsstufen der materiellen Kultur. Im nachfolgenden Literaturverzeichnis sind die bisher zu diesem Themenkreis vorgelegten Publikationen zusammengestellt.

Im Verlaufe der genannten Grabungen wurde neben den archäologischen Funden im engeren Sinne ein reiches Material systematisch geborgen, das zur Auswertung in die Hände von Spezialisten verschiedener der Urgeschichte benachbarter Naturwissenschaften gegeben und von diesen bearbeitet worden ist. Der Großteil dieser Beiträge ist in dem vorliegenden Bande vereinigt: 14 Mitarbeiter haben ihre Untersuchungsergebnisse an Sedimentproben, Pollenproben, Holzkohlen, Molluskenschalen, Knochen von Säugern, Vögeln, Reptilien und Fischen sowie einigen menschlichen Skelettresten in den folgenden Beiträgen niedergelegt.

Für die Urgeschichte sind diese naturwissenschaftlichen Untersuchungsergebnisse unverzichtbare Bereicherungen ihres Quellenmaterials. Erst die Altersbestimmung durch Radiokarbon-Messungen wie auch die vegetationsgeschichtlichen Datierungen über Pollen- und Holzkohlenanalyse erlauben eine Verknüpfung der steinzeitlichen Kulturentwicklung mit den Abschnitten der Klima- und Waldgeschichte. Erst dadurch wird der überregionale chronologische Vergleich ermöglicht. Ähnlich wie die schon genannten paläobotanischen Untersuchungsmethoden gestatten auch die Sedimentanalyse und das Studium der in den Sedimenten enthaltenen Molluskenfaunen Rückschlüsse auf die Umwelt des urgeschichtlichen Menschen und deren Wechsel in der Zeit. Dasselbe gilt für die paläozoologische Untersuchung der Tierknochen-Funde, ist doch der Umbruch vom Spätglazial zum Postglazial durch einen schrittweisen aber tiefgreifenden Wechsel der Tiergesellschaften gekennzeichnet. Zugleich wird Einblick gewonnen in die Ernährungsgrundlage der noch gänzlich im Wildbeutertum verharrenden spätpaläolithischen und mesolithischen Bevölkerung Süddeutschlands.

Der Nutzen dieser naturwissenschaftlichen Untersuchungen kommt jedoch keineswegs allein der urgeschichtlichen Archäologie zugute. Die Arbeiten haben ihren Wert auch für die einzelnen beteiligten Disziplinen selbst. Dafür legen die meisten Beiträge unmittelbar Zeugnis ab. Hingewiesen sei hier lediglich auf zwei Beispiele: die Gliederung der späteiszeitlichen bis frühpostglazialen Sedimentfolgen und die erfolgreiche pollenanalytische Datierung von Höhlensedimenten. Die interdisziplinäre Kooperation, angeregt hier durch archäologische Fragestellungen, hat doch zur Bereicherung aller Beteiligten geführt.

Der vorliegende Band ist der Teil 2 eines umfangreicheren Werkes über »Das Mesolithikum in Süddeutschland«. Der Teil 1 (in diesem Bande kurz als »Teil 1: W. TAUTE« zitiert) ist der Chronologie und der Ökologie gewidmet. Dort werden die Grabungen beschrieben, von denen oben die Rede war, und es werden die im engeren Sinne urgeschichtlichen Funde aus diesen Grabungen vorgelegt. Mit Hilfe des stratigraphisch geordneten Fundmaterials wird die relativchronologische Stufenfolge begründet, auf die in verschiedenen Beiträgen des vorliegenden Bandes, insbesondere im zweiten und dritten Beitrag, schon Bezug genommen wird. Im Teil 1 werden schließlich die Verbindungen geknüpft zwischen den urgeschichtlichen Befunden und den im vorliegenden Teil 2 ausgebreiteten natur-

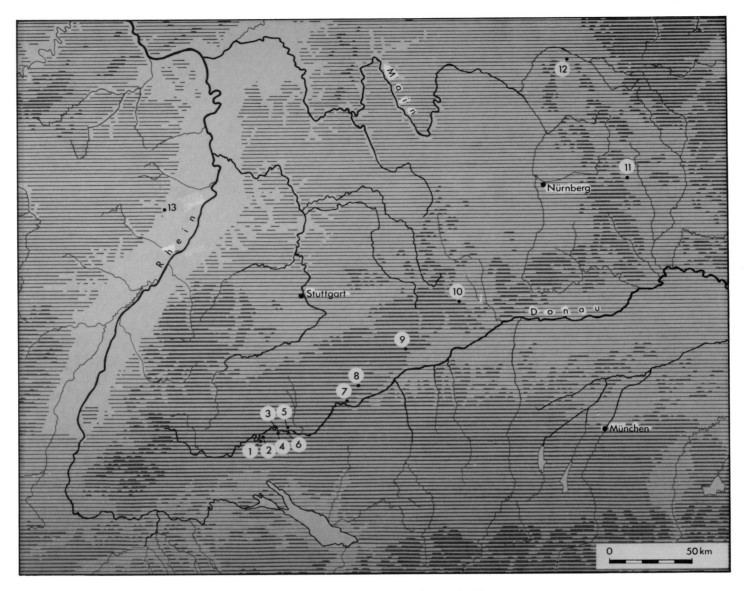

Abb. 1 Geographische Lage der Fundstellen

Höhlen und Felsdächer:			
1 Jägerhaus-Höhle	4 Burghöhle Dietfurt	8 Schuntershöhle	12 Schräge Wand
2 Propstfels	5 Zigeunerfels	9 Fohlenhaus-Höhlen	
3 Falkensteinhöhle	6 Felsdach Inzigkofen	10 Große Ofnet	Freilandstation:
	7 Felsdach Lautereck	11 Bettelküche	13 Kleine Kalmit

wissenschaftlichen Untersuchungsergebnissen. Die unmittelbaren Zeugnisse des mittelsteinzeitlichen Menschen in Süddeutschland werden somit in den Rahmen der mit der Zeit sich wandelnden ökologischen Beziehungen gestellt.

Weiteren Publikationen ist es vorbehalten, die in Süddeutschland so überaus zahlreichen mesolithischen Sammelfunde zu dokumentieren, sie mit Hilfe des vorher erarbeiteten chronologischen Systems zu datieren und sie so von einem Dasein als bloße Altertümer hinüberzuführen in den Zustand interpretierbarer urgeschichtlicher Quellen (W. TAUTE 1974 b und 1977).

Der Herausgeber des vorliegenden Bandes hat sich bemüht, Verweise in die einzelnen Beiträge einzuarbeiten, die für das Verständnis des Zusammenhanges der Teiluntersuchungen erforderlich schienen. Den naturwissenschaftlichen Arbeiten habe ich ein Kapitel vorangestellt, in dem das Probenmaterial der verschiedenen Fundstellen unter Bezug auf den Teil 1 auf Grund der urgeschichtlichen Chronologie korreliert wird. Dies bietet dem Leser die Möglichkeit, die Einzelergebnisse der Teiluntersuchungen in ihrem chronologischen Zusammenhang zu sehen, auch dort, wo dieser Aspekt nicht schon in der Teiluntersuchung näher berücksichtigt worden ist.

Die hier zusammengefaßten naturwissenschaftlichen Untersuchungen betreffen Proben und Funde vor allem des Mesolithikums, zu einem geringeren Teil solche des Spät-

Tabelle 1 Die Proben und Funde, die in dem vorliegenden Werk abgehandelt werden, entstammen folgenden Fundorten, Grabungen und Zeitabschnitten:

Fundorte	Grabungen	Zeitabschnitte			
		Spätglazial	Postglazial		
		Jung- und Spätpaläolithikum	Mesolithikum	Neolithikum	Bronzezeit bis Neuzeit
Jägerhaus-Höhle nahe Beuron an der oberen Donau (Schwäbische Alb) Bronnen, Stadt Fridingen, Kreis Tuttlingen	W. Taute 1964–1967	×	×	—	×
Propstfels an der oberen Donau (Schwäbische Alb) Beuron, Kreis Sigmaringen	E. Peters 1933	—	×	—	—
Falkensteinhöhle an der oberen Donau (Schwäbische Alb) Thiergarten, Gemeinde Beuron, Kreis Sigmaringen	E. Peters und V. Toepfer 1930–1931 W. Taute 1963–1964	—	×	×	×
Burghöhle Dietfurt an der oberen Donau (Schwäbische Alb) Dietfurt, Gemeinde Inzigkofen, Kreis Sigmaringen	W. v. Koenigswald und W. Taute 1973	—	×	—	—
Zigeunerfels im Schmeiental (Schwäbische Alb), Unterschmeien, Stadt Sigmaringen, Kreis Sigmaringen	W. Taute 1971–1973	—	×	—	—
Felsdach Inzigkofen an der oberen Donau (Schwäbische Alb) Inzigkofen, Kreis Sigmaringen	E. Peters 1938 W. Taute 1965	—	×	×	—
Felsdach Lautereck an Großer Lauter und oberer Donau (Schwäbische Alb) Neuburg, Gemeinde Lauterach, Alb-Donau-Kreis	W. Taute 1963	—	×	×	×
Schuntershöhle in den Lutherischen Bergen (Schwäbische Alb) Weilersteußlingen, Gemeinde Allmendingen, Alb-Donau-Kreis	W. Taute 1961–1962	×	×	—	×
Fohlenhaus-Höhlen im Lonetal (Schwäbische Alb) Stadt Langenau, Alb-Donau-Kreis	W. Taute 1962–1963	×	×	?	—
Große Ofnet im Nördlinger Ries Holheim, Stadt Nördlingen, Kreis Donau Ries	R. R. Schmidt 1907–1908	—	×	—	—
Bettelküche (Fränkische Alb), Breitenbrunn, Stadt Sulzbach-Rosenberg, Kreis Amberg-Sulzbach (Oberpfalz)	W. Taute 1967	×	×	×	—
Schräge Wand (Fränkische Alb) Neudorf, Stadt Weismain, Kreis Lichtenfels	F. B. Naber 1963–1964	—	+	×	—
Kleine Kalmit im Oberrheingraben (Pfalz) Arzheim, Stadt Landau	A. Mora, W. Storck, W. Taute 1962	—	×	?	—

paläolithikums. Da an mehreren Fundstellen noch ältere oder auch jüngere Schichten bei den Grabungen erfaßt worden sind, eine Bearbeitung des Materials aber nur im Zusammenhang sinnvoll erscheint, wurden die betreffenden Proben und Funde hier mit abgehandelt.

Eine tabellarische Übersicht (Tab. 1) gibt Auskunft über die Ortslage der Fundstellen (vgl. auch die Karte Abb. 1), über die Grabungen, aus denen das hier untersuchte Material stammt, sowie über die Perioden, denen es angehört.

Eine weitere Tabelle (Tab. 2) informiert darüber, welcher Art die naturwissenschaftlichen Untersuchungen sind, die zu den einzelnen Plätzen durchgeführt wurden. Die in die Tabelle aufgenommenen Nummern der betreffenden Beiträge werden das Auffinden der jeweiligen Arbeit in diesem Bande erleichtern.

Die Grabungen, denen das hier untersuchte Material entstammt, sind nur möglich gewesen durch beträchtliche finanzielle Beihilfen vor allem seitens der Deutschen Forschungsgemeinschaft aber auch des Landesdenkmalamtes

Tabelle 2 Übersicht über die verschiedenen in dem vorliegenden Werk enthaltenen naturwissenschaftlichen Untersuchungen zu den einzelnen Fundstellen

Laufende Nummer des betreffenden Beitrages in dem vorliegenden Werk	Jäger-haus-Höhle	Propst-fels	Falken-stein-höhle	Burghöhle Dietfurt	Zigeuner-fels	Felsdach Inzig-kofen	Felsdach Lautereck	Schunters-höhle	Fohlen-haus-Höhlen	Große Ofnet	Bettel-küche	Schräge Wand	Kleine Kalmit
Radiokarbon-Datierung	3	—	3	—	—	3	—	—	3	—	3	—	—
Pollenanalyse	4	—	—	—	—	—	—	—	—	—	—	—	—
Holzkohlenanalyse	5	—	5	—	—	5	—	—	5	—	5	5	—
Mollusken- und Sedimentanalyse	6	—	6	—	—	6	6	6	6	—	6	—	—
Größere Säuger	7	—	8	—	—	9	—	14	10	—	11	—	12
Kleinsäuger	7	—	8	—	—	9,15	—	14	16	—	17	—	12
Vögel	7	—	8	—	—	9	—	14	18	—	18	—	—
Reptilien	—	—	—	—	—	9	—	—	—	—	11	—	—
Amphibien	—	—	8	—	—	9	—	—	10	—	11	—	—
Fische	7	—	19,20	—	—	19,20	—	—	—	—	—	—	—
Flußmuscheln	21	—	—	—	—	—	—	—	—	—	—	—	—
Schmuck-Schnecken	22	23	23	23	23	—	—	—	—	22,23	22	—	—
Menschliche Skelettreste	25	—	24	—	—	25	—	—	—	—	—	—	—
Relative Altersbestimmung von Tierknochen	—	—	—	—	—	—	—	—	—	—	—	—	13

Baden-Württemberg und des Sonderforschungsbereiches 53 (Paläntologie unter besonderer Berücksichtigung der Palökologie) an der Universität Tübingen. Für die stets verständnisvolle Förderung, denen sich das Unternehmen durch die Vertreter dieser Institutionen erfreuen durfte, sei herzlicher Dank gesagt! Dank schuldet der Herausgeber wiederum der Deutschen Forschungsgemeinschaft für einen namhaften Zuschuß zu den Druckkosten, Dank auch den Herren von der Tübinger Chronik, die den Druck mit Umsicht durchgeführt haben. Bedankt seien schließlich alle Mitarbeiter, die als Autoren zu diesem Band beigetragen haben. Einige von ihnen warten schon lange auf die Publikation ihrer Beiträge. Um des größeren Zusammenhanges willen, in dem die einzelnen Spezialuntersuchungen stehen, haben sie sich bis zum Abschluß des Ganzen in Geduld geübt.

Literaturverzeichnis (in zeitlicher Folge)

TAUTE, W., 1967 a: Das Felsdach Lautereck, eine mesolithisch-neolithisch-bronzezeitliche Stratigraphie an der oberen Donau. Palaeohistoria 12, 1966 (1967), Neolithic Studies in Atlantic Europe, Proceedings of the Second Atlantic Colloquium, Groningen, 6–11 April 1964. 483–504

– 1967 b: Grabungen zur mittleren Steinzeit in Höhlen und unter Felsdächern der Schwäbischen Alb, 1961–1965. Fundberichte aus Schwaben N. F. 18/I, 14–21

– 1972 a: Funde aus der Steinzeit in der Jägerhaus-Höhle bei Bronnen. Fridingen – Stadt an der oberen Donau. Sigmaringen. 21–26

– 1972 b: Die spätpaläolithisch-frühmesolithische Schichtenfolge im Zigeunerfels bei Sigmaringen (Vorbericht). Archäologische Informationen 1, 29–40

HAHN, J., MÜLLER-BECK, H. und TAUTE, W., 1973: Eiszeithöhlen im Lonetal. Archäologie einer Landschaft auf der Schwäbischen Alb. Führer zu vor- und frühgeschichtlichen Denkmälern in Württemberg und Hohenzollern 3. Stuttgart

DÄMMER, H.-W., REIM, H. und TAUTE, W., 1974: Probegrabungen in der Burghöhle Dietfurt im oberen Donautal. Fundberichte aus Baden-Württemberg 1, 1–25

KOENIGSWALD, W. v. und TAUTE, W., 1974: Mensch und Fauna unter dem Einfluß des Klimawandels an der Grenze von Pleistozän zum Holozän. Nachrichten der Deutschen Geologischen Gesellschaft (Hannover) 9, 145–150

TAUTE, W. 1974 a: Neue Forschungen zur Chronologie von Spätpaläolithikum und Mesolithikum in Süddeutschland. Archäologische Informationen 2/3, 1973–1974, 59–66

– 1974 b: Neolithische Mikrolithen und andere neolithische Silexartefakte aus Süddeutschland und Österreich. Archäologische Informationen 2/3, 1973–1974, 71–125

– 1975: Ausgrabungen zum Spätpaläolithikum und Mesolithikum in Süddeutschland. In: Böhner, K. (Hrsgb.), Ausgrabungen in Deutschland, Gefördert von der Deutschen Forschungsgemeinschaft 1950 bis 1975, Teil 1. Mainz. 64–73

ALBRECHT, G., HAHN, J., KOENIGSWALD, W. v., MÜLLER-BECK, H., TAUTE, W. und WILLE W., 1976: Die klimatische Veränderung des terrestrischen Lebensraumes und ihre Rückwirkung auf den Menschen (Bericht 1970–1975 des Sonderforschungsbereichs 53 Tübingen). Zentralblatt für Geologie und Paläontologie 1976, 449 bis 479

TAUTE, W. 1977: Zur Problematik von Mesolithikum und Frühneolithikum am Bodensee. In: BERNER, H. (Hrsgb.), Bodman, Dorf-Kaiserpfalz-Adel, I. Sigmaringen. 11–32

KOENIGSWALD, W. v. und TAUTE, W., im Druck: Zwei bedeutende Quartärprofile in der Burghöhle von Dietfurt bei Sigmaringen a. d. Donau. Neues Jahrbuch für Geologie und Paläontologie, Mh. 4, 1979, 216–236

BRUNNACKER, K., KOENIGSWALD, W. v., RÄHLE, W., SCHWEINGRUBER, F. H., TAUTE, W. und WILLE, W., im Druck: Der Übergang vom Pleistozän zum Holozän in der Burghöhle von Dietfurt bei Sigmaringen. Untersuchungen an Sedimenten, Pollen, Holzkohlen, Mollusken, Säugetieren und urgeschichtlichen Funden. Festschrift H. Schwabedissen, Kölner Jahrbuch für Vor- und Frühgeschichte

TAUTE, W. in Vorbereitung: Das Mesolithikum in Süddeutschland. Teil 1: Chronologie und Ökologie

2

Korrelation des Probenmaterials und zusammenfassende chronologische Übersicht

von WOLFGANG TAUTE, Tübingen

Mit 1 Tabelle

Was die in den folgenden naturwissenschaftlichen Beiträgen abgehandelten Proben und Funde von teils recht heterogener Art miteinander verbindet, ist der Umstand, daß sie aus Sedimentfolgen geborgen worden sind, die sämtlich steinzeitliche, zum Teil auch noch jüngere prähistorische Kulturschichten einschlossen. Das gesamte hier bearbeitete Material wurde im Verlauf archäologischer Grabungen gewonnen. Es ist deshalb gerechtfertigt, bei dem Bemühen, die Proben und Funde der verschiedenen Lokalitäten chronologisch miteinander in Beziehung zu setzen, sich der archäologischen relativen Chronologie zu bedienen, wie sie sich aus der stratigraphisch gesicherten Abfolge urgeschichtlicher Stufen ergibt. Solche Stufen herauszuarbeiten, ist eines der vornehmlichen Ziele von »Teil 1: Chronologie und Ökologie« dieser Untersuchungen über »Das Mesolithikum in Süddeutschland«. Auf diesen Band sei verwiesen, wer sich ein Urteil über die Tragfähigkeit dieser Korrelation zu bilden wünscht.

Die Alterskorrelation der in den folgenden Beiträgen untersuchten Proben und Funde primär archäologisch zu begründen, ist ein Vorgehen, das von den Vertretern der naturwissenschaftlichen Disziplinen, die hier zu Worte kommen, gebilligt, zum Teil ausdrücklich gewünscht wurde. Die prähistorische Archäologie, die den Naturwissenschaften so vieles verdankt, ist sehr wohl in der Lage, mit ihrer verfeinerten Chronologie auch für Quartärgeologie, Paläobotanik und Paläozoologie nützliche Beiträge zu leisten.

Die mesolithischen Kulturschichten der verschiedenen Fundstellen sind in den nachstehenden Beiträgen durch Radiokarbon-Messungen, Pollenanalyse und Holzkohlenanalyse datiert worden. Es hat sich dabei gezeigt, daß die auf Grund ihrer Kultureinschlüsse zeitlich gleichgestellten

Schichten auch durch die genannten naturwissenschaftlichen Methoden weitgehend gleich datiert werden. Die archäologische, die physikalische und die beiden vegetationsgeschichtlichen Methoden bestätigen sich also gegenseitig. Im Beitrag 3 wird dies zusammenfassend näher ausgeführt.

Die nachstehende Tabelle wird es erleichtern, die in den einzelnen Beiträgen dieses Bandes abgehandelten Materialien relativchronologisch miteinander zu vergleichen und ihre Zugehörigkeit zu den urgeschichtlichen Stufen wie den Abschnitten der Klima- und Vegetationsgeschichte zu erkennen.

Es wurden in die Tabelle auch solche Fundstellen aufgenommen, auf deren Funde in den naturwissenschaftlichen Beiträgen des vorliegenden Sammelwerkes nur kurz bezug genommen wird wie der Propstfels und die Große Ofnet. Da es sich bei beiden Höhlen um alte Grabungen handelt und ihre Schichtenfolgen nicht als Ganzes Gegenstand dieser Untersuchungen sind, wurden hier nur die Kulturschichten des Mesolithikums berücksichtigt. Im Falle der Burghöhle Dietfurt und des Zigeunerfels hingegen wurde darüber hinaus die gesamte Kulturschichtenfolge in die Korrelation einbezogen weil von diesen Höhlen sowohl archäologische wie auch naturwissenschaftliche Untersuchungen – überwiegend von den Autoren des vorliegenden Werkes – an anderer Stelle publiziert worden sind oder vor der Veröffentlichung stehen. Die betreffenden Arbeiten finden sich im Literaturverzeichnis zu der vorstehenden Einleitung.

Abschließend sei darauf hingewiesen, daß die Entnahmestellen für Sediment- und Pollenproben in die Grabungsprofile eingetragen sind, die in Teil 1 – in Zusammenhang mit den Grabungsberichten – vorgelegt werden.

Radiokarbon-Chronologie (konventionell)	Abschnitte der Klima- und Vegetationsgeschichte	Archäologische Perioden und Stufen		Jägerhaus-Höhle	Propstfels	Falkenstein-Höhle
	Subatlantikum	Neuzeit		1		obere Kulturschichten
		Mittelalter		2 3		
		Römische Zeit		4		
	————	Latène- und Hallstattzeit		5		
	Subboreal	Urnenfelder- und Bronzezeit				
2 700 B.C.	————	Spätneolithikum				Neolithschicht
	Jüngeres Atlantikum	Mittelneolithikum				
4 000 B.C.	————	Altneolithikum				
	Älteres Atlantikum	Spätmesolithikum		6 7		oberes Drittel der Mesolithschicht
5 500 B.C.	————	Beuronien C		8 9	Mesolithschicht	unteres Drittel der Mesolithschicht
	Boreal	Frühmesolithikum	Beuronien B	10 11 12		
6 800 B.C.	————		Beuronien A	13		
	Präboreal	Frühestmesolithikum		15		
8 000 B.C.	————	Spätpaläolithikum				
10 000 B.C.	Spätglazial	Jungpaläolithikum				

Tab. 1: Chronologische Übersicht; Alterskorrelation der Kulturschichten auf Grund von deren archäologischen Einschlüssen.

Burghöhle Dietfurt	Zigeunerfels	Felsdach Inzigkofen	Felsdach Lautereck	Schuntershöhle	Fohlenhaus	Große Ofnet	Bettelküche	Schräge Wand	Kleine Kalmit
				1					
1									
8			A	2				3	
			B						
9			C				2		
10	A	oberes Drittel der Mesolithschicht	D				3	5	Fund-zone
		unteres Drittel der Mesolithschicht	E	3	1		4		
11					2	VII		7	
	B			4					
	C								
370–300 cm Tiefe	D / E								
455–370 cm Tiefe	F / G / H / H/I			5	3		5		

3

Radiokarbon-Altersbestimmungen zum süddeutschen Mesolithikum und deren Vergleich mit der vegetationsgeschichtlichen Datierung

(Jägerhaus-Höhle, Falkensteinhöhle, Felsdach Inzigkofen, Fohlenhaus, Bettelküche)

Von HANS OESCHGER, Bern, und WOLFGANG TAUTE, Tübingen

Mit 2 Tabellen

Im Physikalischen Institut der Universität Bern unter Leitung von H. OESCHGER wurde das Radiokarbon-Alter für eine Reihe von Holzkohleproben ermittelt, die bei Grabungen W. TAUTEs in verschiedenen süddeutschen Höhlen geborgen worden waren. Mit Ausnahme einer mittelalterlichen Probe (B–937) stammt das Material durchweg aus Kulturschichten des Mesolithikums (Tab. 1 und 2). Über die Fundstellen und die stratigraphischen Verhältnisse findet sich Näheres in den Grabungsberichten (Teil 1: W. TAUTE). Zur Fundbergung sei hier zusammenfassend folgendes bemerkt:

Die Holzkohle-Bröckchen aller Proben wurden in trockenem Zustand aus dem frisch abgehobenen Kulturschicht-Sediment ausgesammelt. Dabei ist alle Aufmerksamkeit darauf verwandt worden, Verunreinigungen der Proben zu vermeiden, wie sie etwa durch alte und neuere Störungen der Schichten hätten entstehen können oder auch durch Herabfallen einzelner Bröckchen aus aufragenden Profilwänden der Grabung. Aus solcherart unsicheren Zonen wurden Holzkohlen entweder gar nicht eingesammelt oder aber nachträglich ausgeschieden.

In den hellgrau bis schwarz gefärbten Kulturschichten fanden sich die Holzkohlen mitunter in kleineren Nestern verdichtet, in der Regel aber verstreut und nahezu allgegenwärtig. In einigen Kulturschichten waren die Holzkohlen derart fein zerrieben, daß es schwer war, eine ausreichende Menge kompakter Brocken auszulesen.

Von drei Proben abgesehen, auf die noch zurückzukommen ist (B-937, B-938 und B-949), setzen sich die Proben aus Holzkohlen zusammen, die aus allen Niveaus der zwischen 10 und 35 cm mächtigen Profilabschnitte und aus allen Regionen der betreffenden Schichten herstammen. Diese Proben dürfen deshalb als annähernd repräsentativ gelten für alle jene Hölzer, die von den mesolithischen Höhlenbewohnern im Verlaufe eines jeweils längeren, nach Jahrzehnten oder auch nach Jahrhunderten zu bemessen-

den Zeitabschnittes eingebracht und verbrannt worden sind. Daß es sich tatsächlich so verhält, bestätigen die paläobotanischen Untersuchungen der Holzkohlen durch F. SCHWEINGRUBER (1978; vgl. unten S. 33–46), dem es möglich war, auf Grund der stratigraphisch geordneten Proben vor allem der Jägerhaus-Höhle nahe Beuron an der oberen Donau zu vegetationsgeschichtlichen Datierungen zu kommen. Vor der Messung des Radiokarbon-Alters sind alle Proben paläobotanisch untersucht worden. Die Holzarten-Zusammensetzung der Proben kann dem Beitrag von F. SCHWEINGRUBER (Tab. 3) entnommen werden. Eine Dokumentation der waldgeschichtlichen Entwicklung wäre von den Holzkohlen kaum zu erwarten gewesen, hätte es sich bei den Proben um Holzkohlen lediglich aus einzelnen Feuerstellen gehandelt, also um Brocken, die möglicherweise nur von einem einzigen oder wenigen hier verbrannten Stämmen herrührten.

Anders verhält es sich bei jenen drei Proben, die schon oben erwähnt worden sind. Die Holzkohlen der Probe 1 aus der Jägerhaus-Höhle (B-937) stammen aus dem Innern eines mittelalterlichen Eisenschmelzofens, dessen Reste in eine Grube gesunken waren. Die Probe besteht ausschließlich aus Eichenholz, das wegen seines hohen Heizwertes für die Erzverhüttung sicherlich speziell ausgewählt worden ist (F. SCHWEINGRUBER 1978, vgl. unten S. 44). Problematisch sind die Proben 2 und 3 ebenfalls aus der Jägerhaus-Höhle: Von den Brocken der Probe 2 (B-938) wurde der größte Teil auf engem Raum zwischen mehreren Steinen im Niveau der spätmesolithischen Kulturschicht 6 geborgen. Durch eine Schichtlücke getrennt, folgte nur wenige Zentimeter darüber in diskordanter Überlagerung die mittelalterliche Kulturschicht 3 (vgl. Profil 5 der Jägerhaus-Höhle in Teil 1: W. TAUTE). Leider war die Menge der im Niveau von Kulturschicht 6 gefundenen Holzkohlen nur gering, so daß es nicht möglich war, zwei Proben für getrennte Messungen zu gewinnen. Es mußten deshalb die in der Schicht fein verteilten Bröckchen mit den dicht gelagerten aus dem Bereich der Steinhäufung, wohl einer Feuerstelle, zusammengefaßt werden.

Die geschilderten stratigraphischen Verhältnisse lassen es als leicht möglich erscheinen, daß die bei der Steinhäufung gefundenen Holzkohlen von einem höheren Niveau in den hier lockeren Kalktuff der spätmesolithischen Schicht 6 eingetieft worden sind. Es ist deshalb geraten, das für diese Probe gewonnene Meßergebnis nicht schon als sichere Datierungsgrundlage für das in der Schicht 6 gefundene Spätmesolithikum zu werten. Zwar ist es wahrscheinlich, daß sich spätmesolithische Kultur zeitgleich neben dem Neolithikum eine geraume Zeit erhalten hat. Bevor wir im oberen Donautal von der Existenz eines Mesolithikums mittel- bis jungneolithischer Zeitstellung ausgehen, sollten jedoch sicherere Datierungen abgewartet werden.

Günstiger liegen die Verhältnisse für die frühmesolithische Kulturschicht 13 der Jägerhaus-Höhle. Für diese Schicht besitzen wir zwei Meßergebnisse, die jedoch erheblich voneinander abweichen. Die Probe 12 (B-948) vereinigt das weithin in der Schicht verstreute Material, die Probe 13 (B-949) dagegen stammt ausschließlich aus der westlichen Hälfte des Quadratmeters O 5. An dieser Stelle fand sich im Niveau der Kulturschicht 13 die weitaus reichste Holzkohle-Anreicherung, die in einer der untersuchten Schichten überhaupt festgestellt worden ist. Es lag hier mehr Holzkohle beisammen als aus sämtlichen mesolithischen Kulturschichten der Jägerhaus-Höhle insgesamt ausgesammelt werden konnte. Es muß sich hier wohl – wie bei der Mehrheit des Materials von Probe 2 in Kulturschicht 6 – um die Reste einer einzigen Feuerstelle handeln, die bald vom Sediment zugedeckt worden sind. Dies deutet wohl darauf hin, daß es sich um eine eingetiefte und schnell verfüllte Grube handelte. Deshalb muß damit gerechnet werden, daß diese Holzkohlenprobe jünger ist als die Kulturschicht, in deren Niveau sie gefunden worden ist. So vermutlich erklärt sich das um rund ein Jahrtausend geringere Alter der Probe 13 (B-949) gegenüber der Probe 12 (B-948). Es sei aber vermerkt, daß während der Grabung Spuren einer grubenartigen Eintiefung nicht beobachtet werden konnten. Allerdings ist es möglich, daß solche Spuren sich in dem aufwachsenden Quellkalk nicht erhalten haben. An der betreffenden Stelle fanden sich keinerlei Steinartefakte, die in der Kulturschicht 13 fremd wären und einer der überlagernden Schichten zugerechnet werden müßten. Auch die botanische Untersuchung der beiden Proben erbrachte keinen positiven Hinweis auf eine Intrusion, denn beide Proben enthalten ausschließlich Föhrenholz. Zwar enthalten die nächst höheren Kulturschichten neben der noch überwiegenden Föhre auch zunehmend Laubhölzer, doch ist es gerade bei der diskutierten Probe unwahrscheinlich, daß sie in ihrer Zusammensetzung ein repräsentatives Bild ihrer Zeit bietet.

Überschauen wir die stratigraphisch begründete Sequenz der 12 für die mesolithischen Kulturschichten der Jägerhaus-Höhle gemessenen Daten (Tab. 2), so finden wir außer den beiden soeben diskutierten Werten noch ein weiteres problematisches Ergebnis: Die Probe B-947 aus Schicht 11 gibt sich, verglichen mit der Gesamtabfolge, als zu alt zu erkennen. Eine Erklärung für dieses Mißverhältnis können die Verfasser weder aus dem archäologischen noch aus dem physikalischen Bereich beibringen. Die anderen 9 Daten dagegen bilden eine der relativchronologischen Ordnung entsprechende, gleichgerichtete Abfolge.

Zwar werden die naturwissenschaftlichen Datierungen der archäologischen Stufenfolge an anderer Stelle zusammenfassend besprochen (Teil 1: W. TAUTE), doch ist auch hier ein Verweis auf die paläobotanischen Ergebnisse durch Pollenanalyse (P. FILZER 1978; vgl. unten S. 21–32) und Holzanalyse (F. SCHWEINGRUBER 1978; vgl. unten S. 33–46) angebracht.

P. FILZER stellt die spätpaläolithisch-frühmesolithische Übergangsstufe der Kulturschicht 15 in der Jägerhaus-Höhle in die jüngere Dryaszeit, während die Radiokarbon-Daten diese Schicht als einige Jahrhunderte jünger erscheinen lassen, nämlich als dem frühen Präboreal zugehörig. Ähnlich wie die wenigen Steingeräte der Kulturschicht 15 teils in das Spätpaläolithikum, teils in das Frühmesolithikum weisen, deutet die Pollenanalyse auf noch spätglaziales, die Radiokarbon-Datierung auf schon früh postglaziales Alter.

Das frühmesolithische Beuronien A, Kulturschicht 13 der Jägerhaus-Höhle, wird von P. FILZER wie von F. SCHWEINGRUBER in das Präboreal gestellt. Dem entspricht völlig das ältere der beiden Radiokarbon-Daten (B-948) der betreffenden Schicht. Das jüngere der beiden Daten, von dem oben wahrscheinlich gemacht worden ist, daß die zugehörigen Holzkohlen (Probe B-949) von einem höheren Niveau aus eingetieft worden sind, hat ein bereits borealzeitliches Alter.

Die frühmesolithische Stufe Beuronien B ist in der Jägerhaus-Höhle in den Kulturschichten 12, 11 und 10 vertreten. Pollenanalyse und Holzanalyse datieren diese Stufe in die Übergangszeit vom Präboreal zum Boreal sowie in das voll entwickelte Boreal. In den Grenzbereich Präboreal/Boreal verweist auch das Radiokarbon-Datum aus der Kulturschicht 10 (Probe B-946). Das Datum aus Schicht 11 hingegen (Probe B-947) würde an die Grenze vom Spät- zum Postglazial (Jüngere Dryaszeit/Präboreal) gehören. Nicht nur im Rahmen der Gesamtabfolge der Radiokarbon-Daten ist dieser Wert deutlich ein Irrläufer sondern auch gemessen an der paläobotanischen Zuordnung des Beuronien B.

Für das frühmesolithische Beuronien C verfügen wir aus fünf Lokalitäten über zusammen acht Radiokarbon-Daten. Die vier Werte aus der Jägerhaus-Höhle (B-940–944) sowie zwei Werte aus dem Fohlenhaus (B-936) und der Bettelküche (B-930) liegen alle überraschend dicht beieinan-

Tabelle 1

Ergebnisse von Radiokarbon-Altersbestimmungen im Physikalischen Institut der Universität Bern
(ausgedrückt in konventionellen C14-Jahren)

Falkensteinhöhle

Thiergarten, Gem. Beuron, Kreis Sigmaringen

B-767	Oberes Drittel der Mesolith-Schicht	7540 ± 120 B. P. / 5590 B. C.	
B-768	Mittleres Drittel der Mesolith-Schicht	7820 ± 120 B. P. / 5870 B. C.	
B-769	Unteres Drittel der Mesolith-Schicht	7690 ± 120 B. P. / 5740 B. C.	

Bettelküche

Breitenbrunn, Stadt Sulzbach-Rosenberg, Kreis Amberg-Sulzbach

B-930	4. Kulturschicht, unteres Drittel	8100 ± 90 B. P. / 6150 B. C.

Felsdach Inzigkofen

Inzigkofen, Kreis Sigmaringen

B-933	Oberes Drittel der Mesolith-Schicht	7770 ± 120 B. P. / 5820 B. C.
B-934	Mittleres Drittel der Mesolith-Schicht	zu wenig Material
B-935	Unteres Drittel der Mesolith-Schicht	8720 ± 120 B. P. / 6770 B. C.

Fohlenhaus

Langenau, Alb-Donau-Kreis

B-936	1. Kulturschicht	8140 ± 70 B. P. / 6190 B. C.

Jägerhaus-Höhle

Fridingen-Bronnen, Kreis Tuttlingen

B-937	Probe 1: 3. Kulturschicht	1000 ± 40 B. P. / 950 A. D.
B-938	Probe 2: Niveau der 6. Kulturschicht (wahrscheinlich jünger als diese Schicht)	5240 ± 60 B. P. / 3290 B. C.
B-939	Probe 3: 7. Kulturschicht, Abtragungen a, b, c	7880 ± 120 B. P. / 5930 B. C.
B-940	Probe 4: 8. Kulturschicht, Abtragungen d, e, f	8040 ± 120 B. P. / 6090 B. C.
B-941	Probe 5: 7. Kulturschicht, Abtragung c	zu wenig Material
B-942	Probe 6: 8. Kulturschicht, Abtragung d	8060 ± 120 B. P. / 6110 B. C.
B-943	Probe 7: 8. Kulturschicht, Abtragung e	8140 ± 120 B. P. / 6190 B. C.
B-944	Probe 8: 8. Kulturschicht, Abtragung f	8300 ± 70 B. P. / 6350 B. C.
B-945	Probe 9: 9. Kulturschicht	zu wenig Material
B-946	Probe 10: 10. Kulturschicht	8840 ± 70 B. P. / 6890 B. C.
B-947	Probe 11: 11. Kulturschicht (sicher zu alt)	9950 ± 100 B. P. / 8000 B. C.
B-948	Probe 12: 13. Kulturschicht	9600 ± 100 B. P. / 7650 B. C.
B-949	Probe 13: Niveau der 13. Kulturschicht (wahrscheinlich jünger als diese Schicht)	8610 ± 120 B. P. / 6660 B. C.
B-950	Probe 14: 15. Kulturschicht, oberes Drittel	9870 ± 120 B. P. / 7920 B. C.
B-951	Probe 15: 15. Kulturschicht, mittleres und unteres Drittel	zu wenig Material
B-952	Probe 16: 15. Kulturschicht, insgesamt	9700 ± 120 B. P. / 7750 B. C.

der, nämlich zwischen 6.350 ± 70 und 6.090 ± 120 B. C., ein Rahmen, der nur wenige Jahrhunderte der C14-Chronologie umfaßt. Je ein Wert aus dem Felsdach Inzigkofen (B-935) und aus der Falkensteinhöhle (B-769) ist mehrere Jahrhunderte älter bzw. jünger als dieser Rahmen. Dabei ist zu bemerken, daß die Zuordnung des unteren Drittels der Mesolithschicht in der Falkensteinhöhle zum Beuronien C auf Grund der archäologischen Einschlüsse nicht mit der gleichen Sicherheit gegeben ist wie im Falle der anderen Fundstellen (Teil 1: W. TAUTE).

Von allen mesolithischen Stufen Süddeutschlands ist die Radiokarbon-Datierung des Beuronien C durch acht Messungen am besten abgesichert. Danach nimmt das Beuronien C den Hauptteil des Boreals ein. Zu derselben Datierung kommen die beiden paläobotanischen Methoden.

Für die Altersbestimmung des Spätmesolithikums sollte, wie oben begründet, das Datum aus der 6. Kulturschicht der Jägerhaus-Höhle (B-938) zunächst nicht herangezogen werden.

Die drei verbleibenden spätmesolithischen Daten aus Schicht 7 der Jägerhaus-Höhle (B-939) und jeweils dem oberen Drittel der Mesolithschichten im Felsdach Inzigkofen (B-933) und der Falkensteinhöhle (B-767) liegen

zwischen 5.930 ± 120 und 5.590 ± 120 B. C. Rechnet man, H. ZOLLER (1968, 29) und H. TAUBER (1970) folgend, mit dem Ende des Boreals um die Mitte des 6. Jahrtausends B. C., so sind die drei genannten spätmesolithischen Schichten in das späte und ausklingende Boreal zu stellen. Dem entspricht völlig die pollenanalytische Datierung von Kulturschicht 7 der Jägerhaus-Höhle. Erst die darüber folgende, ebenfalls spätmesolithische Kulturschicht 6 wird von P. FILZER in das Ältere Atlantikum gestellt. Während also FILZER die 7. Schicht der Jägerhaus-Höhle als Ganzes noch in das späte Boreal datiert, möchte F. SCHWEINGRUBER auf Grund der Holzkohlefunde nur das untere Drittel dieser Schicht (Abtragung c) dem Boreal zurechnen, das mittlere und obere Drittel (Abtragungen b und a) aber bereits dem Älteren Atlantikum. Nach allen drei Datierungsmethoden haben wir indessen mit dem Beginn des süddeutschen Spätmesolithikums während des späten bis ausklingenden Boreals zu rechnen, das heißt während der ersten Hälfte des 6. Jahrtausends der konventionellen Radiokarbon-Chronologie. Über die Dauer des Spätmesolithikums besagen die hier diskutierten Untersuchungen lediglich, daß diese Kulturstufe während des Älteren Atlantikums fortlebt.

Geologisch-vegetationsgeschichtliche Gliederung	Archäologische Stufenfolge	Jägerhaus-Höhle		
		Kultur-schichten	Daten	
Älteres Atlantikum	Spät-mesolithikum	6	(B-938: 3.290 ± 60) ✦	
		7 a b c	B-939: 5.930 ± 120	
Boreal	Beuronien C	8 d e f	B-942: 6.110 ± 120 B-943: 6.190 ± 120 B-944: 6.350 ± 70	B-940: 6.090 ± 120
		9		
Postglazial	Frühmesolithikum — Beuronien B	10	B-946: 6.890 ± 70	
		11	(B-947: 8.000 ± 100) ✦✦	
		12		
Präboreal	Beuronien A	13	B-948: 7.650 ± 100 (B-949: 6.660 ± 120) ✦	
		14		
Spätglazial — Jüngere Dryaszeit	paläolithisch-mesolithische Übergangsstufe	15	B-950: 7.920 ± 120	B-952: 7.750 ± 120

18

Felsdach Inzigkofen		Falkensteinhöhle		Fohlenhaus		Bettelküche	
Mesolith-schicht	Daten	Mesolith-schicht	Daten	Kultur-schicht	Daten	Kultur-schicht	Daten
oberes Drittel	B-933: 5.820 ± 120	oberes Drittel	B-767: 5.590 ± 120				
mittleres Drittel		mittleres Drittel	B-768: 5.870 ± 120				
unteres Drittel	B-935: 6.770 ± 120	unteres Drittel	B-769: 5.740 ± 120	1	B-936: 6.190 ± 70	4	B-930: 6.150 ± 90

Tabelle 2

Relativchronologische Abfolge der Radiokarbon-Daten (ausgedrückt in konventionellen C^{14}-Jahren B. C.)
Die Korrelation der Kulturschichten wie der zugehörigen Holzkohle-Proben aus den verschiedenen Höhlen erfolgte auf Grund der Zugehörigkeit zu denselben archäologischen Stufen.

+ Das betreffende Datum ist vermutlich zu jung. (Verdacht der Intrusion der Holzkohlen aus einer jüngeren Kulturschicht.)

++ Das betreffende Datum erscheint als zu alt.

Literaturverzeichnis

FILZER, P., 1978: Pollenanalytische Untersuchungen in den meso-lithischen Kulturschichten der Jägerhaus-Höhle an der oberen Donau. In TAUTE, W. (Hrsgb.), Das Mesolithikum in Süddeutschland. Teil 2: Naturwissenschaftliche Untersuchungen. Tübingen 1978 (vgl. unten S. 21–32)

SCHWEINGRUBER, F., 1978: Vegetationsgeschichtlich-archäologische Auswertung der Holzkohlenfunde mesolithischer Höhlensedimente Süddeutschlands. In TAUTE, W. (Hrsgb.), Das Mesolithikum in Süddeutschland. Teil 2: Naturwissenschaftliche Untersuchungen. Tübingen 1978 (vgl. unten S. 33- 46)

TAUBER, H., 1970: The Scandinavian Varve Chronology and C^{14}-Dating. In OLSSON, I. U. (Hrsgb.), Radiocarbon Variations and absolute Chronology. Nobel Symposium 12, Stockholm. 173–196

TAUTE, W., in Vorbereitung: Das Mesolithikum in Süddeutschland. Teil 1: Chronologie und Ökologie

ZOLLER, H., 1968: Die Vegetation vom ausgehenden Miozän bis ins Holozän. In DRACK, W. (Hrsgb.), Ur- und frühgeschichtliche Archäologie der Schweiz. Bd. 1: Die Ältere und Mittlere Steinzeit. Basel. 27–42

4

Pollenanalytische Untersuchungen in den mesolithischen Kulturschichten der Jägerhaus-Höhle an der oberen Donau

von PAUL FILZER, Tübingen

Mit 5 Diagrammen und 1 Tabelle

Vegetation und Klima zur Zeit des südwestdeutschen Mesolithikums sind uns in großen Zügen aus den paläobotanischen Untersuchungen mesolithischer Fundplätze durch K. BERTSCH, E. HOFMANN, E. NEUWEILER und W. HOLDHEIDE bekannt. Teils handelt es sich hierbei um die Ergebnisse der Artdiagnose von Holzkohlen, wie sie die Grabungen von E. PETERS und V. TOEPFER in der Falkensteinhöhle bei Thiergarten (E. HOFMANN, zitiert bei F. FIRBAS 1941), bei Inzigkofen (K. BERTSCH, ebenda), am Propstfels bei Beuron (W. HOLDHEIDE 1941), sowie die von H. REINERTH ergrabene Fundstelle vom Tannstock im Federseegebiet (K. BERTSCH 1931) geliefert hatten, zum geringeren Teil um die Resultate pollenanalytischer Unterschungen der Fundschichten, so jener vom Torfwerk und von Moosburg im Federseeried (K. BERTSCH 1931). Aus der Gesamtheit dieser Untersuchungen ergibt sich, daß die Menschen des südwestdeutschen Mesolithikums den allmählichen Vegetationswandel von den eintönigen Kiefernwäldern der präborealen Vorwärmezeit über die haselreichen Kiefern- und Eichenmischwälder der Frühen Wärmezeit, des Boreals, bis zu den Eichenmischwäldern des Atlantikums, der Mittleren Wärmezeit, miterlebt haben.

Im einzelnen konnten allerdings fast alle diese Untersuchungen, vor allem die Holzkohlenanalysen, jeweils nur ein Momentbild der Vegetation vermitteln. Nur der letztgenannte Lagerplatz von Moosburg, in dem eine etwa 50 cm mächtige, in Lebermudde eingebettete Kulturschicht erschlossen wurde, zeigt den gesamten Anstieg der Hasel von niedrigen Werten zum Maximum und den folgenden Wiederabfall, sowie die hiermit gekoppelten Veränderungen der Anteile von Kiefer und Eichenmischwald. Dabei blieb allerdings die Frage offen, ob mit dem untersten Spektrum dieses Moosburger Diagramms schon der Beginn des Mesolithikums erfaßt werden konnte, ob also nicht anderwärts mesolithische Kulturen erschließbar wären, die noch in die Zeit vor dem Beginn des Haselanstiegs fallen. Dasselbe gilt auch für die obere waldgeschichtliche

und damit zeitliche Grenze des Mesolithikums. Auch sind die genannten mesolithischen Kulturvorkommen von archäologischer Seite seinerzeit nur unzureichend oder – wie die von Moosburg – überhaupt nicht beschrieben worden, so daß die paläobotanischen Daten nicht in eine nähere Beziehung zu einer mesolithischen Kulturfolge gebracht werden konnten.

Die Grabungen W. TAUTEs in der Jägerhaus-Höhle mit ihren zahlreichen stratigraphisch getrennten mesolithischen Kulturschichten (Teil 1 / W. TAUTE) eröffneten die Aussicht, den eben angedeuteten Fragen in einem Kerngebiet mesolithischer Besiedlung, im oberen Donautal, im einzelnen nachzugehen. Ein erster Besuch der im Gang befindlichen Grabung im Herbst des Jahres 1964 ließ zunächst Zweifel an der Möglichkeit einer pollenanalytischen Charakterisierung der bis dahin erschlossenen Fundschichten aufkommen, da es sich durch das ganze freiliegende Mesolithprofil um Kalktuff- und Quellkalkschichten handelte. Erfahrungsgemäß sind die Voraussetzungen für die Erhaltung des Blütenstaubs in derartigen Substraten nicht günstig, sowohl die postglazialen wie die interglazialen Kalktuffe enthalten zwar in vielen Fällen wohlerhaltene pflanzliche Großreste, gewähren aber nur in Ausnahmefällen vollständige oder auch nur brauchbare Pollenprofile.

Um so erfreulicher war es, daß schon die bei diesem ersten Besuch entnommenen beiden Probenreihen des Profils 2 diese Zweifel zerstreuten. Zwar erwiesen sich die aus diesen Proben hergestellten Aufbereitungen als ziemlich pollenarm und machten die Untersuchung einer größeren Zahl von Präparaten unumgänglich, doch zeichneten sich die Pollenkörner durch guten Erhaltungszustand aus, so daß ihre Bestimmung keine Schwierigkeiten bereitete. Diese angenehme Enttäuschung blieb auch den übrigen Profilen (mit Ausnahme des Profils 5) treu, ja es zeigte sich, daß der Pollengehalt der tieferen Schichten vielfach höher war als der der höheren Lagen. In allen Fällen aber schien es angezeigt, wo immer dies möglich war, die Ergebnisse mehrerer Proben, sofern sie dem gleichen Horizont angehörten, zu einem gemeinsamen Spektrum zusammenzufassen, weil die nicht selten geringen Absolutzahlen einer einzelnen Probe dem Zufall einen zu großen Spielraum gewährten.

Das eben erwähnte erstuntersuchte Profil 2 lieferte im übrigen noch einen weiteren wertvollen Tatbestand: die Deckschicht der mesolithischen Schichtfolge erwies sich als fast pollenleer. Dieser zunächst negative Befund war durchaus positiv zu werten, zeigte er doch, daß nicht mit einer Verfrachtung rezenten Pollenmaterials in das mesolithische Schichtpaket gerechnet werden mußte. Diese Gewißheit war deshalb erwünscht, weil es sich bei einer früheren Gelegenheit, der Untersuchung des steinzeitlichen Fundplatzes vom Borgerhau auf der Blaubeurer Albhochfläche (A. H. NUBER 1962), ergeben hatte, daß das dort angetroffene Pollenprofil die Folge einer Durchschlämmung rezenten Pollenmaterials in die sandig-lehmigen Schichten der Albüberdeckung war (P. FILZER 1965). Insgesamt wurden im Lauf mehrerer Jahre 6 verschiedene Profile untersucht, von denen sich, wie erwähnt, nur eines als unergiebig erwies. Die Ergebnisse der erstentnommenen Probenserien aus den Meterstreifen 6 und 7 des Profils 2 (= 2/6 und 2/7) wurden zu einem einzigen Diagramm zusammengefaßt.

Die Aufbereitung der Proben war die bei kalkreichen Sedimenten übliche: Entfernung des Kalks durch HCl, Aufkochen des Rückstands in 10 % KOH, Beseitigung des Tons durch HF (nur in einem kleinen Teil der Proben entbehrlich), Azetolyse. Als Grundlage für die Berechnung der Pollenspektren diente die Summe der Gehölzpollen (Baumpollen + Corylus). Für die tiefen Teile des Profils 16 erwies sich eine ergänzende Berechnung auf der Grundlage der Gesamtpollensumme als angezeigt – darüber weiter unten.

Wir besprechen im folgenden die Ergebnisse der untersuchten Profile getrennt und in der Reihenfolge der zeitlichen Bearbeitung und fassen dann die gesamten Resultate zu einem gemeinsamen Sammeldiagramm der Jägerhaus-Höhle zusammen. Die Probeentnahme-Stellen sind sämtlich in die Profilzeichnungen eingetragen worden (Teil 1/ W. TAUTE).

Profil 2 (Diagramm 1)

Die über dem mesolithischen Schichtpaket liegenden mittelalterlichen und römerzeitlichen Kulturschichten widersetzten sich dem Versuch einer pollenanalytischen Begutachtung, weil die Unmenge von Kohlepartikeln möglicherweise vorhandene Pollenkörner unauffindbar machte. Das Pollendiagramm setzt daher, nachdem auch die Deckschicht, wie schon erwähnt, extrem pollenarm war, erst mit Kulturschicht 7 ein. Obschon die Summe der Gehölzpollen

in fast allen Spektren ziemlich niedrig ist, ergibt sich doch ein recht deutliches Bild des Vegetationsablaufs. Wir besprechen ihn in der Reihenfolge von unten nach oben.

In Kulturschicht 11 ist die Kiefer mit 70 % die noch dominierende Holzart, die Hasel ist vorerst mit 25 % vertreten, daneben ist nur die Birke andeutungsweise zugegen, der Eichenmischwald (Eiche, Linde, Ulme und Esche) fehlt noch. Krautpollen ist reichlich (80 %) beteiligt, und in noch viel größerem Ausmaß finden sich Farnsporen (310 %). Zu letzteren ist vorweg folgendes zu sagen: Zum größten Teil handelt es sich um die Schmerzenskinder des Pollenanalytikers, die perisporlosen und daher nicht näher bestimmbaren Sporen. Nicht selten fanden sich aber doch auch intakte Sporen, und diese lieferten den Hinweis, daß es sich nicht um die üblichen Waldfarne, sondern um die felsbewohnenden Arten der Gattung *Asplenum* (Milzfarn) und *Cystopteris* (Blasenfarn) handelt, die auch heute noch zahlreich die Felsspalten und Felsnischen der Alb bewohnen. Darüber und über die Krautpollen wird später noch einiges zu sagen sein.

Die nach oben folgende Zwischenschicht 10–11 lieferte nur 2 *Pinus*- und 1 Krautpollen, sie konnte daher nicht in das Diagramm aufgenommen werden.

In Kulturschicht 10 ist die Kiefer und vorübergehend auch die Hasel zurückgegangen, der Eichenmischwald kündet sich in 2 Pollenkörnern der Linde an, Erle und Ahorn steuern je einen Pollen bei, Krautpollen und Farnsporen gehen zurück.

Die hangenden Lagen von der Zwischenschicht 9–10 bis zur 7. Kulturschicht lassen sich in einem gemeinsamen Überblick besprechen. Die Hasel nimmt mächtig zu, weist in Kulturschicht 8 ihr Maximum auf und geht dann auf niedrigere Werte zurück. Der Eichenmischwald, im wesentlichen von der Linde vertreten, nimmt ebenfalls, wenn auch langsamer und mit Unterbrechung zu, es gelingt ihm bis zur Kulturschicht 7 nicht, die Hasel zu entthronen. Die Kiefer geht entsprechend stark und bis auf Anteile um 5 % zurück, steigt jedoch zuletzt wieder etwas an. Daneben spielt nur noch die Birke eine recht untergeordnete Rolle. Krautpollen und Farnsporen gehen ebenfalls zurück, erreichen in der Kulturschicht 8 ihr Minimum und steigen nach oben wieder deutlich an.

Profil 2 verkörpert also den gegen Ende der präborealen Kiefernzeit einsetzenden Übergang zur borealen Haselzeit, den Höhepunkt der letzteren und den sich abzeichnenden Vormarsch des Eichenmischwaldes. Es gestattet also eine sehr klare Einordnung der Kulturschichten 11 bis 7 in die postglaziale Vegetationsentwicklung.

Profil 6 (Diagramm 2)

Profil 6 verlängert an anderer Stelle das eben besprochene Profil 2 nach abwärts bis auf den gewachsenen Fels. Es er-

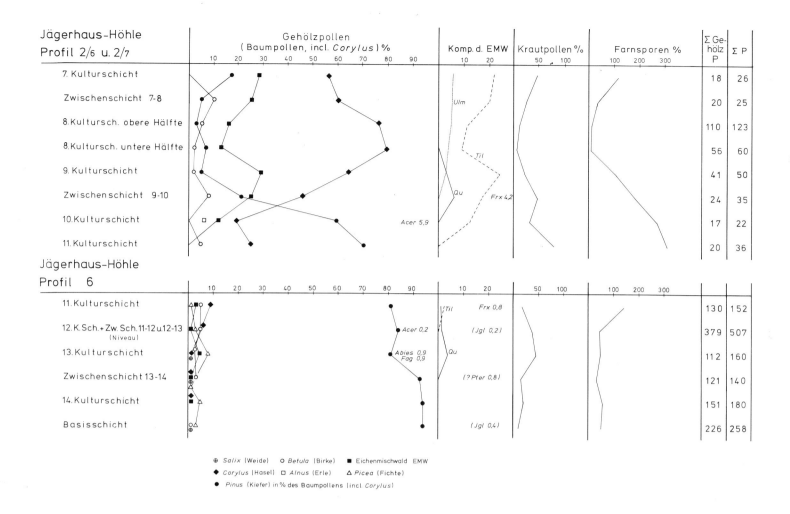

Jägerhaus-Höhle
Profil 2/6 u. 2/7

Gehölzpollen
(Baumpollen, incl. *Corylus*) %

	Komp. d. EMW	Krautpollen %	Farnsporen %	Σ Gehölz P	Σ P
7. Kulturschicht				18	26
Zwischenschicht 7-8	Ulm			20	25
8. Kultursch. obere Hälfte				110	123
8. Kultursch. untere Hälfte	Til			56	60
9. Kulturschicht				41	50
Zwischenschicht 9-10	Qu Frx 4,2			24	35
10. Kulturschicht	Acer 5,9			17	22
11. Kulturschicht				20	36

Jägerhaus-Höhle
Profil 6

		Komp. d. EMW	Krautpollen %	Farnsporen %		
11. Kulturschicht		!Til Frx 0,8			130	152
12. K. Sch. + Zw. Sch. 11-12 u. 12-13 (Niveau)		Acer 0,2 (Jgl 0,2)			379	507
13. Kulturschicht		Abies 0,9 Fag 0,9 Qu			112	160
Zwischenschicht 13-14		(?Pter 0,8)			121	140
14. Kulturschicht					151	180
Basisschicht		(Jgl 0,4)			226	258

⊕ *Salix* (Weide)   ○ *Betula* (Birke)   ■ Eichenmischwald EMW
◆ *Corylus* (Hasel)   □ *Alnus* (Erle)   △ *Picea* (Fichte)
● *Pinus* (Kiefer) in % des Baumpollens (incl. *Corylus*)

Diagramm 1 (Profil 2) und 2 (Profil 6)

faßt oben gerade noch die Kulturschicht 11, Kulturschicht 12 ist nicht als solche vertreten, ihr Äquivalent zusammen mit der hangenden und liegenden Zwischenschicht wird im Diagramm durch die Proben – 230 bis – 300 cm vertreten. Darunter befinden sich zwei weitere, an dieser Stelle fundlose graue Schichten, die 13. und die 14. Kulturschicht.

Das gesamte Profil 6 wird von der Kiefer mit Anteilen zwischen 80 und 95 % beherrscht, es zeigt nach oben hin (ab Zwischenschicht 13–14) den ersten noch zaghaften Anstieg der Hasel und andeutungsweise auch jenen des Eichenmischwaldes. Der Krautpollenanteil ist im mittleren Abschnitt (13. und 12. Kulturschicht) deutlich erhöht, die Farnsporen nehmen dagegen erst in der obersten, 11. Kulturschicht überhand.

Was Profil 6 von den übrigen unterscheidet, ist der Umstand, daß in ihm zeitfremde Pollenformen in nicht ganz geringer Zahl vertreten sind. So tritt die Fichte in allen Proben auf, wobei sie es in Kulturschicht 13 vorübergehend auf einen Anteil von 8 % bringt. In derselben Schicht ist auch die Tanne und die Buche mit je einem Korn vertreten. Ganz und gar abwegig sind schließlich 2 Pollen von *Juglans* (Walnuß) und ein (nicht ganz zweifelsfreier) Pollen von *Pterocarya* (Flügelnuß). Es ist daher damit zu rechnen, daß in das Profil 6 kleine Mengen von zeitfremdem Pollenmaterial interglazialen oder tertiären Ursprungs vom Plateau über die Felswand oder entlang eines unterirdischen Karstgerinnes eingeführt worden sind.

Insgesamt erweist Profil 6 die Zugehörigkeit seiner Schichten zur präborealen Kiefernzeit; ein Anzeichen, daß die tiefsten Lagen (14. Kulturschicht und/oder Basisschicht) schon in die Jüngere Dryaszeit hinabreichen könnten, ist nicht vorhanden.

Profil 11 (Diagramm 3)

Es ist das umfassendste der untersuchten Profile, indem es vom Niveau der 6. Kulturschicht bis unter die 14. Kulturschicht hinabreicht. Dabei sind allerdings die Kulturschichten 7 und 8 im Diagramm nicht vertreten: infolge der sehr starken Beimengung von Holzkohlenflittern zu den einschlägigen Proben mußte hier die Pollensuche als unergiebig abgebrochen werden.

In Bestätigung der Schlußfolgerungen aus den beiden vorausgehenden Profilen herrscht im unteren Teil bis herauf zu Kulturschicht 12 die Kiefer stark vor (Anteile zwischen 87 und 95 %), ihr Rückgang und der damit gekoppelte Anstieg der Hasel und etwas später des Eichenmischwaldes setzt schon etwas früher bzw. deutlicher als in Profil 6 ein. In Übereinstimmung mit Profil 2 liegt die Überkreuzung der Kiefern- und Haselkurve zwischen der 10. und 9. Kulturschicht; das Haselmaximum wäre in Kulturschicht 8 zu suchen, konnte aber aus den oben angeführten Gründen nicht erfaßt werden. Im Eichenmischwald tritt auch hier wie in Profil 2 die Linde in den Vordergrund. Im obersten Teil des Profils konnte nun auch ein Pollenspektrum des Niveaus der 6. Kulturschicht gewonnen werden. Es zeigt, daß nunmehr die Kurve des Eichenmischwaldes die Haselkurve überflügelt hat. Ein einziges in diesem Niveau gefundenes Korn der Rotbuche darf nicht dahingehend ausgewertet werden, daß hier schon der Beginn des Subboreals, der EMW-Buchen-Zeit anzusetzen wäre. Der Krautpollen setzt in den tiefen Lagen mit einem gegenüber den hangenden Schichten deutlich höheren Wert ein, die Frage, ob wir hierin einen Hinweis auf die Jüngere Dryaszeit sehen dürfen, soll später noch erörtert werden. Im mittleren Teil des Diagramms schnellen die Krautpollenanteile und schon etwas früher die Farnsporenwerte kräftig empor, beide Kurven sinken in Zwischenschicht 8–9 wieder auf niedrige Werte ab, der Knick in der Farnsporenkurve (Kulturschicht 10) ist nicht deutbar. Eine Interpretation dieser Befunde soll später an Hand des Sammeldiagramms gegeben werden.

Profil 16 (Diagramm 4)

Profil 16 erschließt als letztuntersuchtes die tiefste, 15. Kulturschicht und unter ihr noch ein Schichtpaket, in dem der Tongehalt des Quellkalks nach der Tiefe hin sehr stark zunimmt. Daß es sich hierbei nicht um einen an Ort und Stelle entstandenen Eluvial-Rückstand handelt, son-

dern um eine Verfrachtung des Tons in einem vegetationsarmen Zeitabschnitt, dafür legt das Pollendiagramm Zeugnis ab. Es setzt in seinem obersten Abschnitt (Zwischenschicht 14–15) mit einer nun schon gewohnten Kieferndominanz ein, die sich nach abwärts bis zur nahezu absoluten Kiefernherrschaft steigert, dann jedoch wieder etwas zurückgeht. Dieses Bild eines allesbeherrschenden Kiefernwaldes bedarf allerdings einer grundlegenden Korrektur, weil es nur durch die Berechnungsweise auf der Grundlage der Baumpollensumme zustandekommt. Ziehen wir aber die Kurve der Krautpollen zu Rate, so zeigt sich, daß die Bedeutung der Krautpollen nach der Tiefe hin rasch zunimmt und daß die Anteile zuunterst (im Diagramm als Basisschicht 4 bezeichnet) den eminenten Wert von 1620 % (146 Krautpollen bei 9 Baumpollen) erreichen, ein Wert, der sich im Diagramm längst nicht mehr unterbringen läßt. Ein adäquates Bild läßt sich daher nur dann gewinnen, wenn man, wie dies bei spätglazialen Diagrammen üblich geworden ist, als Berechnungsgrundlage die Summe der Gesamtpollen verwendet. Die auf dieser Basis berechnete Kiefernkurve ist im Diagramm gestrichelt eingezeichnet, wir verfolgen sie von unten nach oben: sie setzt mit einem Wert von 5,2 % der Gesamtpollensumme ein, steigt dann bis zu Basisschicht 1 fast linear auf 78 % an, geht in Kulturschicht 15 zugunsten des Krautpollenanteils auf 73 % leicht zurück und zeigt zur obersten Schicht noch einmal eine leichte Zunahme. Entsprechend ist in der Rubrik Krautpollen eine auf gleiche Weise berichtigte Kurve gestrichelt eingetragen, und dasselbe geschah auch für die Farnsporenkurve.

Hieraus geht nun mit aller wünschenswerten Deutlichkeit hervor, daß unser Diagramm den Gang der Wiederbewaldung nach dem Rückzug der Würmgletscher widerspiegelt. Dieser Wiederaufbau des Waldes ging im Gebiet der oberen Donau offenbar ohne wesentliche Beteiligung der Birke vonstatten. Damit ist also gesagt, daß es sich bei den Basisschichten 4–2 nicht um Äquivalente der Jüngeren Dryaszeit handeln kann, sondern daß hier Schichten anstehen, die in der Älteren Dryaszeit (in ihrem ursprünglichen weiteren Sinne) abgelagert wurden. Mancherorts wird diese Ältere Dryaszeit durch das eingelagerte Bölling-Interstadial in zwei Teile, die Älteste und die Ältere (i. e. S.) Dryaszeit zerlegt. In unserem Diagramm ist hiervon allerdings nichts zu erkennen, möglicherweise deshalb, weil der Probenabstand von 10 cm hierfür zu groß ist. Doch ist der Nachweis und die Abgrenzung dieser 3 spätglazialen Phasen auch anderwärts im Einflußgebiet der alpinen Vereisung mit Schwierigkeiten verknüpft.

Wo haben wir in unserem Diagramm dann die Jüngere Dryaszeit zu suchen? Nach unseren derzeitigen Einsichten (wir folgen der Interpretation von G. LANG 1952) dokumentiert sie sich – jedenfalls in den tiefen und mittleren Höhenlagen des Schwäbischen Alpenvorlands – nur in einer geringfügigen Erhöhung der Krautpollenprozente. Im

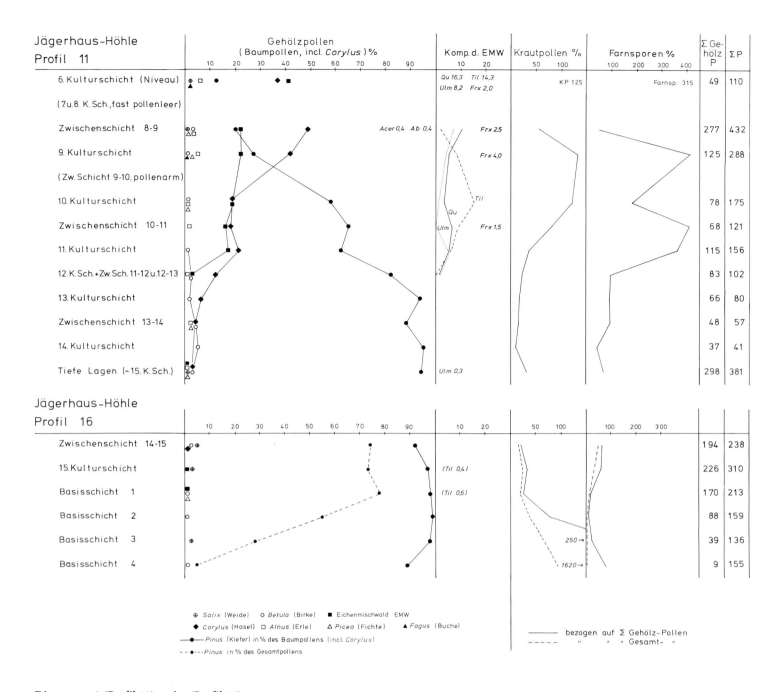

Diagramme 3 (Profil 11) und 4 (Profil 16)

einzigen Spätglazial-Diagramm von der Albhochfläche, über das wir bisher verfügen, dem von LANG (1952) neubearbeiteten Diagramm der Schopflocher Torfgrube auf der Kirchheimer Albhochfläche, treten in dem Diagrammabschnitt, der der Jüngeren Dryaszeit zugeschrieben wird, allerdings vorübergehend Krautpollenwerte bis zu 50 % auf. Und da sich nun Schopflocher Torfgrube und Jägerhaus-Höhle in ähnlicher Höhenlage befinden (Torfgrube

758 m, Umgebung bis 830 m, Jägerhaus-Höhle 725 m, Umgebung bis 834 m), so könnte man auch in unserem Falle einen ähnlich hohen Ausschlag der Krautpollenkurve als Kennzeichen der Jüngeren Dryaszeit erwarten. Wir müssen dies aber sofort einschränken: Die hohen Werte von Schopfloch gehen ganz wesentlich auf den gesteigerten Anteil der Riedgräser (Cyperaceen) zurück. Solche an reichliche Wasserführung des Wurzelbodens gebundenen

Seggenbestände fehlten im Gebiet der Jägerhaus-Höhle offenbar, Cyperaceenpollen tritt in unseren sämtlichen Spektren nur ganz sporadisch auf. Wir dürfen demnach nun doch nicht erwarten, daß sich die Jüngere Dryaszeit in unserem Diagramm mit Krautpollenwerten bis zu 50 % abzeichnet.

Wie steht es nun in Wirklichkeit? In der Basisschicht 1 beträgt der Anteil des Krautpollens 25,9 % des Gehölzpollens, bzw. 20,6 % des Gesamtpollens. In der darüber folgenden Kulturschicht 15 belaufen sich die entsprechenden Werte auf 32,8 bzw. 24,7 % und in der hangenden Schicht (15–14) auf 24,2 bzw. 19,5 %. Sie sind also in Kulturschicht 15 deutlich erhöht. Wenn wir hierin einen Nachweis der Jüngeren Dryaszeit erblicken, so müssen wir sofort einräumen, daß er für sich allein auf schwachen Beinen steht. Dieser vorübergehende Ausschlag könnte ja auch eine Folge der Benutzung der Höhle durch die Träger der 15. Kultur sein. Wir müssen uns daher nach weiteren Zeugnissen umsehen. Ein solches liefert uns der Pollen von *Artemisia*, dem Wermut, dessen Auftreten anderwärts eng mit der Älteren und Jüngeren Dryaszeit verknüpft ist. Er fehlt in den Basisschichten 2 und 1, in Kulturschicht 15 ist er mit 4 %, in Zwischenschicht 15–14 mit 1,5 % und in Kulturschicht 14 (in Profil 11) letztmalig mit 0,5 % vertreten. Ein weiteres Argument steuert der Pollen der Weide bei: auch er fehlt in den Basisschichten 2 und 1, tritt in Kulturschicht 15 mit 2,2 % und in Schicht 15–14 mit 5,7 % auf, in Kulturschicht 14 ist er wieder verschwunden.

Sowohl aus der Kraut- wie aus der Baumschicht läßt sich also der Hinweis gewinnen, daß Kulturschicht 15 und die darüber befindliche Schicht 15–14 der Jüngeren Dryaszeit zugehören, und daß diese zur Zeit der 14. Kulturschicht schon fast abgeklungen ist. Wir setzen also die Wende von der Jüngeren Dryaszeit zur präborealen Kiefernzeit an die Basis der 14. Kulturschicht und nehmen für die Basisschicht 1 die Allerödzeit in Anspruch, die damit in Profil 16 mit einer Länge von etwa 30 cm (Proben aus – 250, – 260 und – 270 cm), mit einer bedeutenden Pollenfrequenz und nur noch geringen Tonbeimengungen zum Sediment vertreten ist.

Sammeldiagramm (Diagramm 5 und Tabelle)

Zum Zweck einer übersichtlichen Gesamtdarstellung der Beziehungen zwischen Vegetation und mesolithischer Kulturfolge und zu abschließender Diskussion stellen wir die Tatbestände sämtlicher Einzeldiagramme zu einem Sammeldiagramm zusammen.

Der unterste Teil dieses Sammeldiagramms (Diagramm 5) bis herauf zur Basisschicht 1 ist ganz dem Profil 16 entnommen, von der Kulturschicht 15 ab sind dann in den meisten Fällen Spektren aus verschiedenen Profilen vereinigt, wobei wir auf Einzelbegründung verzichten können. Für den unteren Diagrammteil gilt also das für Profil 16 Gesagte. Es wäre nur noch hinzuzufügen, daß bis herauf zu Schicht 15–14 der Hauptanteil an den Krautpollen von zungenblütigen Korbblütlern (*Compositae liguliflorae*) gestellt wird, ein Befund, dem hier nicht weiter nachgegangen werden soll, weil er zur Beurteilung der prähistorischen Gegebenheiten ohne Belang ist, der aber in vegetationsgeschichtlicher Hinsicht von Interesse ist, so daß er an anderer Stelle besonders gewürdigt werden soll. Der Anteil der Farnsporen – wir wiesen bereits darauf hin, daß es sich fast ausschließlich um Felsfarne handeln dürfte – ist bis herauf zu Basisschicht 1 sehr gering, nimmt dann in Kulturschicht 15 deutlich zu und bleibt, ähnlich wie der Krautpollen, bis herauf zur 12. Kulturschicht einigermaßen konstant.

Kulturschicht 14 ist mit ziemlicher Sicherheit schon dem Beginn der präborealen Kiefernzeit zuzuschreiben – von einer Kiefern-Birkenzeit zu sprechen verbietet sich im Hinblick auf die geringe Vertretung der Birke. In dieses Präboreal sind auch noch die 13. und 12. Kulturschicht zu stellen. Für die Gesamtheit der Kulturschichten 15 bis 12 gilt, daß Anzeichen für eine anthropogene Beeinflussung der natürlichen Vegetation nicht oder nur undeutlich (Erhöhung der Krautpollenwerte in Kulturschicht 13) zu erkennen sind.

Mit dem Beginn der borealen Haselzeit kommt es nun zu einem kräftigen Anstieg zunächst der Farnsporen, kurz danach auch der Krautpollen. Bei beidem dürfte es sich im wesentlichen um eine Folge menschlicher Beeinflussung der Vegetation bzw. der Sedimentation von Pollen und Sporen handeln. Für die Krautpollenflora läßt sich dies mit großer Bestimmtheit sagen, insofern als an dem Anstieg des Krautpollens ab Schicht 10–11 hauptsächlich 2 Pollenformen beteiligt sind, der Pollen von *Rumex* (Ampfer) und ein Liliifloren-Pollen. Was den *Rumex*-Pollen betrifft, so ist zu vermuten, daß sein Spender nicht einer vom Menschen bedingten Unkrautgesellschaft des Höhlenvorplatzes angehörte – es fehlen Pollen anderer Unkräuter, etwa von Gänsefuß, Knöterich und Brennessel –, sondern daß er von *Rumex scutatus*, dem Schildampfer geliefert wurde. Dieser besiedelt heute in großen Herden die Schutthalden des oberen Donautals und konnte durchaus schon im Boreal an den steilen Hängen in unmittelbarer Nachbarschaft der Höhle in Menge gewachsen sein. Seine kräftige Vertretung (in der 10. Kulturschicht erreicht sein Pollen 75 % des Gehölzpollens und stellt über zwei Drittel des Krautpollens) macht es allerdings wahrscheinlich, daß er vom Menschen gefördert wurde. Die Annahme liegt nahe, daß er den Menschen der damaligen Zeit als Frischgemüse diente, daß sie ihn in der näheren und weiteren Umgebung sammelten und wohl oft genug in blühendem Zustand zu ihrem Höhlenplatz brachten, so daß

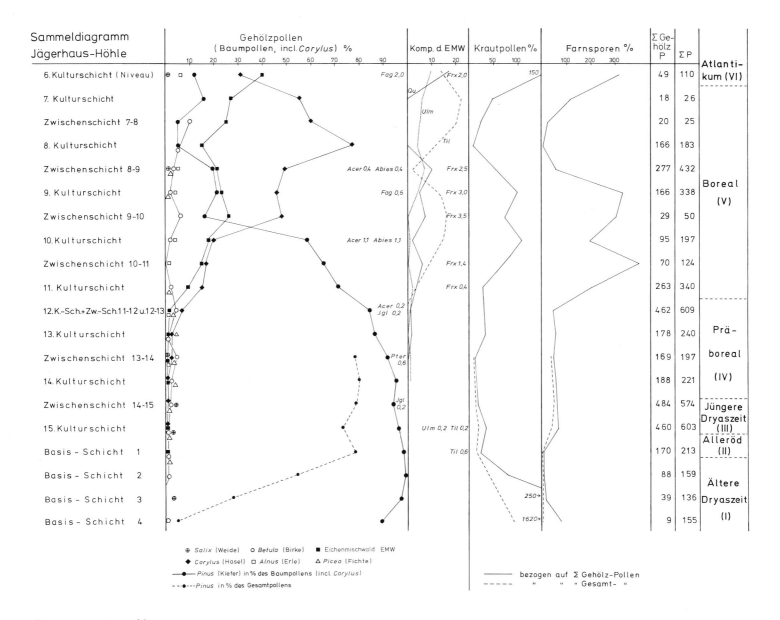

Sammeldiagramm
Jägerhaus-Höhle

Gehölzpollen (Baumpollen, incl. *Corylus*) %
10 20 30 40 50 60 70 80 90

Komp. d. EMW
10 20

Krautpollen %
50 100

Farnsporen %
100 200 300

Σ Gehölz P ΣP

Schicht	Σ Gehölz P	Σ P	Zone
6. Kulturschicht (Niveau)	49	110	Atlantikum (VI)
7. Kulturschicht	18	26	
Zwischenschicht 7-8	20	25	
8. Kulturschicht	166	183	
Zwischenschicht 8-9	277	432	Boreal (V)
9. Kulturschicht	166	338	
Zwischenschicht 9-10	29	50	
10. Kulturschicht	95	197	
Zwischenschicht 10-11	70	124	
11. Kulturschicht	263	340	
12. K.-Sch.+Zw.-Sch.11-12 u.12-13	462	609	Präboreal (IV)
13. Kulturschicht	178	240	
Zwischenschicht 13-14	169	197	
14. Kulturschicht	188	221	
Zwischenschicht 14-15	484	574	Jüngere Dryaszeit (III)
15. Kulturschicht	460	603	
Basis-Schicht 1	170	213	Alleröd (II)
Basis-Schicht 2	88	159	Ältere Dryaszeit (I)
Basis-Schicht 3	39	136	
Basis-Schicht 4	9	155	

Komp. d. EMW values: Fag 2,0; Qu; Ulm; Til; Acer 0,4 Abies 0,4; Fag 0,5; Acer 1,1 Abies 1,1; Acer 0,2 Jgl 0,2; Pter 0,6; Jgl 0,2; Ulm 0,2 Til 0,2; Til 0,6

Krautpollen: Frx 2,0; Frx 2,5; Frx 3,0; Frx 3,5; Frx 1,4; Frx 0,4

⊕ *Salix* (Weide)   ○ *Betula* (Birke)   ■ Eichenmischwald EMW
◆ *Corylus* (Hasel)   □ *Alnus* (Erle)   △ *Picea* (Fichte)
——●—— *Pinus* (Kiefer) in % des Baumpollens (incl. *Corylus*)
---●--- *Pinus* in % des Gesamtpollens

——— bezogen auf Σ Gehölz-Pollen
------- " " " Gesamt- "

Diagramm 5 (Sammeldiagramm)

er Gelegenheit hatte, seinen Pollen in die Bodenschicht einzustreuen.

Ein weiteres, allerdings wesentlich geringeres Kontingent stellt ein Liliifloren-Pollen. Auch in diesem Falle wird man den Spender in der Wildflora zu suchen haben und ihn in dem in feuchten Schluchten auch heute noch wuchernden Bärlauch *(Allium ursinum)* erkennen können. Auch bei ihm können wir vermuten, daß er den Menschen der damaligen Zeit als Zukost diente und daß sie seine purgierenden Eigenschaften kannten und schätzten – seine ihm gleichfalls zugeschriebene Wirkung, die Arteriosklerose zu verhindern, hat er damals wohl kaum ausspielen können!

Eigenartig und unerklärbar ist nun aber, daß in den Kulturschichten 8 und 7 der Liliifloren-Pollen ganz und der *Rumex*-Pollen fast ganz fehlt, daß dann aber letzterer im Niveau der 6. Kulturschicht wieder häufig angetroffen wurde.

Nicht auf gleicher Basis läßt sich nun allerdings das konkordante Verhalten der Farnsporenkurve erklären. Der naheliegende Verdacht, daß die Mesolithiker Farne als Lagerstreu benützt hätten, kann nicht gut zutreffen, da es sich, wie wir sagten, ausschließlich oder doch größtenteils um felsbewohnende Farne (Widertonfarne und Blasenfarn) handelt, deren dürftiger Wuchs sie für solche Zwecke ungeeignet macht. Man wird also an eine ungewollte Förderung durch den Menschen denken müssen, der wahrscheinlich die nächste Umgebung des Höhleneingangs lichtete und damit den Felsfarnen Gelegenheit gab, die Höhlenwände zu besiedeln und dort ihre Sporen zu verstreuen.

Gehölzpollen (Baumpollen + Corylus): columns ΣG – Ac. **Kraut- und Graspollen:** columns ΣK – sonstige.

Niveau der 6. Kulturschicht (Profil 11)

Profil u. Tiefe in cm	ΣP	ΣG	Cor	Pin	Qu	Til	Ulm	Frx	ΣEMW	Bet	Aln	Pic	Sal	Fag	Ab	Ac	ΣK	Gram	Rum	Lili	Tub	Lig	Cruc	sonstige	Farnsp
11 :+50	70	29	13	4	4	5			9	2		1					41	1	20			1	6		92
11 :+35	40	20	5	2	4	2	4	1	11	1	1						20	2	9	1?		1	2		62
	110	49	18	6	8	7	4	1	20	3	1	1					61	3	29	1?		2	8		154
%			36,7	12,3	16,3	14,3	8,2	2,0	40,8	6,1	2,0	2,0					*147,0*	6,1	59,2	2?		4,1	16,3		*314*

7. Kulturschicht (Profil 2/6 u. 2/7)

Profil u. Tiefe in cm	ΣP	ΣG	Cor	Pin	Qu	Til	Ulm	Frx	ΣEMW	Bet	Aln	Pic	Sal	Fag	Ab	Ac	ΣK	Gram	Rum	Lili	Tub	Lig	Cruc	sonstige	Farnsp
2/6 :-20	4	2		1	1				1								2	1							1
2/7 :-33	22	16	10	2	3	1			4								6							Chenop 1	22
	26	18	10	3	4	1			5								8	1						1	23
%			55,6	16,7	22,2	5,6			27,8								44,4	5,6							*128*

Zwischenschicht 7–8 (Profil 2/7)

Profil u. Tiefe in cm	ΣP	ΣG	Cor	Pin	Qu	Til	Ulm	Frx	ΣEMW	Bet	Aln	Pic	Sal	Fag	Ab	Ac	ΣK	Gram	Rum	Lili	Tub	Lig	Cruc	sonstige	Farnsp
2/7 :-47	25	20	12	1	4	1			5	2							5							Caryoph 1	7
%			60,0	5,0	20,0	5,0			25,0	10,0							25,0							5,0	*35*

8. Kulturschicht, oberer Teil (Profil 2/6 u. 2/7)

Profil u. Tiefe in cm	ΣP	ΣG	Cor	Pin	Qu	Til	Ulm	Frx	ΣEMW	Bet	Aln	Pic	Sal	Fag	Ab	Ac	ΣK	Gram	Rum	Lili	Tub	Lig	Cruc	sonstige	Farnsp
2/6 :-45	109	100	76	3	12	4			16	5							9	1	1		3				6
2/7 :-61	14	10	8			1			1	1							4		1						2
	123	110	84	3	12	5			17	6							13	1	2		3				8
%			76,4	2,7	10,9	4,5			15,4	5,5							11,8	0,9	1,8		2,7				*7*

8. Kulturschicht, unterer Teil (Profil 2/6 u. 2/7)

Profil u. Tiefe in cm	ΣP	ΣG	Cor	Pin	Qu	Til	Ulm	Frx	ΣEMW	Bet	Aln	Pic	Sal	Fag	Ab	Ac	ΣK	Gram	Rum	Lili	Tub	Lig	Cruc	sonstige	Farnsp
2/6 :-55	50	48	39	2	4	2			6	1							2							Chenop 1	2
2/7 :-75	10	8	5	2	1				1								2								1
	60	56	44	4	5	2			7	1							4							1	3
%			78,6	7,1	8,9	3,6			12,5	1,8							7,1							1,8	*5*

8. Kulturschicht, total

Profil u. Tiefe in cm	ΣP	ΣG	Cor	Pin	Qu	Til	Ulm	Frx	ΣEMW	Bet	Aln	Pic	Sal	Fag	Ab	Ac	ΣK	Gram	Rum	Lili	Tub	Lig	Cruc	sonstige	Farnsp
s. oben	183	166	128	7	17	7			24	7							17	1	2		3			Chenop 1	11
%			77,2	4,2	10,2	4,2			14,4	4,2							10,2	0,6	1,2		1,8			0,6	*7*

Zwischenschicht 8–9 (Profil 11)

Profil u. Tiefe in cm	ΣP	ΣG	Cor	Pin	Qu	Til	Ulm	Frx	ΣEMW	Bet	Aln	Pic	Sal	Fag	Ab	Ac	ΣK	Gram	Rum	Lili	Tub	Lig	Cruc	sonstige	Farnsp
11 :-25	125	80	34	27	7	2	3		12	2		4			1		45	3	18		1	1	1		46
-35	166	110	51	10	14	4	10	6	34	4	8		2			1	56	8	14		5	2	18		46
-40	141	87	50	18	6		7	1	14	2	1	1	1				54	7	16	5	1	2		Plant 1 / Art 1	52
	432	277	135	55	27	6	20	7	60	8	9	5	3		1	1	155	18	48	5	7	5	19	1 / 1	144
%			48,7	19,8	9,7	2,2	7,2	2,5	21,6	2,9	3,3	1,8	1,1		0,4	0,4	55,9	6,5	17,3	1,8	2,5	1,8	6,9	0,4 / 0,4	*52*

Tab. 1:

Nachweis der Pollenführung korrespondierender Schichten der Profile 2, 6, 11 und 16 der Jägerhaus-Höhle mit Berechnung der Prozentanteile an der Gehölzpollensumme (fett) und – in den tiefen Lagen – an der Gesamtpollensumme (kursiv).

Erläuterung der Abkürzungen (auch zu den Diagrammen 1–5):

ΣP = Summe der Gesamtpollen. ΣG = Summe der Gehölzpollen. Cor = Corylus (Hasel); Pin = Pinus (Kiefer); ΣEMW = Eichenmischwald; darin: Qu = Quercus (Eiche), Til = Tilia (Linde); Ulm = Ulmus (Ulme); Frx = Fraxinus (Esche); Bet = Betula

9. Kulturschicht Profil (11 u. 2/7)

Profil u. Tiefe in cm	ΣP	ΣG	Cor	Pin	Qu	Til	Ulm	Frx	ΣEMW	Bet	Aln	Pic	Sal	Fag	Ab	Ac	ΣK	Gram	Rum	Lili	Tub	Lig	Cruc	sonstige	Farnsp.
11: -45	106	63	25	23	3	5	1	2	11		2	2					43	1	24			2	2		265
-50	87	17	6	4	1	2		2	5		2						70	2	53	4	2	1	2		79
-55	14	9	2	4			1	1	2		1						5		3						38
-60	35	22	14	1	1	4	1		6	1							13		6	2	2				72
-65	46	14	6	2	1		2		3	1	1		1				32	5	12		2	2			65
2/7: -105	50	41	26	2	1	10	1		12	1							9								43
	338	166	79	36	7	21	6	5	39	3	6	2		1			172	8	98	6	6	5	4		562
%		47,6	21,7	4,2	12,6	3,6	3,0	23,4	1,8	3,6	1,2		0,6				102,5	4,8	59,0	3,6	3,6	3,0	2,4		338

Zwischenschicht 9-10 (Profil 11 u. 2/7)

Profil u. Tiefe in cm	ΣP	ΣG	Cor	Pin	Qu	Til	Ulm	Frx	ΣEMW	Bet	Aln	Pic	Sal	Fag	Ab	Ac	ΣK	Gram	Rum	Lili	Tub	Lig	Cruc	sonstige	Farnsp.
11: - 70	15	5	3		1	1			2								10		7						48
2/7: -122	35	24	11	5	1	4		1	6	2							11								44
	50	29	14	5	2	5		1	8	2							21		7						92
%		48,3	17,2	6,9	17,2		3,5	27,6	6,9								72,5		24,1						317

10. Kulturschicht (Profil 11 u. 2/7)

Profil u. Tiefe in cm	ΣP	ΣG	Cor	Pin	Qu	Til	Ulm	Frx	ΣEMW	Bet	Aln	Pic	Sal	Fag	Ab	Ac	ΣK	Gram	Rum	Lili	Tub	Lig	Cruc	sonstige	Farnsp.
11: -80	47	32	10	18	1	3			4								15		8	1		1			60
-85	40	18	1	11	1	4	1		6								22	2	9	6		1			31
-90	52	17	4	10		2			2			1					35		34			1			27
-95	36	11		6		3			3	1	1						25		20	2					28
2/7: -135	22	17	3	10		2			2		1				1		5								46
	197	95	18	55	2	14	1		17	1	2			1	1		102	2	71	9		3			192
%		19,0	58,0	2,1	14,7	1,1		17,9	1,1	2,1			1,1	1,1			107,4	2,1	74,7	9,5		3,2			202

Zwischenschicht 10-11 (Profil 11 u. 2/7)

Profil u. Tiefe in cm	ΣP	ΣG	Cor	Pin	Qu	Til	Ulm	Frx	ΣEMW	Bet	Aln	Pic	Sal	Fag	Ab	Ac	ΣK	Gram	Rum	Lili	Tub	Lig	Cruc	sonstige	Farnsp.
11: -100	38	18	2	11	1	2		1	4		1						20		16	4					51
und -105 -110	3	2		2													1				1				13
-115	37	17	3	10	3	1			4								20			11	2	6			83
-120	43	31	7	21		3			3								14		1	2		3	1		133
2/7 -151	3	2		2													1								15
	124	70	12	46	4	6		1	11		1						56		17	17	3	9	1		295
%		17,1	65,7	5,3	8,6		1,4	15,7		1,4							77,2		28,6	28,6	4,3	12,9	1,4		412

11. Kulturschicht (Profil 11, 2/7 u. 6)

Profil u. Tiefe in cm	ΣP	ΣG	Cor	Pin	Qu	Til	Ulm	Frx	ΣEMW	Bet	Aln	Pic	Sal	Fag	Ab	Ac	ΣK	Gram	Rum	Lili	Tub	Lig	Cruc	sonstige	Farnsp.
11: -125	58	38	1	27	2	5	2		9	1							20		3	4	1	5			140
-130	55	45	13	22	4	2	4		10								10	2	1	2	1	3			98
-135	39	29	10	19													10					7			164
bis -140 -160	4	3		3													1					1			19
2/7: -160	32	18	4	13					1								14								53
6: -200	94	77	5	66		2		1	3	3							17	4			2				129
-210	18	16	2	9	1				1	1	3						2								20
-220	40	37	5	31						1							3	1							45
	340	263	40	190	7	9	6	1	23	7	3						77	7	4	6	4	16			568
%		15,2	72,3	2,7	3,4	2,3	0,4	8,8	2,7	1,1							29,3	2,7	1,5	2,3	1,5	6,1			216

Fortsetzung Tab. 1

(Birke); Aln = Alnus (Erle); Pic = Picea (Fichte); Sal = Salix (Weide); Fag = Fagus (Buche); Ab = Abies (Weißtanne); Ac = Acer (Ahorn); Jugl = Juglans (Nußbaum); Ptero = Pterocarya (Flügelnuß).

Gram = Gramineen (Süßgräser); Rum = Rumex (Ampfer); Lili = Liliifloren (Liliengewächse und Verwandte); Tub = Tubuliflorae (Röhrenblütler); Lig = Liguliflorae (Zungenblütler); Cruc = Cruciferen (Kreuzblütler); Art = Artemisia (Beifuß); Chenop = Chenopodiaceen (Gänsefußgewächse); Caryoph = Carophyllaceen (Nelkengewächse); Plant = Plantago (Wegerich). Farnsp. = Farnsporen.

ΣK = Summe der Kraut- und Graspollen.

Column groups: **Gehölzpollen (Baumpollen + Corylus)** spans ΣG–Ac; **Kraut- und Graspollen** spans ΣK–sonstige.

12. Kulturschicht mit Zwischenschichten 11–12 und 12–13 (Profil 11 u. 6)

Profil u. Tiefe in cm	ΣP	ΣG	Cor	Pin	Qu	Til	Ulm	Frx	ΣEMW	Bet	Aln	Pic	Sal	Fag	Ab	Ac	ΣK	Gram	Rum	Lili	Tub	Lig	Cruc	sonstige	Farnsp.
11: -165 bis -185	8	6	3	2	1?				1?								2		1						12
-190	15	13	2	11													2		1		1				11
-195	19	16	2	14													3		1						27
-200	60	48	3	41			1		1	2	1						12	1				2	1		30
6: -230	84	69	1	63						1		4					15	5			1				55
-240	35	13	2	11													22	7			3		1		9
-250	47	30	6	18			2		2	2		1			1		17	4				1			32
-260	136	119	4	110	1				1	2		2					17	6				1			24
-270	30	26		24			1		1	1							4	2							10
-280	75	50	4	41	1				1	4							25	5			1	1	2		20
-290	18	11	2	7						1		1				Jugl	7				1				5
-300	82	61	3	45						9		3				1	21	8			1				11
Σ	609	462	32	387	3		4		7	22	1	11			1	1	147	38	3		8	5	4		246
%			6,9	83,7	0,6		0,9		1,5	4,8	0,2	2,4			0,2	0,2	31,8	8,2	0,6		1,7	1,1	0,9		53

13. Kulturschicht (Profil 11 und 6)

Profil u. Tiefe in cm	ΣP	ΣG	Cor	Pin	Qu	Til	Ulm	Frx	ΣEMW	Bet	Aln	Pic	Sal	Fag	Ab	Ac	ΣK	Gram	Rum	Lili	Tub	Lig	Cruc	sonstige	Farnsp.
11: -205	45	34	1	32													11		5		2		1		22
-210	13	12	2	10													1								13
bis -215/-225	2	1		1													1								9
-230	7	7		7																					12
-235	13	12	1	11													1								7
6: -310	35	19	1	12	1				1	1		2			1	1	16	1		1					2
-320	65	50	1	43	1				1	2		3					15	3				1			32
-330	28	23		17	2				2			4					5								7
-340	32	20		19										1			12	1							12
Σ	240	178	6	152	4				4	3		9		1	1	1	62	5	5	1	2	1	1		116
%			3,4	85,4	2,3				2,3	1,7		5,1		0,6	0,6	0,6	34,9	2,8	2,8	0,6	1,1	0,6	0,6		65

Zwischenschicht 13–14 (Profil 11 und 6)

Profil u. Tiefe in cm	ΣP	ΣG	Cor	Pin	Qu	Til	Ulm	Frx	ΣEMW	Bet	Aln	Pic	Sal	Fag	Ab	Ac	ΣK	Gram	Rum	Lili	Tub	Lig	Cruc	sonstige	Farnsp.
11: -240	33	28	2	24								1	1				5					2	1		12
-250	24	20		18						2							4					3			33
6: -350	140	121	1	112			1		1	4	1	1				Ptero 1	19	5			1	2	1		41
Σ	197	169	3	154			1		1	6	1	2	1			1	28	5			1	7	2		86
%			1,8	91,2			0,6		0,6	3,5	0,6	1,2	0,6			0,6	16,6	3,0			0,6	4,1	1,2		51

14. Kulturschicht (Profil 11 und 6)

Profil u. Tiefe in cm	ΣP	ΣG	Cor	Pin	Qu	Til	Ulm	Frx	ΣEMW	Bet	Aln	Pic	Sal	Fag	Ab	Ac	ΣK	Gram	Rum	Lili	Tub	Lig	Cruc	sonstige	Farnsp.
11: -250	27	25		23						2							2							Artem 1	14
-255	14	12		12													2	1			1				2
6: -360	37	32		30								2					5	1							36
-370	143	119	1	112			1		1			5					24	1			3	1			47
Σ	221	188	1	177			1		1	2		7					33	3			4	1		1	99
%			0,5	94,8			0,5		0,5	1,1		3,7					17,6	1,6			2,1	0,5		0,5	54

Fortsetzung Tab. 1

Profil u. Tiefe in cm	ΣP	ΣG	Cor	Pin	Qu	Til	Ulm	Frx	ΣEMW	Bet	Aln	Pic	Sal	Fag	Ab	Ac		ΣK	Gram	Rum	Lili	Tub	Lig	Cruc	sonstige	Farnsp.

Zwischenschicht 14–15 (Profil 6, 11 und 16)

Profil u. Tiefe in cm	ΣP	ΣG	Cor	Pin	Qu	Til	Ulm	Frx	ΣEMW	Bet	Aln	Pic	Sal	Fag	Ab	Ac		ΣK	Gram	Rum	Lili	Tub	Lig	Cruc	sonstige	Farnsp.
6: -380	147	126		121						2	1	2				Jugl		21								90
-390	111	100		92						1	5	1				1		11	5					1		24
11: -270	40	33	2	30						1	2							7	1	2	1?		2			31
-280	38	31		28						1								7				1	3			25
16: -170	73	52	1	44						2		5						21	4				3	7	Artem 3	51
-180	45	42		37						2		3						3	1					1		18
-190	120	100		97								3						20	2				5	4		55
	574	484	3	449						9	8	14				1		90	13	2	1?	1	13	13	▪ 3	294
%		%	0,6	92,8						1,9	1,7	2,9				0,2		18,6	2,7	0,4	0,2	0,2	2,7	2,7	0,6	61
%		84,3	0,5	78,2						1,6	1,4	2,4				0,2		15,7	2,3	0,4	0,2	0,2	2,3	2,3	0,5	51

15. Kulturschicht (Profil 11 und 16)

Profil u. Tiefe in cm	ΣP	ΣG	Cor	Pin	Qu	Til	Ulm	Frx	ΣEMW	Bet	Aln	Pic	Sal	Fag	Ab	Ac		ΣK	Gram	Rum	Lili	Tub	Lig	Cruc	sonstige	Farnsp.
11: -290	150	117	3	110			1		1	2	1							33	3	2		1	8			48
-300	83	58		55						1			2					25		4			18			52
-310	70	59		57						1		1						11	3		1?		6			54
16: -200	134	104		101	1				1				2					30	5				8	2	Artem 6	59
-210	39	27		26									1					12	1			2	4	3	▪ 1	21
-220	84	66		65									1					18	3			2	6	2	▪ 1	32
-230	43	29		28									1					14	1			1	6	2	▪ 1	25
	603	460	3	442	1	1		2	4	1	1	7						143	16	6	1?	6	56	9	▪ 9	291
%		%	0,6	96,0	0,2	0,2		0,4	0,9	0,2	0,2	1,5						31,1	3,1	1,3	0,2	1,3	17,2	2,0	2,0	63
%		76,3	0,5	73,3	0,2	0,2		0,3	0,7	0,2	0,2	1,2						23,7	2,7	1,0	0,2	1,0	9,3	1,5	1,5	48

Basisschicht 1 (Profil 16)

Profil u. Tiefe in cm	ΣP	ΣG	Cor	Pin	Qu	Til	Ulm	Frx	ΣEMW	Bet	Aln	Pic	Sal	Fag	Ab	Ac		ΣK	Gram	Rum	Lili	Tub	Lig	Cruc	sonstige	Farnsp.
16: bis -250/-270	213	170		167	1			1	1	1								43	2				35			24
%		%		98,2	0,6			0,6	0,6	0,6								25,3	1,2				20,6			14
%		79,8		78,4	0,5			0,5	0,5	0,5								20,2	0,9				16,4			11

Basisschicht 2 (Profil 16)

Profil u. Tiefe in cm	ΣP	ΣG	Cor	Pin	Qu	Til	Ulm	Frx	ΣEMW	Bet	Aln	Pic	Sal	Fag	Ab	Ac		ΣK	Gram	Rum	Lili	Tub	Lig	Cruc	sonstige	Farnsp.
16: u. -280/-290	159	88		87						1								71	3			1	60			9
%		%		98,9						1,1								80,7	3,4			1,1	67,2			10
%		55,3		54,7						0,6								44,7	1,9			0,6	37,7			6

Basisschicht 3 (Profil 16)

Profil u. Tiefe in cm	ΣP	ΣG	Cor	Pin	Qu	Til	Ulm	Frx	ΣEMW	Bet	Aln	Pic	Sal	Fag	Ab	Ac		ΣK	Gram	Rum	Lili	Tub	Lig	Cruc	sonstige	Farnsp.
16: u. -300/-310	136	39		38						1								97	4			4	81	1	Artem 1	11
%		%		97,5						2,5								249	10,2			10,2	207	2,5	2,5	26
%		28,7		28,0						0,7								71,3	2,9			2,9	59,6	0,7	0,7	8

Basisschicht 4 (Profil 16)

Profil u. Tiefe in cm	ΣP	ΣG	Cor	Pin	Qu	Til	Ulm	Frx	ΣEMW	Bet	Aln	Pic	Sal	Fag	Ab	Ac		ΣK	Gram	Rum	Lili	Tub	Lig	Cruc	sonstige	Farnsp.
16: u. -320/-330	155	9		8						1								146	4			8	124		Artem 1	7
%		%		88,9						11,1								1622	44,4			89	1367		11,1	78
%		5,8		5,2						0,6								94,2	2,6			5,2	80,0		0,6	4,5

Fortsetzung Tab. 1

Die rechte Seite des Sammeldiagramms läßt ersehen, daß wir aufgrund der pollenanalytischen Gegebenheiten die Kulturschichten 11 bis 7 in die boreale Haselzeit stellen. Das heißt aber nun, daß wir nur die oberste Mesolithschicht, die Kulturschicht 6, dem Atlantikum, der Eichenmischwaldzeit, zuschreiben können, und zwar müssen wir sie, sofern sie durch das Spektrum des Profils 11 mit den beiden Proben aus + 50 und + 35 cm repräsentativ verkörpert ist, einem frühen Abschnitt des Atlantikums zuschreiben.

Insgesamt ergibt sich also aus der Pollenanalyse für die Urgeschichte das generelle Resultat, daß das Mesolithikum der Jägerhaus-Höhle, soweit es durch die Kulturschichten 13 bis 6 repräsentiert ist, den gesamten Zeitraum vom Präboreal bis zum älteren Atlantikum und damit etwa den Zeitraum zwischen 8000 und 5000 v. Chr. umfaßt. Über das Ende des Mesolithikums ist generell damit nichts gesagt, weil über der obersten Mesolith-Schicht, der 6. Kulturschicht, im Profil der Jägerhaus-Höhle eine Schichtlücke folgt. Die fundarme unterste, 15. Kulturschicht ist archäologisch schwer einzustufen. Es scheint sich um ein spätestes Paläolithikum oder ein frühestes Mesolithikum zu handeln, bzw. um eine Übergangsstufe (W. TAUTE 1972; ders.: Teil 1). Nach der Pollenanalyse gehört diese in die Jüngere Dryaszeit, also in das 9. Jahrtausend v. Chr.

Literaturverzeichnis

BERTSCH, K., 1931: Paläobotanische Monographie des Federseerieds. Bibliotheca Botanica 103, 1–127

FILZER, P., 1965: Beiträge zur Problematik der Pollenanalyse kulturführender Lehme. Fundber. aus Schwaben N. F. 17, 214–223

FIRBAS, F., 1941: Pflanzendecke und Klima zur Zeit der mesolithischen Jäger des Birkenkopfs in Stuttgart: In: E. PETERS, Die Stuttgarter Gruppe der mittelsteinzeitlichen Kulturen. Veröff. d. Archivs d. Stadt Stuttgart, H. 7, 25–34

HOLDHEIDE, W., 1941: Über zwei Funde prähistorischer Holzkohlen. Ber. d. dtsch. botan. Ges. 59, 85–98

LANG, G., 1952: Zur späteiszeitlichen Vegetations- und Florengeschichte Südwestdeutschlands. Flora 139, 243–294

NUBER, A. H., 1962: Der steinzeitliche Fundplatz „Borgerhau", Markung Asch (Krs. Ulm). Fundber. aus Schwaben N. F. 16, 21–39

TAUTE, W., 1972: Funde aus der Steinzeit in der Jägerhaus-Höhle bei Bronnen. In Fridingen – Stadt an der oberen Donau. Thorbecke Verlag Sigmaringen. 21–26

– in Vorbereitung: Das Mesolithikum in Süddeutschland. Teil 1: Chronologie und Ökologie

5

Arbeit aus der Eidgenössischen Anstalt für das forstliche Versuchswesen, CH-8903 Birmensdorf

Vegetationsgeschichtlich-archäologische Auswertung der Holzkohlenfunde mesolithischer Höhlensedimente Süddeutschlands

(Jägerhaus-Höhle, Falkensteinhöhle, Felsdach Inzigkofen, Fohlenhaus, Bettelküche, Schräge Wand)

von FRITZ H. SCHWEINGRUBER, Birmensdorf bei Zürich

Mit 2 Abbildungen und 4 Tabellen

Inhalt:

1. Einleitung

Die hier untersuchten Holzkohlen stammen mit einer Ausnahme aus Grabungen, die W. TAUTE (Tübingen) zwischen 1962 und 1967 in Höhlen und unter Felsdächern des Schwäbischen und Fränkischen Juras durchgeführt hat (Jägerhaus-Höhle, Falkensteinhöhle, Felsdach Inzigkofen, Fohlenhaus und Bettelküche; vgl. W. TAUTE: Teil 1). In der Regel fanden sich die später zu Proben zusammengestellten Holzkohlebröckchen in den mesolithischen Kulturschichten weithin verstreut. Lediglich drei Proben aus der Jägerhaus-Höhle stammen ganz (Tab. 3, Proben 1 und 2) oder zum großen Teil (Tab. 3, Probe 2) aus eng umgrenzten Fundstellen innerhalb des betreffenden stratigraphi-

schen Horizontes. Darüber sowie über die Messungen des Radiokarbonalters ist Näheres dem Beitrag von H. OESCHER und W. TAUTE (1978; vgl. oben S. 15–19) zu entnehmen.

Herrn Dr. V. TOEPFER (Halle/Saale) werden einige unveröffentlichte Untersuchungsergebnisse von ELISE HOFFMANN und F. FIRBAS verdankt, die sich auf ältere Grabungen in der Falkensteinhöhle und unter dem Felsdach Inzigkofen an der oberen Donau beziehen (E. PETERS 1935 und 1946). Schließlich stellte Herr Dr. F. B. NABER (Bonn) freundlicherweise zwei Proben aus seiner Grabung unter der Schrägen Wand im nördlichsten Frankenjura (F. B. NABER 1968) für diese Arbeit zur Verfügung.

Die sorgfältige Bergung und Analyse der stratigraphisch geordneten Holzkohleproben macht es möglich, archäologische und vor allem vegetationsgeschichtliche Probleme näher zu beleuchten. Meines Wissens können Pollendiagramme (P. FILZER 1978; vgl. oben S. 21–32) und Holzkohlendiagramme aus denselben mesolithischen Kulturschichtfolgen im süddeutschen Raume hier erstmals miteinander verglichen und beurteilt werden. Hervorragende Bedeutung kommt dabei der Jägerhaus-Höhle im oberen Donautal zwischen Fridingen und Kloster Beuron zu.

Aus urgeschichtlichen Fundplätzen sind bisher mehrmals Holzreste untersucht worden, wobei nur die Artbestimmung im Vordergrund stand. Neuere Holzbearbeitungen haben ergeben, daß aus diesem Material weitere wichtige Daten für die historische Botanik, die Holzkunde und die Archäologie gewonnen werden können. Es ist deshalb angezeigt, vorerst prinzipielle Möglichkeiten der Holzanalyse darzulegen.

1.1. Holzkohlenfunde

- Die meisten Holzkohlenstücke erlauben eine Artbestimmung. Es ist also möglich festzustellen, welche Holzarten verbrannt wurden. Wenn in einer Station mehrere Fundplätze vorliegen (Herdstellen, Streufunde) können vergleichende Betrachtungen Aufschluß über deren ursprünglichen Verwendungszweck vermitteln (Sammelholz, Schneitelung, Artefakte usw.).
- Die Stückzahlen der verschiedenen Holzarten weisen auf den Sammelbereich der damaligen Menschen hin. Wenn die heutige Vegetationsdecke und die aus den Bodenprofilen gewonnenen Erkenntnisse miteinander verglichen werden, kann der Aktionsradius erfaßt werden, d. h. wir erhalten Auskunft, wie weit her der prähistorische Mensch sein Holz zur Siedlung schleppte.
- Bei sehr kritischer Wertung der holzanalytischen Resultate ist oft eine vegetationsgeschichtliche Deutung möglich. Im vorliegenden Fall ist dies sicher möglich.
- Der Erhaltungszustand des Holzes vor dem Verbrennen kann anhand der Pilzvegetationskörper (Hyphen) festgestellt werden. Anders gesagt, wir können ermitteln, ob es sich bei den zu untersuchenden Proben mehrheitlich um Fallholz oder um Schlagholz handelt.
- Wenn genügend große Stücke zur Untersuchung vorliegen, ist eine Aussage hinsichtlich Herkunft des Holzes vom Baum (Stamm, Ast) möglich.
- Abnützungsspuren und Inkrustierungen in Holzkohlen können Daten zur Entstehung des Sediments liefern. Unter Umständen sind sogar Aussagen über Druck- und Lagerungsverhältnisse zu machen. Erst im Vergleich mit unverkohlten Proben eröffnen sich viele weitere Aussagemöglichkeiten.
- Treten im Material zeitfremde Holzarten auf, schließen Diskussionen über Sedimentinfiltrationen an.

1.2. Unverbranntes Holz

Obwohl aus den vorliegenden Fundplätzen kein derartiges Material vorliegt – es ist fast ausschließlich in Moor- und Seeufersiedlungen in größeren Mengen erhalten –, seien die Möglichkeiten dieser Analyse kurz aufgezeigt.

Ein Arten- und Mengenvergleich der statistisch erfaßten Holzformen (Holzkohlen, Zweige, unverkohlte Splitter, Rinde, Bauholz, Artefakte) gibt meistens Aufschluß über die so schwer ermeßbare Selektion einzelner Holzarten durch den Menschen. Treten Arten, die in der Umgebung nicht in großer Menge vorhanden sind, in der Statistik übermäßig hervor, sind Mutmaßungen über deren Verwendungszweck (Rindenböden, Zweige als Isolations- oder Schneitelungsmaterial, Bauholz) angebracht. Sobald die Selektion einigermaßen abgeschätzt werden kann, sind Rückschlüsse – besonders in Verbindung mit anderen naturwissenschaftlichen Untersuchungsergebnissen – über die prähistorische Vegetationsdecke und Wirtschaftsformen der damaligen Menschen (Brandrodung, Waldweide) möglich. Wenn hölzerne Artefakte holztechnologisch untersucht werden, erhalten wir ein Bild über die Holzkenntnisse des Menschen (F. H. SCHWEINGRUBER 1976).

Es sei schon hier betont, daß die holzkundlichen Ergebnisse erst in Korrelation mit denen der Pollen-, Samen-, Molluskenschalen-, Knochen- und Radiokarbonalanalysen dem Archäologen ein sinnvolles Bild über die Lebensweise der Menschen vermitteln können.

2. Heutige Vegetation in der nahen Umgebung der untersuchten Höhlen

Zum besseren Verständnis und der Wertung der Holzkohlenresultate ist es von Vorteil – oft sogar unerläßlich – die Vegetationseinheiten in der näheren Siedlungsumgebung zu kennen. Die Kenntnis der heutigen topographischen und vegetationskundlichen Verhältnisse in der Siedlungsumgebung ermöglicht die Zuweisung der fossilen Holzarten im Gebiet (F. KLÖTZLI 1967). Wir verzichten auf eine genaue Beschreibung der Topographie und verweisen auf die Darstellungen des Ausgräbers (W. TAUTE: Teil 1).

Wir besprechen hier summarisch die rezente Vegetation bei den Siedlungsplätzen Jägerhaus-Höhle, Falkenstein-Höhle und Felsdach Inzigkofen, sind uns jedoch bewußt, daß diese Charakterisierung einer guten pflanzensoziologischen Analyse nicht gleichzusetzen ist.

34

2.1. Jägerhaus-Höhle, Donautal, Bronnen, Stadt Fridingen, Kreis Tuttlingen

In der näheren Umgebung der Höhle sind heute grundsätzlich vier Standorte auseinander zu halten:

- Vor der Höhle liegt eine von nährstoffhaltigem Quellwasser beeinflußte Zone, die sich gegen die Talsohle hinunterzieht.
- Die gegen Süden und Süd-West geneigten, nicht von Quellwasser beeinflußten Hänge sind ziemlich trocken, aber nicht nährstoffarm.
- Die Vegetation des Talbodens wird durch den Grundwasserspiegel der Donau geprägt.
- Die leicht ansteigenden Hänge über dem Steilabfall (Hochplateau) sind ziemlich trocken.

Rings um die Höhle, im Einflußbereich der Hangschuttquellen, dehnt sich ein lokal eng begrenzter Ahorn-Eschenwald aus. Die hohe Luft- und Bodenfeuchtigkeit und der hohe Nitrat- und Basenreichtum (Hangrutschungen, Nährstoffzufuhr aus dem heute bewirtschafteten Hochtal über der Höhle) schaffen die Grundlage für das Gedeihen dieses Waldtypus. Die wichtigsten Vertreter der Baumschicht sind:

Esche	*Fraxinus excelsior*
Bergahorn	*Acer pseudoplatanus*
Spitzahorn	*Acer platanoides*
Bergulme	*Ulmus scabra*
Sommerlinde	*Tilia platyphyllos*

Spärlich sind die Eichen vertreten:

Stiel- und Traubeneiche	*Quercus robur* und *Q. petraea*

Die reiche Strauchschicht enthält neben den erwähnten Baumarten unter anderem:

Stachelbeere	*Ribes uva crispa*
Breitblättriger Spindelbaum	*Evonymus latifolius*
Schwarzer Holunder	*Sambucus nigra*
Hasel	*Corylus avellana*
Rotes Geißblatt	*Lonicera xylosteum*
Echter Kreuzdorn	*Rhamnus cathartica*

Die reiche Krautschicht enthält viele Nitratzeiger, deren wichtigste die Nessel (*Urtica dioeca*) und der Geißfuß (*Aegopodium podagraria*) sind. Aus dem Areal dieser Pflanzengesellschaft dürfte ein Großteil der aufgesammelten Holzkohlen stammen.

Außerhalb des Einflußbereichs des Hangwassers hat sich im Kalkschutt ein junger, typischer Kalkbuchenwald entwickelt. Der mit 15 Grad geneigte Westhang ist mit ca. 50jährigen Buchen bestockt. Neben den Buchen sind wenige Exemplare der Hainbuche (*Carpinus betulus*), Sommerlinde (*Tilia platyphyllos*) und der Spitzahorn (*Acer platonoides*) zu finden. In der spärlichen Krautschicht herrschen mesophile Arten wie Waldmeister (*Asperula odorata*) und Bingelkraut (*Mercurialis perennis*) vor. Auch dieser Standort ist wohl von den Holzsammlern besucht worden.

Oberhalb der Höhle, an den leicht zur Hochfläche ansteigenden Hängen, ist heute ein krautschichtfreier Kalkbuchenwald entwickelt. Dieser Standort liegt wohl außerhalb des vom prähistorischen Menschen intensiv genutzten Gebietes.

Die leicht zugänglichen westlich der Höhle gelegenen SW-Hänge, die vermutlich im Sammelbereich lagen, sind heute entwaldet oder weisen niederwaldähnliche, atypische Waldbilder auf. Restelemente deuten auf einen Eichen-Hainbuchenwald. Sporadisch treten auf:
Hainbuche, Traubeneiche, Esche, Ulme, Linde, Elsbeere.

In der Talsohle, direkt am Donauufer, sind einige Reste einer Weichholzaue zu finden. Erlen fehlen am sehr langsam fließenden Gewässer vollständig.

Wir nehmen an, daß in postglazialer Zeit alle Standorte, mit Ausnahme der Talsohle, von Bäumen besiedelt waren.

2.2. Falkensteinhöhle, Donautal, Thiergarten, Gem. Beuron, Kreis Sigmaringen

Die größte Fläche im kleinen Umkreis unterhalb der Höhle ist von einem Kalk-Buchenwald bestockt. Einzig ein schmaler Streifen direkt vor der Höhle und am Osthang, weist eine hygrophilere Gesellschaft auf, einen Ahorn-Eschenwald. Das aus dem Felsen austretende Wasser hält die oberste Zone (20–50 m) des Hangschuttbodens feucht. Diese Verhältnisse verleihen der Esche und dem Bergahorn eine große Konkurrenzkraft.

Das leicht eingeschnittene, gegen Süden geneigte Tälchen vor der Höhle ist von einem Buchen-Ahorn-Eschenwald besiedelt. Ziemlich spärlich sind Ulmen, Hasel und schwarzer Holunder den typischen Arten beigemengt. Einige nitrophile Kräuter (Geißfuß, Brennessel, Springkraut) in schattiger Lage vor der Höhle deuten einerseits auf Nährstoffeinschwemmung aus den heute bewirtschafteten Äckern über der Höhle und andererseits auf den von E. PETERS bei seiner Grabung 1933 aufgeworfenen Abraum. Der ganze mit 15 Grad geneigte Südhang ist mit einem Kalk-Buchenwald bestockt. Der obere Hangteil weist viele Seggen und andere trockenheitertragende Kräuter auf z. B.:

Weiße Segge	*Carex alba*
Weißliches Waldvögelein	*Cephalanthere damasonium*
Maiglöcklein	*Convallaria majalis*
Pfirsichblättrige Glockenblume	*Campanula persicifolia* u. a.

An der Basis des Hangfußes sind frischere Böden. Hier gedeihen gut:

Waldmeister	*Asperula odorata*
Wald-Labkraut	*Galium silvaticum*
Hain-Rispengras	*Poa nemoralis*
Mandelblättrige Wolfsmilch	*Euphorbia amygdaloides*
Flattergras	*Milium effusum*

Spärlich vertreten sind folgende Holzarten:
Esche, Sommerlinde, Stieleiche, Spitzahorn, Hasel, Mehlbeere, Efeu und Weißdorn.
Die nicht sehr leicht zugänglichen Standorte über der Höhle weisen mannigfaltige Wasserverhältnisse auf. Dementsprechend finden wir trockenrasenartige Gesellschaften an Kalkrippen und Ahorn-Eschenwald-Gesellschaften in Tälchen.
Der heute kultivierte Talboden der Donau war einst von einer Weidenaue bestockt.

2.3. Felsdach Inzigkofen, Donautal, Inzigkofen, Kreis Sigmaringen

Das Felsdach befindet sich an der Basis eines steil abfallenden Kalkfelsens. Am Hang sind einige weniger steile Schuttflächen, die im oberen Teil fast nur von Buchen bestockt sind. Der Hangfuß weist neben der Buche ziemlich viele Eschen, Ahorne und Ulmen auf. Die mehrere hundert Meter breite Talsohle liegt nur 2–3 m unter dem Niveau der Kulturschicht. Hier dürfte sich in nachchristlicher Zeit eine mächtige Weichholzaue ausgedehnt haben.

3. Holzkohlenanalysen

3.1. Erhaltungszustand des Untersuchungsmaterials

Gesamthaft betrachtet ist das Material weich, zum Teil sehr spröde und splittrig. Nur die druckholzreichen Äste der Kiefer weisen noch relativ große Festigkeit auf. Der allgemein splittrige Zustand hat möglicherweise die Holzstatistik insofern beeinflußt, als die Holzkohle-Partikel bei oder nach der Ausgrabung beim geringsten mechanischen Druck gebrochen sind. Äußerst brüchige Arten wie Kiefer dürften deshalb übervertreten sein.
Der Erhaltungs- und Erkennungszustand der Holzkohle wird in Höhlen stark von der Karbonathärte und dem Tongehalt des Sickerwassers beeinflußt. In weitaus den meisten Proben waren die Zellwände mit Tonhäuten überzogen (Abb. 1). Dadurch werden feinere anatomische Eigenheiten wie Tüpfel, Zellwandstrukturen, Durchbrechungen, Pilzhyphen verdeckt. Aus diesem Grunde konnten nur relativ wenig Stücke auf den Pilzgehalt geprüft werden. Seltener waren die wasserleitenden Elemente vollständig mit anorganischem Material ausgefüllt. In diesem Falle ist eine Artbestimmung kaum möglich. Bei starker Inkrustierung geht jegliche natürlich bedingte Spaltbarkeit verloren. Normal ausgebildetes Holzgewebe wird häufig nur durch die Inkrusten zusammengehalten. Sobald der Kalk herausgelöst wird, zerfallen die Stücke in kleinste Splitterchen. Nur die dickwandigen Spätholzzonen von

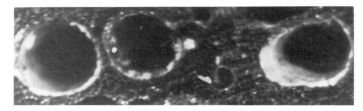

Abb. 1. *Fraxinus* sp. (Esche) quer, ca. 120:1 Auflicht. Die Zellwände der weitlumigen Frühholztracheen sind von einem Film anorganischen Materials überzogen. Die natürliche Spaltbarkeit des Holzes geht verloren, da die Stabilität der einsedimentierten Röhren höher ist als die des Holzes.

Stammholz und die nicht selten auftretenden Stücke mit Druckholz (Abb. 2) sind nicht inkrustiert und weisen demzufolge eine normale Brechbarkeit auf.
Durch den Verbrennungsvorgang sind verschiedene Artefakte entstanden. Unberechenbare dimensionale Verformungen im Bereich lockergewebiger Zonen und Rißbildungen verschiedenster Art, erschweren das Erkennen der Holzarten. Im Extremfall splittert das Holz in unzählige radiale Lamellen auf. Vor allem beim Verbrennen nasser, harzreicher Stücke dürften die strukturellen Deformationen am größten sein. In diesem Zusammenhang sei das Problem der Artunterscheidung der in Frage kommenden Föhren-Arten besprochen. Trotz des relativ guten Erhaltungszustandes einiger Stücke wurde von einer Trennung des Waldföhren- vom Zirbenholz abgesehen, denn einige Erscheinungen verunmöglichen eine sichere Trennung. Aus folgenden Gründen ergeben sich Schwierigkeiten:
Das vorliegende Material besteht zur Hauptsache aus tangential abgespaltenen Spätholzzonen. Zur Untersuchung

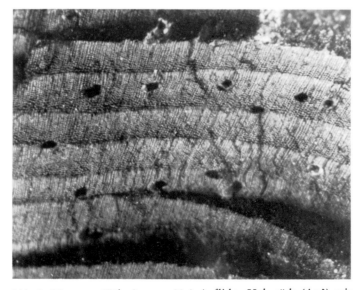

Abb. 2. *Pinus* sp. (Föhre) quer, 30:1 Auflicht. Holzstück (Ast?) mit sehr großem Druckholzanteil. Schon bei der Verbrennung spaltet das Holz tangential auf, da die Formveränderungen bei Einwirkung von Hitze im Druckholz nicht gleich sind wie im Frühholz.

36

bleiben nur die durch Druck geprägten dickwandigen Elemente, die sich in der Regel für die Beobachtung der Markstrahltracheiden mit den zackigen, resp. glatten Wänden wenig eignen. Austreibende Gase überprägen beim Verbrennen die normale Struktur der Tracheiden, so daß die Merkmale in den Kreuzungsfeldern der Markstrahlen nicht sicher zu erkennen sind oder nicht die ursprüngliche Form aufweisen. Bei der Diagnose ist zudem größte Vorsicht geboten, die Markstrahlkontaktflächen auf den Tracheiden nicht als echte Markstrahlen zu werten. In Einzelfällen ist es möglich, den zweinadeligen Föhrentypus mit den Zakkenwänden sicher zu erkennen. Sehr schwer ist es aber, den Entscheid zu fällen, daß keine Zacken vorhanden sind, daß es sich also um *Zirbe* handelt. Im Versuch mit rezentem verkohltem Material wurden im Blindversuch die obigen Erfahrungen voll und ganz bestätigt.

3.2. Pilzhyphen in Holzkohlen

Mit Hilfe des Auflichtmikroskopes können in Längsbrüchen oft verkohlte Pilzhyphen nachgewiesen werden. Der Pilzbefallsgrad erlaubt Rückschlüsse auf die Lagerung des Holzes vor dem Verbrennen.

Wir verzichten hier auf eine Darstellung der Schwierigkeiten bei der Erfassung der Pilzhyphen und verweisen auf F. H. SCHWEINGRUBER 1976. Es sei nur erwähnt, daß verschiedene Momente wie: Verbrennungsdeformation, ungleicher Hyphenbefall, Holzdichte und Holzgifte in Relation zur Befallsdichte bei der Beurteilung berücksichtigt werden müssen. Aus den angeführten Gründen wurden nur die eindeutigen Stücke – es sind leider relativ wenig – beurteilt (Tab. 1).

Wie aus Versuchen an rezentem Material hervorgeht, sind nahezu sämtliche Fallhölzer von Pilzen befallen. Diese Tatsache veranlaßt uns, hohe Pilzbefallswerte in fossilen Holzkohlen dahin zu deuten, daß Fallholz verbrannt worden ist. Tatsächlich wird dieser Befund vom subfossilen Material aus allen Höhlen (jungpaläolithisch bis mesolithisch), welche auf Pilzbefall hin untersucht wurden, bestätigt. Wie aus dem archäologischen Befund zu entnehmen ist, besaßen die Leute noch keine wirkungsvollen Schlagwerkzeuge in größerer Zahl, die eine intensive Brennholzgewinnung erlaubt hätten (TAUTE mdl.). 76 % aller Hölzer sind befallen. Aus Versuchen an rezentem Material wäre ein Befallsgrad von nahezu 100 % zu erwarten. Dieses Resultat kann aber nicht erreicht werden, weil jedes Stück nur auf einer Stichprobenfläche von 1–4 mm² beurteilt wurde. Zudem sind die Unsicherheitsfaktoren für den anscheinend geringen Befallswert verantwortlich zu machen. Beim Vergleich dieser Resultate mit denen anderer Stationen, in welchen gute Fälläxte bekannt sind, ergibt sich folgendes Bild:

Süddeutsche Höhlen   mesolithisch   Befall 76 %
Auvernier (Neuenburgersee)   neolithisch   Befall 15–22 %
Egolzwil IV/1   neolithisch   Befall 5 %

Zusammenfassend können wir sagen: In der Jägerhaus-Höhle, dem Fohlenhaus und dem Felsdach Inzigkofen wurde während der Besiedlungszeit praktisch nur Fallholz verbrannt.

Diese Deutung wurde durch die Beobachtung gestärkt, daß die größeren Stücke der Proben 12–16 aus der Jägerhaus-Höhle sämtlich von Ästen stammten.

3.3. Fehlerquellen der Holzkohlenanalyse

Den Ausführungen unter 3.3. bis 3.5. liegen die Tabellen 2, 3 und 3 a–f zugrunde.

Wenn in Kulturschichten nur ein einziges Holzmaterial vorliegt – in diesem Falle nur Holzkohle – ist die botanische Auswertung der Zahlenwerte überaus schwierig, weil

Tab. 1 Zusammenstellung der Ergebnisse über Pilzbefall

Holzart		Jägerhaus-Höhle (Proben 2–10)		Fohlenhaus		Felsdach Inzigkofen		Total	
		mit Hyphen Stück	ohne Hyphen Stück	mit Hyphen Stück	ohne Hyphen Stück	mit Hyphen Stück	ohne Hyphen Stück	mit Hyphen Stück	ohne Hyphen Stück
Pinus sp.	Föhre, Kiefer	15	5	15	5	25	21	55	31
Acer sp.	Ahorn	13	6	0	0	10	0	23	6
Corylus cf. *avellana*	Hasel	92	16	2	2	29	3	23	21
Fraxinus cf. *excelsior*	Esche	6	0	7	0	11	12	24	12
Hedera cf. *helix*	Efeu	1	0	0	0	0	0	1	0
Pomoideae	Rosengewächs	4	3	1	0	2	0	7	3
Rhamnus sp.	Kreuzdorn, Faulbaum	0	4	0	0	0	0	0	4
Salix sp.	Weide	19	0	0	0	0	0	19	0
Tilia sp.	Linde	6	0	0	0	0	0	6	0
Ulmus sp.	Ulme	2	0	0	0	22	12	24	12
Einzeltotal		158	34	25	7	99	48	282	89
Gesamttotal		192		32		147		371	
Prozentuale Anteile		82%	18%	78%	22%	67%	33%	76%	24%

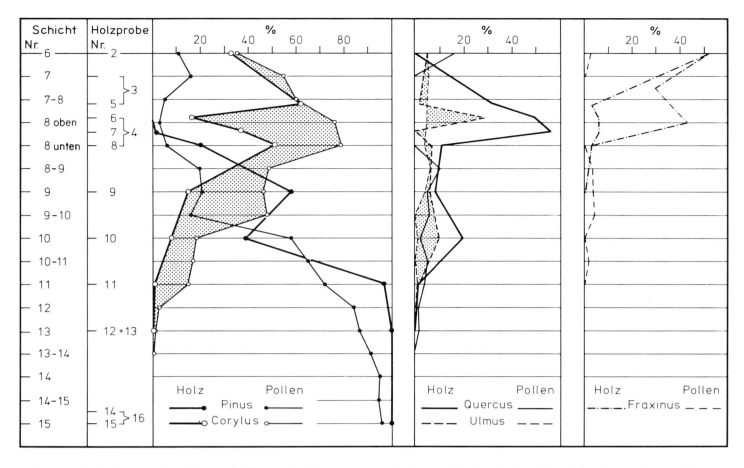

Tab. 2: Vergleichende Darstellung der Holzkohlen- und Pollenprozentwerte in der mesolithischen Kulturschichtenfolge der Jägerhaus-Höhle. (Die Pollenprozentwerte nach P. FILZER 1978, vgl. oben S. 21–32). Für die Holzkohlenbelege von Fraxinus wurden im oberen Profilabschnitt zwei Kurven gezeichnet, je eine für die Proben Nr. 3 und 4 bzw. die Proben Nr. 5 bis 8.

verschiedene Unsicherheitsfaktoren die Werte beeinflussen können:

Vorerst muß man sich bewußt sein, daß es sich bei Holzkohlen aus Kulturschichten um Reste der Bäume des näheren Siedlungsareals handelt. Mit Holzkohlen-Analysen läßt sich also nur ein sehr lokales Waldbild rekonstruieren. Erst wenn aus einem größeren Gebiet aus verschiedenen Fundstellen reichlich gleichaltriges Material miteinander verglichen werden kann, sind mit einiger Vorsicht vegetationsgeschichtliche Fragen diskutierbar.

Es ist uns unbekannt, ob gewisse Holzarten von den Menschen zu Brennzwecken ausgelesen worden sind. In neo-

lithischer Zeit ist diese Tendenz ganz eindeutig nachzuweisen (B. PAWLIK und F. H. SCHWEINGRUBER 1976). Wir sind darüber hinaus nicht sicher, ob alle ursprünglich in der Schicht vorhandenen Holzkohlen noch erhalten sind. Durch mechanische Beanspruchung, sei es durch Kalkinkrustation, Rutschungen oder bei der Bergung während der Ausgrabung u. a., könnten einige besonders sensible Stücke zerstört worden sein.

Wenn Holzkohlen aus Herdstellen stammen, sind sicher einige Stücke dem gleichen Baum zugehörig. Wenn dagegen Flächenproben aufgesammelt werden, handelt es sich wohl um Durchschnittswerte einer Gehölzflora. Die

Heterogenität der einzelnen Proben geht vor allem aus der Analyse der mehr oder weniger gleichaltrigen Proben 6, 7, 8 und 4 der Jägerhaus-Höhle hervor; die Proben 6, 7 und 8 sind gesamthaft identisch mit Probe 4 = Kulturschicht 8.

Ergebnis:

	Probe 6, 7 und 8	Probe 4
Kiefer	11 %	0,7 %
Hasel	34,7 %	46 %
Esche	4 %	42 %
Eiche	39,3 %	8 %
Ulme	18 %	0 %

Die Heterogenität dieser Proben ist z. T. noch auf statistische Unsicherheiten zurückzuführen. Um die Varianz der 7 Haupholzarten richtig zu erfassen, müßten pro Probe mindestens 400 Stücke untersucht werden, damit die Einzelwerte statistisch gesichert wären.

Eine einzelne Probe gibt kaum mehr Auskunft als daß wir nun wissen, welche Holzarten in der betreffenden Lokalität zu der bestimmten Zeit verbrannt worden sind. In gewissen Fällen kann dies eine Hilfe für die Datierung bedeuten.

Die Untersuchung der Jägerhaus-Höhle stellt im süddeutschen Raume ein Novum dar hinsichtlich der Korrelation von Pollen- und Holzkohlenanalyse. Dank des Entgegenkommens von P. FILZER (vgl. oben S. 21–32: P. FILZER 1978) können die Ergebnisse der beiden paläobotanischen Methoden hier in der Zusammenschau miteinander verglichen werden (Tab. 2).

Selbst wenn die Standartabweichungen berücksichtigt werden, sind die absoluten Prozentwerte nicht übereinstimmend, was allerdings auch kaum zu erwarten war. Überraschenderweise zeigen sich aber schöne Übereinstimmungen im Kurvenverlauf einiger gut vertretener Arten. Mit einiger Vorsicht dürfen wir also in diesem Falle Rückschlüsse auf die Vegetationsentwicklung ziehen. Die meisten Arten zeigen gleiche Tendenzen. Unterhalb der oberen Probe aus Kulturschicht 8 ist eine sehr gute Übereinstimmung festzustellen. Bei fallender Pinuskurve steigen die Werte der Hasel und der Eichenmischwaldvertreter. Im Bereich der Kulturschichten 8 (oben) bis 6 laufen die Kurven der Laubholzarten keineswegs synchron. Die Diskrepanzen sind wohl z. T. dadurch zu erklären, daß die Probe 2 aus dem Niveau der 6. Kulturschicht vermutlich Holzkohle-Beimischungen enthält, die jünger sind als die betreffende Schicht und die aus ihrem Niveau entnommenen Pollenproben (H. OESCHGER und W. TAUTE 1978, vgl. oben S. 15 f.). Außerdem darf damit gerechnet werden, daß sich in diesen Horizonten die selektionierenden Umweltfaktoren bemerkbar machen: Die prähistorischen Menschen haben wohl die besten Brennholzarten bewußt ausgelesen; die Ausgräber bemühten sich, so viele Stücke wie möglich aufzusammeln und trafen dabei eine Auswahl, indem sie vorwiegend fündige Stellen ausbeuteten. Den Störungsfaktor »Ausgräber« können wir bis zu einem gewissen Grade ausschließen, indem in die Grabungsprotokolle genaue Angaben über die Probendichte aufgenommen werden oder daß der Naturwissenschaftler ständig an der Grabung teilnimmt, die Proben selbst birgt und die nötigen Beobachtungen genau festhält. Bei zukünftigen Grabungen sollte diesem Moment vermehrt Aufmerksamkeit geschenkt werden.

3.4. Kritische Arten

Bevor wir die einzelnen Höhlen und deren Schichten besprechen, wenden wir uns noch einigen kritischen Arten im Profil der Jägerhaus- und der Falkensteinhöhle zu (Tab. 3):

Jägerhaus-Höhle:

| Kulturschicht 15 | Ahorn 1 Stück (7920 ± 120 B. C.) |
| Kulturschicht 10 | Buche 1 Stück (6890 ± 70 B. C.) |

Falkensteinhöhle

unteres Drittel der	{	Buche 1 Stück (5740 ± 120 B. C.)
Mesolith-Schicht	{	Mistel 1 Stück
oberes Drittel der	{	Buche 1 Stück (5590 ± 120 B. C.)
Mesolith-Schicht	{	Mistel 1 Stück

Die Stücke sind mit Sicherheit richtig bestimmt. Dank einer umfangreichen Sammlung rezenter Vergleichspräparate und Beschreibungen in der Literatur bleibt eine Fehlbestimmung ausgeschlossen.

Nach den C^{14}-Daten (H. OESCHGER und W. TAUTE 1978; vgl. oben S. 18 f.) besteht bei allen Arten die Möglichkeit, daß sie zu der angegebenen Zeit bereits sehr spärlich im Gebiet vorhanden waren. Es wären jedoch früheste Vorboten der später z. T. waldbildenden Arten. Im klimatisch begünstigten oberen Donautal konnten sich die von Osten kommenden Buchen vermutlich relativ früh halten. Eigenartig mutet an, daß in jüngeren Mesolithschichten keine Funde dieser Art mehr auftreten. Vom Ahorn ist bekannt, daß Holzkohlen im Magdalénien (W. MÜLLER-STOLL 1936) im Rheintal bei Freiburg gefunden wurden. Demnach ist dieser Fund weiter nicht erstaunlich. (Die Spezies kann nicht ermittelt werden, da das Stück ein Astfragment darstellt.)

J. IVERSEN (1944) gibt an, daß die Mistel bereits im Boreal spärlich in Dänemark auftritt. Bei den Funden aus der Falkensteinhöhle ist es nicht ausgeschlossen, daß die Art bereits im Mesolithikum auf Kiefern oder einem Laubbaum (Rosaceae) gedieh. Wie bei der Buche dürfte es sich um erste Einwanderer handeln.

Am eigenartigsten mutet der Buchenfund aus der Jägerhaus-Höhle an. Vermutungen über dessen Herkunft sind

Tab. 3 Übersicht über die bestimmten Holzkohleproben

		Jägerhaus-Höhle												
Kultur-Schicht		3		Niveau von 6		7 (Abtragungen a, b, c)		8 (Abtragungen d, e, f)		7 unteres Drittel (Abtragung c)		8 oberes Drittel (Abtragung d)		8 mittleres Drittel (Abtragung e)	
archäolog. Datierung		Mittel-alter		Spätmeso-lithikum und jünger?		Spätmeso-lithikum		Frühmeso-lithikum		Mesolithikum		Frühmeso-lithikum			
Holzart	Probe	1		2		3		4		5		6		7	
		St.	%	St.	%	St.	%	St.	%	St.	%	St.	%	St.	%
Pinus		—	—	—	—	—	—	1	0,7	—	—	—	—	1	2
Acer		—	—	—	—	10	9	4	3	—	—	—	—	—	—
Betula		—	—	—	—	—	—	—	—	—	—	—	—	—	—
Corylus		—	—	21	33	31	29	71	46	45	62	12	16	23	37
Fagus		—	—	—	—	—	—	—	—	—	—	—	—	—	—
Fraxinus		—	—	34	52	31	29	64	42	2	3	4	5	3	5
Hedera		—	—	—	—	1	1	—	—	—	—	—	—	—	—
Pomoideen		—	—	—	—	—	—	—	—	1	1,5	—	—	—	—
Sorbus		—	—	—	—	—	—	—	—	—	—	—	—	—	—
Rhamnus		—	—	—	—	—	—	1	0,7	—	—	—	—	—	—
Quercus		74	100	—	—	34	32	12	8	23	32	38	50	36	57
Salix		—	—	—	—	—	—	—	—	—	—	—	—	—	—
Tilia		—	—	6	9	—	—	—	—	—	—	—	—	—	—
Ulmus		—	—	3	5	—	—	—	—	1	1,5	22	29	—	—
Viscum		—	—	—	—	—	—	—	—	—	—	—	—	—	—
Populus		—	—	—	—	—	—	—	—	—	—	—	—	—	—
Total		74	100	64	100	107	100	153	100	72	100	76	100	63	100
Rinde		—	—	35	55	4	4	2	1	—	—	—	—	—	—
Rinde Q		8	11	—	—	—	—	7	5	—	—	—	—	—	—
Holzk. indet.		1	1	21	33	17	16	11	7	2	3	8	11	9	14
Corylus-Schalen		—	—	—	—	25	23	70	46	33	46	100	100	64	102
Knochen		—	—	5	8	15	14	2	1	2	3	1	1	3	5
Nadelholz indet.		—	—	—	—	—	—	—	—	—	—	—	—	—	—

		Falkensteinhöhle						Felsdach Inzigkofen						Felsdach Inzigkofen (nach F. FIRBAS)	
Kultur-schicht		Mesolith-Schicht						Mesolith-Schicht						Mesolith-Schicht insgesamt	
		oberes Drittel		mittleres Drittel		unteres Drittel		oberes Drittel		mittleres Drittel		unteres Drittel			
archäolog. Datierung		Spät-meso-lithikum		Meso-lithikum		Früh-meso-lithikum		Spät-meso-lithikum		Meso-lithikum		Früh-meso-lithikum		Meso-lithikum	
Holzart	Probe													Sammelprobe	
		St.	%	St.	%	St.	%	St.	%	St.	%	St.	%	St.	%
Pinus		40	19	108	39	117	63	1	0,6	36	67	30	14	10	24
Acer		5	2	2	0,4	4	2	4	3	—	—	18	8	1	2,0
Betula		—	—	—	—	1	0,5	—	—	—	—	—	—	—	—
Corylus		9	4	7	3	1	0,5	18	12	2	4	77	36	2	4,1
Fagus		1	0,5	—	—	1	0,5	—	—	—	—	—	—	—	—
Fraxinus		6	3	2	1	4	2	17	11	6	11	1	0,2	25	51
Hedera		—	—	—	—	—	—	—	—	—	—	—	—	—	—
Pomoideen		6	3	—	—	—	—	—	—	—	—	3	0,5	—	—
Sorbus		—	—	—	—	—	—	—	—	—	—	—	—	—	—
Rhamnus		—	—	—	—	—	—	—	—	—	—	—	—	—	—
Quercus		136	67	148	54	63	32	106	68	8	15	17	8	3	6,1
Salix		—	—	—	—	—	—	—	—	—	—	—	—	8	16
Tilia		3	1,5	—	—	—	—	—	—	—	—	—	—	—	—
Ulmus		—	—	3	1	2	1	10	6	2	4	70	32	2	4,1
Viscum		1	0,5	2	1	1	0,5	—	—	—	—	—	—	—	—
Populus		—	—	—	—	—	—	—	—	—	—	—	—	—	—
Total		207	100	272	100	194	100	156	100	54	100	216	100	51	100
Rinde		—	—	—	—	—	—	—	—	—	—	—	—	—	—
Rinde Q		—	—	—	—	—	—	—	—	—	—	—	—	—	—
Holzk. indet.		3	1,5	—	—	2	1	3	2,5	—	—	—	—	—	—
Corylus-Schalen		—	—	—	—	—	—	—	—	—	—	—	—	—	—
Knochen		5	1	—	—	1	—	—	—	—	—	—	—	—	—
Nadelholz indet.		—	—	—	—	—	—	—	—	—	—	—	—	—	—

Jägerhaus-Höhle

8 unteres Drittel (Abtragung f)		9		10		11		13		Niveau von 13		15 oberes Drittel		15 mittleres und unteres Drittel		15 insgesamt	
Frühmesolithikum										Übergangsstufe Spätpaläolithikum – Frühmesolithikum							
8		9		10		11		12		13		14		15		16	
St.	%	St.	%	St.	%	St.	%	St.	%	St.	%	St.	%	St.	%	St.	%
23	20	60	58	168	39	277	97	254	100	52	100	226	100	181	100	126	99,2
2	2	6	6	36	8	1	0,3	—	—	—	—	—	—	—	—	1	0,8
—	—	—	—	1	0,2	—	—	—	—	—	—	—	—	—	—	—	—
59	51	16	15	37	8	2	0,7	—	—	—	—	—	—	—	—	—	—
—	—	—	—	1	0,2	—	—	—	—	—	—	—	—	—	—	—	—
2	2	—	—	—	—	—	—	—	—	—	—	—	—	—	—	—	—
9	8	1	1	6	1,4	—	—	—	—	—	—	—	—	—	—	—	—
—	—	3	3	6	1,4	—	—	—	—	—	—	—	—	—	—	—	—
—	—	—	—	7	1,6	1	0,3	—	—	—	—	—	—	—	—	—	—
13	11	8	8	85	20	3	1	—	—	—	—	—	—	—	—	—	—
—	—	3	3	39	9	—	—	—	—	—	—	—	—	—	—	—	—
—	—	—	—	2	0,4	—	—	—	—	—	—	—	—	—	—	—	—
8	7	6	6	43	10	2	0,7	—	—	—	—	—	—	—	—	—	—
—	—	—	—	—	—	—	—	—	—	—	—	—	—	—	—	—	—
116	100	103	100	431	100	286	100	254	100	52	100	226	100	181	100	127	100
—	—	2	2	16	4	—	—	—	—	—	—	—	—	—	—	—	—
—	—	—	—	—	—	—	—	—	—	—	—	—	—	—	—	—	—
9	8	21	20	39	9	15	5	26	10	8	15	34	15	15	8	10	8
64	55	—	—	14	3	—	—	—	—	—	—	—	—	—	—	—	—
—	—	—	—	5	1	—	—	5	2	—	—	—	—	—	—	—	—
—	—	—	—	—	—	—	—	37	14	16	31	21	9	23	12	18	14

Fohlenhaus / **Bettel-Küche** / **Schräge Wand (nach J. STIEBER 1968)** / **Schräge Wand**

1		2 oberer Teil		2 unterer Teil		4 unteres Drittel		3		5 Mitte		7		5 Mitte		7	
Frühmesolithikum								Metallzeit		Neolithikum oder Mesolithikum		Frühmesolithikum		Neolithikum oder Mesolithikum		Frühmesolithikum	
1		2a		2b				SW 63/1		SW 63/2		SW 63/3					
St.	%	St.	%	St.	%	St.	%	St.	%	St.	%	St.	%	St.	%	St.	%
57	27	15	60	22	100	166	82	1	0,6	1	0,6	100	100	2	1,7	85	99
—	—	—	—	—	—	—	—	6	4,0	—	—	—	—	—	—	—	—
4	2	—	—	—	—	13	6,5	43	29	47	32	—	—	22	19	1	1
—	—	—	—	—	—	—	—	27	18	—	—	—	—	—	—	—	—
74	34	—	—	—	—	—	—	34	24	3	2,0	—	—	3	2,5	—	—
1	0,5	—	—	—	—	—	—	—	—	—	—	—	—	1	0,8	—	—
—	—	—	—	—	—	—	—	—	—	—	—	—	—	—	—	—	—
77	36	10	40	—	—	20	10	22	15	84	56	—	—	70	59	—	—
—	—	—	—	—	—	—	—	10	7	—	—	—	—	1	0,8	—	—
—	—	—	—	—	—	3	1,5	4	2,7	13	8,7	—	—	19	16	—	—
—	—	—	—	—	—	—	—	—	—	—	—	—	—	—	—	—	—
—	—	—	—	—	—	—	—	3	2,0	—	—	—	—	—	—	—	—
213	100	25	100	22	100	202	100	150	100	150	100	100	100	118	100	86	100
—	—	—	—	—	—	—	—	—	—	—	—	—	—	—	—	—	—
10	5	—	—	—	—	6	3	—	—	—	—	—	—	—	—	—	—
—	—	—	—	—	—	—	—	—	—	—	—	—	—	—	—	—	—
—	—	2	8	1	4	6	3	—	—	—	—	—	—	—	—	—	—

um so mehr erlaubt als P. FILZER (1978; vgl. oben S. 23) in den unteren Schichten der Jägerhaus-Höhle wirklich zeitfremde Pollen nachweist:

Walnußbaum: Zwischenschicht 14–15

Pterocarya: Zwischenschicht 13–14

Arten, die im Postglazial nicht ausgeschlossen sind, wie

Buche: Kulturschicht 13 und 9

Tanne: Kulturschicht 10 sind ebenfalls vorhanden.

Vor allem die Walnuß-Pollen geben den Hinweis auf deren interglaziale Herkunft. Es erscheint wahrscheinlich, daß älteres Material durch Rutschungen oder durch unterirdische Gewässer mit mesolithischen Resten vermischt worden ist. Wie W. TAUTE mitteilt, wurde bei den Grabungen mehrfach beobachtet, daß die tieferen Partien des Profils der Jägerhaus-Höhle nach starken Niederschlägen von Hangwässern durchströmt wurden. Die Beigabe des alten Materials braucht nicht auf die extremen Arten beschränkt zu bleiben. Es ist nun sehr wohl denkbar, daß sowohl Arten, die im Interglazial wie im Postglazial gut vertreten waren, im untersuchten Sediment liegen. Aus welchem Interglazial die Funde stammen, bleibt unklar, da aus dem weiteren Gebiet noch keine Funde bekannt sind und aus dem Holstein in nächster Nähe die Buche noch nie nachgewiesen worden ist (B. FRENZEL 1967).

Der Befund könnte Konsequenzen bei der Beurteilung der C^{14}-Ergebnisse haben. Wenn der Anteil der interglazialen Holzkohlen groß ist, werden die C^{14}-Alter zu hoch. Dagegen wäre zu erwarten, daß bei Holzkohlen aus ziemlich kompakten Herdstellen der Anteil des störenden alten Materials geringer ist als bei den Proben, die aus Streufunden bestehen. Solchen Erwartungen steht indessen das Ergebnis der zusammenfassenden Würdigung aller Radiokarbon-Daten aus den hier untersuchten Höhlen entgegen (H. OESCHGER und W. TAUTE 1978, Tab. 2; vgl. oben S. 18 f.): Unter 19 Daten ist nur eines deutlich zu alt, und gerade die beiden Proben aus vermutlichen Herdstellen sind erheblich zu jung.

3.5. Vegetationsgeschichtliche Auswertung

Die Rekonstruktion von Vegetationsverhältnissen mittels Holzkohlenprofilen ist mit großen Mängeln behaftet (vgl. 3.3.).

– Holz ist im Vergleich zu Pollen meist spärlich in Sedimenten vertreten. Es ergeben sich deshalb leicht statistische Fehler.

– Meistens ist Holz in Sedimenten nicht durchgehend von unten bis oben vertreten, so daß kein Kontinuum in der Entwicklung festgestellt werden kann. Vielmehr werden nur Momentbilder aus einer Entwicklung erfaßt.

– Besonders in waldarmen älteren Abschnitten der Nacheiszeit wird die Rekonstruktion des Vegetationsbildes

mangelhaft, weil nur die artenarme Gehölzvegetation in den Holzkohlen vertreten ist. Der Anteil und die Zusammensetzung der Kraut- und Spalierstrauchflora (*Dryas, Salix retusa* u. a.) ist nicht ermeßbar.

– Wenn Holzkohlen aus Höhlen verschiedener geographischer und topographischer Herkunft untersucht werden, wird sich dies im Holzkohlenwert bemerkbar machen, indem das selektive Moment durch den Menschen zum Ausdruck kommt.

– Die relativ engen Grenzen der Holzartdifferenzierung erschweren die vegetationsgeschichtliche Interpretation der Holzkohlenwerte.

Trotz der eben aufgezeigten Fehlerquellen bilden Holzkohlenbestimmungen eine wichtige paläoökologische Informationsquelle. Hinsichtlich der Untersuchung von Sedimenten aus Höhlen und Felsdächern gilt dies um so mehr als die Ergebnisse der Pollenanalyse hier mit besonderer Vorsicht zu interpretieren sind.

3.5.1. Jägerhaus-Höhle, Donautal, Bronnen, Stadt Fridingen, Kreis Tuttlingen (Tab. 3 a)

Der älteste Abschnitt mit den Kulturschichten 15 bis 13 weist praktisch nur Föhrenholz auf (vergleiche Bestimmungsschwierigkeiten). Das Material spiegelt einen fast reinen Föhrenwald in der Umgebung wider. Einzelne Ahorne mögen bereits auf den vom Hangwasser beeinflußten Böden – also direkt vor der Höhle – gestanden haben. Die monotone Artengarnitur erlaubt keine zeitliche Gliederung dieses Abschnittes. Die Kulturschichten 13 und 12 sind älter als das Boreal. In Anlehnung an die pollenanalytischen Ergebnisse P. FILZERs (1978; vgl. oben S. 26) ordnen wir sie dem Präboreal zu. Kulturschicht 11 ist gekennzeichnet durch das Auftreten einiger Laubbäume. In den darüberliegenden Proben erfahren die Laubbäume eine starke Zunahme bei gleichzeitiger Föhrenabnahme. Die zeitliche Klassierung der Schicht 11 ist nicht eindeutig, sie dürfte jedoch in die Wende Präboreal–Boreal fallen. Die Kulturschichten 10 und 9 sowie das untere Drittel von 8 sind im Boreal gebildet worden.

Die Waldvegetation in der näheren Umgebung mag folgendermaßen ausgesehen haben: Die von Hangwasser beeinflußten Böden waren hauptsächlich von Eschen und Ahornen besiedelt. Auf den trockeneren Hangschuttböden und den über der Höhle liegenden Plateaus standen vorwiegend Eichen und Föhren. Die Proben über der Probe 8 (= unteres Drittel der Kulturschicht 8) dürften alle dem Älteren Atlantikum (VI) zuzuordnen sein, denn die Föhre verschwindet völlig, wogegen die Arten des Eichen-Mischwaldes, insbesondere die Esche, eine Zunahme erfahren. Die Hasel ist immer noch kräftig vertreten. Vegetationsgeschichtlich nicht erklärbar ist das völlige Fehlen der

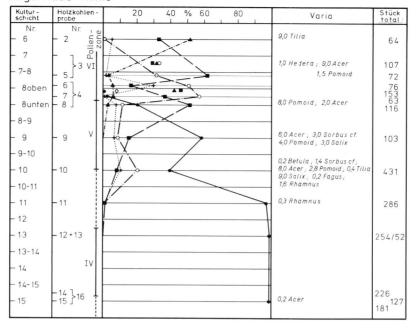

ⓐ Jägerhaus-Höhle

Kultur-schicht Nr.	Holzkohlen-probe Nr.	20 40 % 60 80	Varia	Stück total
6	2		9,0 Tilia	64
7	} 3 VI			107
7-8			1,0 Hedera; 9,0 Acer	72
	5		1,5 Pomoid	76
8 oben	6 } 4			153
	7			63
8 unten	8		8,0 Pomoid; 2,0 Acer	116
8-9				
9	9 V		6,0 Acer; 3,0 Sorbus cf. 4,0 Pomoid; 3,0 Salix	103
9-10				
10	10		0,2 Betula; 1,4 Sorbus cf. 8,0 Acer; 2,8 Pomoid; 0,4 Tilia 9,0 Salix; 0,2 Fagus; 1,6 Rhamnus	431
10-11				
11	11		0,3 Rhamnus	286
12				
13	12+13			254/52
13-14				
14	IV			
14-15	14 } 16			226
15	15		0,2 Acer	127 / 181

ⓑ Falkensteinhöhle

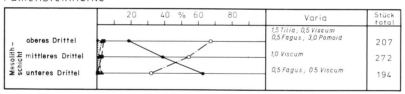

Mesolith-schicht	20 40 % 60 80	Varia	Stück total
oberes Drittel		1,5 Tilia, 0,5 Viscum 0,5 Fagus; 3,0 Pomoid	207
mittleres Drittel		1,0 Viscum	272
unteres Drittel		0,5 Fagus; 0,5 Viscum	194

ⓒ Schräge Wand (ohne Werte von *STIEBER* 1968)

	20 40 % 60 80	Varia	Stück total
Schicht 5, Mitte		0,4 Pomoid; 0,4 Tilia	118
Schicht 7			86

ⓓ Felsdach Inzigkofen

Mesolith-schicht	20 40 % 60 80	Varia	Stück total
oberes Drittel		3,0 Acer	156
mittleres Drittel			54
unteres Drittel		8,0 Acer; 0,5 Pomoid	216

ⓔ Fohlenhaus

Kulturschicht	Probe Nr.	20 40 % 60 80	Varia	Stück total
1	1		1,5 Pomoid	213
2, oberer Teil	2 a			25
2, unterer Teil	2 b			22

ⓕ Bettelküche

	20 40 % 60 80	Varia	Stück total
Kulturschicht 4, unteres Drittel			202

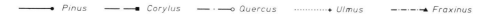

——•—— Pinus ——■—— Corylus —·—○—·— Quercus ·····+····· Ulmus —··—▲—··— Fraxinus

Tab. 3: Holzkohle-Diagramme

Eiche in Schicht 6. Wir sind uns bewußt, daß die vorgeschlagene zeitliche Klassierung aus den erwähnten Gründen hypothetisch ist.

Es mag überraschen, daß die Vertreter der Donauufer – nach heutigen Verhältnissen die der Weichholzaue – in allen ufernahen Wohnplätzen nicht oder nur spärlich Holzkohlen geliefert haben. Drei Faktoren mögen einzeln oder gemeinsam wirksam gewesen sein:

– Einwanderungszeit: In pollenanalytischer Literatur finden wir wenig Hinweise, wann die baumförmigen, holzliefernden Arten im Gebiet eingewandert sind. Laut unseren Untersuchungen sind sie spät, d. h. erst nach der mittleren Wärmezeit (Atlantikum) eingewandert. Vielleicht stellen die Proben aus Schicht 10 und 9 Reste strauchförmiger Typen dar, denn bei den Holzkohlen waren praktisch nur Aststücke vorhanden. Eine anatomische Differenzierung der Weiden gelingt nicht.

– Negative anthropogene Selektion: Der geringe Heizwert des Weidenholzes war den mesolithischen Menschen sicher bekannt. Da genügend gutes Brennholz zur Verfügung stand, ist es bewußt nicht gesammelt worden.

– Negative Selektion durch die Fossilisation: Es ist auffallend, daß Weichholzarten (Birke, Linde, Pappel, Weide) bei Holzkohlen in äußerst geringer Menge vorkommen. Vielleicht sind diese Arten durch den Erddruck zerstört worden. Die Vermutung wird durch die Beobachtung an Föhrenholz bestärkt, indem hier meist nur die harten Spätholzzonen erhalten sind, wogegen die zarten Frühholzteile nicht mehr bestehen.

Von unserer Seite ist die Probe 1 (= Kulturschicht 3) – es sind ausschließlich große Eichen-Holzkohlenstücke – zeitlich nicht einzuordnen. Nach dem archäologischen Befund wie dem C^{14}-Datum gehört die Probe dem Mittelalter an. Der gute Erhaltungszustand der Holzkohlen ist durch deren geschützte Lage im Innern eines Schmelzofenrestes erklärt. Die Verwendung von Eichenholz weist auf die technologischen Kenntnisse der mittelalterlichen Hüttenleute. In einem Vergleich sei diese Tatsache erläutert:

Eiche: 1 dm³ Stammholz mit 15 %/o Wassergehalt liefert   2500 kg/cal.

Buche: 1 dm³ Stammholz mit 15 %/o Wassergehalt liefert   2200 kg/cal.

Weide: 1 dm³ Stammholz mit 15 %/o Wassergehalt liefert   1700 kg/cal.

Berechnung nach L. VORREITER (1949)

3.5.2. Falkensteinhöhle, Donautal, Thiergarten, Gem. Beuron, Kreis Sigmaringen (Tab. 3 b)

Die Datierung der mesolithischen Kulturschichten der Falkensteinhöhle und der anschließend besprochenen Höhlen ist durch den Umstand erleichtert, daß die Proben aus der Zeit der raschen Waldumkonstruktion (Föhrenwald zu Eichenmischwald) stammen. Die prinzipiellen Unsicherheitsfaktoren der Holzkohlenanalyse dürfen dabei nicht aus dem Auge verloren werden.

Der deutliche und regelmäßige Föhrenabfall bei gleichzeitigem Aufstieg des Eichenwertes sowie das spärliche Vorhandensein von Ulme, Esche und anderen Arten im Profil der Falkensteinhöhle legen beim Vergleich mit dem Profil der Jägerhaus-Höhle die Vermutung nahe, daß das mesolithische Kulturschichtpaket der Falkensteinhöhle in der Mitte des Boreals abgelagert worden ist. Nicht gut paßt dazu der durchweg tiefe Haselwert.

Dank der sehr heterogenen Standortsverhältnisse im Umkreis der Falkensteinhöhle dürften diese Holzkohlenresultate Durchschnittswerte eines gesamten Vegetationsbildes darstellen und deshalb möglicherweise für ein weiteres Gebiet gelten.

E. HOFMANN, Wien, hat Ende der 30er Jahre Holzkohlematerial aus den Grabungen von E. PETERS und V. TOEPFER in der Falkensteinhöhle (E. PETERS 1934 und 1935) untersucht. Die Kenntnis des unveröffentlichten Manuskriptes wird Herrn Dr. V. TOEPFER, Halle/Saale, verdankt. Die Resultate E. HOFMANNs stimmen im wesentlichen mit den unseren überein. Fragwürdig ist das auch von J. STIEBER (1968) für das Mesolithikum der Schrägen Wand im Frankenjura mitgeteilte Zirbenvorkommen. Im Unterschied zu unseren Untersuchungen belegt E. HOFMANN für die Falkensteinhöhle noch die Hagebuche, wogegen Birke, Hasel (Holz), Pomoideen und Mistel nicht gefunden wurden. Die Resultate HOFMANNs lauten:

	Meso-lithikum	Bronze-zeit	Hall-statt	La Tène	Oberste Schicht
Pinus silvestris	+	—	—	—	+
Pinus cembra	+	—	—	—	—
Quercus petraea	+	+	+	+	+
Ulmus spec.	+	+	+	+	+
Tilia spec.	+	+	—	—	—
Fagus silvatica	—	+	+	—	+
Fraxinus excelsior	—	+	+	+	—
Carpinus betulus	—	—	—	—	+

3.5.3. Felsdach Inzigkofen, Donautal, Inzigkofen, Kreis Sigmaringen (Tab. 3 d)

Nicht leicht ist die Einstufung dieser Ablagerungen, weil die *Pinus*- und *Ulmus*-Kurven wohl nicht einen Normalfall darstellen. (Des geringen Zahlenwertes wegen sollte die mittlere Probe nicht stark berücksichtigt werden.) Die Tendenz des *Pinus*-Abfalls und das Steigen der Eichen-

und Eschenwerte wie das kräftige Vorhandensein der Hasel erlauben die Zuordnung der ganzen Mesolithschicht zur jüngeren Hälfte des Boreals (V).

Nach unseren Untersuchungen fehlen die Weiden erstaunlicherweise – das Felsdach liegt wenige Meter neben dem Rande der Talsohle – in Inzigkofen völlig. Aus dem Nachlaß PETERS ist jedoch ein Brief von FIRBAS vom 21. Oktober 1938 erhalten, in welchem von 51 bestimmten Holzkohlestücken 8 von Weiden stammen (Tab. 3). Der Höhlenlage entsprechend ist dieser Wert aber immer noch niedrig.

3.5.4. Fohlenhaus, Langenau, Alb-Donau-Kreis (Tab. 3e)

Drei Proben stehen zur Einordnung zur Verfügung: Auf dem Vorplatz zwischen den beiden Höhlen wurde die Probe 2a aus dem oberen Abschnitt einer 70 cm starken mesolithischen Fundzone ausgesammelt. Die Probe 2b stammt aus dem unteren Abschnitt dieser Fundzone, sie ist also älter als die Probe 2a. Die Probe 1 wurde vor der unteren Höhle aus einer mesolithischen Kulturschicht geborgen, deren relativ-chronologisches Verhältnis zu der vorgenannten Fundzone durch die Grabungen nicht geklärt werden konnte (Teil 1: W. TAUTE). Der Ausgräber stellte deshalb die Frage, ob die Holzarten-Spektren der drei Proben vom Fohlenhaus im Vergleich mit der gesicherten Abfolge der Jägerhaus-Höhle Aufschluß darüber geben, ob die Probe 1 älter oder jünger ist als die Proben 2a und 2b. (Eine C14-Messung liegt nur für die reiche Probe 1 vor.)

Die Proben 2a und 2b lieferten im Gegensatz zur Probe 1 nur sehr geringe Mengen bestimmbarer Holzkohlen.

Tab. 4a: Versuch einer Korrelation verschiedener mesolithischer Kulturschichten mit der Schichtenfolge der Jägerhaus-Höhle auf Grund der Holzkohlenfunde.

Da das Material einzelstückweise im Sediment gelagert war, dürfen die Stücke wohl zur Datierung herangezogen werden. Sie spiegeln vermutlich das damalige Waldbild recht gut wider. Die Probe 2b weist nur Föhrenholz auf. Wir ordnen sie deshalb wie die 13. Kulturschicht der Jägerhaus-Höhle dem Präboreal zu. Die stratigraphisch jüngere Probe 2a mit dem hohen Eichenwert kann zu dem Komplex der 10. bis 8. Kulturschicht der Jägerhaus-Höhle

Tab. 4b   Erläuterung zu Tab. 4a

Fundstelle	wesentliche Einordnungskriterien	Begrenzung oben	Begrenzung unten
Falkensteinhöhle	bei sinkendem *Pinus* – ansteigender *Quercus*-Wert akzessorisch: *Corylus, Fraxinus, Ulmus*	weniger *Pinus* als *Quercus*	mehr *Pinus* als *Quercus*; *Ulmus* und *Fraxinus* vertreten
Felsdach Inzigkofen	Tendenz *Pinus*-Abfall, eindeutiger *Quercus*-Anstieg	*Fraxinus* kräftig vertreten	*Fraxinus* spärlich
Fohlenhaus	bei sinkendem *Pinus* – ansteigender *Quercus*-Wert	*Fraxinus* kräftig vertreten	nur *Pinus* vorhanden
Bettelküche	*Pinus*-Wert dominant; *Quercus* und *Ulmus* vorhanden; vermutlich Beginn des *Quercus*-Anstiegs		
Schräge Wand 5	wenig *Pinus*, viel *Quercus* (zwischen Schicht 5 und 7 erfolgte Waldumkonstruktion)		
7	bei sehr viel *Pinus* 1 Stück *Corylus*		

gestellt und damit dem Boreal zugeordnet werden. Leider sind neben Föhre und Eiche keine weiteren Arten vorhanden, die eine bessere Zuordnung erlauben.

Der kräftige Eschen-Anteil in der Probe 1 bei relativ hohem Föhren-Wert deutet auf eine Ablagerung zur Zeit des endenden Boreals oder auf den Beginn des Atlantikums. Danach hat die Kulturschicht vor der unteren Fohlenhaus-Höhle mit der Probe 1 als jünger zu gelten (= 1. Kulturschicht) als die Fundzone auf dem Vorplatz zwischen beiden Höhlen mit den Proben 2 a und 2 b (= 2. Kulturschicht).

3.5.5. Bettelküche, Stadt Sulzbach-Rosenberg, Kreis Amberg-Sulzbach (Tab. 3 f)

Der hohe Pinus-Wert und die mäßig vertretenen Laubholzarten des Eichen-Mischwaldes deuten darauf hin, daß die Sedimente des unteren Drittels der 4. Kulturschicht im frühen Boreal – entsprechend etwa der 10. Kulturschicht der Jägerhaus-Höhle – gebildet worden sind.

3.5.6. Schräge Wand, Neudorf, Stadt Weismain, Landkreis Lichtenfels (Tab. 3 c)

Bei der Ausgrabung des Platzes durch F. B. NABER (1968) wurden aus der 5. und der 7. Kulturschicht Holzkohleproben ausgesammelt (vgl. Teil 1: W. TAUTE), deren eine Hälfte jeweils von J. STIEBER (1968) untersucht

worden ist. Seine Werte stimmen mit unseren Befunden, die aus der zweiten Hälfte dieser Proben gewonnen wurden, weitgehend überein. Sie sind in der Tabelle 3 unseren Werten gesondert beigefügt.

Eindeutig ist der krasse Pinus-Abfall und das plötzliche Auftreten der Eiche, Ulme und Esche. Ob zwischen den Proben eine Sedimentationslücke oder nur eine fundleere Zone vorliegt, muß von archäologischer Seite entschieden werden.

Die untere Schicht weist eine *Pinus*-Dominanz mit geringem *Corylus*-Vorkommen auf. Im Vergleich zu den Kulturschichten 11 und 12 der Jägerhaus-Höhle datieren wir sie ins Präboreal. In der oberen Schicht herrschen die Bäume des Eichen-Mischwaldes. Die Föhre ist nur noch spärlich vertreten. Diese Artenverteilung entspricht dem Bild von Kulturschicht 8 der Jägerhaus-Höhle (Probe 7). Die Schicht wurde wahrscheinlich an der Wende Boreal-Atlantikum gebildet.

4. Versuch einer Synchronisierung

Die recht gute Übereinstimmung der Holzkohlen- mit den Pollenresultaten im Profil der Jägerhaus-Höhle eröffnet bei aller Vorsicht die Möglichkeit einer Synchronisation der kleineren oben abgehandelten Fundvorkommen mit den Schichtgliedern der Jägerhaus-Höhle. Da die Holzkohlenanalyse, wie eingangs dargelegt, mit vielen Unsicherheitsfaktoren behaftet ist, werten wir diese Korrelation (Tab. 4 a und b) jedoch nur als Versuch.

Literaturverzeichnis

FILZER, P., 1978: Pollenanalytische Untersuchungen in den mesolithischen Kulturschichten der Jägerhaus-Höhle an der oberen Donau. In TAUTE, W. (Hrsgb.), Das Mesolithikum in Süddeutschland. Teil 2: Naturwissenschaftliche Untersuchungen. Tübingen (vgl. oben S. 21–32)

FIRBAS, F., 1949: Waldgeschichte Mitteleuropas. Jena

FRENZEL, B., 1967: Klimaschwankungen des Eiszeitalters. Braunschweig

IVERSEN, J., 1944: Viscum, Hedera and Ilex as Climate Indicators. Geol. Föhren. Föhrhandl. 66/3, 463–483

KLÖTZLI, F., 1967: Die heutigen und neolithischen Waldgesellschaften der Umgebung des Burgäschisees. Acta Bernensia II/4, 105 bis 123

MÜLLER-STOLL, W., 1936: Untersuchungen urgeschichtlicher Holzkohlenreste. Prähistorische Zeitschr. 27, 1–56

NABER, F. B., 1968: Die »Schräge Wand« im Bärental, eine altholozäne Abrifundstelle im nördlichen Frankenjura. Quartär 19, 289–313

OESCHGER, H. und TAUTE, W., 1978: Radiokarbon-Altersbestimmungen zum süddeutschen Mesolithikum und deren Vergleich mit der vegetationsgeschichtlichen Datierung. In TAUTE, W. (Hrsgb.), Das Mesolithikum in Süddeutschland. Teil 2: Naturwissenschaftliche Untersuchungen. Tübingen (vgl. oben S. 15–19)

PAWLIK, B. und SCHWEINGRUBER, F. H., 1976: Die archäolo-

gisch-vegetationskundliche Bedeutung der Hölzer und Samen aus den Sedimenten der Seeufersiedlung Horgen, Dampfschiffsteg. Jahrbuch der schweiz. Ges. für Ur- und Frühgeschichte (im Druck)

PETERS, E., 1934: Das Mesolithikum der oberen Donau. Germania 18, 81–89

– 1935: Die Falkensteinhöhle bei Thiergarten (mit Beiträgen von V. TOEPFER und H. WÄGELE). Fundber. aus Hohenzollern 3, Anhang II der Fundber. aus Schwaben N. F. 8, 2–12

– 1946: Meine Tätigkeit im Dienst der Vorgeschichte Südwestdeutschlands, mit einer Übersicht über meine Grabungen und einer Zusammenstellung meiner Veröffentlichungen. Veringenstadt

SCHWEINGRUBER, F. H., 1976: Prähistorisches Holz. Die Bedeutung von Holzfunden aus Mitteleuropa für die Lösung archäologischer und vegetationskundlicher Probleme. Academica helvetica 2. Bern

STIEBER, J., 1968: Anthrakotomische Untersuchungen an der postglazialen Schichtfolge der Station „Schräge Wand" im nördlichen Frankenjura. Quartär 19, 315–321

TAUTE, W., 1967: Grabungen zur mittleren Steinzeit in Höhlen und unter Felsdächern der Schwäbischen Alb, 1961–1965. Fundber. aus Schwaben N. F. 18/I, 14–21

– in Vorbereitung: Das Mesolithikum in Süddeutschland. Teil 1: Chronologie und Ökologie

VORREITER, L., 1949: Holztechnologisches Handbuch Bd. 1. Wien

6

Die Sedimente und die Mollusken in spät- und postglazialen Höhlen-Profilen Süddeutschlands

(Schuntershöhle, Felsdach Lautereck, Falkensteinhöhle, Fohlenhaus, Felsdach Inzigkofen, Bettelküche, Jägerhaus-Höhle)

von KARL BRUNNACKER und MARGRIT BRUNNACKER †, Köln

Mit 14 Abbildungen und 10 Tabellen

Inhalt

Tab. 1a: Mollusken (+ = vereinzelt; ● = häufiger).

Spaltengruppen und Arten:

Wald: Acicula polita (HARTM.), Vertigo pusilla O.F.MÜLLER, Orcula doliolum (BRUG.), Ena montana (DRAP.), Ena obscura (O.F.MÜLLER), Discus ruderatus (HARTM.), Aegopinella pura (ALDER), Aegopinella nitens (MICH.), Daudebardia rufa (DRAP.), Cochlodina laminata (MONT.), Perforatella incarnata (O.F.MÜLLER), Helicodonta obvoluta (O.F.MÜLLER), Isognomostoma isognomostoma (SCHRÖTER)

Wald bis Gebüsch: Discus rotundatus (O.F.MÜLLER), Vitrea crystallina (O.F.MÜLLER), Bradybaena fruticum (O.F.MÜLLER), Trichia striolata (C.PFEIFFER), Arianta arbustorum (L.), Cepaea hortensis (O.F.MÜLLER), Helix pomatia L.

Steppe und Fels: Pyramidula rupestris (DRAP.), Abida frumentum (DRAP.), Pupilla sterri (VOITH), Chondrula tridens (O.F.MÜLLER), Jaminia quadridens (O.F.MÜLLER), Zebrina detrita (O.F.MÜLLER), Cecilioides acicula (O.F.MÜLLER), Helicopsis striata (O.F.MÜLLER)

offene Standorte: Truncatellina cylindrica (FÉR.), Pupilla muscorum (L.), Vallonia pulchella (O.F.MÜLLER), Vallonia costata (O.F.MÜLLER)

mesophil und anpassungsfähig: Cochlicopa lubrica (O.F.MÜLLER), Orcula dolium (DRAP.), Abida secale (DRAP.), Punctum pygmaeum (DRAP.), Oxychilus cellarius (O.F.MÜLLER), Euconulus fulvus (O.F.MÜLLER), Clausilia parvula FÉR., Clausilia dubia DRAP., Trichia hispida (L.), Helicigona lapicida (L.)

feuchtigkeitsliebend: Columella edentula (DRAP.), Carychium tridentatum (RISSO)

Wasser: Lymnaea peregra (O.F.MÜLLER), Lymnaea truncatula (O.F.MÜLLER), Unio cfr. crassus PHILIPSSON

nicht näher bestimmbar: Vertigo, Pupilla, Retinella, Aegopinella, Oxychilus, Limacidae, Clausiliidae, Laciniaria, Monacha, Cepaea

Lokalität / Abschnitt / Probe:

- Schuntershöhle: D (4, 5, a, b, c, d), C (e, f, g, h, i), B (k, l, m, n), A (o, p)
- Lautereck: D 3 (29, 28), D 1 (27, 26, 25, 24, 23, 22, 21, 20, 19, 18), C (17, 10, 9, 8), B (7, 6, 5, 4, 3, 2), A (1)

Column group headers:

- Wald
- Wald bis Gebüsch
- Steppe und Fels
- offene Standorte
- mesophil und anpassungsfähig
- feuchtigkeits-liebend
- Wasser
- nicht näher bestimmbar

Species (columns):

Acicula polita (HARTM.), Vertigo pusilla O.F.MÜLLER, Orcula doliolum (BRUG.), Ena montana (DRAP.), Ena obscura (O.F.MÜLLER), Discus ruderatus (HARTM.), Aegopinella pura (ALDER), Aegopinella nitens (MICH.), Daudebardia rufa (DRAP.), Cochlodina laminata (MONT.), Perforatella incarnata (O.F.MÜLLER), Helicodonta obvoluta (O.F.MÜLLER), Isognomostoma isognomostoma (SCHRÖTER), Discus rotundatus (O.F.MÜLLER), Vitrea crystallina (O.F.MÜLLER), Bradybaena fruticum (O.F.MÜLLER), Trichia striolata (C. PFEIFFER), Arianta arbustorum (L.), Cepaea hortensis (O.F.MÜLLER), Helix pomatia L., Pyramidula rupestris (DRAP.), Abida frumentum (DRAP.), Pupilla sterri (VOITH), Chondrula tridens (O.F.MÜLLER), Jaminia quadridens (O.F.MÜLLER), Zebrina detrita (O.F.MÜLLER), Cecilioides acicula (O.F.MÜLLER), Helicopsis striata (O.F.MÜLLER), Truncatellina cylindrica (FÉR.), Pupilla muscorum (L.), Vallonia pulchella (O.F.MÜLLER), Vallonia costata (O.F.MÜLLER), Cochlicopa lubrica (O.F.MÜLLER), Orcula dolium (DRAP.), Abida secale (DRAP.), Punctum pygmaeum (DRAP.), Oxychilus cellarius (O.F.MÜLLER), Euconulus fulvus (O.F.MÜLLER), Clausilia parvula FÉR., Clausilia dubia DRAP., Trichia hispida (L.), Helicigona lapicida (L.), Columella edentula (DRAP.), Carychium tridentatum (RISSO), Lymnaea peregra (O.F.MÜLLER), Lymnaea truncatula (O.F.MÜLLER), Unio cfr. crassus PHILIPSSON, Vertigo, Pupilla, Retinella, Aegopinella, Oxychilus, Limacidae, Clausiliidae, Laciniaria, Monacha, Cepaea

Row labels — Lokalität / Abschnitt / Probe:

Falkenstein-Höhle — Abschnitt D: Proben 1–22; ? ; C: 23, 24, 25; B: 26, 27; A: 28, 29

Fohlenhaus — D: g, h ; ? ; C: i, k, l, m ; B: n, o, p ; A 3: q ; A 2: r–v ; A 1: w, x, y, z, aa, bb, cc, dd, ee

Tab. 1b: Mollusken (+ = vereinzelt; ● = häufiger).

Tabelle: Mollusken

Lokalität	Abschnitt	Probe (Jägerhaus-Höhle: Schicht)	Wald	Wald bis Gebüsch	Steppe und Fels	offene Standorte	mesophil und anpassungsfähig	feuchtigkeitsliebend	Wasser	nicht näher bestimmbar

Wald: Acicula polita (HARTM.), Vertigo pusilla O.F.MÜLLER, Orcula doliolum (BRUG.), Ena montana (DRAP.), Ena obscura (O.F.MÜLLER), Discus ruderatus (HARTM.), Aegopinella pura (ALDER), Aegopinella nitens (MICH.), Daudebardia rufa (DRAP.), Cochlodina laminata (MONT.), Perforatella incarnata (O.F.MÜLLER), Helicodonta obvoluta (O.F.MÜLLER), Isognomostoma isognomostoma (SCHRÖTER)

Wald bis Gebüsch: Discus rotundatus (O.F.MÜLLER), Vitrea crystallina (O.F.MÜLLER), Bradybaena fruticum (O.F.MÜLLER), Trichia striolata (C. PFEIFFER), Arianta arbustorum (L.), Cepaea hortensis (O.F.MÜLLER), Helix pomatia L.

Steppe und Fels: Pyramidula rupestris (DRAP.), Abida frumentum (DRAP.), Pupilla sterri (VOITH), Chondrula tridens (O.F.MÜLLER), Jaminia quadridens (O.F.MÜLLER), Zebrina detrita (O.F.MÜLLER), Cecilioides acicula (O.F.MÜLLER), Helicopsis striata (O.F.MÜLLER)

offene Standorte: Truncatellina cylindrica (FÉR.), Pupilla muscorum (L.), Vallonia pulchella (O.F.MÜLLER), Vallonia costata (O.F.MÜLLER)

mesophil und anpassungsfähig: Cochlicopa lubrica (O.F.MÜLLER), Orcula dolium (DRAP.), Abida secale (DRAP.), Punctum pygmaeum (DRAP.), Oxychilus cellarius (O.F.MÜLLER), Euconulus fulvus (O.F.MÜLLER), Clausilia parvula FÉR., Clausilia dubia DRAP., Trichia hispida (L.), Helicigona lapicida (L.)

feuchtigkeitsliebend: Columella edentula (DRAP.), Carychium tridentatum (RISSO)

Wasser: Lymnaea peregra (O.F.MÜLLER), Lymnaea truncatula (O.F.MÜLLER), Unio cfr. crassus PHILIPSSON

nicht näher bestimmbar: Vertigo, Pupilla, Retinella, Aegopinella, Oxychilus, Limacidae, Clausiliidae, Laciniaria, Monacha, Cepaea

Lokalitäten / Abschnitte / Proben:

- **Inzigkofen** — D: 1, 2, 3; ?: 4; C: 5, 6, 7, 8; ?: 9; B: 10, 11, 12, 13, 14; A: 15
- **Bettelküche** — D: 2, 3, 4; ?: 5, 6; C: 7–8, 9, 10; B?: 11; A?: 12
- **Jägerhaus-Höhle** — D 3: 1; D 2?: 2; (3, 4, 5); D 1: 6, 6/7, 7a, 7b; C: 7c, 8d, 8e, 8f, 8/9, 9, 9/10, 10, 10/11, 11, 11/12, 12, 12/13; B: 13, 13/14, 14, 14/15; A: 15

Tab. 1c: Mollusken (+ = vereinzelt; ● = häufiger)

Einleitung

Die untersuchten Profile stammen aus spät- bis postglazialen Ablagerungen unter Felsdächern und in Höhlen der Schwäbischen Alb: Schuntershöhle, Felsdach Lautereck, Falkensteinhöhle, Fohlenhaus, Felsdach Inzigkofen und Jägerhaus-Höhle sowie der nördlichen Frankenalb: Bettelküche bei Sulzbach-Rosenberg. Die Höhlen sind in Weißjura-Kalk bzw. -Dolomit (Bettelküche) angelegt. Ziel der Sedimentbearbeitung war, Hinweise zur Genese der Ablagerungen und möglichst auch zu deren zeitlicher Einstufung zu bekommen.

Meine Frau, Dr. M. BRUNNACKER, hat die Molluskenfaunen bestimmt. Herr Dr. R. STREIT unternahm Versuche zur Verbesserung der Sedimentdeutung. Frau H. STÄNDECKE ermittelte den Großteil der Labordaten, unterstützt durch damalige studentische Hilfskräfte, die Herren W. TOLL, W. BOENIGK, G. KOWALCZYK und W. THOSTE. Allen Genannten sei für die Mithilfe, insbesondere aber Herrn Dr. W. TAUTE sei für die Überlassung des sehr interessanten Materials herzlich gedankt.
Die Sedimentproben wurden 1961 bis 1967 im Verlaufe archäologischer Grabungen gewonnen, über deren Ergebnisse der Ausgräber an anderer Stelle berichtet (Teil 1: W. TAUTE). Die Probe-Entnahmestellen sind sämtlich in die dort veröffentlichten Profilzeichnungen eingetragen.

A. Problemstellung

Bei Höhlensedimenten ist es meist nicht allzu schwierig, kalt- und warmzeitliche Ablagerungen zu trennen, wenn es gelingt, die Aufschlußbefunde mit sinnvollen Sedimentanalysen zu kombinieren (vgl. K. BRUNNACKER 1963, 1967). Hingegen ist es immer problematisch, Einzelheiten dann herauszulesen, wenn es um Detailfragen, wie die Identifizierung interstadialer Einschaltungen, geht. In gleicher Weise ist es schwierig, innerhalb warmzeitlicher Bildungen, wie des Holozän, Gesetzmäßigkeiten im Profilaufbau zu erkennen, weil sich einmal Entwicklungstendenzen in nur relativ geringen Sedimentunterschieden niederschlagen und sich zum anderen individuelle Eigenheiten des Ablagerungsortes, wie Ausbildung des Liefergesteins, Lokalklima, Exposition und Geometrie des Höhleneinganges sowie dessen mehr oder weniger rasche Veränderung im Laufe der Zeit, mit allgemeinen Entwicklungszügen überlagern. Daß damit das Ziel, nämlich eine genetische Interpretation auf feinstratigraphischer Grundlage zu erreichen, sehr erschwert wird, ist verständlich.

I. Sedimentenanalysen

Seinerzeit gab die vorgesehene Bearbeitung der hier vorgeführten Sedimente süddeutscher Höhlen sowie solcher von anderen Lokalitäten Anlaß, verschiedene Untersuchungsmöglichkeiten zu überprüfen und einige weitere Methoden zu probieren (K. BRUNNACKER & R. STREIT 1967). Darauf gehen die angeführten Methoden zurück.

a. Methoden
Nach Beschreiben der Proben und Auslese der Molluskenreste wurde der feinere Anteil trocken abgesiebt, um Material für die Analysen zu bekommen, welche aus Feinsubstanz ($< 0,2$ mm $\emptyset$) angefertigt wurden. Das Gröbere wurde anschließend naß gesiebt. Die Darstellung der Körnungsverteilung in den Abbildungen berücksichtigt allerdings nur die Anteile < 20 mm $\emptyset$. Besser wäre als Obergrenze ein Durchmesser von 50 mm. Doch stand dafür zu wenig Ausgangssubstanz (1–2 kg) zur Verfügung.
Die Ausbildung der Schuttteilchen aus Kalkstein wurde fraktionsweise geschätzt sowohl hinsichtlich des Zustandes der Oberfläche (frisch bis stark angelöst) wie der Ecken und Kanten (scharfkantig bis abgerundet).
Vom Feinmaterial (< 2 mm $\emptyset$) wurden die Gehalte an Ton, Schluff und Sand ermittelt (Sedimentation nach KÖHN).
Der Kalkgehalt des Anteiles $< 0,2$ mm $\emptyset$ wurde über den CO_2-Gehalt bestimmt.
Diese vier Standardmethoden genügen im allgemeinen um ein Profil zu interpretieren. In Sonderfällen muß auf speziellere petrographische oder sonstige Untersuchungen zurückgegriffen werden. Versuchsweise wurden herangezogen:
Die Flächenzahl an Gesteinsstücken kann unter Umständen Hinweise auf mechanische Beanspruchung bringen (K. BRUNNACKER 1968). Pro Probe wurden dazu die Flächen an 50 Gesteinsstücken mit einem Durchmesser zwischen 6,3 und 10 mm gezählt. Da die Methode wohl viele Unsicherheiten in sich birgt, aber auch brauchbare Ansätze zeigt, wurden derartige Zählungen vor allem vorgenommen, um umfangreicheres Datenmaterial zu gewinnen.
Die Zeit, die verstreicht, bis ein Wassertropfen bestimmter Größe vom Gestein aufgesaugt ist (bzw. bis er verdunstet ist) vermag z.T. ebenfalls Hinweise auf den Anlösungsgrad der Schuttstücke zu geben. Bessere Kriterien als bei der oben angeführten Abschätzung kommen aber nicht heraus, da Störungen, z.B. durch Belag mit Kalk-Pseudomyzel, zu berücksichtigen sind.
Über weitere Versuche wird fallweise berichtet.

b. Interpretation
Die Sedimentinterpretation geht von der Körnungsverteilung aus:
Blockschutt und Verbruch: Übernommen von den Profilaufnahmen (vgl. W. TAUTE: Teil 1).

Grobschutt: > 2 cm ϕ wie oben, ergänzt durch das Probenmaterial. Wegen zu geringer Menge der jeweiligen Gesamtprobe war der Anteil des Grobschuttes nicht exakt faßbar.

Mittelschutt: 1–2 cm ϕ des Materials < 2 cm ϕ.

Feinschutt: 0,2–1 cm ϕ des Materials < 2 cm ϕ.

Feinmaterial: $< 0,2$ cm ϕ des Materials < 2 cm ϕ; weitere Unterteilung des Materials < 2 mm ϕ:

Sand: 0,06–2 mm ϕ

Schluff: 0,002–0,06 mm ϕ

Ton: $< 0,002$ mm ϕ.

Der Grad der chemischen Verwitterung wird aus dem Grad der (kreidigen) Anwitterung und der Abrundung von Ecken und Kanten abgeleitet. In den Abbildungen, in denen die Fazies der Sedimente dargestellt ist, wird der chemische Verwitterungszustand stark vereinfacht, ohne Rücksicht auf einzelne Fraktionen, gebracht.

Der Grad der Frostverwitterung ergibt sich aus der Flächenzahl von einigermaßen frischen Schuttstückchen: Bei Freilandschutten konnte gezeigt werden (K. BRUNNACKER 1968), daß die theoretischen Überlegungen bezüglich der Flächenzahlen an Schuttstücken mit den prak-

tischen Befunden übereinstimmen: Schuttstücke, die nur wenig von Frostwirkung betroffen sind, verfügen über niedrigere Flächenzahlen. Schuttstücke, die häufiger der Frostwirkung ausgesetzt sind, weisen hingegen höhere Flächenzahlen auf. Im Prinzip gilt dies auch für Höhlenschutte, deren Ergebnis vorweggenommen wird, soweit es die behandelten süddeutschen Höhlen betrifft (vgl. die Befunde in der Roten Höhle – K. BRUNNACKER 1967). Doch zeigen sich auch bei Höhlensedimenten, wie im Freiland, Abweichungen verschiedenster Art. Nächst der heutigen Oberfläche von Höhlensedimenten können niedrige Flächenzahlen dann stärker hervortreten, wenn Stücke jüngeren Alters beteiligt sind und damit das Gleichgewicht zwischen Schuttzulieferung und mechanischer Verwitterung am Höhlenboden noch in Bewegung ist. Eingestellt ist das Gleichgewicht nämlich erst dann, wenn der Schutt so tief unter jüngerem Material begraben liegt, daß er von rezentem Frostwechsel nicht mehr erfaßt zu werden vermag. Treten also (bei ungestörter Oberfläche) niedrige Flächenzahlen gegen die heutige Landoberfläche hin zunehmend auf, dann ist die Lieferung von Schutt noch relativ aktiv. Treten hingegen in den obersten Proben höhere Flächen-

Tab. 2: Schuntershöhle, Beschreibung der Sedimentproben:

Nr.	Hauptbestandteil	Nebenbestandteil	Humus und Kalkumsatz
a	grauschwarzer, krümeliger, feinsandiger, schwach toniger Lehm	steinig	stark humushaltig
b	dunkelgrauer, krümeliger, feinsandiger, schwach toniger Lehm	stark steinig	humushaltig
c	Schutt	braungrauer, krümeliger, feinsandiger, schwach toniger Lehm	schwach humushaltig
d	Kleinschutt	braungrauer, krümeliger, feinsandiger, schwach toniger Lehm	sehr schwach humushaltig
e	Kleinschutt	graubrauner, bröckeliger, feinsandiger, schwach toniger Lehm	sehr schwach humushaltig
f	Kleinschutt	graugelber Mergel	
g	Kleinschutt	graugelber, bröckeliger Mergel	
h	Kleinschutt	graugelber, bröckeliger Mergel	
i	Kleinschutt	graugelber, bröckeliger Mergel	
k	Kleinschutt	gelbgrauer, bröckeliger Mergel	
l	Kleinschutt	gelbgrauer, bröckeliger Mergel	
m	graugelber, bröckeliger Mergel	sehr stark steinig	
n	Schutt	braungelber, bröckeliger, schluffiger Mergel	wenig Kalkpseudomyzel
o	Schutt	hellgelbgrauer, bröckeliger, schluffiger Mergel	viel Kalkpseudomyzel
p	Schutt	hellgrauer, bröckeliger, schluffiger Lehm	wenig Kalkpseudomyzel
q	Schutt	hellbrauner, bröckeliger, schluffiger Lehm	wenig Kalkpseudomyzel
r	hellbrauner, schluffiger Lehm	steinig	wenig Kalkpseudomyzel
s	hellbrauner, schluffiger Lehm	schwach steinig	wenig Kalkpseudomyzel
t	Schutt	hellbrauner, feinsandiger, schluffiger Lehm	wenig Kalkpseudomyzel
u	Schutt	hellgraubrauner, feinsandiger, schluffiger Lehm	Kalkpseudomyzel
v	Schutt	hellgraubrauner, feinsandiger, schluffiger Lehm	Kalkpseudomyzel

zahlen auf, dann spricht dies dafür, daß die Schuttliefe-rung vom Dach und Trauf neuerdings stärker gehemmt ist.

Rasch sedimentierter Schutt führt niedrigere Flächenzahlen als solcher, der allmählich aufgewachsen ist. Besonders deutlich zeigt sich dies dort, wo Grobschutt oder Verbruch zum Absatz gekommen sind; denn in Horizonten, in de-nen schon wegen der Größe der Schuttstücke die Landober-fläche rascher emporgewachsen ist, sind die Flächenzahlen niedriger als in feinkörnigerem Material. Im Anschluß an solche Verbruchphasen kann eine gewisse Stagnation in der Schuttzulieferung nachfolgen, weil zunächst am Dach kein entsprechend vorgelockertes Material zur Verfügung steht. An der sich damit nur wenig verändernden Landoberfläche stellen sich deshalb jetzt höhere Flächenzahlen ein.

Die Befunde über das Verhalten der Flächenzahlen ent-sprechen den allgemeinen Vorstellungen über die Sedi-mentbildung in Höhlen, soweit diese unter dem Einfluß mechanischer Verwitterung zustande gekommen ist. So ist auch bei einheitlich ausgebildetem Schutt eine gewisse Dif-ferenzierung vorhanden, indem niedrigere bzw. höhere Flächenzahlen auftreten, die letztlich auf unterschiedliche Sedimentationsgeschwindigkeit zurückgehen. Dies ist z. B. in der Falkensteinhöhle der Fall, wo oberhalb der meso-lithischen Kulturschichten aus archäologischen Erwägungen auf eine verlangsamte Sedimentation geschlossen wird. Das Verhalten der Flächenzahlen bestärkt solche Überlegun-gen.

Wichtig ist außerdem, die am Aufbau der Profile beteilig-ten allochthonen Anteile wenigstens in Größenordnung zu erfassen. Soweit es sich dabei um feinere Bestandteile han-delt, was oft der Fall ist, können die Gehalte an Fremd-material aus der Körnungsverteilung, dem Kalkgehalt und bei gröberen Bestandteilen eventuell über Stücke mit sehr unterschiedlich starker chemischer Anwitterung grob bilan-ziert werden. Als Vergleichsbasis werden jeweils Hori-zonte ausgewählt, welche weitgehend frisches Material führen und welche die höchsten Kalkgehalte im Feinma-terial enthalten (jedoch ohne sekundäre Kalkanreicherun-gen). Eine leichte Tonanreicherung geht bisweilen der Ent-kalkung parallel. Der Schutt muß zugleich entsprechend stark korrodiert sein. Fehlt eine solche Gemeinsamkeit, dann kann damit gerechnet werden, daß erhöhte Schluff- und Ton-Anteile bei abnehmendem Kalkgehalt auf über-durchschnittliche Beteiligung allochthonen Materials zu-rückgehen, das durch Wasser von der Oberfläche her oder durch Nachbruch aus freigewitterten Spalten bzw. durch Wind zugeführt wurde. Eine biologische Akkumulation feinster Teilchen insbesondere als Folge der Regenwurm-Tätigkeit ist nächst der Landoberfläche dort vorhanden, wo eine Mullrendzina als Boden den Abschluß bildet. In

solchen Horizonten ist übrigens die Körnungsanalyse be-züglich des Tongehaltes nicht verläßlich, weil sich der bei der Vorbereitung der Proben nicht zerstörte Humusgehalt als Fehlerquelle auswirkt.
Der Humusgehalt, mengenmäßig geschätzt, geht teils auf natürliche Bodenbildungen, teils auf Anreicherungen orga-nischer Substanz in den Kulturschichten zurück.

II. Molluskenfaunen

Die Molluskenfaunen, die wegen zu kleiner Materialmen-gen in keinem Fall ein auch nur einigermaßen vollständiges Bild zu geben vermögen (vgl. E. SCHMID 1964), aber we-nigstens gewisse Größenordnungen und Grundzüge hin-sichtlich der Profilabfolge andeuten, wurden entsprechend V. LOŽEK (1964, 1967) ökologisch klassifiziert (Tab. 1).

B. Profilgliederung

Die Profile der Schuntershöhle und am Felsdach Lautereck scheinen den gesamten Bereich vom ausgehenden Spät-glazial bis zum Jungholozän zu überstreichen. Deshalb werden sie vorangestellt. Die übrigen Profile werden dar-

Tab. 3: Anteil an Kalkspat-Kristallen, Limonitschwarten und Rhizo-solenien in der Fraktion 2–6 mm Ø im Profil Schuntershöhle

Nr.	Kalkspat-kristalle	Limonit-schwarten	Rhizoso-leninen
a	+	+	—
b	—	—	—
c	+	—	—
d	+	+	—
e	+	+	—
f	+	+	—
g	+	+	—
h	+	+	—
i	+	+	—
k	—	—	—
l	+	—	+
m	+	+	+
n	—	+	+
o	+	+	—
p	+	—	—
q	+	—	—
r	+++	+	—
s	++	—	—
t	++	—	+
u	++	—	++
v	+	—	—

+ = 0.25— 1 %
++ = 1.00— 5 %
+++ = 5.00—10 %

aufhin untersucht, inwieweit sie mit den genannten Grundprofilen übereinstimmen, und darauf aufbauend, wie ihre Sedimente gedeutet werden können.

I. Beispiele

In der Schuntershöhle und am Lautereck sind insofern etwas verschiedenartige Sedimenttypen vertreten als Höhlensedimente vorkommen, die am Lautereck von Hangfußsedimenten überlagert sind.

a. Schuntershöhle bei Weilersteußlingen (Schwäbische Alb)

Schrifttum: K. BRUNNACKER & R. STREIT (1967), K. BRUNNACKER (1968), Teil 1: W. TAUTE mit Taf.

Abb. 1: Ergebnisse der Sedimentenanalysen
Abb. 2: Fazies der Sedimente
Tab. 1: Molluskenfauna
Tab. 2: Beschreibung der Sedimentproben
Tab. 3: Petrographische Zusammensetzung der Fraktion 2–6 mm ϕ

Höhenlage: 605 m NN
Exposition des Höhleneinganges: SSO
Mächtigkeit des erschlossenen Profils: rd. 2,00 m.
Die Probenreihe (a–v) stammt aus dem Profil 1 der Schuntershöhle, rd. 1 m vor dem Trauf, mit einem Probenabstand von rd. 10 cm.

1. Profilaufbau

An der Basis liegt grober Schutt mit 1 m ϕ großen Blöcken. Darüber folgt Schutt mit hohem Gehalt an feinkörnigem Zwischenmittel, das nach dem Hangenden etwas abnimmt. Unter dem Trauf häufen sich auch darin Grobschutte, die sich gemäß dem Aufschlußbild vielleicht in zwei Gruppen aufteilen lassen (etwa Nr. p–n und Nr. i–h). Anscheinend zieht sich der obere Grobschutt fahnenartig in den Vorplatz hinaus. Dort sind partienweise kleine Limonitschwarten angereichert. Vor allem im Bereich des gröberen Materials hat ein durch Kalkpseudomyzel angezeigter stärkerer Kalkumsatz stattgefunden. Die Oberfläche des Sedimentkörpers ist gestört. Befunde allgemeiner Art wurden bereits diskutiert (K. BRUNNACKER & R. STREIT 1967).

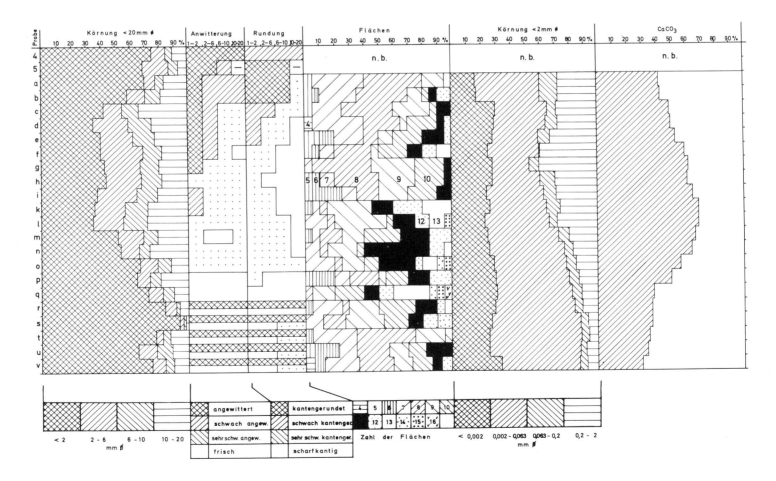

Abb. 1: Schuntershöhle, Ergebnisse der Sedimentanalysen.

Die Hauptmasse der Füllung baut sich, nach Ausbildung der Proben, aus Kalksteinschutt mit mergeligem Zwischenmittel auf. Im tieferen Abschnitt kommen schluffige Bestandteile hinzu, die nach Farbe, Gefüge und Kalkgehalt als Löß- bzw. Lößlehm-Anteil angesehen werden. Weitere allochthone lehmige Bestandteile sind möglicherweise in den obersten Proben vorhanden, die wohl auf eine biologische Akkumulation bei der Rendzina-Bodenbildung zurückgehen.

Um zu prüfen, inwieweit im Gröberen außer Kalksteintrümmern Besonderheiten auftreten, wurde die dafür besonders günstige Fraktion 2–6 mm ∅ durchgezählt (Tab. 3): Die Kalkspatkristalle stammen aus Hohlraumfüllungen. Sie gehören also zum autochthonen Anteil. Unklar bleibt die Herkunft der Limonitschwarten. Vermutlich stammen sie ebenfalls aus einer Kluft; denn, wenn auch der hohe Gehalt an Feinkörnigem im Höhlensediment Eisenumsetzungen begünstigt, so fehlen doch weitere Hinweise in den Proben dafür, wie z. B. Verfahlung und Rostflecken. Die Rhizosolenien zeigen dagegen wie das Kalk-Pseudomyzel eine gewisse Lösung und erneute Ausfällung von Kalk im Sediment an. Etwas weiter vor dem Höhleneingang wurden außerdem im tieferen Sedimentabschnitt lößkindelartige Konkretionen gefunden.

Die Wirkungen der Lösungsverwitterungen sind unterschiedlich groß. Im untersten Bereich ist der autochthone Schutt ziemlich frisch entwickelt (v–p). Darüber folgt ein Horizont mit einer gewissen Anwitterung (o–k). In der nächsten Zone tritt frisches Gestein auf mit allmählichem Übergang zu recht kräftig angelöstem Schutt nächst der (gestörten) Oberfläche (e–c).

2. Molluskenfauna

In den überlassenen Proben sind Molluskenreste sowohl nach Arten wie nach Individuenzahl nur spärlich vorhanden. Deshalb wurden in einem Sammelprofil, welches Profil 1 zur Grundlage hat, die Funde aus allen Probenserien der Grabung zusammengenommen.

Wie Tab. 1 zeigt, setzt die Molluskenführung erst im mittleren Profilteil ein und zwar zuerst mit indifferenten Arten und solchen offener Standorte. Dabei überwiegen nach der Gehäusezahl die Vallonien. Nach oben hin mehren sich Arten des Waldes, unterbrochen von Nr. d bis b durch erneutes etwas gehäuftes Auftreten waldmeidender Arten.

3. Profilgliederung

Der Sedimentkörper kann in mehrere Abschnitte unterteilt werden:

Abschnitt A: Im unteren Teil tritt gröberer Schutt auf, der Verbruch auflagert. Lößkomponenten – ob in situ oder umgelagert sei dahingestellt – sind im gesamten Abschnitt vorhanden. Dazu kommt unten Fremdschutt. Nach oben

wird der Schutt kleinstückiger. Dessen meist hohe Flächenzahlen deuten auf langsamere Ablagerung im Unterschied zum untersten Bereiche des Abschnittes A.

Abschnitt B: Im Grenzbereich A/B stellt sich wieder gröberer, rasch abgesetzter Schutt ein, der nach oben kleinstückiger wird. Dabei verlangsamt sich gemäß der Flächenzahl die Sedimentationsgeschwindigkeit.

Abschnitt C: Der Abschnitt wird durch Grobschutt eingeleitet. Die chemische Verwitterung ist noch sehr schwach.

Abschnitt D: Der nur in seinen tiefsten Partien erfaßte Abschnitt beginnt ebenfalls mit gröberem Schutt. Gegen die Oberfläche wirkt sich Lösungsverwitterung zunehmend aus.

Insgesamt wird das Profil durch Verbruch- und Grobschutt-Horizonte gegliedert, die jeweils nach oben in fei-

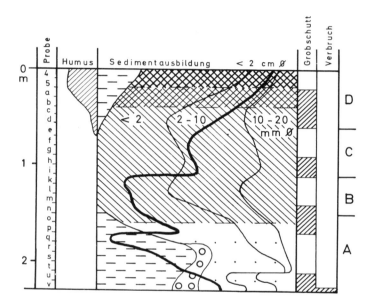

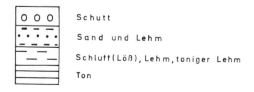

Abb. 2: Schuntershöhle, Fazies der Sedimente.

neren Schutt übergehen. Diese örtlichen Phasen der Grobschuttbildung fügen sich der Moluskengliederung gut ein, die in Abschnitt B durch eine Vallonien-Fauna und in D durch eine Fauna mit *Discus rotundatus* (O. F. MÜLLER) gekennzeichnet ist.

b. Felsdach Lautereck bei Lauterach an der oberen Donau

Schrifttum: Das Profil Lautereck wird an anderer Stelle detailliert behandelt (R. STREIT, M. BRUNNACKER & K. BRUNNACKER im Druck). Dort werden die Ergebnisse der Sedimentanalysen und der Molluskenuntersuchungen (vgl. auch G. FALKNER im Druck) besprochen. K. BRUNNACKER (1968), R. STREIT (1968), W. TAUTE (1967 und im Druck).
Abb. 3: Fazies der Sedimente
Tab. 1: Molluskenfauna
Höhenlage: 510 m NN
Exposition: SW
Mächtigkeit des erschlossenen Profils: rd. 5,00 m
Wie Abb. 3 zeigt, beginnt das Profil im Liegenden mit frischem Schutt, der eine Molluskenfauna offenen Geländes und indifferenter Arten führt. Darüber folgen an Feinmaterial reichere Horizonte, die nach oben hin zunehmend stärker chemisch angegriffen sind.
Abschnitt A: Dieser Abschnitt ist gerade noch an der Profilbasis als durch spärliche Moluskenreste gekennzeichneter Horizont erfaßt.
Abschnitt B: Hier dominiert Grobschutt mit frischem Material, eine Vallonien-Fauna führend.
Abschnitt C: Etwas angelöster Schutt wird im Hangenden durch Verbruch abgeschlossen.
Abschnitt D1: Die Anlösung des Schuttes nimmt nach oben zu, mit zwischengeschalteter anthropogener Lage aus Fremdmaterial (Nr. 21). Gegen Ende dieses Unterabschnittes verlangsamt sich anscheinend die Schuttzulieferung.
Abschnitt D2 und D3: Es erfolgt kurzfristig Zulieferung von Grobschutt, der die Unterabschnitte D2 bis D3 einleitet. Die Lösungsverwitterung ist gemäß der Position im Freiland relativ kräftig wirksam.

II. Grundzüge der Profilgliederung

Eine allgemeine Entwicklung von grobem, frischem Schutt zu feinerem, stark angelöstem Schutt gegen das Hangende ist in beiden Profilen erkennbar. Doch reichen solche Hinweise ebensowenig wie unterlagernder Verbruch (Schuntershöhle) und zwischengeschalteter Verbruch (Lautereck) bzw. Grobschutt (Schuntershöhle) aus, eine allgemein brauchbare Profilgliederung zu entwickeln. Hingegen ist es möglich, über die Zusammensetzung der Molluskenfauna ein Prinzip zu erkennen:
Im Abschnitt A, dem untersten Profilteil, fehlen in beiden Profilen Molluskenreste fast gänzlich.

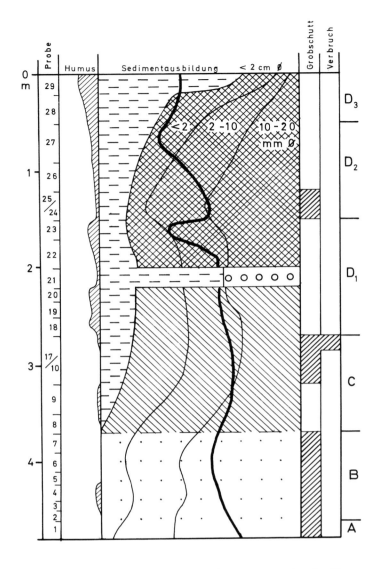

Abb. 3: Felsdach Lautereck, Fazies der Sedimente (Legende vgl. Abb. 2).

Im Abschnitt B sind Molluskenreste reichlicher vorhanden, wobei Vallonien dominieren.
Im Abschnitt C tritt die altholozäne Charakterart *Discus ruderatus* (HARTMANN) im Profil Lautereck verstärkt auf.
Im Abschnitt D wird diese Art durch *Discus rotundatus* (O. F. MÜLLER) abgelöst. Lokal (Lautereck) scheint eine Unterteilung durch *Zebrina detrita* (O. F. MÜLLER) angedeutet, die in spätbronzezeitlichen Ablagerungen vorkommt. Sonst steht sie im Zusammenhang mit der Ausbreitung des eisenzeitlichen Ackerbaues (V. LOŽEK 1964). Selbstverständlich muß bei solcher Gliederung auf Grund der Mollusken damit gerechnet werden, daß von Ort zu Ort gewisse Zeitunterschiede wirksam sind, daß es sich um Sukzessionen handelt, die mit dem stratigraphischen Grundgerüst, dem spät- bis postglazialen Klimagang, nur in lo-

56

sem Zusammenhang stehen. Außerdem handelt es sich nicht um Leitfossilien im üblichen Sinne, da die kennzeichnenden Arten z. T. auch zeitlich weit von ihrem Hauptauftreten entfernt vorkommen können.

Eine derartige Faunengliederung ist auch an weiter westlich gelegenen Lokalitäten in eingangsnahen Höhlensedimenten vorhanden, so in der Birsmatten-Basisgrotte (E. SCHMID 1964). Am Mittelrhein scheint sie in ihren Anfangsphasen im Freiland vertreten zu sein. Im Neuwieder Becken wird nämlich die arten- und individuenarme Pupillen-Fauna des Lösses etwa 40 cm unter dessen Oberfläche von einer arten- und individuenreicheren Val-

lonien-Fauna abgelöst (K. BRUNNACKER 1969). Die Magdalénien-Fundschicht von Gönnersdorf bei Andernach liegt dort im Löß, wo eine solche Vallonien-Fauna einsetzt. Die Fortsetzung der Faunenentwicklung nach dem Hangenden ist jedoch an diesem Ort wegen der Verlehmung des Lösses nicht weiter zu verfolgen.

Nicht uninteressant ist außerdem ein Vergleich mit den Faunenfolgen östlicher Bereiche; denn in der Mährischen Pforte (V. LOŽEK, J. TYRÁČEK & O. FEJFAR 1958) scheint die Vallonien-Phase durch eine artenarme Fauna mit *Discus ruderatus* (HARTMANN) ersetzt zu sein.

Tab. 4: Falkensteinhöhle, Beschreibung der Sedimentproben:

Nr.	Hauptbestandteil	Nebenbestandteil	Humus
1	dunkelgrauer, sandiger Lehm	schwach steinig	humushaltig
2	dunkelgrauer, sandiger Lehm	steinig	humushaltig
3	grauer, sandiger Lehm	steinig	humushaltig
4	grauer, toniger, sandiger Lehm	steinig	schwach humushaltig
5	grauer, toniger, sandiger Lehm	stark steinig	schwach humushaltig
6	grauer, toniger, sandiger Lehm	stark steinig	schwach humushaltig
7	grauer, sandiger Lehm	steinig	schwach humushaltig
8	grauer, sandiger Lehm	steinig	humushaltig
9	Schutt	grauer, sandiger, schluffiger Lehm	schwach humushaltig
10	Schutt	dunkelgrauer, sandiger Lehm	humushaltig
11	dunkelgrauer, sandiger Lehm	stark steinig	humushaltig
12	hellgelbgrauer, sandiger Lehm	stark steinig	
13	Schutt	hellgrauer, sandiger Lehm	
14	grauer, sandiger Lehm	stark steinig	
15	grauer, sandiger Lehm	schwach steinig	schwach humushaltig
16	grauer, sandiger Lehm	steinig	schwach humushaltig
17	grauer, sandiger Lehm	steinig	schwach humushaltig
18	hellgelbgrauer, sandiger Lehm	steinig	
19	Schutt	hellgrauer, toniger, sandiger Lehm	
20	Schutt	braungrauer, toniger, sandiger Lehm	
21	Schutt	braungrauer, sandiger Lehm	
22	Schutt	hellgraubrauner, sandiger Lehm	
23	Schutt	hellgrauer, lehmiger Sand	
24	Schutt	hellgrauer, lehmiger Sand	
25	Schutt	grauer, stark lehmiger Sand	schwach humushaltig
26	Schutt	gelbgrauer, stark lehmiger Sand	sehr schwach humushaltig
27	Schutt	hellgelbgrauer, stark lehmiger Sand	schwach humushaltig
28	Schutt	hellgelbgrauer, stark lehmiger Sand	
29	hellgelbgrauer, lehmiger Sand	stark steinig	
30	hellgelbgrauer, lehmiger Sand	stark steinig	
31	hellgelbgrauer, sandiger, schluffiger Lehm	steinig	
32	hellgelbgrauer, schluffiger Lehm	steinig	
33	hellgelbgrauer, schluffiger Lehm	steinig	
34	hellgelbgrauer, toniger, schluffiger Lehm	steinig	
35	hellgelbgrauer, schluffiger Lehm	schwach steinig	
36	hellgelbgrauer, schluffiger Lehm	steinig	
37	hellgelbgrauer, schluffiger Lehm	schwach steinig	

C. Die Profile

Nachfolgend werden die Sedimente der übrigen Lokalitäten entsprechend der erläuterten Interpretation behandelt.

I. Falkensteinhöhle bei Thiergarten an der oberen Donau

Schrifttum: L. HÄSSLEIN (1952), H. TOBIEN (1939), H. WÄGELE (1935), Teil 1: W. TAUTE.
Abb. 4: Ergebnis der Sedimentanalysen
Abb. 5: Fazies der Sedimente
Tab. 1: Molluskenfauna
Tab. 4: Beschreibung der Sedimentproben
Höhenlage: 625 m NN
Exposition des Höhleneinganges: SW

Mächtigkeit des erschlossenen Profils: rd. 5,50 m
Die untersuchte Probenserie liegt ungefähr senkrecht unter dem heutigen Trauf. Dieser scheint jedoch in relativ junger Zeit infolge von Verbruch (Nr. 19–9) verstärkt zurückverlegt worden zu sein. Damit hat sich möglicherweise die standörtliche Situation für die Molluskenfauna stark verändert, so daß im Hangenden des Verbruches und Grobschuttes u. a. deswegen reichere Molluskenbestände vorkommen.

a. Profilaufbau
Nächst der Basis des Profils ist Grobschutt am Sedimentaufbau in größerem Umfang beteiligt. Verbruch ist in der Profilmitte erfaßt. Er setzt sich nach oben in Grobschutt fort. Im Bereich des Verbruchs ist der Schutt frisch ausgebildet. Darunter ist er sehr schwach, darüber ist er etwas

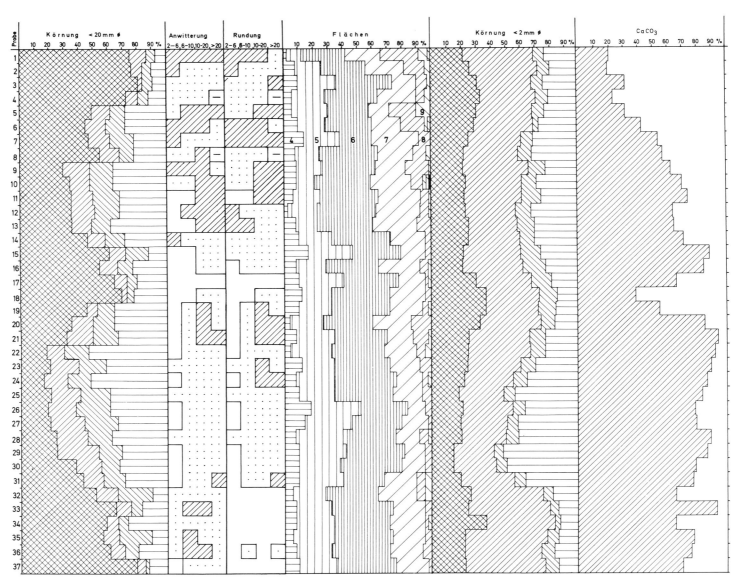

Abb. 4: Falkensteinhöhle, Ergebnisse der Semidentanalyse (Legende vgl. Abb. 1).

58

stärker verwittert. Gegen die Oberfläche wird er wieder frischer. Die Flächenzahlen zeigen das zu erwartende Bild, wonach im Grobschutt und im Verbruch wegen des relativ raschen Sedimentaufwuchses niedrigere Flächenzahlen vorherrschen als in Horizonten mit Feinschutt, wo der Sedimentkörper langsamer in die Höhe gewachsen ist.

Zusammen mit dem Basis-Grobschutt kommt Schluff vor, der als Löß zu interpretieren ist. In Verbindung mit dem Verbruch steht eine gewisse Tonanreicherung, die anscheinend aus einer Spaltenfüllung zugeführt wurde, als der Verbruch stattfand. Tonige Anreicherungen stellen sich außerdem wiederum gegen die heutige Landoberfläche hin ein.

b. Molluskenfauna

Bei der fast vollständigen Ausgrabung der Höhle 1933 durch E. PETERS und V. TOEPFER ist durch systematisches Waschen von mehr als 20 Kubikmetern Sedimentes ein sehr reicher fossiler Molluskenbestand geborgen worden, den L. HÄSSLEIN (1952) beschrieben hat. Dagegen sind die uns vorliegenden Molluskenreste ausgesprochen kümmerlich. Sie wurden aus den Sedimentproben gewonnen, die W. TAUTE bei einer Nachuntersuchung in der Falkensteinhöhle 1964 geborgen hat.

Entsprechend den Angaben von L. HÄSSLEIN (1952) kann das einstige Profil über die Molluskenfaunen etwa folgendermaßen gegliedert werden:

Nr. (L. HÄSSLEIN 1952)	Abschnitt
9—20	D
7—8	C/D
2—6	C
1	B

Gemäß den aus den Sedimentproben der neuen Grabung ausgelesenen Schneckenresten kann hingegen nur gesagt werden, daß Abschnitt D etwa bei Nr. 22 unserer Probenserie oder etwas tiefer einsetzt.

c. Profilgliederung

Die Schwierigkeiten hinsichtlich der Profilgliederung über die Mollusken werden noch dadurch vermehrt, daß typische Merkmale der Sedimentabfolge, wie ein zumeist im Grenzbereich von C zu D vorkommender Verbruch ausfallen.

Abschnitt A?: Das verstärkte Vorkommen von Löß in Nr. 37 ist vielleicht ein Hinweis auf den untersten Abschnitt.

Abschnitt B? Die Grobschutte von Nr. 36 bis 30 deuten zusammen mit lössigen Komponenten vielleicht auf den Abschnitt B.

Abschnitt C?: Dieser Abschnitt dürfte etwa mit dem durch W. TAUTE erfaßten Mesolithikum zusammenfallen, also etwa Nr. 27—25 umfassen.

Abschnitt D: Dieser Abschnitt umfaßt das gesamte Hangende. Er wird unterteilt durch einen postneolithischen Verbruch, wobei offenbleibt, ob dieser dem Abschnitt D2 des Profils Lautereck entspricht. Die frühe Bronzezeit folgt darüber.

Innerhalb dieser groben Aufgliederung ist eine vom Liegenden zum Hangenden zunehmende Lösungsverwitterung vorhanden. Unterbrochen wird diese durch frisches Material im Bereich der raschen Zulieferung von Verbruch und Grobschutt im Abschnitt D.

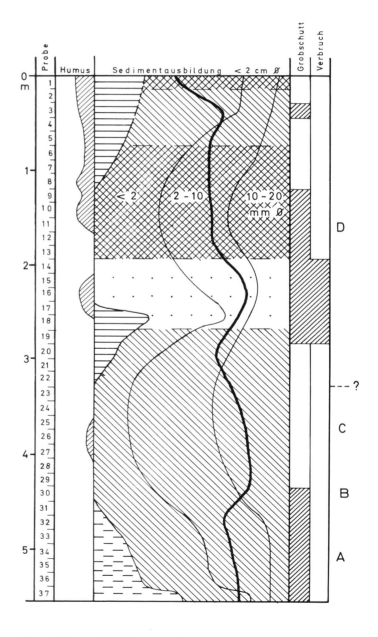

Abb. 5: Falkensteinhöhle, Fazies der Sedimente (Legende vgl. Abb. 2).

II. **Fohlenhaus** bei Langenau, Lonetal (Schwäbische Alb)

Schrifttum: Teil 1: W. TAUTE
Abb. 6: Ergebnisse der Sedimentanalysen
Abb. 7: Fazies der Sedimente
Tab. 1: Molluskenfauna
Tab. 5: Beschreibung der Sedimentproben
Höhenlage: 510 m NN
Exposition: SW
Mächtigkeit des erschlossenen Profils: 3,00 m
Aus dem oben gestörten Profil 1 sind die Proben durchlaufend im Abstand von 10 cm entnommen.

a. Profilaufbau
Das Profil wird durch Verbruch eingeleitet, der sich nach oben in Grobschutt fortsetzt. Eine geringe Anreicherung schluffig-lössigen Materials ist damit gekoppelt. In dem höheren Abschnitt des Profils ist weiterer Grobschutt zwischengelagert, der anscheinend seitlich in Verbruch übergeht.

Die Flächenzahlen der Schuttstücke fügen sich diesem Wechsel der Schuttausbildung sehr gut ein. Bei Umschlag der Schuttlieferung nach der groben Seite hin erfolgt jeweils eine entsprechende Verschiebung nach niedrigen Flächenzahlen. Im allgemeinen ist der Schutt relativ frisch ausgebildet. Lediglich in der Profilmitte ist er etwas stärker angelöst, ebenso gegen die gestörte heutige Landoberfläche hin.

b. Molluskenfauna
Die aus den Proben gewonnene Molluskenfauna ist relativ spärlich. Im tieferen Profilbereich kommen anspruchslose Arten vor. Darüber verarmt die Fauna sehr stark. Gegen den höheren Bereich hin nimmt die Artenzahl schließlich wieder zu. Auch dann, wenn berücksichtigt wird, daß die einzelnen Faunen nur einen sehr begrenzten Einblick in das tatsächliche Verteilungsbild der im Fohlenhaus vertretenen Arten bringen, so deutet sich doch eine gegenüber anderen Profilen etwas abweichende Situation im untersten Bereich des Profils an.

Tab. 5: Fohlenhaus, Beschreibung der Sedimentproben:

Nr.	Hauptbestandteil	Nebenbestandteil	Humus
d	schwarzgrauer, sandiger Lehm	schwach steinig	stark humushaltig
e	Schutt	braungrauer, sandiger Lehm	schwach humushaltig
f	Schutt	graubrauner, sandiger Lehm	humushaltig
g	graubrauner, sandiger Lehm	steinig	humushaltig
h	braungrauer, sandiger Lehm	steinig	humushaltig
i	braungrauer, sandiger Lehm	steinig	humushaltig
k	braungrauer, sandiger Lehm	schwach steinig	humushaltig
l	Schutt	hellbraungrauer, lehmiger Sand	schwach humushaltig
m	Schutt	hellbraungrauer, lehmiger Sand	schwach humushaltig
n	Schutt	hellgraubrauner, schwach lehmiger Sand	sehr schwach humushaltig
o	Schutt	hellgraubrauner, schwach lehmiger Sand	sehr schwach humushaltig
p	Schutt	hellgraubrauner, schwach lehmiger Sand	
q	Schutt	hellbrauner, schwach lehmiger Sand	
r	hellbrauner, schwach lehmiger Sand	steinig	
s	hellbrauner, schwach lehmiger Sand	steinig	
t	Schutt	hellbrauner, lehmiger Sand	
u	hellbrauner, lehmiger Sand	steinig	
v	hellbrauner, lehmiger Sand	stark steinig	
w	hellbrauner, lehmiger Sand	steinig	
x	hellgraubrauner, schwach lehmiger Sand	steinig	
y	hellgraubrauner, schwach lehmiger Sand	steinig	
z	Schutt	hellbraungrauer, schwach lehmiger Sand	
aa	hellbraungrauer, stark lehmiger Sand	stark steinig	
bb	Schutt	hellgraubrauner, lehmiger Sand	
cc	Schutt	hellgraubrauner, lehmiger Sand	Humusspuren
dd	hellgraubrauner, lehmiger Sand	stark steinig	sehr schwach humushaltig
ee	Schutt	hellgraugelber, lehmiger Sand	Humusspuren

60

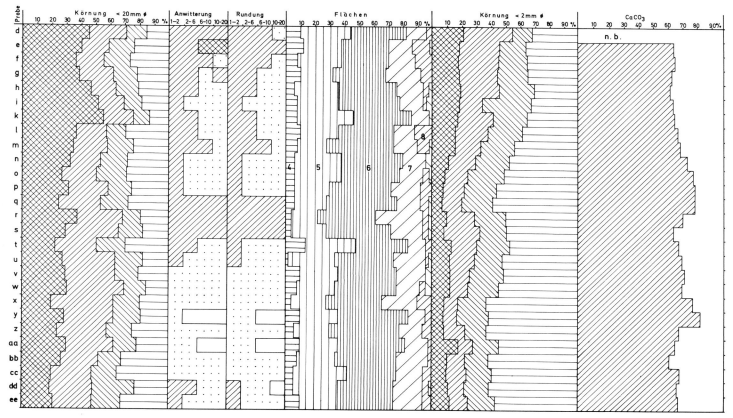

Abb. 6: Fohlenhaus, Ergebnisse der Sedimentanalysen (Legende vgl. Abb. 1).

c. Profilgliederung

Da *Discus ruderatus* nur in wenigen Exemplaren im höheren Profilbereich gefunden wurde und *Discus rotundatus* nur in Vergleichsproben spärlich vertreten ist, bleibt die Unterteilung des höheren Profilteiles unsicher. Andererseits hebt sich die Vallonienphase etwa in der Profilmitte heraus und darunter der molluskenfreie Abschnitt A. Innerhalb dieses Abschnittes A ist im Unterschied zu anderen Profilen eine weitere Unterteilung möglich, so daß folgende Gliederung vorliegt:

Abschnitt A1: Verbruch, der entsprechend den Verhältnissen in der Schuntershöhle dem finalen Verbruch der Würmeiszeit zugeordnet wird, liegt an der Basis. Lössige Bestandteile sind darin vorhanden. Nach oben folgt Grobschutt. In diesem Abschnitt A1 kommt eine Molluskenfauna mit anspruchslosen Arten vor.

Abschnitt A2: Dieser Unterabschnitt umfaßt ebenfalls überwiegend Grobschutt mit Lößmaterial und ist, wie der Abschnitt A der anderen Profile, praktisch frei von Molluskenresten.

Abschnitt A3: In diesem Unterabschnitt setzt die Molluskenfauna, wie sonst im höchsten Teil des Abschnittes A, mit spärlichen Resten ein. Bemerkenswert ist eine etwas stärkere Anlösung des Schuttes, die noch etwas in den obersten Bereich von A2 hineingreift.

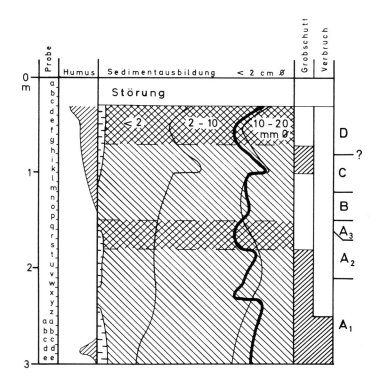

Abb. 7: Fohlenhaus, Fazies der Sedimente (Legende vgl. Abb. 2).

Abschnitt B: In diesem Abschnitt entfalten sich die Vallonien wie in den meisten anderen Profilen. Der Schutt ist relativ frisch ausgebildet.

Abschnitt C: Entsprechend der zunehmenden Artenzahl der Mollusken wird die Untergrenze gezogen. Ähnlich unsicher ist die Obergrenze. Doch fällt diese sicherlich in den Bereich des zwischengeschalteten Grobschuttes, der möglicherweise seitlich in Verbruch übergeht.

Abschnitt D: Erst hier zeichnet sich stärkere Lösungsverwitterung ab. Oben ist das Profil gestört.

III. Felsdach Inzigkofen oberhalb Sigmaringen an der oberen Donau

Schrifttum: Teil 1: W. TAUTE
Abb. 8: Ergebnisse der Sedimentanalysen
Abb. 9: Fazies der Sedimente
Tab. 1: Molluskenfauna
Tab. 6: Beschreibung der Sedimentproben
Höhenlage: 580 m NN
Exposition: WSW
Mächtigkeit des erschlossenen Profils: rd. 5 m.

Tab. 6: Felsdach Inzigkofen, Beschreibung der Sedimentproben:

Nr.	Hauptbestandteil	Nebenbestandteil	Humus
1	dunkelgrauer, feinsandiger, schluffiger Lehm	steinig	humushaltig
2	braungrauer, feinsandiger, schluffiger Lehm	steinig	schwach humushaltig
3	hellbraungrauer, feinsandiger, schluffiger Lehm	steinig	Humusspuren
4	hellgrauer, feinsandiger, schluffiger Lehm	steinig	Humusspuren
5	Schutt	hellgrauer, toniger, schluffiger Lehm	Humusspuren
6	grauer, schluffiger Lehm	stark steinig	schwach humushaltig
7	dunkelgrauer, toniger, schluffiger Lehm	steinig	humushaltig
8	Schutt	grauer, toniger Schluff	schwach humushaltig
9	Schutt	hellgrauer, sandiger Lehm	
10	Schutt	hellbraungrauer, lehmiger Sand	
11	Schutt	hellgraubrauner, lehmiger Sand	
12	Schutt	hellgraubrauner, lehmiger Sand	
13	Schutt	hellgraubrauner, lehmiger Sand lehmiger Sand	
14	Schutt	hellockerfarbener, lehmiger Sand	
15	ockerfarbener, sandiger, schluffiger Lehm	steinig	

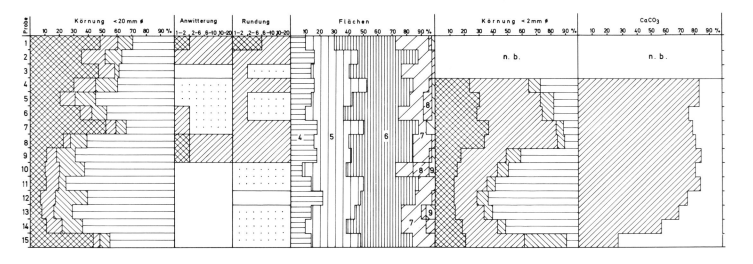

Abb. 8: Felsdach Inzigkofen, Ergebnis der Sedimentanalysen (Legende vgl. Abb. 1).

a. Profilaufbau

Das Profil Inzigkofen wird im wesentlichen aus ziemlich reinem Schutt aufgebaut.

b. Molluskenfauna

Obwohl *Discus ruderatus* ausfällt und eine nicht sonderlich reiche Molluskenfauna vertreten ist, sind die Grundzüge der erläuterten Faunen-Abfolge zu erkennen. Gewisse Schwierigkeiten bei der Bestimmung der Arten tauchen vor allem im höheren Profilteil (ab Nr. 6) auf, weil hier die Gehäuse besonders schlecht erhalten sind.

c. Profilgliederung

Trotz der nicht ganz präzisen Abgrenzung der einzelnen Abschnitte ist das Grundprinzip des Profilaufbaues deutlich:

Abschnitt A: Frischer Grobschutt mit Lößkomponente bildet die Basis.

Abschnitt B: Der Schutt in feinkörniger Ausbildung ist noch frei von den Einwirkungen einer Lösungsverwitterung.

Abschnitt C: Der im tieferen Bereich des Abschnittes etwas stärker angelöste Schutt geht nach oben in wieder frischeren, groben Schutt über. Anscheinend ist der tiefere Profilteil durch etwas verlangsamte Sedimentation gekennzeichnet. Etwa in der Horizontmitte ist eine Anreicherung von Lehm vorhanden, die vermutlich in Beziehung zur Begehung durch den Menschen steht.

Abschnitt D: In der Grenzzone zu C hält die Grobschutt-Führung mit nur geringer Anlösung an. Der oberste Teil von D, der wohl nicht ganz vollständig durch Sedimente vertreten ist, ist durch stärkere Überformung unter dem Einfluß junger Verwitterung mit entsprechender Anreicherung feinstkörniger Bestandteile im Zuge der Rendzina-Bildung gekennzeichnet.

IV. **Bettelküche** bei Sulzbach-Rosenberg (Oberpfalz)

Schrifttum: Teil 1: W. TAUTE
Abb. 10: Ergebnisse der Sedimentanalysen
Abb. 11: Fazies der Sedimente
Tab. 1: Molluskenfauna
Tab. 7: Beschreibung der Sedimentproben
Höhenlage: ca. 410 m NN
Exposition: NNO
Mächtigkeit des erschlossenen Profils: rd. 1,80 m

Im Profil Bettelküche besteht das Liefergestein ausnahmsweise aus Dolomit. Sandiges Material der Überdeckung des Malm ist als Fremdkomponente beteiligt. Probenserien aus zwei Profilen wurden untersucht, wovon diejenige aus Profil 1 näher am Felsdach liegt. In Abb. 11 sind beide Profile kombiniert, wobei im wesentlichen der obere Abschnitt von Profil 1 (Nr. 1/1–1/11) und der untere Abschnitt von Profil 2 (Nr. 2/4–2/9) übernommen wurde.

a. Profilaufbau

Die nachfolgende Beschreibung der Proben bezieht sich auf Profil 1.

Die Analysen, von denen die des Profils 1 mit denen des tieferen Teils von Profil 2 kombiniert werden, deuten auf ein heterogenes Bild der am Aufbau beteiligten Bestandteile. Ursache dafür ist einmal die dolomitische Fazies des Hauptliefergesteins: Dolomit vermorscht im Zuge der chemischen Verwitterung und zerfällt schließlich in Feinsand.

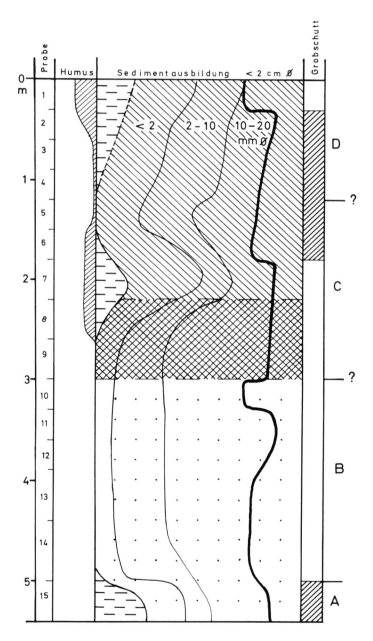

Abb. 9: Felsdach Inzigkofen, Fazies der Sedimente (Legende vgl. Abb. 2).

Dolomitstückchen sind deshalb von vornherein als Folge der Anwitterung stärker gerundet als Kalksteinstücke entsprechender Größe. Bei völlig einheitlichem dolomitschem Liefermaterial ist deswegen eine recht klare Beziehung zwischen Grad der Rundung und Vermorschung unter Berücksichtigung der Körnungsfraktion als Ausdruck der Anwitterung vorhanden (K. BRUNNACKER & R. STREIT 1967). In der Bettelküche ist eine solche Beziehung in ähnlich klarem Maße nicht gegeben, weil neben dem Felsdach als Zulieferer des Schuttes noch irgendwelche Bereiche des Freilandes wirksam waren. Darauf deutet außerdem im Feinmaterial der hohe Anteil an Komponenten, die sich nicht aus der Dolomitverwitterung ableiten lassen.

Insgesamt nimmt bei ständiger, mehr oder weniger großer Beteiligung von Fremdmaterial die Wirkung der chemischen Verwitterung von unten nach oben zu. In der Profilmitte sinkt sie zwischendurch leicht ab. Anscheinend besteht dabei ein Zusammenhang mit dem Gehalt an Grobschutt. Davon abgesehen ist der Grobschutt auf den tiefsten Profilteil begrenzt.

b. Molluskenfauna

Im Unterschied zu anderen Profilen bringt die Molluskenfauna nur wenige und obendrein unsichere Hinweise zur Profilgliederung. Zum einen sind deren Reste in den Sedimenten der Bettelküche nur spärlich vertreten und zum anderen sind sie überdies großenteils zerbrochen. So ist die eingangs erläuterte Gliederung über die Mollusken wohl grob angedeutet, doch bleibt eine genauere Grenzziehung zwischen den einzelnen Abschnitten problematisch. Im tieferen Profilteil ist sogar unsicher, ob die Abschnitte A und B überhaupt vertreten sind. Dies ist vor allem deshalb bedauerlich, als damit die Faunenfolge dieses Profils keine

Brücke zu der für den Bereich der Mährischen Pforte erwähnten Abfolge zu schlagen in der Lage ist.

c. Profilgliederung

Das Sedimentmaterial besteht aus Verwitterungsprodukten des Frankendolomits und aus dessen Überdeckungsbildungen, die – einen erheblichen Anteil ausmachend – hierher verlagert wurden.

Auf die gesteigerten Verlagerungen entlang der Landoberfläche ist wenigstens z. T. auch die Aufarbeitung der Molluskengehäuse zu Schill rückführbar. In der untersten Probe deutet die besonders hohe Beteiligung von feinkörnigem Fremdmaterial auf den Abschnitt A. Möglicherweise liegt die Obergrenze des Abschnittes B an der Grenze von Nr. 2/4 zu 2/5.

V. Jägerhaus-Höhle bei Fridingen-Bronnen an der oberen Donau

Schrifttum: Teil 1: W. TAUTE
Abb. 12: Ergebnisse der Sedimentanalysen von Profil 2
Abb. 13: Verknüpfung der Einzelprofile
Abb. 14: Fazies der Sedimente und ökologische Bewertung der Molluskenfaunen
Tab. 1: Molluskenfauna
Tab. 8: Beschreibung der Sedimentproben
Tab. 9: Grad der Anwitterung des Schuttes in Profil 2
Höhenlage: 680–690 m NN
Exposition: SO
Mächtigkeit des erschlossenen Profils: rd. 5 m
Innerhalb der behandelten Profile ist das der Jägerhaus-Höhle insofern ein Sonderfall, als sich Freiland- und Höhlenschutt mit Kalktuff des Freilandes verzahnen.

Tab. 7: Bettelküche, Beschreibung der Sedimentproben:

Nr.	Hauptbestandteil	Nebenbestandteil	Humus
1	graubrauner, feinsandiger Lehm	steinig	humushaltig
2	hellbraungrauer, feinsandiger Lehm	schwach steinig	sehr schwach humushaltig
3	braungrauer, feinsandiger Lehm	steinig	sehr schwach humushaltig
4	hellbraungrauer, feinsandiger Lehm	schwach steinig	Humusspuren
5	hellgraubrauner, feinsandiger Lehm	steinig	Humusspuren
6	hellbraungrauer, lehmiger Schluff	steinig	Humusspuren
7	brauner, feinsandiger Lehm	schwach steinig	
8	hellbrauner, lehmiger Feinsand	schwach steinig	
9	grauer, lehmiger Feinsand	schwach steinig	schwach humushaltig
10	dunkelgrauer, lehmiger Feinsand	schwach steinig	humushaltig
11	dunkelgrauer, lehmiger Feinsand	sehr schwach steinig	schwach humushaltig
12	hellgelbgrauer, lehmiger Feinsand	steinig	

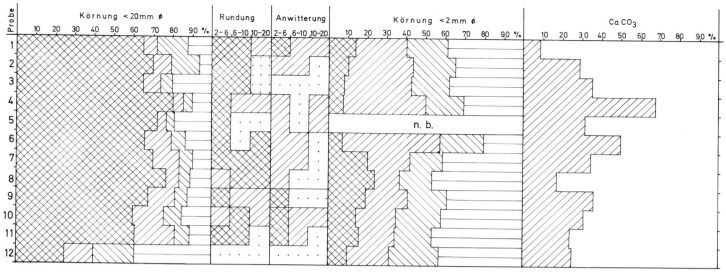

Abb. 10: Bettelküche, Profil 1, Ergebnisse der Sedimentanalysen (Legende vgl. Abb. 1).

a. Profilaufbau

Den Kulturschichten nach werden von Profil 2 über Profil 6 nach Profil 15 und weiter nach Profil 16 zunehmend ältere Schichtglieder erfaßt, wobei die Grenze des Basisschuttes zum Kalktuff eine Fazies- und keine Zeitgrenze ist.

Wegen der besonderen Sedimentgenese wurden nur in Profil 2 Körnungsanalysen und Bestimmung des Kalkgehaltes durchgeführt. Bei allen Serien wurden hingegen das Mengenverhältnis von Tuff zu Schutt abgeschätzt und beim Schutt der Grad einer Anwitterung zu erfassen versucht. Soweit möglich bzw. sinnvoll, wurde außerdem versucht, über die Zahl der Bruchflächen an Schuttstückchen eine Aussage zur Intensität der mechanischen Verwitterung wenigstens in Größenordnung zu bekommen.

1. Profil 2

Die beiden Probenserien des Profils 2 aus dem Schutt-Kalktuff-Verband werden nachfolgend behandelt. Die Schutte über der Erosionsdiskordanz werden zusammen mit denen der anderen Profile besprochen.

Der Basisschutt führt in der eingangsferneren Serie nach unten zunehmend tonige Komponenten und in der untersten Probe Eisenocker. Darüber lagert Tuff, welchem im höheren Abschnitt ein Horizont mit Verbruch und Schutt zwischengeschaltet ist. Auch in diesem Schuttlager kommt, vielleicht in Verbindung mit einer Kulturschicht, zusätzliches lehmig-toniges Material vor. Gewisse Unterschiede hinsichtlich einer eingangsnäheren und -ferneren Ausbildung deuten sich an, obwohl beide Probenserien kaum 2,0 m voneinander entnommen sind. Die Daten der Tabelle 9 zeigen, daß die chemische Anwitterung des Schuttes am Eingang und weiter innen teils gleich groß, teils nächst dem Eingang stärker ausgeprägt ist.

Anlösung des Schuttes war nur möglich, solange die Teilchen noch am Dach bzw. Trauf hingen, mit Einwirkung

auf die Oberfläche der gelockerten Stücke längst Klüften, Spalten, Schichtflächen und besonders an durch Frost erzeugten oder durch Wurzeldruck bedingten Rissen. Am Höhlenboden mußte in diesem speziellen Fall Anlösung im Schuttkörper ausfallen, weil hier die meiste Zeit Kalkübersättigung vorhanden war. Lediglich unmittelbar an der Sedimentoberfläche war vielleicht eine gewisse weitere Veränderung möglich, die aber wegen der raschen Aufwuchsgeschwindigkeit des Tuffes sicherlich nicht besonders bedeutsam war. Damit wird verständlicherweise der Schutt, der vom Trauf zugeführt wurde, etwas günstigeren Bedingungen für eine Lösungsverwitterung ausgesetzt gewesen sein als der Schutt, der weiter innen vom Dach abgebrochen ist.

Bei den in den Tuff eingebetteten Schuttstückchen lassen sich hinsichtlich der Flächenzahlen zwei Typen unterschei-

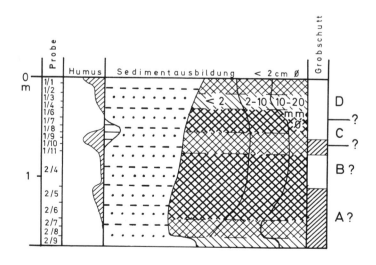

Abb. 11: Bettelküche, Profile 1 und 2, Fazies der Sedimente (Legende vgl. Abb. 2).

Tab. 8: Jägerhaus-Höhle (Profil 2), Beschreibung der Sedimentproben:

Nr.	Hauptbestandteil	Nebenbestandteil (Steingehalt = Höhlenschutt-Komponente)	Humus
Eingangsnahe Probenserie:			
23	dunkelgrauer, stark steiniger, sandiger Lehm	sehr schwach tuffhaltig	humushaltig
22	hellgelbgrauer Tuff	sehr schwach steinig	
21	hellgrauer Tuff	steinig	
20	Schutt	hellgrauer Tuff	sehr schwach humushaltig
19	Schutt	grauer, sehr schwach tuffhaltiger, sandiger Lehm	schwach humushaltig
18	Schutt	dunkelgrauer, sehr schwach tuffhaltiger, sandiger Lehm	humushaltig
17	Schutt	dunkelgrauer, schwach tuffhaltiger, sandiger Lehm	humushaltig
16	Tuff	grauer, stark steiniger, sandiger Lehm	schwach humushaltig
15	Tuff	grauer, stark steiniger, sandiger Lehm	schwach humushaltig
14	hellgelbgrauer Tuff	schwach steinig	
13	hellgrauer Tuff	schwach steinig	
12	hellgelbgrauer Tuff	sehr stark steinig	
11	hellgrauer Tuff	sehr schwach steinig	
10	hellgelbgrauer Tuff	schwach steinig	
9	hellgrauer Tuff	sehr schwach steinig	
8	hellgrauer Tuff	schwach steinig	
7	hellgrauer Tuff	sehr schwach steinig	
6	hellgrauer Tuff	sehr schwach steinig	
5	hellgrauer Tuff		
4	hellgrauer Tuff	sehr schwach steinig	
3	hellgrauer Tuff		
2	hellgrauer Tuff		
1	hellgelbgrauer Tuff	stark steinig	
Eingangsferne Probenserie:			
39	hellgelbgrauer Tuff		
38	hellgrauer Tuff	schwach steinig	
37	hellgelbgrauer Tuff	steinig	
36	grauer Schutt	sehr schwach tuffhaltig	schwach humushaltig
35	Schutt	grauer, sehr schwach tuffhaltiger, sandiger Lehm	schwach humushaltig
34	Schutt	grauer, schwach tuffhaltiger, sandiger Lehm	schwach humushaltig
33	Schutt	dunkelgrauer, tuffhaltiger, sandiger Lehm	humushaltig
32	hellgrauer Tuff	sehr stark steinig	sehr schwach humushaltig
31	hellgelbgrauer Tuff	steinig	
30	hellgrauer Tuff	steinig	
29	hellgrauer Tuff	sehr stark steinig	
28	hellgelbgrauer Schutt	tuffhaltig	
27	Schutt	hellgraugelber, sehr schwach tuffhaltiger, schwach toniger Lehm	
26	Schutt	hellgraugelber, sehr schwach tuffhaltiger, schwach toniger Lehm	
25	Schutt	graugelber, schwach tuffhaltiger, schwach toniger Lehm	
24	hellockerfarbener, toniger Lehm, mit Ocker	schwach tuffhaltig, sehr schwach steinig	

den. Im tieferen Abschnitt treten mittlere, im höheren Abschnitt hingegen ausgesprochen niedrige Flächenzahlen auf. Diese Änderung scheint Hinweis dafür zu sein, daß der höhere Tuff viel rascher gebildet wurde als der untere. Allerdings ist auch denkbar, daß die Intensität der Frostwirkung nach obenhin nachgelassen hat. Gleich aber, welche Möglichkeit zutrifft, im höheren Bereich ist eine weitere Unterteilung durch Verbruch und Schutt vorhanden. Beide Bildungen können als Einheit zusammengenommen werden, wenn man sehr rasches Wachstum für den Tuff unterstellt. Außerdem war in der Bildungszeit des Schuttes der Aufwuchs des Tuffes gehemmt. Die Zeit bemerkenswert kräftiger Tuffbildung war somit durch eine Phase gehemmter Tuffbildung unterbrochen. Dieser ist es zu verdanken, daß das Schuttlager als solches deutlicher herauskommt.

2. Profil 15 und 16

In den Profilen 15 und 16 verzahnen sich ebenfalls Schutte mit Kalkabscheidungen, wobei quellkalkartige Absätze dominieren. Im unteren Teil des Profils 16 tritt relativ grob und scharfkantig ausgebildeter Schutt anstelle des sonst kleinstückigeren Materials stärker hervor. Außerdem stellt sich gerundetes dolomitisches Gestein ein, was auf ein gegenüber Profil 2 abweichendes Liefergebiet deutet.

3. Profil 1, 6 und 8

Die Basis des Tufflagers wird in Profil 6 durch vorwiegend scharfkantigen Schutt vertreten. In diesem Profil sind die Kalkabscheidungen bereits in der normalen Tuff-Fazies entwickelt.

In Profil 1 und 8 ist die Fortsetzung des oberen Schutthorizontes von Profil 2 erfaßt, in Profil 8 jedoch schon zunehmend mit Kalktuff durchsetzt.

4. Hangendschichten der Profile 1, 8 und 9

Die meist stärker humosen, über der Erosionsdiskordanz folgenden Schichten der Profile 1, 2, 8 und 9 werden aus Schutt aufgebaut, der nach dem Hangenden zunehmend durch Lösungsverwitterung angegriffen ist. Die Kalktuff-Bildung ist also davor zu Ende gegangen.

b. Molluskenfauna

Die Molluskenfauna zeigt die gleichen Grundzüge wie in den anderen Profilen, nämlich eine Ablösung der Vallonien-Fauna durch eine Fauna mit *Discus ruderatus* und weiter oben im Profil mit *Discus rotundatus*. Außerdem ist eine gewisse Ausweitung der Arten, die Waldstandorte bevorzugen, gegen die höheren Profilabschnitte hin angedeutet.

c. Profilgliederung

In der Jägerhaus-Höhle verzahnen sich Freiland- und Höhlensedimente. Wichtigste Freilandbildung sind Kalktuff und Quellkalk. Dazu kommt umgelagerter Lehm und

Tab. 9: Grad der chemischen Anwitterung an Schuttstücken in Profil 2 der Jägerhaus-Höhle

nächst Eingang Nr.		2 bis 3 m weiter innen Nr.	
22:	3	38:	3
21:	3		
		37:	4
20:	3	36:	3
19:	1—2	35:	1—2
18:	1—2		
17:	3	34:	1—2
16:	1		
15:	3	33:	3
14:	3	32:	1
13:	3		
12:	3		
11:	3	30:	3
10:	3		
9:	3	29:	2
8:	3		
7:	4	28:	3
6:	3—4		
5:	3	27:	3

Anlösung:

1 = ausgesprochen scharfkantig
2 = scharfkantig
3 = sehr schwach kantenrund
4 = schwach kantenrund

Schutt nächst der Basis. Im tieferen Profilteil ist im Höhlenraum Eisenocker vorhanden. Als allochthone Komponente tritt hier ebenfalls Lehm auf. Innerhalb des autochthonen Basisschuttes ist zwischen gröberem Material im Untergrund (in Profil 16) und kleinstückigem Schutt zu unterscheiden. Die kleinstückige Ausbildung tritt im höheren Profilteil auch sonst als Beimengung im Kalktuff auf. Die Zulieferung erfolgte im allgemeinen vom Dach und Trauf der Höhle, im Profil 16 jedoch auch, wie gefundene dolomitische Komponente zeigen, aus dem Freiland. Die Verzahnung der Tuffe mit dem Basisschutt ergibt sich aus dem Verlauf der Kulturschichten, die aus dem Tuff in das Schuttlager hineinziehen. Der Quellkalktyp der Profile 15 und 16 erinnern an den sog. »Alm« des Alpenvorlandes (H. VIDAL und Mitarbeiter 1966). Seine Molluskenfauna steht dem nicht entgegen, denn für die Seekreide typische Arten fehlen darin und bei den übrigen Elementen läßt sich eine Trennung zwischen autochthonen Arten des »Alm« und allochthonen des Schuttlagers bzw. der anschließenden Felshänge nicht unterscheiden.

Insgesamt deutet sich eine allmähliche Ausweitung des Tufflagers auf Kosten der Schuttbereiche an, die lediglich durch den oberen Schutthorizont unterbrochen war. Doch kann aus solchen Lagebeziehungen nicht ohne weiteres geschlossen werden, daß in den Zeiten der seitlich ausgreifenden Kalkabscheidung die Schuttproduktion grundsätzlich gemindert war. Der rascher anwachsende Tuff hat vielmehr den Schuttanteil entsprechend seiner Aufwuchs-geschwindigkeit verdünnt. In diese Entwicklung ist der obere Schutthorizont als Besonderheit zwischengeschaltet.

Abschnitt A: Innerhalb der Freilandentwicklung bildet Grobschutt mit Fremdmaterial den untersten Profilbereich zusammen mit etwas Quellkalk. Im Höhlenbereich kommt Lehm und Ocker, der sich aber nicht genau einstufen läßt, hinzu.

Abschnitt B: Der Quellkalk weitet sich gegen die Höhlen-fazies aus. Der zugelieferte Schutt ist sehr leicht korro-diert.

Abschnitt C: Die Tuffbildung löst jetzt den Quellkalk all-mählich ab. Dabei wird als Folge zunehmend rascheren Aufwuchses der Schuttanteil zurückgedrängt. Nächst der Obergrenze von C liegt Verbruch, der durch ein dünnes

Tufflager vom darüber folgenden Schutt abgesetzt ist. Die Schuttanreicherung ist Folge gehemmten Tuffaufwuchses.

Abschnitt D: Erneute kräftige Tuffbildung drängt die im Grenzbereich C/D dominierende Schuttfazies wieder zu-rück. Das Ende der Tuffbildung liegt etwa im Bereich D1/ D 2. Darüber folgen, abgesetzt durch eine (vom Men-schen bedingte?) Erosionsdiskordanz, junge, nach oben hin stärker angewitterte Schutte.

Die Tuffbildung in der Jägerhaus-Höhle ist durch zwei Marken gekennzeichnet: Einmal durch die Hemmung im Wachstum um die Grenze C/D und zum anderen durch das Ende der Tuffbildung innerhalb von D.

Damit läßt das Profil neben der normalen Entwicklung der Höhlensedimente auch die Entwicklung der Freiland-Tuffe erkennen:

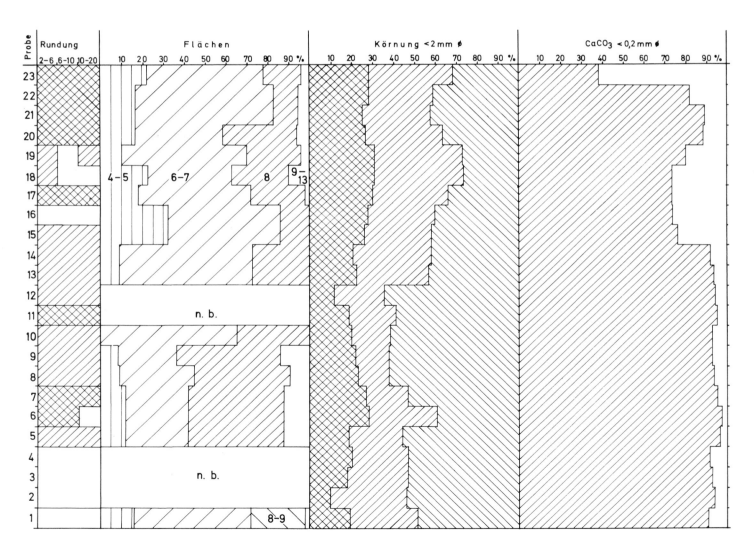

Abb. 12: Jägerhaus-Höhle, Profil 2, eingangsnah: Ergebnisse der Sedimentanalyse (Legende vgl. Abb. 1).

Kulturschicht	Abschnitt	Höhlenfazies	Freilandfazies
1—5 Erosionsdiskordanz	D	Schutt	
6—7b	D	Schutt	Kalktuff
			(Kalktuff)
7c—12/13	C	Schutt	(Kalktuff)
		Verbruch (Schutt)	(Kalktuff)
13—15	B	(Schutt)	Kalktuff bis Quellkalk
Liegendes von 15	A	grober Schutt mit Fremdmaterial	Quellkalk

d. Vergleich mit der Freilandentwicklung

In der Jägerhaus-Höhle tritt damit auf der einen Seite eine mit den übrigen Profilen durchaus vergleichbare Entwicklung auf. Auf der anderen Seite sind darüber hinaus Verknüpfungen mit der Entwicklung der Kalktuffe im Freiland möglich.

Die Kalktuffbildung setzt in Süddeutschland im allgemeinen über einem präborealen Basistorf ein. Im Jungneolithikum erfolgte z. T. eine gewisse Trockenlegung, was deren Besiedelung zur Folge haben konnte (z. B. Polling). Das Ende der Tuffbildung steht vielfach in Zusammenhang mit der Eisenzeit. Dabei ist aber unsicher, ob natürliche Vorgänge oder die durch den Menschen infolge Ro-

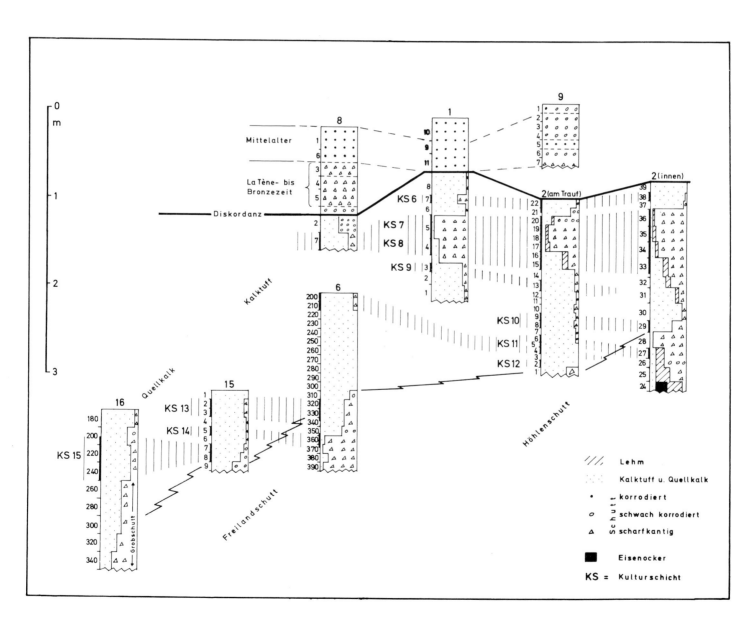

Abb. 13: Jägerhaus-Höhle, Fazielle Verknüpfung der Einzelprofile (nicht voll maßstabgerecht).

dung stark veränderte Hydrologie die Ursache waren. Eine gewisse Minderung im Tuff-Wachstum kommt nach den Befunden in der Jägerhaus-Höhle an der Wende C/D hinzu. Im Freiland gibt es dafür noch kaum sichere Belege (vgl. Profil Steingraben bei Traunstein – R. GERMAN & P. FILZER 1964).

Es ist naheliegend, den Anfang der Tuffbildung in der Jägerhaus-Höhle etwas früher als in den anderen Tuff-Lagern anzusetzen. Auch bleibt das Ende der Bildung unsicher. Jedoch hängt die Bildung des Tuffes am Jägerhaus eng mit der Entwicklung des angrenzenden Tales zusammen. Damit müssen die allgemeine Talentwicklung Süddeutschlands wie die besonderen örtlichen Gegegebenheiten ebenfalls einbezogen werden, was aber erst nach Behandlung der Stratigraphie sinnvoll ist.

VI. Grundzüge des Profilaufbaues

Auf der Grundlage der vorgestellten Profilgliederung lassen sich einige Gemeinsamkeiten im Aufbau der untersuchten Profile erkennen.

a. Abschnitt A

Der Abschnitt A führt Grobschutt, der ziemlich frisch ausgebildet ist. Fremdmaterial als Schutt und als lössige Komponenten sind an der Zusammensetzung der Sedimente zumeist beteiligt.

Nur in Einzelfällen ist eine weitere Unterteilung vorhanden. So liegt an der Profilbasis der Schuntershöhle ein Verbruch. Auch im Fohlenhaus wird das Liegende durch Verbruch gebildet, der eine anspruchslose Molluskenfauna enthält (A1). Der darüber folgende Unterabschnitt (A2) ist, wie auch sonst, frei von Molluskenresten. Der obere Unterabschnitt (A3) hebt sich durch eine etwas gesteigerte Anlösung des Schuttes, die auch noch in dessen Liegendes hineingreift, ab.

b. Abschnitt B

Der Abschnitt B führt noch frischen bis relativ frischen, z. T. groben Schutt.

c. Abschnitt C

Der Abschnitt C ist ebenfalls noch durch ziemlich frisches Material gekennzeichnet. Bemerkenswert ist der relativ frische Verbruch bzw. Grobschutt, der in den meisten Profilen die Grenze zum Abschnitt D markiert. Ihm entspricht im Freiland eine Hemmung in der Bildung des Kalktuffes (Jägerhaus-Höhle).

d. Abschnitt D

Im Abschnitt D ist fast allgemein Humusbildung mit der Schuttablagerung gekoppelt. Dementsprechend ist der Schutt zumeist auch stärker angelöst. Somit liegt zwischen Abschnitt C und D der wesentliche sedimentologische Schnitt, der durch die Phase mit Verbruch noch unterstrichen wird.

Die Oberfläche der Sedimentlager ist bisweilen gestört, was auf menschliche Betätigung zurückgehen kann. Außerdem ist eine Unterteilung des Abschnittes D in Einzelfällen möglich, so durch das Ende der Tuffbildung in der Jägerhaus-Höhle und durch einen Verbruch im Felsdach Lautereck und in der Falkensteinhöhle, möglicherweise auch durch Grobschutt im Fohlenhaus.

D. Genetische Bewertung der Sedimentfolgen

Verschiedenartigste Vorgänge greifen bei der Sedimentbildung am Eingang von Höhlen ineinander. Insbesondere kommt dabei ein Wechselspiel zwischen Sedimentation und Bodenbildung zur Wirkung, da z. B. rasche Sedimentation die Intensität der Bodenbildung zurückdrängt. Doch ist die klimatische Situation übergeordnet:

In Kaltzeiten findet eine relativ kräftige Produktion von Frostschutt statt. Die Überformung am Höhlenboden durch Lösungsverwitterung ist zudem und unabhängig vom Sedimentanfall sehr gering. In Warmzeiten ist die Lieferung von Frostschutt gemindert; die chemische Korrosion des Schuttes am Boden ist außerdem erheblich gesteigert.

Doch gibt es innerhalb dieses Grundbildes erhebliche Störungen, etwa durch zusätzliche Mitwirkung organischer Säuren, zugeführt von Mensch und Tier. Viel schwerwiegender aber sind die Störungen innerhalb warmzeitlicher Ablagerungen. So wird das den Schutt liefernde Höhlendach in den Kaltzeiten allmählich in einer tief in das Gestein hineingreifenden Zone gelockert. Die Zerrüttung wirkt am Anfang einer nachfolgenden Warmzeit durch überdurchschnittliche Schuttlieferung nach. Infolge der dadurch bedingten noch immer raschen Sedimentation kann sich aber die jetzt an sich kräftigere Lösungsverwitterung nicht in dem Maße auswirken wie in späteren Abschnitten der Warmzeit, in denen entsprechend vorbereitetes Material nicht mehr zur Verfügung steht. Solche kaltzeitliche Materialvorbereitung am Dach ist nur dort zu erkennen, wo infolge rechtzeitiger völliger Verfüllung weiterer Abbruch von Schutt verhindert wurde, wie z. B. in Hunas (K. BRUNNACKER 1963).

Verbruchphasen können Ergebnis der allgemeinen Klimaentwicklung sein, z. B. als finaler Verbruch gegen Ende der Kaltzeit, sie können aber auch auf lokale Ursachen zurückgehen. Im Anschluß an derartigen Verbruch kann die Lieferung von Schutt gehemmt sein, weil die Auflockerung an völlig frischem Gestein ansetzen muß.

Auch durch Verlagerungen am Höhlenboden können sich Störungen im Sedimentaufbau einstellen. Soweit dabei Oberflächenmaterial zugeführt wird, ist dies im allgemeinen stärker korrodiert als das von Dach und Trauf direkt beigesteuerte Material.

Hemmung der Lösungsverwitterung kann auf rasche Sedimentation infolge Zufuhr erheblicher Mengen von Fremdmaterial zurückgehen, wie infolge Einschwemmungen oder Kalksinter-Aufwuchs.

Darüber hinaus haben gerade diese Untersuchungen gezeigt, daß die Lösungsverwitterung bereits am Dach an gelockerten Gesteinsstückchen anzusetzen vermag.

Insgesamt wirken somit zahlreiche Faktoren zusammen, die im einzelnen höchst unterschiedliche Wertigkeit zeigen, die jedoch durch verschiedenste Kombinationen die Sedimententwicklung und damit die Sedimentausbildung zu modifizieren vermögen. Für die untersuchten Profile kommen dafür folgende Gesichtspunkte in Frage:

Ablauf des Spät- und Postglazials:
a. Klimaentwicklung
b. Vegetationsentwicklung
c. Faunenentwicklung

Diese werden durch die natürlichen Standortgegebenheiten modifiziert:

1. Schuttlieferung: abhängig von Geländegestaltung und Mikroklima, insbesondere Durchfeuchtung und Frostwechsel. Letzteres wiederum abhängig von Pflanzendecke, Exposition, Gesteinseigenschaften.

2. Chemische Anwitterung: abhängig von der Durchfeuchtung, der Säureproduktion über die Pflanzen und das Bodenleben sowie die Durchlässigkeit des Schuttes und dessen Aufwuchsgeschwindigkeit, ferner Exposition und evtl. zusätzliche Wasserzufuhr von umgebenden Bereichen.

3. Fremdsedimente (Schutt, Löß, Kalktuff): abhängig von Relief und Exposition.

Die Funktion der Zeit kommt noch hinzu, da sich durch Verwitterung und Abtrag einerseits, Sedimentation andererseits der Standort laufend ändert.

Pflanzendecke:

1. Grad der Bodenentwicklung; langsame Schuttzulieferung läßt Bodenentwicklung voranschreiten, rasche Schuttzulieferung behält den Boden in Initialstadien, was wiederum eine über Pioniervegetation hinausgehende Besiedlung erschwert.

2. Mikroklima, Wasserhaushalt, Exposition usw.

Fauna, insbesondere Mollusken:

Ähnliche Beziehungen wie bei der Pflanzendecke; hier aber zusätzliche Einwirkungen durch Art der Vegetation, Belichtung usw.

Begehung durch den Menschen:

1. Aufsuchen des Ortes: wegen geeigneter natürlicher Bedingungen, z. B. lichte Vegetation.

2. Der Mensch schafft sich selbst Platz durch Rodung.

3. Umlagerung von Schutt gegenüber dem natürlichen Ablagerungsort.

Doch reichen für eine feinstratigraphisch-genetische Interpretation solche theoretischen Überlegungen – die entsprechend den praktischen Ergebnissen noch erheblich modifiziert werden müssen! – nicht aus, so daß meist nur Grundprinzipien erkannt zu werden vermögen.

Fremdmaterial: Abgesehen von anthropogenen Anreicherungen überwiegen zumeist feinkörnige Sedimente. Neben der Anhäufung toniger Bestandteile nächst der Landoberfläche bei der Bodenbildung treten schluffige Komponenten und Fremdschutte überwiegend im Abschnitt A auf. Die schluffigen Bestandteile lassen sich als Lößmaterial deuten, wobei unsicher bleibt, ob sich dieses auf primärer oder sekundärer Lagerstätte befindet.

Grobschutt und Verbruch: An der Basis einiger Profile liegt Verbruch, der sich dem finalen Blockschutt der Würmeiszeit zuordnen läßt (K. BRUNNACKER 1963). Grobschutt ist darüber hinaus für Abschnitt A geradezu typisch. Eine weitere Häufung von Grobschutt und z. T. auch von Verbruch kommt im Grenzbereich von Abschnitt C zu D

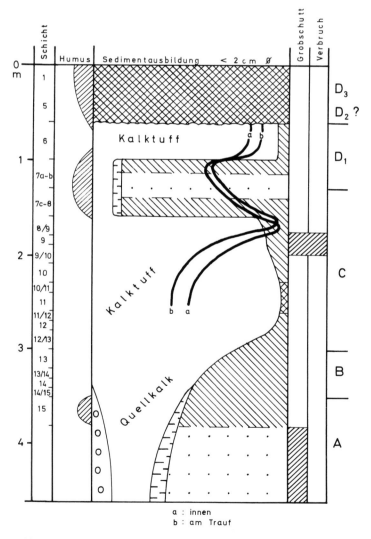

Abb. 14: Jägerhaus-Höhle, Kombiniertes Gesamtprofil: Fazies der Sedimente (Legende vgl. Abb. 2).

vor. Ob der z. T. den Abschnitt D unterteilende Verbruch ebenfalls größere Wertigkeit besitzt, bleibt vorerst ungewiß.

Das grobe Material im Grenzbereich C/D gestattet eine gewisse Untergliederung der Profile. Zugleich aber stört es die Interpretation der allgemeinen Sedimentfolge; denn die Zulieferung von Grobschutt hat rascheren Sedimentaufwuchs ausgelöst und damit die allgemeinen Verwitterungszüge, wie sie durch chemische Anlösung und Flächenzahlen gekennzeichnet sind, gleichsam getarnt.

Anlösung: Die Lösungsverwitterung kommt ab Abschnitt B oder ab C, insbesondere aber ab D gegen die heutige Landoberfläche hin zunehmend zur Wirkung.

Sedimentaufwuchs: Durch vorwiegend niedrige Flächenzahlen wird im tieferen Profilbereich relativ rascher Aufwuchs angedeutet. Im höheren Profilteil ist hingegen eine Neigung zu höheren Flächenzahlen vorhanden, die auf langsameren Aufwuchs deuten. Hier werden außerdem infolge verstärkter Lösungsverwitterung niedrigere Flächenzahlen vorgetäuscht – nur jüngste Schuttteilchen sind vom Erhaltungszustand her für die Zählungen brauchbar (K. BRUNNACKER 1968). Möglicherweise ist außerdem in Abschnitt C, auch ohne die durch den Grobschutt bedingte Modifikation, im Unterschied zu Abschnitt B eine gewisse Belebung der Schuttzulieferung über zwischendurch wieder etwas niedrigere Flächenzahlen angedeutet.

Humus: Abgesehen von anthropogenem Humus der Kulturschichten ist erst etwa ab Untergrenze von Abschnitt D eine bis zur heutigen Landoberfläche durchlaufende Humusakkumulation vorhanden. Erst in Abschnitt D ist also eine Bodenbildung vom Typ der Rendzina voll im Gange, während vorher mechanische Sedimente im Vordergrund gestanden haben. Mit der Rendzinabildung geht die verstärkte Lösungsverwitterung des Schuttes und die biologische Akkumulation feinerer Komponenten nächst der Landoberfläche Hand in Hand.

Abschnitt A: Ausbildung und Frische des Schuttes sprechen zusammen mit der Beteiligung von Fremdmaterial für einen periglazialen Sedimenttyp. Doch kann vorerst daran keine stratigraphische Einordnung angeschlossen werden. Unsicher ist nämlich, ob diese Fazies an eine Zeit mit entsprechendem Klima gebunden war, oder ob gleichsam ein von Ort zu Ort verschieden langes Nachleben unter anderen Außenbedingungen möglich war.

Abschnitt B: Die Zulieferung von jetzt oft feinerem Schutt hält an. Gegenüber Abschnitt A scheint sie etwas verlangsamt. Dies kann Folge der abgesprengten kleineren Stückgrößen sein. Die chemische Verwitterung bleibt ohne Bedeutung, obwohl nach Ausweis der schon jetzt recht artenreichen Vallonien-Fauna die Lebensbedingungen gegenüber A deutlich gebessert waren. Eine Einstufung in die früheste Nacheiszeit ist denkbar.

Abschnitt C: Die Zulieferung von Schutt hält in gleicher Weise, vielleicht z. T. etwas verstärkt, an. Dennoch werden die Wirkungen der Lösungsverwitterung deutlicher. Bis einschließlich zu diesem Abschnitt ist damit zu unterstellen, daß noch immer Frostschutt zugeliefert wurde, der in der vorangegangenen Zeit an Dach, Trauf und in anderen Lieferbereichen durch Spaltenfrost entsprechend vorbereitet worden war. Einen gewissen Abschluß bildet der Grobschutt und Verbruch an der Wende C/D; denn damit wurde wohl endültig das letzte Material zugeliefert, das unter eiszeitlichen Bedingungen (i. w. S.) eine Lockerung am Anstehenden erfahren hat.

Abschnitt D: Über der den älteren vom jüngeren Sedimentationsabschnitt trennenden Grobschuttphase im Grenzbereich C/D mußten sich neue Bedingungen einpendeln. Dazu gehört Gesteinsauflockerung an Dach und Trauf unter nacheiszeitlichen Bedingungen. Diese hat nach dem vorangegangenen Verbruch eine gewisse Zeit bis zur Einstellung des neuen Gleichgewichts gebraucht. Dann aber waren die »normalen« nacheiszeitlichen Sedimentationsbedingungen gegeben, nämlich relativ langsamer Schuttanfall und dessen Einarbeitung in die Bodenbildung in Form einer Rendzina bei entsprechender Anlösung des Schuttes. Es fragt sich, ob innerhalb von D eine nachhaltigere, weitere Differenzierung vorhanden ist, zumal die Schuttzulieferung bei Annäherung an die Gegenwart abnehmende Tendenz zeigt, während die Intensität der Bodenbildung zugleich ansteigt. Dem allgemeinen Gang ist damit zumeist lediglich an der Wende von Abschnitt C zu D eine Zeit zwischengeschaltet, die deutlicher von der Grundentwicklung abweicht. Daß sie auch im Freiland wirksam wird, zeigt die Unterbrechung der somit um diese Zeit besonders lebhaften Kalktuff-Bildung bei der Jägerhaus-Höhle.

E. Stratigraphie

Zur stratigraphischen Einordnung ist sowohl die Verknüpfung von Profil zu Profil zu sichern, wie die Einordnung der Gesamtfolge in das Spät- bis Postglazial.

I. Profilkonnektierung

Trotz mancher Gemeinsamkeiten im Profilaufbau bleibt eine von Ort zu Ort unterschiedlich-alte Faziesentwicklung nicht ausgeschlossen. Nachprüfung kann durch den Vergleich der archäologischen, der paläobotanischen und der Radiokarbon-Daten erfolgen. Wie die Korrelation dieser drei Daten-Gruppen gezeigt hat (vgl. oben S. 16 f.: H. OESCHGER und W. TAUTE 1978), ergeben diese zusammen ein sich gegenseitig stützendes chronologisches System. Projizieren wir auf dieses die Grenze A/B, so ergibt sich folgendes:

Im Fohlenhaus liegt die Grenze A/B innerhalb des Spätpaläolithikums, in der Bettelküche stratigraphisch unmittelbar oberhalb des Spätpaläolithikums, in der Jägerhaus-Höhle zwischen der spätpaläolithisch-frühmesolithischen

Tab. 10: Generalisierte Darstellung der Sedimentfolgen in Höhlen sowie deren Vergleich mit der Freilandentwicklung

Abschnitt	Höhlensedimente in Süddeutschland (und Tuffbildung in der Jägerhaus-Höhle)	Freilandentwicklung	Einordnung
D3	Dominanz der Rendzina-Bildung, Abnahme der Schuttproduktion	Ende der Tuffbildung	Subatlantikum
D2	Auftreten von *Zebrina detrita*, Ende der Tuffbildung, Verbruch z. T.	Stufe IV ?, Meeresregionen? Unterbrechung der Tuffbildung z. T.	bis
D1	*Discus rotundatus*-Fauna (Einsetzen), Beginn der Rendzinabildung		älteres Atlantikum
C/D	Grobschutt bis Verbruch, Ende der Nachlieferung eiszeitlich vorbereiteten Schuttes, Hemmung im Tuff-Wachstum	Stufe III oder IIIa?, Meeresregression?	Boreal
C	Schwache Belebung der Schuttproduktion, Beginn chemischer Anwitterung des Schuttes, *Discus ruderatus*-Fauna		bis
B	Geringe Hemmung in der Schuttproduktion, Vallonien-Fauna	Beginn der Tuffbildung	Präboreal
A	Kräftige Produktion von Grobschutt, Fremdmaterial (Schutt, Löß)	Stufe II?	Spätglazial
	Verbruch (lokal) = finaler Verbruch der Würmeiszeit		

Übergangsstufe und dem frühmesolithischen Beuronien A und in der Schuntershöhle oberhalb des Beuronien A. Dies legt den Schluß nahe, daß die Grenze A/B eine weitgehend zeitunabhängige Faziesgrenze ist.

Was den Abschnitt C betrifft, so umfaßt er in der Jägerhaus-Höhle die frühmesolithischen Stufen Beuronien B und C und reicht noch bis in die Übergangsphase zum Spätmesolithikum, im Fohlenhaus fällt in diesen Abschnitt das Beuronien B, in der Bettelküche, dem Felsdach Inzigkofen und der Falkensteinhöhle das Beuronien C und das Spätmesolithikum, in der Schuntershöhle und im Felsdach Lautereck das Spätmesolithikum. Die frühmesolithischen Stufen Beuronien B und C scheinen danach ganz in den Abschnitt C zu fallen, die Grenze C/D aber liegt teils am Beginn des Spätmesolithikums (Jägerhaus-Höhle), teils zwischen Spätmesolithikum und Altneolithikum (Felsdach Lautereck).

II. Einstufung in das Spät- bis Postglazial
Die Profilgliederung über die Molluskenfaunen scheint durchaus möglich. So ordnet E. SCHMID (1964) die Sedimente der Birsmatten-Basisgrotte in das ausgehende Spät- bis Postglazial u. a. über die Molluskenfaunen ein.

Übertragen auf unsere Gliederung bekäme man etwa folgende Einteilung:
D = jüngeres Atlantikum bis Gegenwart
C = älteres Atlantikum
B = Präboreal bis Boreal
A = Subarktikum (ausgehendes Spätglazial).
Die Grenze C/D würde entsprechend dem Verhalten von *Discus ruderatus* zu *Discus rotundatus* auch in der Tschechoslowakei etwa in der Mitte des Atlantikums liegen (V. LOZEK 1967). Doch sind beide Befunde nicht wesentlich besser gesichert als die bisher von süddeutschen Höhlen vorgetragenen.
Ein Vergleich mit der Freilandentwicklung (z. B. K. BRUNNACKER 1974) vermag ebenfalls keine eindeutigen stratigraphischen Hinweise zu erbringen, daß sich im Freiland derzeit noch die gleichen Unsicherheiten wie bei Höhlensedimenten stellen.
Für die von uns untersuchten Höhlensedimente ergibt sich deren Einstufung in das Spät- und Postglazial auf Grund der kombinierten Datierung durch Archäologie, Paläobotanik und Radiokarbon-Altersbestimmung. Die Grenze A/B wird danach ungleichmäßig teils in das Spätglazial, teils in das Präboreal und teils in die Grenzzone Präboreal/Boreal

gestellt. Der Abschnitt C scheint den Großteil des Boreals zu umfassen und die Grenze C/D liegt teils im Grenzbereich Boreal/Atlantikum, teils im mittleren Atlantikum.

Es ergibt sich somit für die untersuchten Höhlensedimente die folgende vorläufige Grundeinordnung:

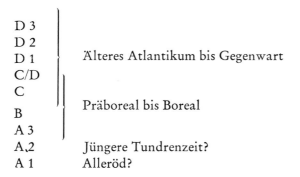

D 3	
D 2	
D 1	Älteres Atlantikum bis Gegenwart
C/D	
C	
B	Präboreal bis Boreal
A 3	
A 2	Jüngere Tundrenzeit?
A 1	Alleröd?

F. Klima und Umwelt

Das Holozän des Binnenlandes ist über Pollenanalysen, Malakozoologie, Flußentwicklung, Kalktuffe, Archäologie, C^{14}-Datierungen, Sedimentfolgen in Höhlen und dgl. recht gut bekannt. Dennoch bestehen größte Schwierigkeiten, die verschiedenen Gliederungssysteme einigermaßen sicher miteinander zu verbinden und daraus eine klimatische Geschichte abzuleiten.

Alle an den Höhlensedimenten ermittelten Befunde deuten in die gleiche Richtung. Und zwar lassen sie eine allgemeine Entwicklung erkennen, wie sie in Kapitel D geschildert wurde. Der Grenzbereich C/D verstärkt jedoch den Unterschied zwischen dem älteren Abschnitt mit Sedimenten, die noch ein gewisses Nachleben oder -wirken eiszeitlicher Vorgänge anzeigen, und dem jüngeren Abschnitt mit geradezu typisch nacheiszeitlicher Sedimentbildung. Die Grenze beider Typen liegt am Beginn oder in der Mitte des Atlantikums. Dies wiederum ist eine recht bedeutsame Feststellung, denn nach den bisherigen Vorstellungen über den nacheiszeitlichen Klimaablauf sollte man eine solche »Diskordanz« in der Profilentwicklung eher etwa im Boreal erwarten.

Die aus den einzelnen Proben gewonnenen Molluskenreste sind als nur kleine Ausschnitte aus den einst tatsächlich vorhandenen Beständen nicht geeignet, zur Entwicklung von Umwelt und Klima brauchbare Aussagen zu machen. Viel bessere Hinweise bringen hingegen die früheren Untersuchungen von der Falkensteinhöhle durch L. HÄSSLEIN (1952). Danach liegt zwischen Mesolithikum und Neolithikum, also in unserem Grenzbereich C/D, insofern eine wesentliche Wende, als sich zuvor xerotherme Biozönosen zu entfalten vermögen, während danach Feuchtigkeit liebende Arten vermehrt hervortreten. Ob sich allerdings darin tatsächlich ein innerholozäner Klimaumschwung

anzeigt oder nur eine Änderung des Standortes am Eingang von Höhlen, bleibt vorerst offen. Die Sedimentuntersuchungen sprechen mehr für einen Wandel der standörtlichen Situation, indem zuvor relativ rasche Schuttzulieferung (wegen des Nachwirkens der eiszeitlichen Gesteinsauflockerung) einen offenen Standort zur Folge hatte. Doch können solche lokalen Befunde vorerst nicht verallgemeinert werden, zumal der Verbruch im Grenzbereich C/D sicherlich mit irgendeinem, letztlich klimatischen Vorgang in direkte Verbindung gebracht werden muß. Eine Entscheidung ist derzeit nicht möglich, da hier unsere noch sehr bescheidenen Kenntnisse der holozänen Klimaentwicklung endgültig offenkundig werden.

Es fragt sich damit, welche Ursachen der Grobschutt- bis Verbruch-Lieferung in Nähe der Grenze von C zu D zugrunde liegen:

In der Jägerhaus-Höhle deutet sich im höheren Bereich von C und im tieferen Bereich von D ein besonders lebhaftes Wachstum des Kalktuffes an. Jedoch wird dieses Wachstum zwischendurch, eben an der Grenze C/D, gleichsam gestoppt, wenn nicht gar durch Erosion angegriffen und gestört. Andererseits ist die nämliche Zeit durch Verbruch und lebhafte Schuttlieferung gekennzeichnet. Solche zwischenzeitliche Änderung wirkt sich anscheinend auch innerhalb der Molluskenfauna aus, da jetzt *Discus ruderatus* von *Discus rotundatus* abgelöst wird. Außerdem scheinen sich Änderungen in den Lebensgewohnheiten der Menschen insofern einzustellen, als Flußmuscheln in größerem Umfang in die Nahrungsversorgung einbezogen werden (Jägerhaus-Höhle: M. BRUNNACKER 1978, vgl. unten S. 159).

Wegen der gehemmten Tuffbildung im Grenzbereich C/D ist es naheliegend, an ein besonders trockenes Klima in dieser Zeit zu denken. Doch wurden dagegen schon bei anderer Gelegenheit Einwände vorgebracht; denn eine Hemmung wird sich auch als Folge anders gearteter Hydrologie einstellen können, z. B. infolge rascheren Abflusses der Schmelzwässer und der Starkregen (K. BRUNNACKER 1974).

Die Erosionsdiskordanz im Hangenden des Schutt/Kalktuff-Komplexes (in D) könnte wiederum in Beziehung zur Stufe IV der fluviatilen Entwicklung stehen und damit etwa in das Endneolithikum gehören. Doch ist auch dabei zu bedenken, daß diese Kulturstufe und die fluviatile Stufe IV nicht eindeutig miteinander verknüpft sind.

Allgemein sind für die Bildung des Verbruches und Grobschuttes (C/D) erhebliche Frostwirkungen Voraussetzung, so daß aus der Sicht der Sedimentbildung in Höhlen folgende Faktoren ineinander gegriffen haben können:

1. Kräftige Frostwirkung und als Voraussetzung dafür Gesteinsdurchfeuchtung und tiefere Wintertemperaturen.
2. Rascher Abzug der Schmelzwässer im Frühjahr und der sonstigen Niederschläge (zur Erklärung der Wachstumsunterbrechung im Kalktuff der Jägerhaus-Höhle).

Am ehesten lassen sich derartige Forderungen mit kontinentaleren Klimabedingungen erklären. Doch bleibt zu prüfen, inwieweit andere Kriterien dafür oder dagegen sprechen.

In Süddeutschland zeichnen sich damit aus der Sicht der Kalktuffbildung drei Störungsphasen innerhalb des Holozäns ab:

1. Beginnendes bis mittleres Atlantikum (Grenzbereich der Abschnitte C zu D).
2. Älteres Subboreal (Jungneolithikum von Polling), mit weiteren Störungen wohl über das Subboreal hinweg anhaltend.
Beide Phasen werden über partielle Trockenlegungen der Tuffe sichtbar.
3. Ende der Tuffbildung im Ausklang des Subboreals bzw. zu Beginn des Subatlantikums (in der frühen Eisenzeit).
Das Ausklingen der Tuffbildung kann mit der jetzt wegen ausgedehnterer Rodungen geänderten Hydrologie in Zusammenhang gebracht werden. Doch sind möglicherweise daneben andere unbekannte Faktoren beteiligt, die sich z. B. auch in einer Minderung der Schuttproduktion in Höhlen anzeigen bzw. das Gleichgewicht mehr zur Rendzinabildung hin verschieben.

Die beiden anderen Störungsphasen lassen sich mit etwa gleichaltrigen Geschehnissen in der Flußentwicklung insbesondere des Alpenvorlandes lose verknüpfen. Aber auch ohne völlige Gleichzeitigkeit mit den Zeiten verstärkter Schwemmkegel-Bildung können die gleichen klimatischen Ursachen im Hintergrund stehen, zumal bei den verschiedenen Faziesbereichen möglicherweise Schwellenwerte wirksam sind, die teils eine Verspätung des Einsetzens bestimmter Vorgänge auszulösen vermochten, die aber teils gar nicht überschritten wurden und damit das Ausfallen solcher zwischengeschalteter Vorgänge nach sich zogen.
Nicht uninteressant ist das Verhalten der holozänen Meerestransgression; denn sowohl etwa in der Mitte des Atlantikums wie ab Beginn des Subboreals bis in das frühe Subatlantikum hinein sind Regressionsphasen zwischengeschaltet (L. J. PONS, S. JELGERMA, A. WIGGERS & J. D. DE JONG 1963). Inwieweit hier großräumige Zusammenhänge zu den Verhältnissen in Süddeutschland bestehen, mag ebenfalls noch näherer Überprüfung bedürfen. Sicher aber müssen diese – wenn vorhanden – in der großen Klimaentwicklung gesucht werden.

Literaturverzeichnis:

BRUNNACKER, K., 1959: Zur Kenntnis des Spät- und Postglazials in Bayern. – Geol. Bavarica 43, 74–150. München 1959

– 1963: Die Sedimente in der Höhlenruine von Hunas (Nördliche Frankenalb). – Eiszeitalter und Gegenwart 14, 117–120. Öhringen 1963

– 1967: Die Sedimente der Crvena Stijena. – Glasnik N. S. 21/22, 31–65. Sarajevo 1967

– 1968: Flächenzahlen an Schuttstücken als Gradmesser der Frostverwitterung. – Geol. B. NO-Bayern 18, 209–218. Erlangen 1968

– 1969: Zur Geologie der Fundstelle von Gönnersdorf. – Germania 47, 39–47. Berlin 1969

– 1974: Bemerkungen zur holozänen Flußentwicklung. – Heidelberger Geograph. Arb. 40, 239–248. Heidelberg 1974

BRUNNACKER, K. & STREIT, R., 1967: Neuere Gesichtspunkte zur Untersuchung von Höhlensedimenten. – Jh. Karst- u. Höhlenkde. 7, 29–44. München 1967

BRUNNACKER, M., 1978: Die Muschelreste aus den mesolithischen Kulturschichten der Jägerhaus-Höhle an der oberen Donau. – In TAUTE, W. (Hrsgb.): Das Mesolithikum in Süddeutschland. Teil 2: Naturwissenschaftliche Untersuchungen. Tübingen 1978 (vgl. unten S. 159)

FALKNER, G., im Druck: Subfossile Landschnecken. In TAUTE, W., Die Kulturschichtenfolge unter dem Felsdach Lautereck an der oberen Donau (Gemeinde Lauterach, Alb-Donau-Kreis). Forschungen und Berichte zur Vor- und Frühgeschichte in Baden-Württemberg

GERMAN, R. & FILZER, P., 1964: Beiträge zur Kenntnis spät- und postglazialer Akkumulationen im nördlichen Alpenvorland. – Eiszeitalter und Gegenwart 15, 108–122. Öhringen 1964

HÄSSLEIN, L., 1952: Die Mollusken der Falkensteingrabung bei Tiergarten (Schwäbische Alb). – Jh. Ver. vaterländ. Naturkunde in Württemberg 107 (1951), 60–71. 1952

LOŽEK, V., 1964: Quartärmollusken der Tschechoslowakei. – Rozpravy 31. Praha 1964

– 1967: Beiträge der Molluskenforschung zur prähistorischen Archäologie Mitteleuropas. – Zeitschr. f. Archäologie 1, 88–138. Berlin 1967

LOŽEK, V., TYRÁČEK, J. & FEJFAR, O., 1958: Die quartären Sedimente der Felsnische auf der Velká kobylanka bei Hranice (Weisskirchen). – Anthropozoikum 8, 117–203. Praha 1958

OESCHGER, H. und TAUTE, W., 1978: Radiokarbon-Altersbestimmungen zum süddeutschen Mesolithikum und deren Vergleich mit der vegetationsgeschichtlichen Datierung. In TAUTE, W. (Hrsgb.) Das Mesolithikum in Süddeutschland. Teil 2: Naturwissenschaftliche Untersuchungen. Tübingen 1978 (vgl. oben S. 15–19)

PONS, L. J., JELGERSMA, S., WIGGERS, A. J. & JONG, J. D. DE, 1963: Evolution of the Netherlands Coastal Area during the Holocene. – Verhandl. konikl. Netherlands Geolog. Mijnbouwk. Gen., Geol. S., deel 21–2, 197–208. 1963

SCHMID, E., 1964: Die Schnecken in den Sedimenten. – In BANDI, H.-G. (Hrsgb.): Birsmatten-Basisgrotte, Eine mittelsteinzeitliche Fundstelle im unteren Birstal. – Acta Bernensia 1, 72–83. Bern 1964

STREIT, R., 1968: Untersuchungsmethoden an Höhlensedimenten. – Actes IVᵉ Congrès Internat. Spéléologie en Yougoslavie 3, 219–225. Ljubljana 1968

STREIT, R., BRUNNACKER, M. & BRUNNACKER, K., im Druck: Die Sedimente und die Mollusken. In TAUTE, W., Die Kulturschichtenfolge unter dem Felsdach Lautereck an der oberen Donau (Gemeinde Lauterach, Alb-Donau-Kreis). Forschungen und Berichte zur Vor- und Frühgeschichte in Baden-Württemberg

TAUTE, W., 1967: Das Felsdach Lautereck, eine mesolithisch-neo-lithisch-bronzezeitliche Stratigraphie an der oberen Donau. – Palaeo-historia 12 (1966), 483–504. Groningen 1967

– 1978: Korrelation des Probenmaterials und zusammenfassende chronologische Übersicht. In TAUTE, W. (Hrsgb.): Das Mesolithikum in Süddeutschland. Teil 2: Naturwissenschaftliche Untersuchungen. Tübingen 1978 (vgl. oben S. 11–13)

– Im Druck: Die Kulturschichtenfolge unter dem Felsdach Lautereck an der oberen Donau (Gemeinde Lauterach, Alb-Donau-Kreis). For-schungen und Berichte zur Vor- und Frühgeschichte in Baden-Würt-temberg

– In Vorbereitung: Das Mesolithikum in Süddeutschland. Teil 1: Chronologie und Ökologie

TOBIEN, H., 1939: Die Kleinsäugerreste aus der Falkensteinhöhle im oberen Donautal. – Badische Geol. Abhandl. 10, 126–130. Karlsruhe 1939

VIDAL, H., BRUNNACKER, K., BRUNNACKER, M., KÖRNER, H., HARTEL, F., SCHUCH, M. & VOGEL, J. C., 1966: Der Alm im Erdinger Moos. – Geol. Bavarica 56, 177–200. München 1966

WÄGELE, H., 1935: Die Schneckenfunde. – In PETERS, E.: Die Falkensteinhöhle bei Tiergarten. – Fundber. aus Hohenzollern 3, An-hang II der Fundber. aus Schwaben N.F. 8, 10–12. Stuttgart 1935

7

Aus dem Institut für Paläoanatomie, Domestikationsforschung und Geschichte der Tiermedizin der Universität München

(Vorstand: Prof. Dr. JOACHIM BOESSNECK)

Die Tierknochenfunde aus den mesolithischen Kulturschichten der Jägerhaus-Höhle, Markung Bronnen, im oberen Donautal

von JOACHIM BOESSNECK, München

Mit 5 Tabellen und 6 Abbildungen

Allgemeines

Die Jägerhaus-Höhle, Markung Bronnen, Stadt Fridingen, Kreis Tuttlingen, liegt am weitesten donauaufwärts von einer Reihe von Höhlen und Felsdächern im und nahe dem oberen Donautal, deren mesolithische Kulturschichten in den letzten Jahren untersucht worden sind (Teil 1: W. TAUTE), und deren Tierknochenfunde in dem vorliegenden Band abgehandelt werden. *)

Das in dieser Arbeit ausgewertete Fundmaterial ist in den Jahren 1964–1967 unter Leitung von W. TAUTE geborgen worden. Der Ausgräber stellte in der Jägerhaus-Höhle 10 steinzeitliche Kulturschichten fest (vgl. Teil 1: W. TAUTE), von ihm als Kulturschichten 6 bis 15 bezeichnet. Die darüber liegenden Kulturschichten 1 bis 5 enthielten Fundgut, das von der Neuzeit bis zurück in die vorrömischen Metallzeiten reicht. Knochenfunde aus diesen Lagen wurden uns nicht übergeben. Nur einige wenige Funde aus einer Kontaktzone zwischen der mittelalterlichen Kulturschicht 2 und der mesolithischen Kulturschicht 6 könnten nachmesolithische Einstreuungen enthalten. Aus der tiefsten Kulturschicht, der Schicht 15, die an die Grenze zwischen Spätpaläolithikum und Mesolithikum gehört, liegen, ebenso wie aus der archäologisch unergiebigen Schicht 14, keine Knochenfunde vor, aus den nächstoberen Schichten nur vereinzelt. Sehr arm an Knochenfunden waren auch noch die Kulturschichten 11 bis 9. Die Kulturschichten 8 bis 6, die die Masse der Funde lieferten, wurden schema-

tisch weiter unterteilt (Tab. 1). Die Kulturschichten 7 und 8 bildeten ein Paket von maximal 60 cm Stärke, das z. T. in sechs Abtragungen abgebaut wurde, die von oben nach unten mit a bis f bezeichnet wurden. Die oberen dieser Abtragungen gehören zur Kulturschicht 7, die unteren zu Schicht 8. Funde aus Kontaktzonen zweier Kulturschichten oder solche, die in einer Zone zwischen zwei Kulturschichten gefunden wurden, sind separat gehalten und entsprechend bezeichnet worden (7–8 oder 9–10). Die Kulturschichten 13 bis 8 werden von TAUTE (vgl. Teil 1) dem Frühmesolithikum zugeordnet, die Schichten 7 und 6 dem Spätmesolithikum.

Die Tierknochen sind weitgehend zerfallen. Nur von dem Fundplatz auf der »Kleinen Kalmit« bei Arzheim in der Pfalz lag mir ein derart weitgehend zertrümmertes Fundgut vor (J. BOESSNECK 1978 c, vgl. unten S. 123–126), während die Bestimmungsversuche an den Funden vergleichbarer Stationen aus dem oberen Donautal stets erfolgreicher waren (J. BOESSNECK 1978 a, b, vlg. unten S. 87–116). Der Grund für die weitgehende Zertrümmerung und die dadurch bedingte Erfolglosigkeit der Bestimmungsbemühungen ist vor allem darin zu sehen, daß annähernd 80 % der Funde kalziniert sind. Auch die meist gelblich gefärbten nicht kalzinierten Knochen und Zähne sind mehlig und bröcklig und dadurch oft noch nachträglich zerbröckelt. Puzzlespielartige Zusammensetzübungen hatten an den nicht ausgebrannten Knochen zahlreiche Erfolge und wurden bei der Auszählung berücksichtigt. Insgesamt wurden über 8000 Fundstücke gezählt, von denen ca. 15 % bestimmt werden konnten. Um eine Scheingenauigkeit zu vermeiden, werden in Tabelle 1 die unbestimmbaren Fundstücke nicht einzeln aufgeführt, sondern nach folgendem Schlüssel verzeichnet:

---

* Die Untersuchung dieses und der nachfolgenden Tierknochenfundkomplexe erfolgte bereits vor 10 Jahren. Als Analysen sind die Bearbeitungen aber nicht überholt und Auswertungen von mesolithischem Knochen-Fundgut aus Süddeutschland sind seither nicht publiziert worden, wenn man von einem Vorbericht absieht (W. v. KOENIGS-WALD 1972). Die Tierknochen-Funde vom Felsdach Lautereck werden an anderer Stelle vorgelegt (J. BOESSNECK, im Druck).

Tab. 1 Verteilung der Knochenfunde (F) und Mindestindividuenzahlen (M) auf die Schichten

Schicht	2–6		Obere Partie von 6		6		Niveau von 6		6–7		7		7a		7ab		7b		7c		7–8		7–8cd		8	
Unbestimmbar, nicht kalziniert	—		++		+++		++		++		+++		++		++		++		++		++		++		+++	
Unbestimmbar, kalziniert	—		—		+++		—		+++		++++		++++		+++		+++		++++		+++		++		++++	
Fundzahl/MIZ	F	M	F	M	F	M	F	M	F	M	F	M	F	M	F	M	F	M	F	M	F	M	F	M	F	M
Rothirsch, *Cervus elaphus*	2	1	8	1	63	3	14	2	7	1	40	2	4	1	9	1	2	1	27	2	1	1	7	1	31	2
Reh, *Capreolus capreolus*	1	1	1?	1	9	2	—	—	3	1	14	2	3	1	7	1	3	1	4	1	4	1	1	1	11	2
Gemse, *Rupicapra rupicapra*	1?	1	—	—	4	1	5	1	—	—	1	1	—	—	—	—	—	—	—	—	—	—	—	—	—	—
Wildschwein, *Sus scrofa*	1	1	13	2	42	4	17	2	3	2	34	2	9	2	8	1	9	1	19	2	13	2	—	—	39	3
Fuchs, *Vulpes vulpes*	—	—	—	—	—	—	—	—	1	1	2	1	—	—	2	1	—	—	1	1	—	—	—	—	—	—
Braunbär, *Ursus arctos*	—	—	—	—	—	—	—	—	—	—	—	—	—	—	—	—	—	—	—	—	—	—	—	—	1	1
Dachs, *Meles meles*	1	1	1	1	—	—	—	—	—	—	3	1	3	1	1	1	—	—	4	1	2	1	—	—	2	1
Baummarder, *Martes martes*	—	—	—	—	—	—	3	1	—	—	3	1	2	1	—	—	3	1	4	1	1	1	—	—	4	2
Otter, *Lutra lutra*	—	—	—	—	—	—	—	—	—	—	—	—	1	1	1	1	—	—	—	—	—	—	—	—	—	—
Wildkatze, *Felis silvestris*	—	—	—	—	—	—	—	—	—	—	3	1	—	—	4	1	—	—	1	1	—	—	—	—	—	—
Hase, *Lepus* spec.	—	—	—	—	—	—	1	1	—	—	1	1	—	—	—	—	—	—	—	—	1	1	—	—	—	—
Biber, *Castor fiber*	—	—	—	—	—	—	—	—	1	1	3	1	2	1	—	—	1	1	3	1	—	—	—	—	1	1
Hamster, *Cricetus cricetus*	—	—	—	—	—	—	—	—	—	—	1	1	—	—	—	—	—	—	—	—	—	—	—	—	—	—
Eichhörnchen, *Sciurus vulgaris*	—	—	—	—	—	—	—	—	—	—	—	—	—	—	—	—	—	—	—	—	—	—	—	—	—	—
Siebenschläfer, *Glis glis*	—	—	—	—	—	—	—	—	—	—	—	—	—	—	—	—	—	—	1	1	—	—	—	—	—	—
Mäuse, *Apodemus* und *Arvicola*[1]	—	—	1	1	1	1	—	—	1	1	—	—	2	2	1	1	4	2	3	2	—	—	—	—	—	—
Maulwurf, *Talpa europaea*	—	—	—	—	3	2	1	1	—	—	—	—	—	—	—	—	—	—	2	1	—	—	—	—	1	1
Zweifarbfledermaus, *Vespertilio murinus*[1]	—	—	—	—	—	—	1	1	—	—	—	—	—	—	—	—	—	—								
Gänsesäger, *Mergus merganser*	—	—	—	—	—	—	—	—	—	—	1	1	—	—	—	—	—	—								
Mäusebussard, *Buteo buteo*	—	—	—	—	—	—	—	—	—	—	—	—	—	—	—	—	—	—	1?	1						
Habicht, *Accipiter gentilis*	—	—	—	—	1	1	—	—	—	—	—	—	—	—	—	—	—	—								
Auerhuhn, *Tetrao urogallus*	1	1	—	—	—	—	3	1	—	—	—	—	—	—	—	—	—	—								
Waldschnepfe, *Scolopax rusticola*	—	—	—	—	—	—	—	—	—	—	—	—	—	—	—	—	—	—								
Drosselart, *Turdus* spec.	—	—	—	—	—	—	—	—	—	—	—	—	—	—	—	—	—	—	1	1						
Cyprinide	—	—	—	—	1	1	—	—	—	—	1	1	—	—	—	—	—	—	2	1						

[1] Die Bestimmung dieser Funde verdanken wir Herrn Dr. G. STORCH, Frankfurt a. M.

Schicht	8d		8e		8ef		8f		8–9		9		9–10		10		10–11		11		11–12		13		Summe	
Unbestimmbar, nicht kalziniert	++		+++		+		+++		+		+		+		++		+		++		—		—			
Unbestimmbar, kalziniert	+++		+++		++		+++		+		+		+		++		+		++		+		++			
Fundzahl/MIZ	F	M	F	M	F	M	F	M	F	M	F	M	F	M	F	M	F	M	F	M	F	M	F	M	F	M
Rothirsch, *Cervus elaphus*	19	1	50	2	6	1	53	2	—	—	4	1	—	—	7	2	4	1	5	1	—	—	2	1	365	31
Reh, *Capreolus capreolus*	9	1	24	2	3	1	29	2	—	—	1	1	—	—	3	1	1	1	2	1	—	—	—	—	133	25
Gemse, *Rupicapra rupicapra*	—	—	—	—	—	—	—	—	—	—	—	—	—	—	—	—	—	—	—	—	—	—	—	—	11	4
Wildschwein, *Sus scrofa*	33	2	66	3	9	2	104	4	—	—	2	1	—	—	10	1	—	—	7	2	1	1	1	1	440	41
Fuchs, *Vulpes vulpes*	—	—	8	1	—	—	—	—	—	—	—	—	—	—	—	—	—	—	—	—	—	—	—	—	14	5
Braunbär, *Ursus arctos*	—	—	—	—	—	—	—	—	—	—	—	—	—	—	—	—	—	—	—	—	—	—	—	—	1	1
Dachs, *Meles meles*	2	1	4	1	—	—	—	—	—	—	—	—	1	1	7	1	1	1	—	—	—	—	—	—	32	13
Baummarder, *Martes martes*	2	1	17	2	1	1	15	2	—	—	—	—	—	—	—	—	—	—	—	—	—	—	—	—	55	14
Otter, *Lutra lutra*	—	—	3	1	—	—	2	1	—	—	—	—	—	—	4	2	—	—	—	—	—	—	—	—	11	6
Wildkatze, *Felis silvestris*	5	1	6	1	1	1	9	2	—	—	—	—	—	—	—	—	—	—	—	—	—	—	—	—	29	8
Hase, *Lepus* spec.	—	—	—	—	—	—	—	—	—	—	—	—	—	—	—	—	—	—	—	—	—	—	—	—	3	3
Biber, *Castor fiber*	7	2	9	1	1	1	10	1	—	—	2	1	—	—	3	1	1	1	1	1	—	—	—	—	45	15
Hamster, *Cricetus cricetus*	—	—	—	—	—	—	—	—	—	—	—	—	—	—	—	—	—	—	—	—	—	—	—	—	1	1
Eichhörnchen, *Sciurus vulgaris*	1	1	2	1	—	—	3	1	—	—	—	—	—	—	—	—	—	—	1	1	—	—	—	—	7	4
Siebenschläfer, *Glis glis*	1	1	—	—	—	—	—	—	—	—	—	—	—	—	—	—	—	—	—	—	—	—	—	—	2	2
Mäuse, *Apodemus* und *Arvicola*[1]	2	1	5	3	1	1	8	4	2	1	—	—	—	—	3	1	—	—	2	1	—	—	—	—	35	22
Maulwurf, *Talpa europaea*	—	—	—	—	—	—	—	—	—	—	—	—	—	—	—	—	—	—	—	—	—	—	—	—	7	5
Zweifarbfledermaus, *Vespertilio murinus*[1]	—	—	—	—	—	—	—	—	—	—	—	—	—	—	—	—	—	—	—	—	—	—	—	—	1	1
Gänsesäger, *Mergus merganser*	—	—	—	—	—	—	—	—																	1	1
Mäusebussard, *Buteo buteo*	—	—	'		—	—	—	—															—	—	1 ?	1
Habicht, *Accipiter gentilis*	—	—	—	—	—	—	—	—													—	—	—	—	1	1
Auerhuhn, *Tetrao urogallus*	1	1	—	—	—	—	1	1	—	—	—	—	—	—	—	—	—	—	—	—	—	—	—	—	6	4
Waldschnepfe, *Scolopax rusticola*	—	—	—	—	—	—	2	1	—	—	—	—	—	—	—	—	—	—	—	—	—	—	—	—	2	1
Drosselart, *Turdus* spec.	—	—	—	—	—	—	—	—																	1	1
Cyprinide	—	—	5	1	—	—	3	1	—	—	—	—	1	1	—	—	—	—	—	—	—	—	—	—	13	6

Allein an die tausend unbestimmbare kalzinierte kleine Fragmente ergab Schicht 7, Schicht 7 a über 500, Schicht 8 um 700. Die Masse der unbestimmbaren Knochensplitter ist offensichtlich von den drei wichtigsten Versorgungstierarten der Höhlenbewohner, nämlich Rothirsch, Wildschwein und Reh. Knochen kleinerer Säugetiere sind auch in fragmentärer Form meist besser charakterisiert und somit bestimmbar. Vogelknochen gibt es unter den unbestimmbaren Resten nur ganz vereinzelt.

Der außerordentlich fragmentäre Zustand der Knochen deutet sich auch darin an, daß von den bestimmbaren Funden nur ganz wenige vermessen werden können.

Die Mindestindividuenzahlen wurden für jede der uns übergebenen Fundeinheiten getrennt berechnet. Wenn wir sie auch in der rechten Spalte der Tabelle 1 zusammengezählt haben, sind wir uns natürlich darüber im Klaren, daß das an sich nicht *lege artis* geschieht, weil Funde von Zwischenlagen wie 7–8 oder 7 ab und von Übereinheiten wie 7 und 8 an sich von den gleichen Tieren sein können wie die Funde der reinen Lagen. So gehört ein Hirschtalus aus Kulturschicht 8 allem Anschein nach zum gleichen Tier wie drei Fußwurzelknochen aus den Abtragungen 8 ef. Aber die Mindestindividuenzahlen sind im Falle dieses unergiebigen Fundguts sowieso nur von untergeordneter, orientierender Bedeutung. Eine weitere Zusammenfassung hätte auch keinen Gewinn gebracht.

Besprechung der einzelnen Arten

Rothirsch, *Cervus elaphus*

Der Rothirsch nimmt im Fundgut die zweite Stelle ein, die erste das Wildschwein. Neben wenigen Zähnen, zwei distalen Humerus- und drei distalen Metacarpusenden konnten zusammengehörige Fußwurzelknochen eines ♀ und Phalangen vor allem von ♂ ♂ Tieren vermessen werden (Tab. 2). Die Geschlechtsbestimmung erfolgte auf Grund der Gruppierung vorgeschichtlicher Hirschknochen größerer Serien in zwei meist gut unterscheidbare Größengruppen. Dieser Geschlechtsdimorphismus zeigt sich auch bei den Knochen rezenter Hirsche, nur sind sie im ganzen erheblich kleiner (vgl. K. BOSOLD 1966/68, Tab. 2). Wie schon in den Funden der anderen Höhlen des oberen Donautales (J. BOESSNECK 1978 a, b; vgl. unten S. 87–116) werden die besonderen Größen starker süddeutscher und schweizer Hirsche der neolithischen und anschließenden geschichtlichen Zeit nicht erreicht (vgl. z. B. K. BOSOLD 1968, 18 ff., J. GERINGER 1967, 70 ff., R. GERLACH

Tab. 2 Maße an Rothirschknochen (mm)

a) Unterkiefer, Schicht	6	7		
Länge der Molarreihe (nahe Kaufläche)	(80)	—		
Länge von M_3	35	34		
Breite von M_3	15	14,8		
Abkauungsgrad	gering bis mittel	mittel		

b) Humerus, Schicht	6	7c		
Größte Breite distal	—	(52)		
Größte Breite der Trochlea	mind. 55	50,5		
Geschlecht vermutlich	♂	♀		

c) Metacarpus, Schicht	6	8d	8e	
Größte Breite distal	43,5	37	(41)	
Geschlecht vermutlich	♂	♀	♂	

d) Talus, Schicht	8	8ef*	
Größte Länge der lateralen Hälfte	54,2	53,5	
Größte Länge der medialen Hälfte	49,6	49,7	
Dicke der lateralen Hälfte	27,8	27,5	
Dicke der medialen Hälfte	29,7	29	
Breite des Caput	(33)	32,5	
Seitenzugehörigkeit	sin.	dext.	
Geschlecht vermutlich	♀	♀	zusammengehörig?

e) Calcaneaus, Schicht	8ef*
Größte Länge	110
Geschlecht vermutlich	♀

f) Centrotarsale, Schicht	8ef*
Größte Breite	40
Geschlecht vermutlich	♀

g) Phalanx 1, Schicht	7	8	8d	8e
1. Größte Länge der peripheren Hälfte	(52)	—	59	(61)
2. Größte Breite proximal	—	—	21,5	—
3. Größte Breite distal	18,5	21,2	—	22
4. Kleinste Breite der Diaphyse	—	—	—	18
5. Geschlecht vermutlich	♀	♂	♂	♂

	8e	8e	8e	8f	8f
1.	—	60,5	—	—	—
2.	22,5	22	(22)	(22)	—
3.	—	—	—	—	21
4.	—	—	—	—	—
5.	♂	♂	♂	♂	♂

h) Phalanx 2, Schicht	2/6	6	8d	8f	8f
1. Größte Länge	42	41,5	—	—	45
2. Größte Breite proximal	—	21,2	21,5	22	21,5
3. Größte Breite distal	—	18	—	—	18,5
4. Kleinste Breite der Diaphyse	15,5	16,5	—	—	16,5
5. Geschlecht vermutlich	♂	♂	♂	♂	♂

	8f	8f
1.	—	43,5
2.	21,3	21,2
3.	—	18,5
4.	—	16
5.	♂	♂

i) Phalanx 3, Schicht	8d
Größte diagonale Länge der Sohle	(49)
Dorsale Länge	46,5

* zusammengehörig

1967, 67 ff.). Obwohl es durchaus zu dem Gesamtbefund aus den mesolithischen Faunen passen würde, wenn die Hirsche noch nicht zu Spitzengrößen heranwuchsen, denn die Bewaldung war anscheinend noch nicht abgeschlossen, ist dieser Befund doch sehr vorsichtig zu bewerten, weil aus mesolithischen Stationen bisher keine größeren Serien von Knochen ♂ ♂ Tiere vermessen werden konnten.

Wie die erbeuteten Tiere in weitestem Maße zur Nahrungsgewinnung ausgenutzt wurden, lassen die in größerer Zahl vorliegenden zur Markgewinnung aufgeschlagenen Fessel- und Kronbeine erkennen (Abb. 1, 2).

Reh, *Capreolus capreolus*

Die Rehknochen sind verhältnismäßig zahlreich. Ihr Anteil am Gesamtfundgut ist aber doch nicht so groß wie in den Funden der Falkensteinhöhle (J. BOESSNECK 1978 a, vgl. unten S. 87–99) und vom Felsdach Inzigkofen (J. BOESSNECK 1978 b, vgl. unten S. 101–116). Möglicherweise nahm er in den jüngsten Schichten bereits ab (Tab. 1) und der des Hirsches zu.

Eine Reihe von nicht meßbaren Knochenfragmenten und die wenigen meßbaren Funde (Tab. 3) lassen erkennen, daß die Rehe groß waren (mehr s. J. BOESSNECK 1978 a).

Gemse, *Rupicapra rupicapra*

Zum erstenmal wird die Gemse in einem mesolithischen Fundgut aus dem oberen Donaugebiet nachgewiesen. Im Spätpleistozän war sie weit über das Donaugebiet hinaus nach Norden verbreitet (K. HESCHELER und E. KUHN 1949 Abb. 111). Zuletzt ist sie aus der Brillenhöhle bei Blaubeuren beschrieben worden (J. BOESSNECK und A. VON DEN DRIESCH 1973). Bei einem Hornzapfenfund aus der römischen Zivilsiedlung Hüfingen kann man auch an eine von weiter her mitgebrachte Trophäe denken (A. SAUER-NEUBERT 1969, 106). Doch kamen sicher auch in vorgeschichtlicher Zeit Gemsen während des Winters weit nach Südwürttemberg hinein, wie sie es heute noch tun (R. VOGEL 1941, 108 f.).

Die Gemsenknochen aus der Jägerhaus-Höhle kommen alle aus den beiden spätmesolithischen Schichten (Tab. 1). Am charakteristischsten sind ein proximales Radiusende aus Schicht 6 (Abb. 3) und eine Phalanx 2 posterior aus dem »Niveau von 6« (Abb. 4; vgl. K. BOSOLD 1966/68 Abb. 42 und 43 B). An dem genannten Radius mißt die größte Breite proximal (30) mm, die Breite der proximalen Gelenkfläche 28,5 mm. Das Kronbein hat eine größte Länge von 30,8 mm, eine kleinste Breite der Diaphyse von 8,2 mm und eine größte Breite distal von 10 mm.

Fraglich ist die Bestimmung eines Radiusschaftfragments aus der Kontaktzone von 2 zu 6. Dieses uncharakteristische kleine Stück könnte auch von einem Schaf sein. In der

Kontaktzone wäre eine Einmischung aus späterer Zeit durchaus möglich.

Wildschwein, *Sus scrofa*

Wie in den mesolithischen Funden aus der Falkensteinhöhle übertreffen die Wildschweinknochen alle anderen Arten in der Menge. An sich herrschen sie in der Jägerhaus-Höhle aber nur in den frühmesolithischen Schichten vor, in den spätmesolithischen der Rothirsch.

Der Anteil der Jungtierknochen ist erheblich. Die gleiche Beobachtung wurde auch bei den Funden von Inzigkofen gemacht (J. BOESSNECK 1978 b; vgl. unten S. 101–116). Es kommen Knochen von Ferkeln und von juvenilen Schweinen vor.

Manche Knochen weisen auf Tiere stattlicher Größe hin, nicht aber die beiden einzigen meßbaren Stücke, das Distalende eines Femur und eine Phalanx 2, beide aus Schicht 8 f. An dem Femur mißt die größte Breite distal 56 mm. Die Epiphysenfuge ist noch deutlich zu sehen. Bei dem Kronbein beträgt die größte Länge 27 mm, die größte Breite proximal 20,2 mm, die kleinste Breite der Diaphyse 18 mm und die größte Breite distal 20 mm.

Fuchs, *Vulpes vulpes*

Unter den Fuchsknochen gibt es welche, die dem Feuer ausgesetzt waren. 6 der 14 Funde sind Metapodienstücke; allein 5 davon kommen aus Schicht 8 e. Die Mehrzahl der anderen Reste stammt von Röhrenknochen.

Braunbär, *Ursus arctos*

Den einzigen Rest von einem Bären bildet ein unvollständig erhaltener Penisknochen.

Dachs, *Meles meles*

Der Dachs ist von den mittelgroßen Raubtieren am häufigsten nachgewiesen. Die meisten der Funde sind Kieferteile und Zähne sowie Fußknochen.

Tab. 3 Maße an Rehknochen	
a) Unterkiefer, Schicht	6
Länge der Prämolarreihe	30
b) Humerus, Schicht	6–7
Größte Breite der Trochlea	(26)
c) Acetabulum, Schicht	9
Länge einschließlich des Labium	(29,5)
d) Talus, Schicht	8
Größte Länge der lateralen Hälfte	30,7
Größte Länge der medialen Hälfte	29,3
Breite des Caput	19

Baummarder, *Martes martes*

Wie in der Falkensteinhöhle und unter dem Felsdach Inzigkofen wurde auch in der Jägerhaus-Höhle der Edelmarder unter den Raubtieren am häufigsten gefunden. Auffallend wenige der Reste konnten vergleichbar gemessen werden (Tab. 4). Sie ordnen sich im Rahmen der zahlreichen Funde aus der Falkensteinhöhle ein (J. BOESSNECK 1978 a, Tab. 6; vgl. unten S. 87–99). Die Geschlechtsbestimmung erfolgte in Anlehnung an diese Funde und nach rezentem Vergleichsmaterial.

Otter, *Lutra lutra*

Auch die meisten Otterreste sind Kieferstücke, Zähne und Fußknochen. Der einzige andere Fund ist die Distalhälfte einer Tibia aus Schicht 8 e mit 15 mm größter Breite distal.

Wildkatze, *Felis silvestris*

Wie in den beiden anderen hier meist zum Vergleich herangezogenen mesolithischen Fundstellen ist auch in den Funden aus der Jägerhaus-Höhle die Wildkatze verhältnismäßig zahlreich belegt (Tab. 1). Auch unter den Wildkatzenknochen sind wieder einige verkohlt. 4 Funde konnten gemessen werden (Tab. 5). Der Unterkiefer ist von einem starken Kuder. Die Maße übertreffen alle bisher aus dem oberen Donautal vermessenen Zahnreihen und Reißzähne von Wildkatzen (J. BOESSNECK 1978 a, Tab. 8; 1978 b; Tab. 15; vgl. unten S. 97 und 114; ferner im Druck). Auch der Metatarsus II wird von einem Kuder sein. Er stimmt in der Größe mit dem größten von 8 Funden aus der Falkensteinhöhle überein. Das Becken und der Calcaneus ragen nicht hervor.

Hase, *Lepus* spec.

Vom Hasen liegen aus Schicht 7–8 c d und aus dem »Niveau von 6« je eine Phalanx 1 vor und aus Schicht 7 a ein Scapulastück. Die Knochen sind nicht groß. Sie erlauben keine morphologische Zuordnung zum Feld- oder Schneehasen. Da die Gemse im Fundgut vorkommt, ist nicht ausgeschlossen, daß auch der Schneehase damals noch in der Gegend verbreitet war.

Biber, *Castor fiber*

Knochen des Bibers sind verhältnismäßig zahlreich unter den Funden (Tab. 1). Kieferteile, Zähne, Schwanzwirbel und Fußknochen herrschen vor. An einem proximal abgebrochenen Humerus aus Abtragung 8 d mißt die größte Breite distal 28 mm, die Breite der distalen Gelenkfläche 19,5 mm und die kleinste Breite der Diaphyse 8,7 mm. Ein verkohlter Talus aus Schicht 7 ließ als größte Breite (24) mm abnehmen, ein Sprungbein aus Schicht 8 e 23,5 mm.

Tab. 4 Maße an Baummarderknochen

a) Reißzahn des Unterkiefers (M$_1$), Schicht	8f	8f	8f
Länge am Cingulum gemessen	11,4	11	10,9
Breite am Cingulum gemessen	4,5	4,6	4,5
Seitenzugehörigkeit	dext.	sin.	dext.
Geschlecht vermutlich	♂	♂	♂

b) Tibia, Schicht	8e	8e
Größte Breite distal	10,5	9
Geschlecht vermutlich	♂	♀

c) Metatarsus, Schicht	Niveau von 6	
Strahl	II	IV
Größte Länge	32,3	38,5
Kleinste Breite der Diaphyse	2,9	3
Größte Breite distal	4,5	(4,5)
Geschlecht	♂	♂

Hamster, *Cricetus cricetus*

Der Proximalteil des Humerus eines Hamsters aus Schicht 7, der sich durch seine Schwarzverfärbung als echter Beleg aus der Fundschicht ausweist (Abb. 5), stellt einen hervorzuhebenden Fund dar, denn bisher liegt nur ein einziger Hamsternachweis aus dem Mesolithikum für das obere Donautal vor (H. TOBIEN 1938/39). Während des Spätpleistozäns war er auf der Schwäbischen Alb zeitweise häufig (vgl. z. B. R. VOGEL 1936, 176) und er hat sich bis in die jüngste Zeit in kleinen Vorkommen dort erhalten (ebd. S. 175 f.). VOGEL (1941, 95 f.) vertrat die Auffassung, daß sich diese Restbestände von den eiszeitlichen Hamstern der Gegend ableiten lassen.

Eichhörnchen, *Sciurus vulgaris*

Das Eichhörnchen wird regelmäßig in mesolithischen Kulturschichten des oberen Donaugebiets nachgewiesen. Aus der Jägerhaus-Höhle liegen außer einer nicht ganz erhaltenen Tibia aus Schicht 8f nur lose Nagezähne vor (Tab. 1).

Tab. 5 Maße an Wildkatzenknochen

a) Unterkiefer, Schicht	8ef
Länge der Backzahnreihe, P$_3$–M$_1$, am Cingulum gemessen	(26)
Länge des Reißzahns, M$_1$, am Cingulum gemessen	10,5
Breite des Reißzahns, M$_1$, am Cingulum gemessen	4,2
Geschlecht vermutlich	♂

b) Acetabulum, Schicht	8d
Länge auf dem „Kamm" gemessen	12,5

c) Calcaneus, Schicht	8f
Größte Länge	32,8

d) Metatarsus II, Schicht	8f
Größte Länge	53,5
Kleinste Breite der Diaphyse	3,5
Größte Breite distal	6

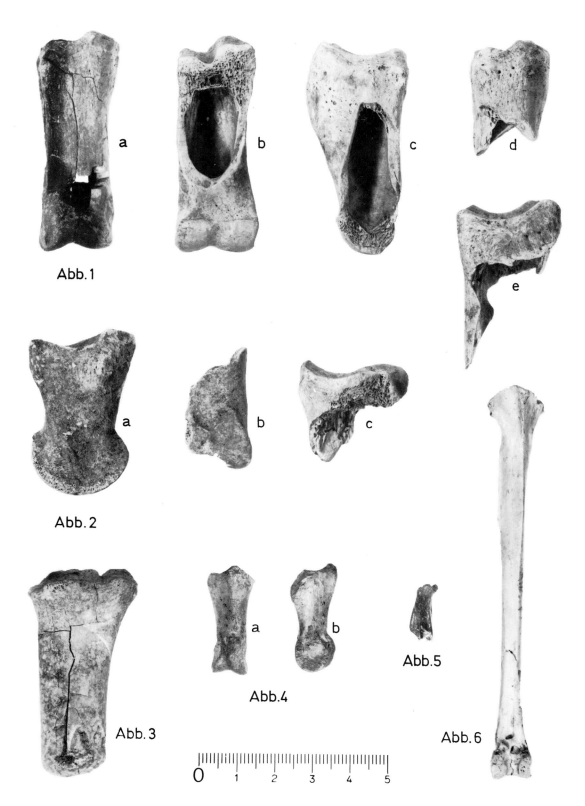

Abb. 1

Abb. 2

Abb. 3

Abb. 4

Abb. 5

Abb. 6

Abb. 1 a–e   Zur Markgewinnung aufgeschlagene Fesselbeine des Rothirsches, *Cervus elaphus*. Kulturschicht 8 e der Jägerhaus-Höhle.

Abb. 2 a–c   Ein ganz erhaltenes und zur Markgewinnung aufgeschlagene Kronbeine des Rothirsches, *Cervus elaphus*. Kulturschicht 8 f der Jägerhaus-Höhle.

Abb. 3   Proximalteil des Radius einer Gemse, *Rupicapra rupicapra*. Dorsalansicht. Kulturschicht 6 der Jägerhaus-Höhle.

Abb. 4 a, b   Phalanx 2 posterior einer Gemse, *Rupicapra, rupicapra*. a) Dorsalansicht, b) Achsialansicht. »Niveau von 6« der Jägerhaus-Höhle.

Abb. 5   Proximale Hälfte ohne die Epiphyse von einem Humerus eines Hamsters, *Cricetus cricetus*. Laterocaudalansicht. Kulturansicht 7 der Jägerhaus-Höhle.

Abb. 6   Tibiotarsus einer Auerhenne, *Tetrao urogallus*. Dorsalansicht. Kontaktzone zwischen Schicht 2 und Schicht 6 der Jägerhaus-Höhle.

Maßstab 1:1

83

Siebenschläfer, *Glis glis*

Der Siebenschläfer wurde bereits von H. TOBIEN (1938/ 39) aus dem Mesolithikum der Falkensteinhöhle und von G. STORCH (1978; vgl. unten S. 131 f.; ferner im Druck) aus den mesolithischen Schichten unter den Felsdächern Inzigkofen und Lautereck nachgewiesen. Aus der Jägerhaus-Höhle ist er mit einem Nagezahn und einem Humerusschaftstück vertreten.

Mäuse

Von zwei Unterkieferteilen, einem Humerus und einem Femur abgesehen, sind alle Reste von Kleinnagern lose Nagezähne.

Die artliche Zuordnung der Schneidezähne und -fragmente ist in vielen Fällen unmöglich. Herr Dr. G. STORCH, Frankfurt, der sich liebenswürdigerweise der Bestimmung der Mäuseknochen annahm, konnte *Apodemus* und *Arvicola* nachweisen. Von *Apodemus* spec. ist auch das Kieferfragment aus der oberen Partie von Schicht 6. »Das Kieferfragment ist sehr groß. Die Größe spräche im Vergleich mit rezentem Material eher für die Art *flavicollis,* wir können aber metrische Veränderungen von *sylvaticus* seit dem Mesolithikum nicht ausschließen.« Das andere Kieferfragment enthält noch M_{1-2}. Es kommt aus Kulturschicht 7 a und stammt von der Schermaus, *Arvicola terrestris.* Die Länge der Kaufläche des M_1 beträgt 3,6 mm. Der Kiefer paßt in der Größe zu rezenten mitteleuropäischen Schermäusen. Von der Schermaus sind auch das Femurfragment aus Kulturschicht 7 c und das Humerusfragment aus Kulturschicht 8 d.

Maulwurf, *Talpa europaea*

Die Knochen des Maulwurfs passen in der Größe zu rezentem Vergleichsmaterial aus Süddeutschland. G. STORCH (im Druck) stellte dasselbe für die Maulwurfsknochen vom Lautereck fest. Eine Ulna aus Schicht 8 ist kalziniert.

Zweifarbfledermaus, *Vespertilio murinus*

Als einziger Fledermausknochen wurde im »Niveau von 6« ein Humerus mit einer größten Länge von 27,9 mm gefunden. Dr. G. STORCH bestimmte ihn als Rest der Zweifarbfledermaus, *Vespertilio murinus.* Er schreibt dazu: »Die in diesem Knochen sehr ähnlichen *Eptesicus nilssoni* und *Nyctalus leisleri* lassen sich hier mit ziemlicher Sicherheit ausschließen.«

Gänsesäger, *Mergus merganser*

Den einzigen Nachweis bildet ein im Feuer schwarz gefärbtes Ulnaende aus Schicht 7.

Mäusebussard, *Buteo buteo*

Ein Krallenbein aus Schicht 7 c paßt in Größe und Form zum Mäusebussard.

Habicht, *Accipiter gentilis*

Der unvollständige Tibiotarsus dieser Art ist der Größe nach von einem ♀.

Auerhuhn, *Tetrao urogallus*

Der Tibiotarsus einer Henne kommt aus der Kontaktzone von Schicht 2 zu Schicht 6. Alle anderen Knochen dieser Waldhuhnart stammen von Hähnen. Aus dem »Niveau von 6« liegen die Fragmente einer Clavicula, einer Scapula und eines Tibiotarsus vor, aus Schicht 8 d ein Tarsometatarsusstück und aus Schicht 8 f ein Halswirbel.
Meßbar ist nur der Tibiotarsus der Auerhenne (Abb. 6): Größte Länge 109,5 mm, Länge vom Tuberculum centrale zum Distalrand der Trochlea tibiotarsi (vgl. K. ERBERSDOBLER 1968, 12, 21, 46) 107 mm, kleinste Breite des Schaftes 5,5 mm.

Waldschnepfe, *Scolopax rusticola*

Der Tibiotarsus und der Tarsometatarsus der Waldschnepfe, die beide nicht vollständig erhalten sind, gehören allem Anschein nach zusammen.

Drosselart, *Turdus* spec.

Zur Amsel, *Turdus merula,* Ringdrossel, *Turdus torquatus,* oder Wacholderdrossel, *Turdus pilaris,* gehört die Proximalhälfte einer Ulna aus Schicht 7c. Die größte Breite proximal beträgt 5 mm.

Cyprinide

Bei den Schlundzähnen und einem Schädelknochen von Weißfischen konnte ich die Artzugehörigkeit nicht feststellen.

Gesamtbeurteilung der Fauna

Die von W. TAUTE (1967, 20) aufgeworfene Frage, ob von den mittelsteinzeitlichen Bewohnern der Jägerhaus-Höhle »zur Zeit der jüngsten Ablagerungen schon Haustiere gehalten wurden«, wird verneint. Den einzigen möglicherweise von einem Haustier stammenden Knochen bildet ein Fund aus der Kontaktzone zwischen 2 und 6 (S. 81). Falls er von einem Schaf und nicht von einer starken Gemse ist, kann er aus späterer Zeit sein. Bis zum Ende der mesolithischen Ablagerungen herrschte demnach »noch ausschließlich aneignende Wirtschaft«.

Die Jagd betraf vor allem die Huftiere Wildschwein, Rothirsch und Reh (Tab. 1). Dieser Befund deckt sich mit den Ergebnissen für andere letzthin ausgewertete Knochenfunde aus mesolithischen Schichten in Höhlen und unter Felsdächern des oberen Donautals (J. BOESSNECK 1978 a, b sowie im Druck). Eine unerwartete Bereicherung erfährt das Faunenbild mit dem Nachweis der Gemse. Vielleicht ist es kein Zufall, daß sie nur in der südwestlichsten der untersuchten Fundstellen angetroffen wurde.

Unter den erbeuteten Raubtieren herrscht ebenso wie in den Funden aus der Falkensteinhöhle und aus Inzigkofen der Edelmarder vor. Dachs und Wildkatze reihen sich vor Fuchs und Otter ein (Tab. 1). Der Bär ist nur mit einem Penisknochen belegt. Er ist auch für die anderen hier verglichenen Thanatocoenosen mesolithischer Kulturschichten nur aus der Falkensteinhöhle nachgewiesen (J. BOESSNECK 1978 a). Die Großraubtiere Bär, Wolf und Luchs, die alle damals in der Gegend vorkamen, wurden von den Mesolithikern des oberen Donaugebiets nur selten erlegt.

Wie gewöhnlich in meso- und neolithischen Fundeinheiten ist der Hase nur mit wenigen Stücken nachgewiesen. Oft fehlt er ganz. Das Vorkommen der Gemse läßt es nicht als ausgeschlossen erscheinen, daß die Knochen nicht vom Feld- sondern vom Schneehasen stammen. Morphologisch

ist diese Frage an den vorliegenden Fundstücken nicht zu entscheiden.

Vom Biber lebten während des Mesolithikums im Gebiet der oberen Donau offenbar bereits größere Bestände. Regelmäßig werden auch Eichhörnchen und Siebenschläfer in den Fundschichten nachgewiesen. Auch sie dürften zu Nahrungszwecken erbeutet worden sein. Hervorzuheben ist der im Feuer geschwärzte Humerus eines Hamsters, denn er verbindet zusammen mit einem anderen Nachweis (H. TOBIEN 1938/39) die spätpleistozäne Hamsterpopulation der Schwäbischen Alb mit den rezenten Restpopulationen (vgl. S. 82).

Regelmäßig wird in den mesolithischen Schichten Südwürttembergs der Maulwurf nachgewiesen. Einer der Knochen aus der Jägerhaus-Höhle ist kalziniert.

Der einzige Fledermausknochen wird zufällig in die Kulturschicht geraten sein.

Die Vogeljagd scheint keine große Rolle gespielt zu haben. Bei den wenigen Funden ist die Artenzusammensetzung weitgehend zufällig. Regelmäßig wurde der Auerhahn erbeutet. Er ist in allen verglichenen Faunen nachgewiesen. Die anderen Arten ergänzen die zufälligen Listen.

Die wenigen Fischreste sind Schlundzähne und ein Schädelknochen von Weißfischen.

Wie die anderen mesolithischen Stationen des oberen Donaugebiets ergab auch die der Jägerhaus-Höhle im großen und ganzen eine Mischwaldfauna. Sie zeigt aber mit dem Vorkommen des Hamsters am deutlichsten, daß die Walddecke nicht geschlossen war.

Literaturverzeichnis

BOESSNECK, J., 1978 a: Die Tierknochenfunde aus der mesolithischen Kulturschicht der Falkensteinhöhle, Markung Thiergarten, im oberen Donautal. In TAUTE, W. (Hrsgb.): Das Mesolithikum in Süddeutschland. Teil 2: Naturwissenschaftliche Untersuchungen. Tübingen 1978 (vgl. unten S. 87–99)

– 1978 b: Tierknochenfunde aus der mesolithischen Kulturschicht unter dem Felsdach Inzigkofen im oberen Donautal. In TAUTE, W. (Hrsgb.): Das Mesolithikum in Süddeutschland. Teil 2: Naturwissenschaftliche Untersuchungen. Tübingen 1978 (vgl. unten S. 101–116)

– 1978 c: Die Tierknochenfunde von einer steinzeitlichen Fundstelle auf der Kleinen Kalmit bei Arzheim, Kreis Landau (Pfalz). In TAUTE, W. (Hrsgb.): Das Mesolithikum in Süddeutschland. Teil 2: Naturwissenschaftliche Untersuchungen. Tübingen 1978 (vgl. unten S. 123–126)

– im Druck: Die Tierknochenfunde. In TAUTE, W., Die Kulturschichtenfolge unter dem Felsdach Lautereck an der oberen Donau (Gemeinde Lauterach, Alb-Donau-Kreis). Forschungen und Berichte zur Vor- und Frühgeschichte in Baden-Württemberg

BOESSNECK, J. und A. VON DEN DRIESCH 1973: Die jungpleistozänen Tierknochenfunde aus der Brillenhöhle. Forschungen und

Berichte zur Vor- und Frühgeschichte in Baden-Württemberg 4/II, Stuttgart 1973

BOSOLD, K. 1968: Geschlechts- und Gattungsunterschiede an Metapodien und Phalangen mitteleuropäischer Wildwiederkäuer. Diss. München 1966. – Säugetierkdl. Mitt. 16, 93–153, 1968

ERBERSDOBLER, K. 1968: Vergleichend morphologische Untersuchungen an Einzelknochen des postcranialen Skeletts in Mitteleuropa vorkommender mittelgroßer Hühnervögel. Diss. München 1968

GERINGER, J. 1967: Tierknochenfunde von der Heuneburg, einem frühkeltischen Herrensitz bei Hundersingen an der Donau (Grabungen 1959 und 1963). Die Paarhufer ohne die Bovini. Diss. München 1967. – Natwiss. Untersuch. z. Vor- u. Frühgesch. in Württemberg u. Hohenzollern 5, Stuttgart 1967

GERLACH, R. 1967: Tierknochenfunde von der Heuneburg, einem frühkeltischen Herrensitz bei Hundersingen an der Donau (Grabungen 1964 und 1965). Die Wiederkäuer. Diss. München 1967. – Natwiss. Untersuch. z. Vor- u. Frühgesch. in Württemberg u. Hohenzollern 7, Stuttgart 1967

HESCHELER, K. und KUHN, E., 1949: Die Tierwelt der prähistorischen Siedlungen der Schweiz. In TSCHUMI, O.: Urgeschichte der Schweiz 1, 121–368. Frauenfeld 1949

KOENIGSWALD, W. v., 1972: Der Faunenwandel an der Pleistozän-Holozän-Grenze in der steinzeitlichen Schichtenfolge vom Zigeunerfels bei Sigmaringen (Vorbericht). Archäologische Informationen 1, 41–45

SAUER-NEUBERT, A., 1969: Tierknochenfunde aus der römischen Zivilsiedlung in Hüfingen. II. Wild- und Haustierknochen mit Ausnahme der Rinder. Diss. München 1969

STORCH, G., 1978: Kleinsäugerfunde (Mammalia) aus der mesolithischen Kulturschicht unter dem Felsdach Inzigkofen im oberen Donautal. In TAUTE, W. (Hrsgb.): Das Mesolithikum in Süddeutschland. Teil 2: Naturwissenschaftliche Untersuchungen. Tübingen 1978 (vgl. unten S. 131 f.)

– im Druck: Die Kleinsäugerfunde (Mammalia). In TAUTE, W., Die Kulturschichtfolge unter dem Felsdach Lautereck an der oberen Donau (Gemeinde Lauterach, Alb-Donau-Kreis). Forschungen und Berichte zur Vor- und Frühgeschichte in Baden-Württemberg

TAUTE, W., 1967: Grabungen zur mittleren Steinzeit in Höhlen und unter Felsdächern der Schwäbischen Alb, 1961–1965. Fundberichte aus Schwaben, N. F. 18/I, 14–21, 1967

In Vorbereitung: Das Mesolithikum in Süddeutschland. Teil 1: Chronologie und Ökologie

TOBIEN, H., 1938/39: Die Kleinsäugerreste aus der Falkensteinhöhle im oberen Donautal. Badische Geolog. Abhandlgn. 10, 1938/39, 126–130

VOGEL, R., 1936: Das gegenwärtige Vorkommen des Hamsters (*Cricetus cricetus* L.) in Württemberg in seiner Abhängigkeit vom Boden. Jahresh. d. Vereins f. vaterländ. Naturkunde in Württemberg 92, 1936, 171–180

– 1941: Die alluvialen Säugetiere Württembergs. Jahresh. d. Vereins f. vaterländ. Naturkunde in Württemberg 96, 1940, 93–110 (Stuttgart 1941)

8

Aus dem Institut für Palaeoanatomie, Domestikationsforschung und Geschichte der Tiermedizin der Universität München
(Vorstand: Professor Dr. JOACHIM BOESSNECK)

Die Tierknochenfunde aus der mesolithischen Kulturschicht der Falkensteinhöhle, Markung Thiergarten, im oberen Donautal

von JOACHIM BOESSNECK, München

Mit 9 Tabellen

Allgemeines

Zunächst erhielt der Bearbeiter Tierknochenfunde aus der Falkensteinhöhle, Markung Thiergarten, Gemeinde Beuron, Kreis Sigmaringen, die während einer Probegrabung im Jahre 1963 und einer planmäßigen Grabung im Jahre 1964 geborgen worden waren. Beide Grabungen standen unter der Leitung von W. TAUTE, Tübingen (vgl. Teil 1: W. TAUTE). Nach Abschluß der Untersuchungen und Rücksendung des Materials kamen Funde aus einer Grabung hinzu, die E. PETERS in Zusammenarbeit mit V. TOEPFER 1933 in der Höhle durchgeführt hatte (E. PETERS 1934 und 1935; V. TOEPFER 1934, 1935 a und b; W. TAUTE 1967, 18 sowie Teil 1). Die Masse der Funde dieser Grabung von 1933, bei der die Falkensteinhöhle nahezu vollständig ausgegraben worden war, ist 1945 verlorengegangen. Einen Teil der am besten erhaltenen Knochen aber rettete Dr. V. TOEPFER, Halle/Saale, über die Kriegsereignisse hinweg und gab sie 1967 dankenswerterweise zusammen mit seinem Manuskriptentwurf über die mesolithische Fauna der Falkensteinhöhle auf Grund der Grabung von 1933 an W. TAUTE, der beides dem Bearbeiter der neuen Funde zur Verfügung stellte.

Die Bestimmung der Fischknochen aller Grabungskampagnen übernahm liebenswürdigerweise Herr Dr. J. LEPIKSAAR, Göteborg (J. LEPIKSAAR 1978, vgl. unten S. 153–157; vgl. auch E. PETERS 1935, 8 und V. TOEPFER 1935 a, 179), die Bestimmung der Fischschuppen entgenkommenderweise Herr Prof. Dr. H.-H. REICHENBACH-KLINKE von der Bayerischen Biologischen Ver-

suchsanstalt (H.-H. REICHENBACH-KLINKE 1978, vgl. unten S. 151). Besondere Schwierigkeiten machte außerdem die Bestimmung einiger Mäuseknochen. Wir danken Herrn H. RICHTER, Dresden, der sich dieser Mühe unterzog, nachdem die Durchführung in München nicht möglich war. H. TOBIEN (1938/39) bestimmte die Kleinsäugerreste der Grabung von 1933.

Eine Übersicht des Ergebnisses der gemeinsamen Bemühungen – ohne Berücksichtigung der Kleinsäugerreste der Grabung von 1933 und der Fischreste – bringt Tabelle 1. Wie schon verschiedentlich für mesolithische Kulturschichten festgestellt, sind die Knochenreste außerordentlich zertrümmert. Bei den Funden von 1963/64 konnten zwar in zeitraubenden Bemühungen hier und da ein paar Fragmente zusammengesetzt werden, aber es blieben ca. 635 unbestimmbare Stücke bei im ganzen 1027 Resten, also 61,8 % nicht bestimmbare Splitter. Sie sind zumeist von größeren Tieren und dürften im wesentlichen zu den Arten gehören, die in den oberen Spalten der Tabelle 1 aufgeführt sind. Bei den kleineren Tieren ist der Anteil unbestimmbarer Funde gering, weil deren Knochen entweder besser erhalten sind oder ganz verloren gehen. Bei den Knochen der Kleintiere erhebt sich jedoch die Frage, ob sie wirklich aus mesolithischem Zusammenhang stammen. Einmal können sich Tiere wie Mäuse, Maulwurf, Kröten und Frösche in die mesolithischen Schichten hineingegraben oder verkrochen haben und hier verendet sein, zum anderen können die Kleintierknochen aus zerfallenen Gewöllen stammen.

Bei den Funden der Grabung E. PETERS muß die Menge an Tierknochenresten um ein Mehrfaches größer gewesen sein als 1963/64. Das lassen die Unterlagen TOEPFERs

Tab. 1 Fundübersicht

	Probegrabung 1963 und Grabung 1964 Mesolithschicht allgemein	Grabung 1964 unteres Drittel der Mesolithschicht	Grabung 1964 mittleres Drittel der Mesolithschicht	Grabung 1964 oberes Drittel der Mesolithschicht	Summe 1963/64	Mindestindividuenzahl 1963/64	Grabung 1933 Mesolithschicht allgemein	Mindestindividuenzahl 1933
Ur, *Bos primigenius,* oder Wisent, *Bison bonasus*	—	—	—	—	—	—	3	2
Rothirsch, *Cervus elaphus*	6	35	7	15	63	3	85	6
Reh, *Capreolus capreolus*	2	35	22	8	67	3	100	10
Wildschwein, *Sus scrofa*	17	50	20	70	157	6	285	?
Wolf, *Canis lupus*	—	—	—	—	—	—	4	2
Rotfuchs, *Vulpes vulpes*	—	—	—	2	2	1	12	2
Braunbär, *Ursus arctos*	—	—	—	—	—	—	5	?
Dachs, *Meles meles*	—	—	—	—	—	—	12	2
Baummarder, *Martes martes*	—	18	3	32	53	4	150	21
Otter, *Lutra lutra*	—	—	—	—	—	—	29	4
Wildkatze, *Felis silvestris*	—	2	—	—	2	1	97	7
Feldhase, *Lepus europaeus*	1	2	2	—	5	2	—	—
Biber, *Castor fiber*	1	1	1	—	3	1	22	3
Eichhörnchen, *Sciurus vulgaris*	5	—	—	4	9	1	4	2
Schermaus, *Arvicola terrestris*	1	—	—	1	2	1	2	2
Kleinere Wühlmäuse, Microtinae	—	2	—	6	8	3	—	—
Gelbhalsmaus, *Apodemus flavicollis*	2	1	—	3	6	3	—	—
Maulwurf, *Talpa europaea*	—	2	1	1	4	2	3	3
Fledermaus, Chiroptera	—	—	—	1	1	1	—	—
Auerhahn, *Tetrao urogallus*	—	1	—	—	1	1	—	—
Dohle, Elster oder Häher (Corvidae)	—	1	—	—	1	1	—	—
Amsel, *Turdus merula*	—	2	—	—	2	1	—	—
Buntspecht, *Dendrocopos major*	—	—	—	—	—	—	1	1
Erdkröte, *Bufo bufo*	—	—	1	—	1	1	1	1
Frösche, *Rana* species	—	2	1	2	5	2	—	—
Summe der bestimmten Knochen	35	154	58	145	392	—	815	—
Unbestimmt (ca.)	25	230	150	230	635	—	?	

(vgl. auch V. TOEPFER 1934, 1935 a, 177) erkennen. Die erhalten gebliebenen, dem Neubearbeiter übergebenen Funde sind z. T. zufälliger Art. Von den Großtieren Hirsch, Wildschwein und Bär liegen gar keine oder nur wenige Stücke vor, während die Manuskriptaufzeichnungen eine Reihe von Funden anführen. In diesen schriftlichen Unterlagen fehlen wiederum Aufzeichnungen über manche Skeletteile. Diese Hinweise sind gewiß nicht als Kritik irgendwelcher Art zu verstehen. Sie sollen nur erkennen lassen, daß aus diesen Gründen die Mengenangaben für die beiden Untersuchungsreihen (Tab. 1) nicht statistisch miteinander verglichen werden können. Aus TOEPFERs Text geht die prinzipielle Übereinstimmung jedoch klar hervor.

Die Funde der Grabungen 1963/64 verteilen sich auf alle Gegenden des Skeletts. In dem aussortierten Material von 1933 herrschen aber Gebißteile und Extremitätenenden vor, die zur Bestimmung und Vermessung geeignetsten Funde, weil die anderen Knochen zerschlagen, zerfressen und zerbrochen sind. Mindestindividuenzahlen wurden nur für alle mesolithischen Schichten gemeinsam, aber für die Grabungen TAUTE und PETERS getrennt berechnet (Tab. 1), um scheinbare Häufungen zu vermeiden. Die wirklichen Individenzahlen, von denen die Funde stam-

men, dürften z. T. erheblich höher anzusetzen sein. Ein kleiner Teil der Fundstücke ist durch Brand geschwärzt oder kalziniert. Bei den nachgewiesenen Arten handelt es sich um solche, deren Vorkommen im vorgerückten Mesolithikum in der Gegend ohne weiteres erwartet werden darf.

Spezieller Teil

Bei den wenigen Funden der Grabungen 1963/64 läßt der fragmentäre Zustand der Knochen kaum Aussagen über die Größe der Tiere zu. Nur von den Marderknochen waren einige zu messen und werden in die Maßtabellen mit aufgenommen. Demgegenüber konnten bei der Mehrzahl der aus dem viel umfangreicheren Material von 1933 aussortiert erhalten gebliebenen Knochen Maße genommen werden. In der anschließenden Besprechung der einzelnen Arten werden über diese Funde hinaus die schriftlichen Unterlagen TOEPFERs so weit wie möglich herangezogen, oft in direkter Rede und vor allem um auch Funde mit auswerten zu können, die nicht mehr vorliegen.

Tab. 2 Maße an Rothirschknochen (mm)

1. Metatarsus, größte Breite distal 46,8

2. Talus

Länge lateral	56,0	55,2	54,7	54,3
Länge medial	51,4	53,0	50,8	50,6
Breite der Trochlea	32,0	35,0	32,3	31,0
Breite des Caput	35,2	35,1	33,3	32,5

3. Calcaneus, größte Länge 122,3

4. Phalanx 1

			n	Mw	Min.	Max.
Größte Länge	58,0	51,5	2	—	51,5	58,0
Größte Breite proximal	22,0	18,4	6	20,5	18,4	22
Kleinste Breite der Diaphyse	16,6	14,5	2	—	14,5	16,6
Größte Breite distal	20,8	17,8	14	19,8	17,7	21,7

5. Phalanx 2

a) Größte Länge	43,7	43,5	43,5	42,5	40,5	40,0
b) Größte Breite proximal	20,5	22,2	21,0	21,4	18,0	17,4
c) Kleinste Breite der Diaphyse	15,9	15,6	—	15,8	13,0	14,3
d) Größte Breite distal	18,0	18,2	—	18,8	16,5	15,3

	n	Mw	Min.	Max.
a)	6	42,3	40,0	43,7
b)	11	20,2	17,4	22,2
c)	5	14,9	13,0	15,9
d)	9	17,2	15,3	18,8

6. Phalanx 3

a) Diagonale Länge der Sohle	58,2	55,0	53,7	51,9	50,0
b) Dorsale Länge	52,8	52,4	46,0	46,0	47,8
c) Mittlere Breite der Sohle	16,3	15,2	14,8	15,9	15,6
d) Mittlere Breite der Gelenkfläche	18,0	17,4	17,7	17,8	16,0
e) Größte Höhe	32,3	31,9	31,2	32,8	29,0

a) 48,7	48,5	45,7	45,2	44,6	44,5	42,7
b) 46,4	46,4	40,3	43,0	40,3	44,0	41,0
c) 16,8	15,3	13,0	16,7	11,6	12,7	12,5
d) 17,8	18,0	16,7	16,0	16,7	14,7	13,4
e) 31,7	29,3	27,8	28,5	29,3	27,4	26,6

	n	Mw	Min.	Max.
a)	12	49,1	42,7	58,2
b)	12	45,5	40,3	52,8
c)	12	14,7	11,6	16,8
d)	12	16,7	13,4	18,0
e)	12	29,8	26,6	32,8

Ur, *Bos primigenius,* oder Wisent, *Bison bonasus*

Von Wildrindern liegen nur je eine Phalanx 1 und 2 vor, deren lose proximale Epiphyse abgefallen ist, und eine adulte Phalanx 2 posterior mit folgenden Maßen: Größte Länge 47,5 mm, größte Breite proximal 34,0 mm und kleinste Breite der Diaphyse 27,5 mm. Mit diesen Maßen und dem Index größte Breite proximal x 100 : größte Länge von 71,6 fällt das Kronbein mitten in den Variationsbereich für Ur und Wisent, den H.-R. STAMPFLI (1963, 195 f. und Fig. 42, S. 173) für die Funde aus der neolithischen Siedlung Burgäschisee-Süd angibt, ist aber für eine hintere Phalange verhältnismäßig breit.

Rothirsch, *Cervus elaphus*

Unter den uns übergebenen Funden der Grabung 1933 sind nur 12 wertlose Zahnsplitter und ein Carpale. Aber dem Manuskript TOEPFERs waren einige Maßangaben für Fußknochen zu entnehmen, die in Tabelle 2 zusammengestellt werden. Darüber hinaus führt er als Länge eines M_3 inferior 33,2 mm an, was sich mit dem Mittelwert aus 22 Messungen für neolithische Hirsche aus der Siedlung Burgäschisee-Süd deckt (J.-P. JEQUIER 1963, 74). Keiner der vermessenen Knochen erreicht die gewaltige Größe, wie sie oft als charakteristisch für neolithische Hirsche Mitteleuropas hervorgehoben wurde. Es scheint das kein Zufall zu sein, denn es fiel dem Bearbeiter schon an den Funden anderer mesolithischer Stationen auf. Die Funde fallen im großen und ganzen in die untere Hälfte des Variationsbereichs der Maße größerer Serien von Knochen aus neolithischen Siedlungen (J.-P. JEQUIER 1963, 77; W. BLOME 1968), übertreffen aber die Angaben für heutige Hirsche aus Süddeutschland (K. BOSOLD 1966/68, Tab. 2). Hierbei ist berücksichtigt, daß nicht alle Maße vorbehaltlos vergleichbar sind, so z. B. die »Größte Länge« der Phalanx 1 nicht mit der »Größten Länge der peripheren Hälfte« dieses Knochens.

Im Mesolithikum der Falkensteinhöhle wurden Geräte aus Hirschgeweih und -knochen gefunden, darunter Steinbeilfassungen und Zackenharpunen (E. PETERS 1934, Taf. 9 und 10; W. TAUTE: Teil 1).

Reh, *Capreolus capreolus*

An Überresten vom Reh liegen aus den Funden von 1933 nur 6 Zahnstücke oder unwichtige Zähne, 1 Radiusfragment, 4 zusammengehörige Handwurzelknochen, der Proximalteil des dazu passenden Metacarpus und ein paar andere proximale Metapodienteile sowie die von TOEPFER aussortierten Phalangen vor. Im übrigen mußte ich die Maßangaben der Tabelle 3 aus dem Manuskriptentwurf entnehmen.

An den Rehknochen fällt zunächst auf, daß sie größer sind als die entsprechenden Skeletteile heutiger Rehe des süddeutschen Raumes (vgl. z. B. J. BOESSNECK 1956, 124, 126, J.-P. JEQUIER 1963, 107 ff., K. BOSOLD 1966/68, Tab. 4). Sie weisen alles in allem auch auf größere Tiere hin als die neolithischen Funde vom Burgäschisee in der Schweiz (J.-P. JEQUIER 1963, 107 ff.; H. R. STAMPFLI 1964, 128 f.). Bedauerlicherweise lassen die Maßangaben O. GEHLS (1961, Tab. 5) für die mittelsteinzeitlichen Funde aus Hohen Viecheln die Schwerpunkte nicht erkennen. Die ebenfalls etwa gleichzeitigen Rehknochen von Aamosen lassen wieder auf besondere Größe der Tiere schließen (M. DEGERBØL 1943, 187, 197, 200, 201; J. BOESSNECK 1956, 126). In den umfangreicheren Serien von Calcanei und Tali werden die Extreme der Funde aus der Falkensteinhöhle noch beträchtlich überschritten. Alles in allem aber scheinen diese Rehe etwa gleichgroß gewesen zu sein. Noch übertroffen werden sie in der Größe von den Rehen Kärntens aus der Zeit um Chritsi Geburt (M. FRUTH 1965/66, 30 ff.). In dieser Zeit kamen auch bis Süddeutschland außergewöhnlich große Rehe vor (J. BOESSNECK 1956; 1964, 217, 231 f.). Die im Mesolithikum noch nicht fertig geschlossene Landschaft könnte sich in gleicher Weise wie das infolge fortgeschrittener Rodung wieder geöffnete Landschaftsbild der Römerzeit günstig für die Entwicklung der Rehe ausgewirkt haben.

Neben der Größe fällt an den Rehknochen, soweit sie mir vorliegen, also im wesentlichen den Phalangen, die deutliche Gruppierung in zwei Größengruppen auf. Sie läßt sich selbstverständlich erst erkennen, nachdem die Zugehörigkeit der Zehenknochen zu vorderen oder hinteren Extremitäten festgestellt ist. Diese Bestimmung machte bei den Fessel- und Kronbeinen keine Schwierigkeiten, ist aber bei einigen Klauenbeinen vielleicht nicht ganz sicher (vgl. K. BOSOLD 1966, 12 ff.; 1968, 99 f.), zumal sich bei Klauenbeinen kaum ein Anhaltspunkt dafür findet, ob sie annähernd ausgewachsen sind. Will man nicht das Nebeneinandervorkommen einer Population großer und einer Population kleiner Rehe annehmen, was meines Erachtens nichts für sich hat, bietet sich als Erklärung der beiden Größengruppen der Geschlechtsdimorphismus an. In diesem Sinne habe ich in Tabelle 3 bei den Phalangen die vermutete Zugehörigkeit zu Böcken oder Geißen eingetragen. Trifft diese Deutung zu, war der Geschlechtsdimorphismus viel klarer ausgeprägt als bei heutigen Rehen Mitteleuropas (vgl. K. BOSOLD 1966, 18 f.; 1968, 102 f. und Tab. 4).

Wildschwein, *Sus scrofa*

Die mir aus den Funden von 1933 vorliegenden Überbleibsel von Schweineskeletten sind nur 28 Zahnsplitter und eine Nebenzehe der Phalanx 1. Eberhauer wurden von den mesolithischen Jägern handwerklich genutzt (E. PETERS 1934, Taf. 9, 11; 10, 4; W. TAUTE: Teil 1). V. TOEPFER schreibt über das Schwein u. a.: »Vom Schwein sind zahlreiche Überreste in der mesolithischen Kulturschicht angetroffen worden. Das Knochenmaterial ist jedoch derart zertrümmert, daß nur wenige Maße zu gewinnen sind, die um so wertvoller wären, als die Frage zu prüfen war, ob es sich bei den vorliegenden Resten vom Schwein um die normale Wildform handelt oder ob bereits Spuren der Domestikation zu erkennen sind. Als vollständige Knochen sind nur Metapodien, Phalangen und der feste Astragalus vorhanden. Unter den Metapodien sind es auch nur die äußeren (II und V), während die achsialen wegen ihres Markgehalts geöffnet wurden. Von den großen Extremitätenknochen fehlen die Belege fast vollständig. Entweder wanderten diese, nachdem man das Fleisch abgezehrt hatte, ins Feuer, oder aber der eigentliche Platz der Nahrungsaufnahme lag außerhalb der Höhle, so daß nicht alle Teile des Skeletts gleichmäßig in der Fundschicht der Höhle eingebettet wurden.«

Nach der Größe der vermeßbaren Knochen (Tab. 4) besteht kein spezieller Verdacht auf Domestikation. Alle Funde ordnen sich im Rahmen vorgeschichtlicher mitteleuropäischer Wildschweine ein, wenn sie auch keine extrem großen Maße erreichen (vgl. z. B. J. BOESSNECK 1963, 61, 64 ff.; F. LUHMANN 1965, Tab. 34), sondern z. T. in

Tab. 3 Maße an Rehknochen (mm)

1. Humerus, „Breite des distalen Gelenkes"

30,5	30,5	28,0	27,8	27,6	26,7	25,8	25,8

2. Radius

Größte Breite proximal		25,4	25,1
Größte Breite distal		27,7	24,2

3. Metacarpus

Größte Breite proximal	21,5	20,5				
Größte Breite distal	22,5	21,6	21,4	20,7	20,5	20,2

4. Tibia, Größte Breite distal 29,1

5. Talus

Länge lateral	32,5	32,4	32,3	30,1	29,8	29,8	29,3
Länge medial	—	30,3	30,0	29,6	29,0	27,6	28,3
Breite d. Trochlea	—	20,0	20,0	20,0	19,7	19,0	18,2
Breite des Caput	21,4	20,0	20,5	20,2	18,3	19,1	18,0

6. Calcaneus, Größte Länge 65,8 63,6 63,3

7. Centrotarsale, Breite 25,0 23,4 23,2 22,2

8. Phalanx 1

a) Größte Länge der peripheren Hälften	(37,5)	37,5	36,5	35,0	33,5	33,0	32,8
b) Größte Breite proximal	—	—	11,1	11,0	11,2	11,0	10,2
c) Kleinste Breite der Diaphyse	7,7	8,5	8,0	7,5	7,7	7,4	7,0
d) Größte Breite distal	10,3	10,0	9,5	9,0	9,0	9,0	8,7
e) vorn oder hinten	v	v	v	v	v	v	v
f) Geschlechtszugehörigkeit	♂	♂	♂ subadult	♂	♀	♀	♀

a)	32,0	(32,0)	42,0	41,5	39,3	38,5	38,3	38,0
b)	10,0	—	—	12,2	12,3	12,0	12,0	—
c)	7,0	7,5	9,0	8,8	—	8,2	8,5	8,2
d)	8,3	8,9	10,8	11,3	—	10,5	10,0	10,0
e)	v	v	h	h	h	h	h	h
f)	♀	♀	♂	♂	♂	♀	♀	♀

9. Phalanx 2

a) Größte Länge	(25,0)	(24,5)	23,8	(23,3)	23,0	23,0	22,5	(30,0)	29,8	—
b) Größte Breite proximal	10,0	10,0	9,3	10,0	10,0	9,5	9,5	(12,0)	12,0	12,0
c) Kleinste Breite des Knochens	6,5	6,1	5,9	—	6,5	6,5	6,6	8,0	7,5	—
d) Größte Breite distal	7,2	(7,0)	6,5	—	7,2	7,0	7,0	(8,5)	8,5	—
e) vorn oder hinten	v	v	v	v	v	v	v	h	h	h
f) Geschlechtszugehörigkeit	♂	♂	? subadult	♀	♀	♀	♀	♂	♂	♂

a)	29,8	(29,0)	(29,0)	28,0	27,5	27,0	26,8	26,7
b)	11,5	12,0	(11,5)	11,0	10,9	11,0	—	10,7
c)	7,3	7,5	7,5	7,1	6,8	7,0	6,7	7,2
d)	8,4	(8,5)	(8,5)	8,1	7,8	7,8	(7,8)	7,9
e)	h	h	h	h	h	h	h	h
f)	♂	♂	♂	♀	♀	♀	♀	♀

10. Phalanx 3

a) Diagonale Länge der Sohle	27,5	26,7	—	25,0	(24,3)	(24,0)
b) Dorsale Länge	26,5	25,9	25,3	—	22,0	—
c) Größte Höhe	15,5	16,0	(13,0)	—	13,0	—
d) vorn oder hinten	v	v	v	v	v	v
e) Geschlechtszugehörigkeit	♂	♂	♀	♀	♀	♀

a)	23,0	(26,5)	(26,0)	24,5	23,7
b)	—	(26,0)	(25,5)	(23,0)	23,7
c)	—	(17,0)	16,0	15,0	15,1
d)	v	h	h	h	h
e)	♀	♂	♂	♀	♀

den Grenzbereich zum Hausschwein fallen (z. B. J. BOESS-NECK 1958, 52; F. LUHMANN 1965, Tab. 29). Man könnte meinen: Gerade am Anfang der Domestikation sollten solche Übergangsgrößen zu finden sein. Aber sie finden sich die ganze vorgeschichtliche Zeit über, weil sich eben die Variationsbereiche von Wild- und Hausschwein überlappen und auch nicht bei jedem vermessenen Knochen zu sichern ist, daß er ausgewachsen war. Man braucht nur daran zu erinnern, daß beim Talus und bei Klauenbeinen kaum Schlüsse in dieser Hinsicht möglich sind, und daß sich auch bei den anderen Phalangen die Epiphysenfugen schon in einem Alter schließen, in dem das Wachstum der Tiere bei weitem nicht abgeschlossen ist. Das appositionelle Wachstum ist deshalb auch bei diesen Zehenknochen nach dem Epiphysenschluß noch beträchtlich. Geringere Maße bedeuten dann keine Anzeichen für beginnende Domestikation.

Tab. 4
Maße an Wildschweinknochen (mm)

1. Unterkiefer ♀
   Länge P₁ – P₄ 56,2
   Länge P₂ – P₄ 43,0

2. Radius, Größte Breite distal 39,1 38,8 35,5

3. Talus, »Länge« 47,5 44,5 44,2

4. Metapodien Mc_{II} Mc_V Mc_V Mt_{II} Mt_{II} Mt_V
   Länge   71,4   67,5 65,3 76,0   76,0   74,8

5. Phalanx 1 (Hauptstrahlen)
   a) Größte Länge   50,5 47,5 46,2 44,8 44,6
   b) Größte Breite proximal 21,2 18,0 20,2 20,0 18,2
   c) Größte Breite distal   20,5 17,3 19,8   —   17,7

	n	Mw.	Min.	Max.
a)	5	46,7	44,6	50,5
b)	13	19,4	17,7	21,8
c)	11	19,1	16,4	21,0

6. Phalanx 2 (Hauptstrahlen)
   Größte Länge   32,5 31,2 30,1 30,0 30,0 29,5 27,2
   Größte Breite proximal 18,6 20,6 20,3 19,6 18,9 20,0 18,4
   Größte Breite distal   15,0 18,6 18,4 15,5 16,2 19,1 16,3

7. Phalanx 3 (Hauptstrahlen), Diagonale Länge der Sohle
   46,0 41,0 38,6 38,6 38,5 38,5 38,2 37,5 36,8 36,7
   36,5 35,9 34,7 34,6 34,0 33,7 33,7 33,1 33,0 32,0
   31,6 31,6 31,2 31,1 30,4 30,0 29,6 29,2 28,5 28,5
   Mw. 34,4

Wolf, *Canis lupus*

Zwei Zahnwurzeln mit dem Basalteil der Krone, die von einem Praemolaren und einem Incisivus aus dem Unterkiefer sind, sowie zwei Metapodien stammen von *Canis* und

ihrer Größe sowie dem festen Bau nach anscheinend von *Canis lupus*. Die Metapodien wiesen folgende Maße auf:

	Mt_{II}	Mt_{III}
größte Länge	81,5	94
größte Breite proximal	9,5	10,5
kleinste Breite der Diaphyse	7,5	7,5
größte Breite distal	11,5	10,5

Die beiden Funde gehören nicht zusammen. Der eine ist von der linken, der andere von der rechten Seite und der Mt_{II} ist für den Mt_{III} zu kurz. Beide Knochen passen ihren Maßen nach zu mittelgroßen Wölfen und fallen damit auch in den Bereich großer Haushunde. Da es im Mesolithikum an sich nicht unmöglich wäre, daß sie von domestizierten Hunden sind, Größe und Wuchs der Knochen aber andererseits dahingehend keinen Fingerzeig geben, ist jede weitere Diskussion dieser Frage müßig, denn eine Entscheidung ist sowieso nicht möglich. Wir nehmen mit der Zuordnung zum Wolf das Naheliegendere an.

Rotfuchs, *Vulpes vulpes*

»Der Fuchs ist anscheinend nur wenig gejagt worden.« Diese Aussage TOEPFERs stimmt mit dem Befund für die Reste der Grabungen 1963/64 überein (Tab. 1).
In den Funden von 1933 ist er belegt durch 9 Zähne, darunter ein M₁ inferior mit einer Länge am Cingulum von 14,8 und einer Breite im gleichen Bereich von 5,7 mm, durch eine Beckenhälfte mit einer Länge des Acetabulum von 13 mm, eine Tibia distal mit 14,8 mm größter Breite und einen Calcaneus von 31,5 mm Länge. Die Maße sind weder niedrig noch hoch. E. PETERS (1934, Taf. 9,9) bildet eine zu einem Pfriem angespitzte Fuchsulna ab (vgl. auch Teil 1: W. TAUTE).

Braunbär, *Ursus arctos*

Über die Reste vom Bären, die mir nicht vorlagen, schreibt TOEPFER: »Unter dem bestimmbaren Knochenmaterial der mesolithischen Fauna der Falkensteinhöhle befinden sich nur wenige Überreste, die bezeugen, daß der Braune Bär gelegentlich ein Beutetier der mesolithischen Jäger wurde. Zu einer planmäßigen erfolgssicheren Jagd auf dieses größte Raubtier der Postglazialzeit fehlten in der Mittelsteinzeit noch die wirksameren Waffen.
Ursus arctos gehören an: Ein I₃ des rechten Oberkiefers, ein stark abgekauter M₃ mand. sin., eine 2. Phalange und 2 Krallenbeine.«

Tab. 5 Maße von Metapodien des Dachses (mm)

Knochenart	Mc$_{II}$	Mc$_{III}$	Mt$_{II}$	Mt$_{III}$	Mt$_{IV}$	Mt$_{V}$
Größte Länge	28,0	29,8	29,5	31,8	33,5	30,7
Größte Breite distal	6,9	6,7	5,8	6,1	6,0	6,2

Dachs, *Meles meles*

Vom Dachs ließen sich in den neuen Funden keine und in den alten nur wenige Knochen nachweisen. Sie sind von mindestens einem adulten und einem juvenilen Tier.
Das distale Ende eines Humerus hat eine größte Breite von 31 und eine Gelenkrollenbreite von 20,5 mm. An 2 Radien, die von einem Tier sind, ist die distale Epiphyse noch lose, die proximale erst frisch verwachsen. Die Maße von 2 Metacarpen und 4 zusammengehörigen linken Metatarsen sind in Tabelle 5 zusammengestellt. Außerdem liegen 2 mittlere Phalangen vom Hinterfuß vor.

Baummarder, *Martes martes*

»Eine Merkwürdigkeit der mesolitischen Fauna der Falkensteinhöhle sind die zahlreich vorkommenden Marderreste. In den neolithischen Faunen aus den Pfahlbauten lassen die unverletzten Knochenteile und das von RÜTIMEYER erwähnte Vorkommen der Marderskelette in nesterartiger Anordnung den Schluß zu, daß die Marder wohl kaum als Nahrungstiere verwendet worden sind. Dagegen scheinen die mesolithischen Jäger der oberen Donau den Mardern nicht nur um des wertvollen Pelzes willen nachgestellt zu haben. Die übliche Zertrümmerung, kein einziger vollständiger Humerus ist vorhanden, und die Tatsache, daß auch Marderknochen die Einwirkung des Feuers zeigen, sprechen wohl dafür, daß das Marderfleisch verzehrt worden ist.
Für eine genaue artliche Bestimmung der Marderreste war es notwendig, diese eingehend mit sicher bestimmtem rezenten Material von *Martes martes* und *Martes foina* zu vergleichen. Am Haarkleid ist es leicht, den Baum- und den Steinmarder zu unterscheiden, an einzelnen Skeletteilen ist eine Trennung sehr schwierig. Nur vollständige Schädel lassen sich leichter den beiden Arten zuteilen. Der Baummarder unterscheidet sich vom Steinmarder durch eine längere Schnauzenpartie. Da aber vollständige Schädel von Mardern ebensowenig wie von anderen Tieren unter dem Skelettmaterial der Falkensteinhöhle vorhanden sind, haben wir versucht, nach Merkmalen des Unterkiefers, von dem zahlreiche Hälften gefunden wurden, die Art der Marderreste aus der Falkensteinhöhle zu bestimmen. Osteologisch drückt sich ein Unterschied zwischen den

in Frage kommenden Marderarten im Verlauf der Vorderkante des aufsteigenden Astes am Unterkiefer aus. Diese ist beim Baummarder S-förmig geschwungen, während sie beim Steinmarder einen mehr gestreckten Verlauf zeigt. In diesem Merkmal schließen sich die Mandibeln der Marder aus der Falkensteinhöhle dem Edelmarder an.«
Auch mir war bei der Untersuchung der Funde von 1963/64 der hohe Anteil an Marderknochen aufgefallen und ich war ebenfalls zu dem Ergebnis gekommen, daß nur *Martes martes* im Fundgut vertreten ist. Wenn auch nicht alle, konnten doch die meisten Knochen in ihrer Artzugehörigkeit bestimmt werden. Weitere Unterscheidungsmerkmale finden sich am P$_3$ superior und am M$_1$ superior (vgl. G. GAFFREY 1961, 154 ff.). Auf den Unterschied am P$_3$ wies auch V. TOEPFER in seinem Manuskript noch hin. Schließlich ist die Größe und Schlankheit der Röhrenknochen bezeichnend (vgl. auch J.-P. JEQUIER 1963, 47 f.).
Abgesehen von den Oberkieferstücken und einer Reihe von Zähnen liegen mir alle in TOEPFERs Aufzeichnungen angegebenen Marderknochen vor. Ihre Maße sind zusammen mit denen der Funde von 1963/64 in Tabelle 6 zusammengestellt. Aus dem Material von 1963/64 konnten ein Femur, eine Tibia distal, zwei Metacarpen III und 8 Metatarsen vermessen werden. Alle anderen in Tabelle 6 aufgeführten Funde wurden 1933 geborgen.
Manche der Marderknochen sind von außergewöhnlicher Größe. Ob allerdings Größenunterschiede zu den rezenten Baummardern Süddeutschlands bestanden haben – vgl. z. B. M. DEGERBØL (1933, 329 ff., 633) für Dänemark und demgegenüber J.-P. JEQUIER (1963, 46 ff.) für die Schweiz – muß dahingestellt bleiben bis Vergleichsmessungen an einem ausreichenden Material aus heutiger Zeit durchgeführt wurden. Der erhebliche Geschlechtsdimorphismus (vgl. z. B. G. GAFFREY 1961, 154 f.) erschwert derartige Feststellungen. Die Eintragung der vermuteten Geschlechtszugehörigkeit in Tabelle 6 ist ein Versuch, ihm gerecht zu werden.
Zum Abschluß eine spezielle Bemerkung TOEPFERs zu den Funden des Humerus: »Vom Humerus liegen besonders die distalen Gelenkenden vor. Kein einziger Knochen ist vollständig erhalten. Osteologisch ist zu vermerken, daß 5 linke und 4 rechte Gelenkrollen des Edelmarders außer der Fossa supratrochlearis anterior auch ein Foramen supratrochleare besitzen«, das beim Edelmarder sonst fehlt. »Kennzeichnend ist das Foramen supratrochleare für die Caniden.«

Tab. 6 Maße an Baummarderknochen (mm)

1. Oberkiefer

	rechts				links						
a) Länge von P_2–M_1	—	24,7	24,6	23,6	—	—	—	—	24,4	23,4	22,7
b) Länge von P_4	9,6	9,1	8,8	8,8	9,6	9,1	8,9	8,7	8,7	8,6	8,5
c) Breite von P_4	6,4	6,5	5,9	5,8	6,0	5,9	5,6	6,1	5,8	5,5	5,2
d) Breite von M_1	—	9,0	8,9	8,5	—	—	—	8,7	8,7	8,4	8,3

2a. Unterkiefer

rechts

a) Totallänge: Proc. condyloideus-Infradentale	—	—	58,0	(57,5)	57,5	—	56,5	—	54,5
b) Länge: Proc. condyloideus-Hintergrund der Alveole des C	(51,5)	—	51,5	(51,5)	51,0	(50,5)	49,5	—	48,5
c) Länge der Backzahnreihe, P_1–M_2, Alveolenmaß	—	32,3	30,7	31,0	30,0	(30,0)	31,0	30,0	29,5
d) Länge P_2–M_2, Alveolenmaß	31,0	30,5	29,5	29,8	29,0	29,5	29,4	28,5	28,0
e) Länge P_2–M_1, Alveolenmaß	27,5	27,0	25,5	26,2	25,5	26,0	25,5	24,2	24,2
f) Länge der Molarreihe, M_1–M_2, Alveolenmaß	15,0	15,0	14,0	14,2	14,0	14,0	14,5	14,8	13,5
g) Länge P_2–P_4, Alveolenmaß	17,0	16,5	16,0	16,5	16,2	16,7	16,0	16,0	15,3
h) Länge von M_1, am Cingulum gemessen	11,5	11,7	10,1	11,0	10,2	10,5	10,5	(10,5)	9,5
i) Breite von M_1, am Cingulum gemessen	4,5	4,8	4,0	4,5	4,0	4,3	4,5	(4,3)	3,9
k) Höhe des Ramus mandibulae	—	—	—	—	(28,0)	—	—	—	—
l) Höhe des Corpus zwischen M_1 und P_4, medial	9,5	9,8	8,8	8,6	9,0	9,5	9,0	—	8,0
m) Breite des Condylus	—	—	12,5	—	11,2	—	—	—	10,2
n) Geschlechtszugehörigkeit	♂	♂	♂	♂	♂	♂	♂	♂	♀

links

a)	—	54,0	(51,0)	—	—	—	—	—	—	—	—	—	57,5
b)	48,0	47,5	(45,0)	—	—	53,5	52,5	(52,0)	—	—	—	—	51,0
c)	29,5	29,5	27,5	—	—	32,0	32,5	32,0	—	—	31,5	—	31,0
d)	28,2	28,0	26,0	—	—	30,5	31,0	31,0	—	—	29,7	—	29,3
e)	24,5	24,5	23,3	—	—	27,0	27,0	27,5	—	—	26,5	—	26,0
f)	13,5	13,0	12,0	15,0	15,0	14,0	13,8	15,0	14,5	14,7	14,0	14,0	14,0
g)	15,0	15,0	14,7	16,7	—	17,0	17,2	17,0	—	—	16,0	—	16,0
h)	10,0	9,8	(9,5)[1]	11,4	11,0	10,5	10,5	11,0	11,0	(11,0)[1]	11,0	10,5	10,5
i)	4,0	4,0	—	4,7	4,0	4,3	4,0	4,3	4,3	—	4,2	4,0	4,2
k)	—	—	—	—	28,8	26,0	—	—	—	—	—	26,3	25,0
l)	8,0	8,5	8,0	—	—	9,3	9,0	9,5	—	—	9,0	(9,5)	8,7
m)	10,2	9,7	—	—	(11,5)	(11,2)	11,0	—	12,3	11,2	—	—	(11,0)
n)	♀	♀	♀	♂	♂	♂	♂	♂	♂	♂	♂	♂	♂

[1] An der Alveole gemessen

a)	(56,8)	—	—	—	—	(52,5)	(51,5)	—	—
b)	50,5	—	—	(48,0)	—	(47,5)	46,0	46,0	(45,5)
c)	30,5	—	(30,0)	(29,5)	—	28,7	28,5	28,2	28,2
d)	29,0	—	28,7	28,0	—	27,5	27,0	27,0	27,0
e)	25,7	—	26,0	24,3	—	24,5	23,8	23,5	23,3
f)	13,5	13,5	13,3	13,3	—	13,0	13,0	12,5	12,2
g)	16,0	—	16,0	15,2	15,0	15,0	15,0	15,0	14,8
h)	10,3	9,5	10,0	9,5	—	9,7	(9,5)[1]	9,3	9,2
i)	4,2	3,7	4,0	4,0	—	4,0	—	3,7	3,7
k)	—	—	—	23,2	—	—	(23,0)	23,5	23,0
l)	9,2	8,8	8,5	8,5	—	9,0	7,8	8,0	7,7
m)	—	—	—	(9,0)	—	11,0	—	9,5	9,8
n)	♂	♀	♀	♀	♀	♀	♀	♀	♀

2b. M_1 inferior

rechts

a) Länge, am Cingulum gemessen	11,8	11,6	10,8	10,6	10,5	10,4	10,3	10,1	10,0	9,8
b) Breite, am Cingulum gemessen	5,2	4,7	4,5	4,4	4,2	4,0	4,1	4,0	4,1	4,0

links

a)	11,6	11,5	11,4	11,0	10,9	10,8	10,6	10,6	10,4	10,4	10,0	9,7	9,5
b)	5,0	4,6	4,5	4,4	4,3	4,3	4,4	4,5	4,1	4,6	4,2	4,5	4,0

3. Humerus

rechts

a) Größte Breite distal	15,5	15,5	(15,0)	15,0	15,0	15,0	14,7	(14,0)	14,0
b) Größte Breite der distalen Gelenkfläche	12,0	11,7	11,7	11,5	11,5	11,5	11,5	(10,5)	—

links

a)	16,5	16,3	15,8	15,5	15,5	15,0	15,0	—	14,7	14,5	—	—	13,5
b)	13,0	13,0	12,1	12,0	12,0	11,7	11,5	11,5	11,5	11,5	11,5	11,3	10,5

4. Radius							
Größte Länge	(59)	58	(57)	56	(52)	50,3	49,2
Geschlecht	♂	♂	♂	♂	♀	♀	♀

5. Ulna						
Größte Länge	(70,5)	70,0	69,5	68,7	(60,0)	57,0
Geschlecht	♂	♂	♂	♂	♀	♀

6. Becken								
Länge des Acetabulum, einschließlich des Labium	10,5	10,3	10,2	10,0	10,0	10,0	8,5	8,5
Geschlecht	♂	♂	♂	♂	♂	♂	♀	♀

7. Femur	
Größte Länge	83,5
Kleinste Breite der Diaphyse	5,3
Größte Breite distal	16,0
Geschlecht	♂

8. Tibia	
Größte Breite distal	11
Geschlecht	♂

9. Calcaneus, Größte Länge	20,3	20,0	19,5

10. Metacarpen, Strahl

Strahl	I	I	I	I	II	III	III	III	III	III
a) Größte Länge	16,0	15,5	15,3	14,5	19,3	27,8	26	25,8	25,7	25,5
b) Geschlecht	♂	♂	♂	♀	♀	♂	♂	♂	♂	?

Strahl	IV	IV	IV	IV	V	V	V
a)	28,5	27,3	25,5	25,0	21,7	21,0	19,7
b)	♂	♂	♀	♀	♂	♂	♀

11. Metatarsen, Strahl

Strahl	I	I	I	II	II	II	II	II	II
a) Größte Länge	25,8	24,5	23,3	33,0	32,3	32,2	31,8	31,2	27,5
b) Geschlecht	♂	♂	?	♂	♂	♂	♂	?	♀

Strahl	III	III	III	III	III	III	III	III	III
a)	37,4	37,1	36,4	35,2	35,0	34,6	34,5	33	31
b)	♂	♂	♂	♂	♂	?	?	♀	♀

Strahl	IV	IV	IV	IV	IV	IV	V	V	V	V
a)	41	40,1	39,2	38,5	36,5	35,8	35,1	34,9	34,5	31,5
b)	♂	♂	♂	♂	?	♀	♂	♂	♂	♀

Otter, *Lutra lutra*

»Der Fischotter gehört zu den Kleinraubtieren, die sich an der oberen Donau bis zu heutigen Tagen halten konnten« schreibt TOEPFER zu den 29 Otterknochen, von denen mir nur ein Ober- und ein Unterkiefer, ein ganz erhaltener Humerus, eine ganze Ulna und eine Ulna proximal, ein Radius, dem die distale Epiphyse fehlt, ein Calcaneus sowie 4 Metatarsen III vorliegen. Die übrigen Maße der Tabelle 7 wurden dem Manuskript TOEPFERs entnommen.

Bei der erheblichen Variation des Otters in der Größe, die vielleicht auch mit geschlechtsbedingt ist, sagen die wenigen Maße der Tabelle 7 für sich allein nicht viel aus. Sie sind weder groß noch klein (vgl. z. B. M. DEGERBØL 1933, 576 ff.; J.-P. JEQUIER 1963, 44 ff.[1]) mit weiteren Literaturhinweisen).

Wildkatze, *Felis silvestris*

Verhältnismäßig häufig ist die Wildkatze in den Funden der Grabung 1933 durch Zahn- und Skelettüberreste vertreten. Wie ihre Maße erkennen lassen (Tab. 8), waren die Tiere nicht besonders groß, zum Teil sogar verhältnismäßig klein (vgl. z. B. M. DEGERBØL 1933, 401 ff.; J.-P. JEQUIER 1963, 53 ff.[2]); R. EHRET 1964, 35 ff.).

---

[1] In der Tabelle über die Unterkiefermaße von *Lutra lutra* (S. 46 f.) muß es in dieser Arbeit unter den Nrn. 13. und 14. richtig »P₂ – M₂« und »P₂ – P₄« heißen.

[2] In der Tabelle über die Oberkiefermaße von *Felis silvestris* (S. 53) sind alle Bezeichnungen von Prämolaren um die Zahl 1 zu erhöhen, also z. B. P₁ – P₃ auf P₂ – P₄. In der Tabelle über die Unterkiefermaße von *Felis silvestris* (S. 54) muß es unter den Nrn. 13. und 14. »P₃ – M₁« und »P₃ – P₄« heißen.

Tab. 7 Maße an Otterknochen (mm)

1. Oberkiefer

Länge der Backzahnreihe, P₁–M₁	31,5	—
Länge der Prämolarreihe, P₁–P₄	24,5	24,0
Länge von P₃–P₄	17,5	17,5
Länge von P₄	11,0	11,3
Länge von M₁	8,0	—
Breite von M₁	12,0	—

2a. Unterkiefer

Länge: Processus angularis-Infradentale	72,0	—	71,9
Länge der Backzahnreihe, P₂–M₂, Alveolenmaß	35,5	35,0	34,0
Länge P₃–M₂, Alveolenmaß	30,3	30,2	30,2
Länge der Molarreihe, M₁–M₂, Alveolenmaß	17,0	17,4	17,2
Länge von P₂–P₄, Alveolenmaß	18,0	17,8	17,0
Länge von M₁, am Cingulum gemessen	13,0	(13,0)[1]	(12,8)[1]
Breite von M₁, am Cingulum gemessen	6,3	—	—
Höhe des Ramus mandibulae	34,5	34,0	—
Höhe des Corpus zwischen M₁ und P₄	13,0	10,6	10,5
Breite des Condylus	18,0	16,3	16,0

[1] An der Alveole gemessen

2b. M₁ inferior

Länge	13,4	13,3	13,3	13,2	12,6
Breite	6,8	6,7	6,5	6,6	6,0

3. Humerus

Größte Länge	83,6	81,4	81,0	—
Größte Breite proximal	20,4	—	20,0	—
Tiefe proximal	—	—	20,5	—
Kleinste Breite der Diaphyse	8,2	6,5	7,0	7,5
Größte Breite distal	28,8	27,0	27,5	27,8
Gelenkflächenbreite distal	—	—	16,0	—

4. Ulna, Größte Länge   70,5–77,7 (n = 2 oder 3)

5. Femur, Größte Breite distal   22,2

6. Calcaneus, Größte Länge   28,5

7. Metatarsus III

Größte Länge	39,0	39,0	37,0	34,0
Größte Breite distal	7,0	6,0	6,3	5,8

Biber, *Castor fiber*

»Der Biber ist in spätmesolithischer Zeit offenbar sehr zahlreich an der oberen Donau vorgekommen. Auch in der neolithischen und bronzezeitlichen Kulturschicht der Falkensteinhöhle kamen Biberreste zum Vorschein.

Außer Einzelzähnen, einem Oberkiefer, aus dem beiderseits alle Zähne herausgebrochen sind, fanden sich 3 Mandibeln (1 linke und 2 rechte). Den beiden rechten fehlt der M₃. Allen Stücken fehlen die Schneidezähne. Diese fehlen auch bei dem neolithischen Fundstück der Falkensteinhöhle und beim Bibermaterial neolithischer Pfahlbauten. R. VOGEL (1933) vermutet, daß die Zähne technische Verwendung gefunden haben, da sich ihr gehäuftes Vorkommen in einer neolithischen Siedlung am Schreckensee (Oberschwaben) in dem Sinne deuten lasse. Da nun von den mesolithischen Bewohnern der Falkensteinhöhle die Ver-

arbeitung der Eberhauer eifrigst betrieben wurde, darf man eine gleichartige Verwendung der Biberzähne wohl auch annehmen. Zwei Unterkieferhälften lassen übrigens erkennen, daß man die Kieferhülle sorgfältig aufgebrochen hat, um die den ganzen Unterkiefer durchziehenden Nagezähne möglichst unverletzt in ihrer ganzen Länge herausnehmen zu können.«

Von den Biberknochen liegen dem Bearbeiter nur mehr eine Unterkieferhälfte, ein kleines Stück von einem Nagezahn und ein Mt_I vor. Die weiteren Maße in Tabelle 9 wurden übernommen.

»Die Maße des Humerus bezeugen, daß es sich um kräftige Biber handelte, die in mesolithischer Zeit an der oberen Donau lebten, zumal es sich bei dem Falkensteinbiber nach der ablösbaren Epiphyse um ein vielleicht noch nicht ganz ausgewachsenes Tier handelt. Neolithische Biber von Ossingen zeigten nach E. KUHN nur eine Variation zwischen 21,0 und 20,0 mm der distalen Gelenkrollenbreite. Die Gesamtlänge eines meßbaren Humerus von Ossingen beträgt nur 87,4, die Länge des gleichen Knochens am rezenten Biber des Rhonedeltas 90,7 mm (E. KUHN 1932, 542 f.).« Hinweise auf weitere Vergleichsmaße zum Humerus des Bibers bringt R. EHRET (1964, 51). Sie zeigen alle die besondere Größe des Fundes aus der Falkensteinhöhle.

Schluß

E. PETERS (1935, S. 8) und V. TOEPFER (1935 a, 179) führten auf Grund der Knochenfunde der Grabung 1933 bereits folgende Liste an Jagdtieren auf: »Brauner Bär, Dachs, Baummarder, Fuchs, Wildkatze, Fischotter, Biber, Reh, Edelhirsch, Wildschwein und Wildrind.« Dazu kommen noch »Reste kleiner Nagetiere« (vgl. H. TOBIEN 1938/39). Von diesen sind rein zufällig 3 Nagezähne und 1 Femur des Eichhörnchens und 2 Nagezähne der Schermaus erhalten geblieben. Von Insektivoren liegen 3 Unterkieferhälften vom Maulwurf vor. Diese Kleinsäugerarten sind auch in den Funden von 1963/64 vertreten und darüber hinaus Knochen kleiner Mäusearten, von denen sich diejenigen der Microtinae nicht weiter bestimmen ließen. Unter den Funden der echten Mäuse konnte von H. RICHTER ein Molar als Rest einer Gelbhalsmaus bestimmt werden. Die übrigen Knochen von Langschwanzmäusen passen gleichfalls in den Variationsbereich dieser Art.

In der von PETERS und TOEPFER angegebenen Liste der Jagdtiere fehlen die in Tabelle 1 mit aufgeführten Arten Wolf und Hase. Bei den Zähnen und Metapodien, die nachträglich dem Wolf zugeordnet wurden, bestand – und

Tab. 8 Maße an Katzenknochen (mm)

1. Oberkiefer

Länge M₁-Alveole, Hinterrand – C-Alveole, Hinterrand			—	23,0				

$\text{Länge M}_1\text{-Alveole, Hinterrand – C-Alveole, Hinterrand}$ — 23,0
$\text{Länge der Backzahnreihe, P}_2\text{–M}_1$ — 21,0
$\text{Länge der Praemolarreihe, P}_2\text{–P}_4$ — 19,7
$\text{Länge P}_4\text{, am Cingulum gemessen}$ 11,0 10,7
$\text{Breite P}_4\text{, vorn}$ 5,5 4,8

2a. Unterkiefer

Totallänge: Proc. condyloideus-Infradentale — — — 58,0 — 53,5
Länge: M₁-Alveole, Hinterrand-
  C -Alveole, Hinterrand (29,0) 29,5 (26,0) 26,5 26,0 25,0
Länge der Backzahnreihe, P₃–M₁ 23,5 22,5 22 20,5 21,0 21,0
Länge von M₁ 9,2 9,0 8,5 — 8,0 8,0
Breite von M₁ 3,8 3,8 4,0 3,5 3,2 3,5
Höhe des Kiefers hinter M₁, medial 12,0 — 10,0 11,0 — 10,0
Höhe des Kiefers zwischen P₃ und P₄, medial 11,7 11,2 — 10,0 9,3 9,3
Geschlecht ♂ ♂ ♀ ♀ ♀ ♀

2b. M₁ inferior
Länge am Cinculum 9,3 8,8 8,5 8,3
Breite am Cingulum 4,2 3,7 4,0 3,7

3. Humurus
Größte Breite distal 21,5 20,2 — — 20,0 18,5
Größte Breite der distalen Gelenkfläche 15,5 15,0 15,0 15,0 — 14,0

4. Radius
Größte Länge — (109) 109,3 — — —
Größte Breite proximal 9,5 9,5 9,5 9,0 9,0 8,7
Kleinste Breite der Diaphyse 6,0 6,0 6,0 6,3 5,7 —
Größte Breite distal — — 14,2 — — —
  frisch
  verwachsen,
  zusammengeh.

5. Ulna
Größte Länge — 122,0 — — — —
Größte Breite der proximalen Gelenkfläche 11,0 10,3 10,3 10,2 10,2 10,0

6. Becken
Länge des Acetabulum, einschließlich des Labium 15,5 13,5

7. Femur
Größte Breite distal je einmal links und rechts 20,0

8. Tibia
Größte Breite distal 15

9. Talus
Länge: 19,7 18,5 18,5 18,0 17,5 17,5 17,3 17,2 16,8

10. Calcaneus
Größte Länge 37,0 34,5 34,3 32,7 32,5 30,0

11. Metacarpus, Strahl II II II III III III IV
Größte Länge 36,5 35,3 33,5 39,0 38,2 38,0 37,2
Größte Breite distal 5,5 5,8 5,2 6,3 5,6 5,5 5,0

12. Metatarsus, Strahl II II II II II II II
a) Größte Länge 53,5 53,1 51,7 51,2 51,0 50,3 49,8 47,0
b) Größte Breite distal 6,0 6,5 5,0 5,3 5,5 6,0 5,3 (5,0)

a) III III III III III III III III IV V V
b) 60,0 60,0 58,0 58,0 55,7 55,5 55,2 55,2 56,3 (52,0) (51,5)
   — 6,9 7,2 7,1 6,5 6,3 7,0 7,0 6,5 5,8 5,2

Tab. 9 Maße an Biberknochen (mm)

1. Unterkiefer					
Länge von P_4–M_3			37,8	37,5	36,2
Länge der Kaufläche von P_4			10,5	—	9,8
Breite der Kaufläche von P_4			8,2	7,0	8,6
Länge der Kaufläche von M_1			9,0	8,5	8,5
Breite der Kaufläche von M_1			8,7	8,3	8,2
Länge der Kaufläche von M_2			8,6	8,0	8,2
Breite der Kaufläche von M_2			8,5	7,5	8,0
Länge der Kaufläche von M_3			—	—	8,2
Breite der Kaufläche von M_3			—	—	6,7

2. Humerus	
Größte Länge	94,7
„Breite der proximalen Gelenkrolle"	27,0
„Breite der distalen Gelenkrolle"	22,5

3. Talus	
„Länge"	23,0
„Breite"	20,8

4. Metatarsen					
Strahl	I	II	II	III	IV
Größte Länge	27,3	58,9	57,8	50,5	41,0

besteht – die Unsicherheit, ob es sich nicht bereits um Belege für den Hund handelt. Einige wenige Knochen des Feldhasen, dessen auffallende Seltenheit auch für das Neolithikum schon oft hervorgehoben wurde (z. B. J. BOESSNECK 1958, 55 f.; J.-P. JEQUIER 1963, 19 f.), fanden sich erst in dem Material von 1963/64.

Unter Mitverwendung der den Manuskriptentwurf TOEPFERs abschließenden allgemeinen Ausführungen läßt sich für die mesolithischen Tierknochenfunde aus der Falkensteinhöhle folgendes Resumé ziehen:

»Die Untersuchung des Knochenmaterials aus der mesolithischen Kulturschicht macht uns mit den Jagdtieren der damaligen Bewohner der Falkensteinhöhle bekannt. Die Tiergesellschaft zeigt ein vollkommen rezentes Gepräge und der Unterschied gegenüber der heute an gleicher Stelle vorkommenden Fauna besteht nur darin, daß die in moderner Zeit von Menschen ausgerotteten oder dem Aussterben nahe gebrachten Arten noch vorhanden sind.«

An Raubtieren konnten nachgewiesen werden: Wolf (oder Hund?), Rotfuchs, Braunbär, Dachs, Baummarder, Otter und die Wildkatze. »Vom Bären, dem größten Raubtier der Postglazialzeit, kamen nur wenige Reste unter dem bestimmbaren Knochenmaterial zum Vorschein. Zu einer erfolgreichen Jagd fehlten den Falkenstein-Jägern die geeigneten Waffen.« Auch Fuchs und Dachs spielten keine größere Rolle, dafür aber der Baummarder, der nach der

Zahl der Individuen an erster Stelle steht. »Das ist um so merkwürdiger, als der Baummarder sonst kaum in der Jagdbeute des vorgeschichtlichen Menschen nennenswert vertreten ist.« Häufiger als Bär, Fuchs und Dachs wurden auch der Fischotter und besonders die Wildkatze gejagt.

Zahlreicher als die Raubtierknochen sind die Reste von Huftieren. Sie sind im einzelnen deshalb schwerer zu bestimmen, weil sie bei der Auswertung des Wildprets in noch höherem Grade zertrümmert werden als die Knochen der kleineren Raubtiere, soweit diese überhaupt geborgen werden. Die Knochen der Huftiere ergeben meist auch relativ niedrigere Mindestindividuenzahlen. Demnach und wenn man die Körpergröße mit berücksichtigt nahmen die Huftiere in der Fleischversorgung bei den mesolithischen Bewohnern der Falkensteinhöhle wie auch sonst in Niederlassungen alluvial-vorgeschichtlicher Zeit den ersten Rang ein. Aber nicht der Rothirsch war wie gewöhnlich in postglazialen Fundstellen das am häufigsten erbeutete Huftier, sondern das Wildschwein. Im Fundgut von 1963/64 ist es in allen Altersstufen vom Frischling bis zum starken adulten Tier vertreten. Für die Funde von 1933 hebt TOEPFER hervor, daß es besonders junge Tiere waren, »die erbeutet worden sind, wie aus dem vorhandenen Zahn- und Knochenmaterial eindeutig hervorgeht. An dem Material sind Spuren einer beginnenden Domestikation nicht zu erkennen.« Verglichen mit den Befunden für neolithische Stationen verhältnismäßig häufig gemessen am Rothirsch ist auch das Reh vertreten. Wenige Phalangen »bezeugen die Existenz des Wildrindes«, allerdings wissen wir nicht, ob es sich um den Ur oder den Wisent handelt.

Während der Biber häufiger gejagt wurde, kam der Hase damals selten vor. Die Zahl seiner Feinde war zu groß und auch der Biotop kam seiner Entwicklung nicht besonders entgegen. Das Eichhörnchen wurde sicherlich auch zu Nahrungszwecken erbeutet. Bei den Kleinstsäugern und den wenigen Amphibienknochen ist eher an zufällige Einmischungen zu denken. Eine geringe Rolle spielte die Vogeljagd.

Die vorgefundene Fauna ist charakteristisch für eine Mischwaldlandschaft, die anscheinend lichter war als dann später im Neolithikum und offene Stellen auf der Alb hatte, an denen der Hamster (Cricetus cricetus) Lebensmöglichkeiten fand, den H. TOBIEN (1938/39) unter den Funden aus dem Jahre 1933 nachwies.

»Die überlieferte Fauna der Falkensteinhöhle ist nach der Zahl der erlegten Individuen nicht groß« hebt TOEPFER, der als Mitausgräber die Funddichte kennt, hervor. »Die Erklärung ist darin zu suchen, daß die Menschen dieses Zeitabschnittes in erster Linie Fischer waren, was nicht nur ihre Geräte sondern auch die zahlreich gefundenen Überreste von Fischen selbst bezeugen.«

BLOME, W., 1968: Tierknochenfunde aus der spätneolithischen Station Polling. Diss. München 1968

BOESSNECK, J., 1956: Zur Größe des mitteleuropäischen Rehes (Capreolus capreolus L.) in alluvial-vorgeschichtlicher und früher historischer Zeit. Zeitsch. f. Säugetierk. *21*, 1956, 121–131

– 1958: Zur Entwicklung vor- und frühgeschichtlicher Haus- und Wildtiere Bayerns im Rahmen der gleichzeitigen Tierwelt Mitteleuropas. Studien an vor- und frühgeschichtlichen Tierresten Bayerns *2*, München 1958

– 1963: In BOESSNECK, J., JEQUIER, J.-P. und STAMPFLI, H. R.: Seeberg Burgäschisee-Süd. Die Tierreste. Acta Bernensia *2*, Teil 3, Bern 1963

– 1964: Die Tierknochen aus den Grabungen 1954–1957 auf dem Lorenzberg bei Epfach. In WERNER, J.: Studien zu Abodiacum – Epfach, 213–261, München 1964

BOSOLD, K., 1966/68: Geschlechts- und Gattungsunterschiede an Metapodien und Phalangen mitteleuropäischer Wildwiederkäuer. Diss. München 1966. – Säugetierkundl. Mitt. *16*, 93–153, 1968

DEGERBØL, M., 1933: Danmarks Pattedyr i Fortiden I. Mid. fra Dansk Naturhist. Foren. *96*, Festskr. II, 357–641, Kopenhagen 1933

– 1943: Om Dyrelivet i Aamosen ved Undløse paa Sjaelland i Stenalderen. Nord. Fortidsminder *3*, (3), 165–206, 221–226, Kopenhagen 1943

EHRET, R., 1964: Tierknochenfunde aus der Stadt auf dem Magdalensberg bei Klagenfurt in Kärnten. II. Carnivora, Lagomorpha, Rodentia und Equidae. Diss. München 1964. – Kärntner Museumsschriften *34*, Klagenfurt 1964

FRUTH, M., 1965/66: Tierknochenfunde aus der Stadt auf dem Magdalensberg bei Klagenfurt in Kärnten. IV. Die Wiederkäuer ohne die Bovini. Diss. München 1965. – Kärntner Museumsschriften *41*, Klagenfurt 1966

GAFFREY, G., 1961: Merkmale der wildlebenden Säugetiere Mitteleuropas. Leipzig 1961

GEHL, O., 1961: Die Säugetiere. In SCHULDT, E.: Hohen Viecheln, ein mittelsteinzeitlicher Wohnplatz in Mecklenburg. Dtsch. Akad. d. Wiss. zu Berlin, Schriften der Sektion f. Vor- und Frühgeschichte *10*, 40–63, Berlin 1961

JEQUIER, J.-P., 1963: In BOESSNECK, J., JEQUIER, J.-P. und STAMPFLI, H. R.,: Seeberg Burgäschisee-Süd. Die Tierreste. Acta Bernensia *2*, Teil 3, Bern 1963

KUHN, E., 1932: Beiträge zur Kenntnis der Säugetierfauna der Schweiz seit dem Neolithikum. Rev. Suisse de Zool. *39*, 531–768, 1932

LEPIKSAAR, J., 1978: Fischreste aus den mesolithischen Kulturschichten der Falkensteinhöhle bei Thiergarten und des Felsdaches Inzigkofen im oberen Donautal. In TAUTE, W. (Hrsgb.): Das Mesolithikum in Süddeutschland. Teil 2: Naturwissenschaftliche Untersuchungen. Tübingen 1978 (vgl. unten S. 153–157)

LUHMANN, F., 1965: Tierknochenfunde aus der Stadt auf dem Magdalensberg bei Klagenfurt in Kärnten. III. Die Schweineknochen. Diss. München 1965. – Kärntner Museumsschriften *39*, Klagenfurt 1965

PETERS, E., 1934: Das Mesolithikum der oberen Donau. Germania *18*, 81–89, 1934

– 1935: Die Falkensteinhöhle bei Thiergarten. Fundber. aus Hohenzollern *3*, Anhang II der Fundber. aus Schwaben N.F. *8*, 2–12

REICHENBACH-KLINKE, H.-H., 1978: Fischschuppen aus den mesolithischen Kulturschichten der Falkensteinhöhle bei Thiergarten und des Felsdaches Inzigkofen im oberen Donautal. In TAUTE, W. (Hrsgb.): Das Mesolithikum in Süddeutschland. Teil 2: Naturwissenschaftliche Untersuchungen. Tübingen 1978 (vgl. unten S. 151)

STAMPFLI, H. R., 1963: In BOESSNECK, J., JEQUIER, J.-P. und STAMPFLI, H. R.: Seeberg Burgäschisee-Süd. Die Tierreste. Acta Bernensia *2*, Teil 3, Bern 1963

– 1964: Vergleichende Betrachtungen an Tierresten aus zwei neolithischen Siedlungen am Burgäschisee. Mitt. d. Naturforsch. Ges. Bern N.F. *21*, 113–136, Bern 1964

TAUTE, W., 1967: Grabungen zur mittleren Steinzeit in Höhlen und unter Felsdächern der Schwäbischen Alb, 1961–1965. Fundber. aus Schwaben N. F. *18/I*, 14–21, Stuttgart 1967

– in Vorbereitung: Das Mesolithikum in Süddeutschland. Teil 1: Chronologie und Ökologie.

TOBIEN, H., 1938/39: Die Kleinsäugerreste aus der Falkensteinhöhle im oberen Donautal. Badische Geolog. Abhandlgn. *10*, 126–130, 1938/39

TOEPFER, V., 1934: Die Ausgrabungen der Falkensteinhöhle im oberen Donautal. Blätter des Schwäb. Albvereins *46*, 31–35, 1934

– 1935 a: Die vorgeschichtlichen Kulturen der Falkensteinhöhle im oberen Donautal. Hohenzollerische Jahreshefte *2*, 175–186, 1935

– 1935 b: Die jüngeren Schichten. In PETERS, E.: Die Falkensteinhöhle bei Thiergarten. Fundber. aus Hohenzollern *3*, Anhang II der Fundber. aus Schwaben N. F. *8*, 9 f., 1935

VOGEL, R., 1933: Tierreste aus vor- und frühgeschichtlichen Siedlungen Schwabens I. Die Tierreste aus den Pfahlbauten des Bodensees. Zoologica H. *82*, Lief. 1, Stuttgart 1933

9

Aus dem Institut für Palaeoanatomie, Domestikationsforschung und Geschichte der Tiermedizin der
Universität München
(Vorstand: Prof. Dr. JOACHIM BOESSNECK)

Tierknochenfunde aus der mesolithischen Kulturschicht unter dem Felsdach Inzigkofen im oberen Donautal

von JOACHIM BOESSNECK, München

Mit 17 Tabellen und 1 Abbildung

Allgemeines

Das Felsdach Inzigkofen ist ein unscheinbarer Felsüberhang gegenüber dem Bahnhof Inzigkofen, Kreis Sigmaringen, an der oberen Donau. Bei der Grabung im Herbst 1965, in der unter anderem die hier auszuwertenden Tierknochenfunde geborgen wurden, hat der Ausgräber, W. TAUTE, Tübingen, »die dunkel gefärbte, homogene Kulturschicht von hier durchschnittlich 1 m Mächtigkeit schematisch dreigeteilt«, ein Vorgehen, das sich vom archäologischen Standpunkt im engeren Sinne gesehen »als sehr nützlich erwies« (W. TAUTE 1967, 19). Die nachfolgende Auswertung des archäologischen Befundes (W. TAUTE: Teil 1) führte zu der Feststellung, daß im unteren Drittel der Kulturschicht die Stufe Beuronien C des Frühmesolithikums vertreten ist, im oberen Drittel das Spätmesolithikum. Bei der Untersuchung der Tierknochenfunde behielten wir die Trennung des Materials entsprechend den schematischen Schicht-Abtragungen bei. Innerhalb der drei Abtragungen (vgl. Abb. 1)

1) Mesolithschicht, unteres Drittel
2) Mesolithschicht, mittleres Drittel
3) Mesolithschicht, oberes Drittel

waren die Funde aber jeweils noch einmal wie folgt in zwei Gruppen unterteilt:

1a) Mesolithschicht, unteres Drittel > 50 cm vom Fels
1b) Mesolithschicht, unteres Drittel < 50 cm vom Fels,

ebenso in den beiden anderen Dritteln. Auf diese Trennung verzichten wir in der Statistik dieser Veröffentlichung, weil mehrfach Knochen gleicher Individuen in beiden Einheiten vorkommen. So gehört die Phalanx 3 eines

Luchses aus 1b), der einzige Luchsknochen dieser Fundgruppe, zu den über 20 Luchsknochen aus 1a), die alle von einem Tier sind. Ein P 4 eines Marders aus 1b) paßt sich in einen Unterkiefer aus 1a) ein. Der Metacarpus eines Dachses aus 3b) ist vom gleichen Tier wie die Metacarpen aus 3a). Die Mindestindividuenzahlen wurden einmal für die drei Abtragungen getrennt berechnet (Tab. 1). Auch diese Maßnahme ist aber zumindest in einigen Fällen nicht berechtigt. Der einzige Beleg aus 2b) für den Sperber nämlich, ein Metacarpusfragment, konnte an das andere Metacarpusbruchstück des Sperbers geleimt werden, das aber unter 3a) geborgen wurde. Der Fund wurde nur unter 3) aufgeführt.

Erschwert wird die Berechnung der Mindestindividuenzahlen weiterhin durch die folgenden getrennt übergebenen Fundeinheiten:

4) Mesolithschicht, untere Hälfte < 50 cm vom Fels
5) Mesolithschicht, obere Hälfte < 50 cm vom Fels
6a) Mesolithschicht, allgemein < 50 cm vom Fels
6b) Mesolithschicht, allgemein, wo die mesolithische Kulturschicht auskeilt.

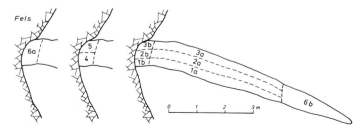

Abb. 1: Schematische Abtragungen der Kulturschicht unter dem Felsdach Inzigkofen

Tab. 1 Verteilung der Knochenfunde (K) und Mindestindividuenzahlen (MIZ) auf die Schicht-Abtragungen

Abtragungen / Tierart	Mesolith-Schicht unteres Drittel 1)		mittleres Drittel 2)		oberes Drittel 3)		untere Hälfte <50 cm vom Fels 4)		obere Hälfte <50 cm vom Fels 5)		allgemein 6)		Gesamt	
	K	MIZ	K	MIZ	K	MIZ	K	MIZ	K	MIZ	K	MIZ	K	MIZ
Rothirsch, *Cervus elaphus*	35	2	38	2	104	3	4	1	17	3	13	1	211	5
Reh, *Capreolus capreolus*	88	4	42	2	199	5	15	2	56	3	16	2	416	8
Wildschwein, *Sus scrofa*	65	4	33	2	142	5	13	2	33	3	19	2	305	7
Wolf, *Canis lupus*	—	—	—	—	2	1	—	—	—	—	—	—	2	1
Rotfuchs, *Vulpes vulpes*	10	2	—	—	—	—	2	1	4	1	—	—	16	2
Dachs, *Meles meles*	—	—	—	—	6	1	3	1	1	1	—	—	10	1
Baummarder, *Martes martes*	28	3	1	1	23	3	3	1	2	1	1	1	58	7
Iltis, *Putorius putorius*	3	1	—	—	—	—	1	1	1	1	—	—	5	3
Luchs, *Lynx lynx*	23	1!	—	—	—	—	—	—	1	s. 1)	—	—	24	1!
Wildkatze, *Felis silvestris*	18	2	11	2	1	1	6	2	1	1	—	—	37	4
Biber, *Castor fiber*	13	1	3	1	17	1	—	—	28	2	7	1	68	3
Eichhörnchen, *Sciurus vulgaris*	18	4	3	3	—	—	1	1	3	1	—	—	25	7
Maulwurf, *Talpa europaea*	2	2	3	2	14	2	—	—	7	2	—	—	26	5
Stockente, *Anas platyrhynchos*	—	—	5	1	2	1	—	—	—	—	—	—	7	1
Krickente, *Anas crecca*	—	—	1	1	2	1	—	—	—	—	—	—	3	1
Sperber, *Accipiter nisus*	—	—	s. 3)	s. 3)	1♀	1♀	—	—	—	—	—	—	1♀	1♀
Birkhuhn, *Lyrurus tetrix*	4♂	2♂	2♂	1♂	—	—	—	—	—	—	—	—	6♂	2
Auerhuhn, *Tetrao urogallus*	—	—	—	—	—	—	—	—	1♂	1♂	1♂	s. 5)	2♂	1!♂
Haselhuhn, *Tetrastes bonasia*	—	—	—	—	1	1	—	—	—	—	—	—	1	1
Waldkauz, *Strix aluco*	3	1	1	1	1	1	—	—	—	—	—	—	5	1
Ziegenmelker, *Caprimulgus europæus*	—	—	—	—	1	1	—	—	—	—	—	—	1	1
? Dohle, *Coloeus monedula*	1	1	—	—	—	—	—	—	—	—	—	—	1	1
Eichelhäher, *Garrulus glandarius*	—	—	—	—	1	1	—	—	1	1	—	—	2	2
Turdus spec.	—	—	2	1	2	1	—	—	—	—	—	—	4	1
Singdrossel, *Turdus philomelos*	—	—	—	—	—	—	—	—	1	1	—	—	1	1
Kleinere Singvögel	—	—	—	—	2	1	1	1	3	2	—	—	6	2
Aspisviper, *Vipera aspis*	—	—	—	—	2	1!	—	—	1	s. 3)	—	—	3	1!
Erdkröte, *Bufo bufo*	—	—	—	—	—	—	2	1♀	—	—	—	—	2	1
Kröte, *Bufo* spec.	4	2	1	1	—	—	—	—	—	—	—	—	5	3
Frosch, *Rana* spec.	—	—	—	—	2	2	—	—	—	—	—	—	2	2
Summe	315	31	146	20	526	35	51	14	160	22	57	7	1255	77

Die wenigen Funde von 6a) und 6b) wurden zusammengenommen (Tab. 1,6). Sie können aber auch von den gleichen Tieren sein wie die nach Abtragungen getrennten Fundstücke. Die Funde aus 4) sind viel weniger zahlreich als die Funde aus 5). Ebenso verhält es sich bei den Funden aus 1) und 2) im Vergleich zu 3). Demnach war die Funddichte oben größer als unten. Auch zwischen den Funden aus den beiden Hälften und den Dritteln sowie denen von 6a) ergaben sich Beziehungen, die zeigen, daß bei den Tierknochen an sich keine stratigraphische Unterteilung notwendig ist. Zwei Wirbel einer Viper aus 3b) gehören zu einem Wirbel aus 5). In gleicher Weise gehören zwei Fesselbeine eines Rehs zusammen und zwei Kronbeine eines Junghirsches. Das Coracoid eines Auerhahns von 5) ist vom gleichen Tier wie eine Scapula aus 6a). Während es sich bei allen bisher genannten Fällen der Zusammengehörigkeit um Stücke handelt, die durch die schematische Gliederung des Kulturschicht-Sediments auseinandergerissen worden sein können (Abb. 1), liegen die Verhältnisse in einem weiteren Falle anders, nämlich bei

der Zusammengehörigkeit des einzigen Luchsknochens aus 5), einer Phalanx 1 anterior des V. Strahls, mit den Luchsknochen aus 1), weil hier Beziehungen zwischen dem tiefsten Drittel und der oberen Hälfte bestehen[1]. Damit wurde die zusätzliche Berechnung der Mindestindividuenzahlen für alle Abtragungen gemeinsam notwendig (Tab. 1). Ob uns diese Mindestindividuenzahlen aber mehr nützen als die anderen, bleibt bei der grundsätzlichen Problematik der Mindestindividuenzahlen fraglich.

Die angeführten Beziehungen zwischen Funden verschiedener Einheiten betrafen mit Ausnahme der Phalangen des Rehs und des Hirsches seltene und kleinere Tiere, weil sie hier leichter zu sichern sind. Noch mehrfach gab es Anzeichen von Zusammengehörigkeit; deren Absicherung aber war nicht möglich. So könnten die juvenilen Metapodien der Wildkatze aus 1) und 4) vom gleichen Tier

---

[1] Auf die mit diesem Fund verbundene Problematik wird in Teil 1 (W. TAUTE) eingegangen.

sein. Außerdem sind die Geweihsplitter des Hirsches, von drei zusammengehörigen Stücken aus 3) abgesehen, verkohlt und passen vielleicht zusammen.

Auch von den anderen Knochen sind manche geschwärzt, d. h. verkohlt. Die Knochen sind insgesamt genau wie in anderen Fundkomplexen aus mesolithischen Schichten, auch wenn die Substanz fest ist, außerordentlich zerschlagen und zersplittert, und zwar bei den Großtieren Hirsch, Schwein und Reh noch mehr als bei den Raub- und Kleintieren. Unter den zahlreichen unbestimmbaren Splittern (s. u.) sind demnach nur wenige von Knochen kleinerer Säugetiere und Vögel. Die Bestimmbarkeit nimmt also mit zunehmender Tiergröße ab und es scheint sich das bereits derart auszuwirken, daß beim Reh mehr der großen Röhrenknochen und der Rumpfknochen zu erkennen sind als bei Rothirsch und Wildschwein. Man wird deshalb beim Vergleich der Mengen der Ungulatenknochen am besten besonders auf die Fußknochen achten. Aber auch dann ist von vornherein einzuschränken, daß der Fundkomplex zu wenig umfangreich ist, um uns in dieser Hinsicht eine feste Grundlage vermitteln zu können.

Wir werden im Schlußkapitel weiter auf diese Frage eingehen. Hier halten wir noch fest, daß die unbestimmt gebliebenen Knochenfragmente im ganzen etwa 55 % der Fundmenge ausmachen. In den tieferen Lagen ist ihr Anteil höher, bis über 60 %, in den oberen niedriger, um 50 %. Von den Knochenresten der Einheit 6) waren etwa 60 % bestimmbar.

Von der Untersuchung mußten wir aus Mangel an Vergleichsmaterial die Knochen der Bilche und Mäuse und die Reste von Fischen ausschließen. Die Bestimmung der Kleinsäugerknochen übernahm G. STORCH (1978, vgl. unten S. 131 f.), die Fischreste bearbeitete J. LEPIKSAAR (1978, vgl. unten S. 153–157). Während alle diese Materialien aus der Grabung stammen, die W. TAUTE 1965 unter dem Felsdach Inzigkofen durchgeführt hat, sind sämtliche Funde einer dort von E. PETERS 1938 veranstalteten Grabung 1945 unpubliziert verlorengegangen. Erhalten blieben lediglich einige Fischschuppen, die von H.-H. REICHENBACH-KLINKE (1978, vgl. unten S. 151) bestimmt worden sind.

Über die Verteilung der Knochen in den sechs Fundeinheiten (oder Abtragungen) auf die Tierarten und die Regionen des Skeletts orientieren die Tabellen 2–7.

Die Besprechung der einzelnen Arten

Wie schon bei der Besprechung der Knochenfunde vom Felsdach Lautereck (J. BOESSNECK, im Druck) und von der Falkensteinhöhle (J. BOESSNECK 1978b, vgl. oben S. 87–99) klargestellt, kann die Untersuchung infolge des außerordentlich fragmentären Zustandes der Knochen in morphologischer Hinsicht kaum größere Aufschlusse bringen. Doch sind die wenigen Maße, die genommen werden konnten, immerhin als Ergänzung der früheren Befunde wertvoll.

Rothirsch, *Cervus elaphus*

Die Knochen des Hirsches nehmen in der Menge hinter Reh und Wildschwein erst die dritte Stelle ein und nicht wie gewöhnlich in Fundkomplexen aus dem Neolithikum die erste. Von den mindestens 5 Hirschen waren 2 adult, 2 juvenil und einer infantil. Keiner der Knochen fällt – im Rahmen vorgeschichtlicher Hirsche Mitteleuropas gesehen – durch seine Größe auf, auch nicht irgend eines der nicht meßbaren Fragmente. Von den meßbaren Skeletteilen (Tab. 8) werden die Phalanx 1, die beiden Phalangen 2 und die größte der Phalangen 3 von ♂♂ sein. Ihre Längen passen *cum grano salis* zu den Mittelwerten aus den Massen der zahlreichen Funde von Burgäschisee-Süd (J.-P. JEQUIER 1963, 77). Im Vergleich zu Phalangen rezenter süddeutscher Hirsche sind sie aber groß (K. BOSOLD 1966/68, Tab. 2). Bei den beiden hinteren Klauenbeinen ist die Geschlechtszugehörigkeit fraglich. Die Maße der zusammengehörigen Fußwurzelknochen liegen in der unteren Hälfte der Variation der Funde von Ehrenstein (R. VOGEL 1955, 67) und von Burgäschisee-Süd (J.-P. JEQUIER 1963, 77). Diese Fußwurzel, die sicher im Verband in den Boden gekommen ist, dürfte von einem ♀ sein.

Reh, *Capreolus capreolus*

Vom Reh sind die meisten Knochen. Es muß damals günstige Lebensbedingungen auf der Schwäbischen Alb gefunden haben, denn die Knochen sind in Übereinstimmung mit dem Befund für die benachbarte Falkensteinhöhle alles in allem gesehen groß (J. BOESSNECK 1978b, mit weiteren Vergleichen, vgl. oben S. 87–99). Einige Fälle beträchtlicher Größenunterschiede könnten auf den Geschlechtsdimorphismus zurückzuführen sein, der vielleicht stärker ausgeprägt war als vielfach in heutigen Rehpopulationen. Die Problematik der Größe adulter Rehe in einer Population ist aber viel komplexer (vgl. z. B. A. B. BUBENIK 1966). Man muß auch daran denken, daß sich die Größe erwachsen aussehender Knochen unter dem Einfluß des Gewichts des Tieres noch ändert. Schließlich zeigen mehrere der verwachsenen und deshalb vermessenen Phalangen deutlich das Gepräge noch jugendlicher Knochen. Ihre Knochensubstanz ist weniger kompakt als bei den volladulten Stücken und porös; darüber hinaus sind Reste der Fugenlinie zu erkennen. Bei ihnen ist noch mit stärkerem Umbau und appositionellem Wachstum zu rechnen. Die Bezeichnung dieser

Tierart	Rot-hirsch	Reh	Wild-schwein	Rot-fuchs	Baum-marder	Iltis	Luchs	Wild-katze	Biber	Eich-hörn-chen	Maul-wurf	Birk-huhn	Wald-kauz	?Dohle	Kröte
Hornzapfen, Geweih	4(verkohlt)	—	—	—	—	—	—	—	—	—	—	—	—	—	—
Hirnschädel	—	1	8	—	}1	1	—	—	2	2	—	—	—	—	—
Gesichtsschädel	—	1	1	—		—	—	—	1	1	—	—	—	—	—
Unterkiefer	2	6	2	—	1	1	—	—	1	3	—	—	—	—	—
Lose Zähne	12	13	13	1	3	—	—	4	4	8	—	—	—	—	—
Zungenbein	—	1	—	—	—	—	—	—	—	—	—	—	—	—	—
Halswirbel	1	2	3	—	—	—	—	—	—	—	—	—	—	—	—
Brustbein	—	4	4	—	—	—	—	—	—	—	—	—	—	—	—
Lendenwirbel	—	4	2	—	—	—	—	1	—	—	—	—	—	—	—
Kreuzbein	—	—	—	—	—	—	—	—	—	—	—	—	—	—	—
Schwanzwirbel	—	—	—	1	—	—	—	—	—	—	—	—	—	—	—
Rippen	3	8	3	3	3	—	—	1	1	—	—	—	—	—	—
Brustbein	—	—	—	—	—	—	—	—	—	—	—	—	—	—	—
Schulterblatt	1	—	1	—	1	—	—	—	—	—	—	—	—	—	—
Oberarmbein	—	2	1	—	3	1	—	1	—	1	2	—	1	—	—
Speiche	1	4	—	1	4	—	—	1	1	1	—	1♂	1	—	—
Elle	—	—	1	—	4	—	—	—	—	—	—	1♂	—	—	—
Handwurzel	—	—	5	—	—	—	—	—	—	—	—	—	—	—	—
Becken	2	—	—	—	1	—	—	1	—	—	—	—	—	—	1
Oberschenkelbein	2	5	1	—	—	—	—	1	1	1	—	1♂	—	—	2
Patella	—	—	—	—	—	—	—	—	—	—	—	—	—	—	—
Schienbein	1	9	2	—	2	—	—	—	—	1	—	1♂	—	1	1
Wadenbein	—	—	—	1	—	—	—	2	—	—	—	—	—	—	—
Talus	—	2	—	1	—	—	—	1	—	—	—	—	—	—	—
Calcaneus	—	1	1	—	1	—	—	—	—	—	—	—	—	—	—
Fußwurzel, Rest	—	1	—	1	—	—	—	—	—	—	—	—	—	—	—
Metapodien	4	14	10	1	3	—	2	3	1	—	—	—	1 Metatarsus	—	—
Phalanx 1	1	3	4	—	—	—	5	2	1	—	—	—	—	—	—
Phalanx 2	1	3	1	—	—	—	7	—	—	—	—	—	—	—	—
Phalanx 3	—	4	2	—	—	—	9	—	—	—	—	—	—	—	—
Sesambeine	—	—	—	—	—	—	—	—	—	—	—	—	—	—	—
Penisknochen	—	—	—	1	—	—	—	—	—	—	—	—	—	—	—
Insgesamt	35	88	65	10	28	3	23	18	13	18	2	4♂	3	1	4
MIZ	2	4	4	2	3	1	1!	2	1	4	2	1♂	1	1	2

Phalangen in Tabelle 9 als »subadult« ist bei dem frühen Verwachsungstermin der Epiphysenfugen an den Zehenknochen nicht für das ganze Tier zu übernehmen. Dieses Tier oder diese Tiere waren im ganzen gesehen sicher noch juvenil. Von den mindestens 8 in den Funden vertretenen Rehen waren 2 juvenil. Starken Böcken gehörten die Tibia distal, zumindest die drei größten Tali, die Metatarsen distal, die beiden größten Fesselbeine von Hinterextremitäten, das Kronbein einer Vorderextremität und die größten Klauenbeine. Die Ulna und die kleinsten Phalangen – soweit sie nicht »subadult« sind und deshalb nicht weiter bestimmt werden können – werden von Ricken sein. Bei den hier nicht aufgeführten Knochen wagen wir keine Vermutung über die Geschlechtszugehörigkeit dieser Tiere.

Wildschwein, Sus scrofa

Unter den Schweineknochen, die in der Menge den zweiten Platz einnehmen, während sie in den Funden der Falken-

steinhöhle vorherrschen (J. BOESSNECK 1978b, Tab. 1, vgl. oben S. 88), ist der Anteil der Jungtierknochen ebenso wie beim Hirsch besonders hoch: Von den mindestens 7 Tieren waren 3 juvenil und 1 war infantil. Schon aus diesem Grunde konnten nur wenige Stücke gemessen werden. Ein nicht meßbares Unterkieferfragment, aber auch die starke Phalanx 1 mit 50,5 mm Länge (Tab. 10) lassen erkennen, daß schon während des Mesolithikums Wildschweine zu ganz außerordentlicher Stärke heranwachsen konnten, wie es dann oft in Fundkomplexen aus der nachfolgenden vorgeschichtlichen Zeit beobachtet wird. Auch der Epistropheus mit 60 mm Breite der kranialen Gelenkfläche ist groß (vgl. z. B. K. HESCHELER und J. RÜEGER 1942, 416; J. BOESSNECK 1963, 62; W. BLOME 1968, 33). In diesem Zusammenhang sind auch die beiden von W. TAUTE (vgl. Teil 1) beschriebenen Eberhauer bemerkenswert (vgl. auch den Nachtrag S. 114). Die übrigen Knochen ordnen sich im Rahmen der vorgeschichtlichen Wildschweine ein, ohne den Vedacht auf eine bereits beginnende Domestikation aufkommen zu lassen.

Tab. 3 Verteilung der Knochenfunde aus 2): Mesolithschicht, mittleres Drittel

Tierart	Rot-hirsch	Reh	Wild-schwein	Baum-marder	Wild-katze	Biber	Eich-hörnchen	Maul-wurf	Stock-ente	Krick-ente	Birk-huhn	Wald-kauz	„Amsel"	Kröte
Hornzapfen, Geweih	1 (verkohlt)	—	—	—	—	—	—	—	—	—	—	—	—	—
Hirnschädel	—	—	1	—	—	—	—	—	—	—	—	—	—	—
Gesichtsschädel	—	—	1	—	—	—	—	—	—	—	—	—	—	—
Unterkiefer	1	2	6	—	—	—	—	—	—	—	—	—	—	—
Lose Zähne	1	—	3	1	1	—	3	—	—	—	—	—	—	—
Zungenbein	1	—	—	—	—	—	—	—	—	—	—	—	—	—
Halswirbel	—	—	2	—	—	—	—	—	—	—	—	—	—	—
Brustwirbel	—	2	—	—	—	—	—	—	—	—	—	—	—	—
Lendenwirbel	3	1	1	—	1	—	—	—	—	—	—	—	—	—
Kreuzbein	—	—	—	—	—	—	—	—	—	—	—	—	—	—
Schwanzwirbel	—	—	—	—	—	—	—	—	—	—	—	—	—	—
Rippen	10	5	7	—	1	—	—	—	—	—	—	—	—	—
Brustbein	—	—	—	—	—	—	—	—	—	—	—	—	—	—
Schulterblatt	1	—	—	—	1	1	—	—	—	1	—	—	—	—
Oberarmbein	2	1	1	—	—	—	—	2	1	—	—	—	—	—
Speiche	1	1	—	—	—	1	—	—	2	—	1♂	—	—	—
Elle	—	—	—	—	—	—	—	1	1	—	—	—	—	—
Handwurzel	1	3	—	—	1	—	—	—	—	—	—	—	—	—
Becken	—	—	—	—	—	—	—	—	—	—	—	—	1	—
Oberschenkelbein	3	5	1	—	—	—	—	—	—	—	—	—	—	1
Patella	—	1	—	—	—	—	—	—	—	—	—	—	—	—
Schienbein	2	8	1	—	—	—	—	—	1	—	1♂	1	—	—
Wadenbein	—	—	—	—	—	—	—	—	—	—	—	—	—	—
Talus	—	—	—	—	1	—	—	—	—	—	—	—	—	—
Calcaneus	—	—	—	—	—	—	—	—	—	—	—	—	—	—
Fußwurzel, Rest	—	—	—	—	—	—	—	—	—	—	—	—	—	—
Metapodien	7	7	—	—	4	—	—	—	—	—	—	—	—	—
Phalanx 1	—	2	6	—	1	1	—	—	—	—	—	—	—	—
Phalanx 2	2	3	3	—	—	—	—	—	—	—	—	—	1	—
Phalanx 3	—	1	—	—	—	—	—	—	—	—	—	—	—	—
Sesambeine	2	—	—	—	—	—	—	—	—	—	—	—	—	—
Penisknochen	—	—	—	—	—	—	—	—	—	—	—	—	—	—
Insgesamt	38	42	33	1	11	3	3	3	5	1	2♂	1	2	1
MIZ	2	2	2	1	2	1	2	2	1	1	1♂	1	1	1

Wolf, *Canis lupus*

Wie schon in den Funden der Falkensteinhöhle und vom Felsdach Lauereck und wie auch sonst in vielen vorgeschichtlichen Stationen ist der Wolf nur mit ganz wenigen Stücken belegt. Es sind das ein unscheinbares Fragment aus dem Bereich des Occiputs und ein M 1 superior mit 16,5 mm Länge und 21 mm Breite, gemessen am Cingulum. Der Zahn ist nicht groß (vgl. z. B. J. WOLDŘICH 1878, 27; G. HAGMANN 1899, 18; K. WAGNER 1930; M. DE-GERBØL 1933, 462 f.; J. BOESSNECK und A. VON DEN DRIESCH-KARPF 1967, 202), aber gewiß nicht von einem Haushund.

Rotfuchs, *Vulpes vulpes*

Auch der Fuchs ist in Übereinstimmung mit dem Befund für die Falkensteinhöhle nicht zahlreich in den Knochenresten von Inzigkofen vertreten (Tab. 1, 2, 5 und 6). Von den mindestens zwei Tieren, von denen die Knochen stammen, war eines juvenil: An dem Metatarsus aus Abtragung 1a) war die Epiphyse noch nicht angewachsen. Wenn alle adulten Knochen vom gleichen Tier sind, muß es ein ♂ gewesen sein, wie der Penisknochen der Abtragung 1a) beweist. An Maßen konnten nur die größte Breite proximal eines Radius – 12 mm – und die größte Länge eines Talus – 20 mm – abgenommen werden. Die Größe des Radius weist auf ein mehr als mittelgroßes Tier hin (vgl. z. B. M. DEGERBØL 1933, 442 f.; J.-P. JEQUIER 1963, 35; J. BOESSNECK 1964, 233). Bei dem Talus ist es möglich, daß er von dem Jungtier ist.

Dachs, *Meles meles*

Vom Dachs liegen vor allem Metapodien vor, im ganzen 5 Stück, die alle vom gleichen Tier, aber von verschiedenen Extremitäten sind. Von der linken Seite kommen je ein Metacarpus II, IV und V, von der rechten ist ein Metacarpus II. Der einzige Metatarsus ist ein rechter. Aus den Maßen der Metapodien (Tab. 11) geht nur soviel hervor,

Tab. 4 Verteilung der Knochenfunde aus 3): Mesolithschicht, oberes Drittel

Tierart	Rot-hirsch	Reh	Wild-schwein	Wolf	Dachs	Baum-marder	Iltis	Wild-katze	Biber	Maul-wurf	Stock-ente	Krick-ente	Sperber	Hasel-huhn	Wald-kauz	Ziegen-melker „Amsel"	Eichel-häher Klein-vögel	Aspis-viper	Frosch
Hornzapfen, Geweih	8 (meist verkohlt)	—	—	—	—	—	—	—	—	—	—	—	—	—	—	—	—	—	—
Hirnschädel	3	5	6	1	1	2	—	—	—	1	—	—	—	—	—	—	—	—	—
Gesichtsschädel	1	1	5	—	—	1	—	—	—	—	—	—	—	—	—	—	—	—	—
Unterkiefer	2	7	7	—	—	4	1	—	1	4	—	—	—	—	—	—	—	—	—
Lose Zähne	3	4	10	1	—	5	—	—	2	—	—	—	—	—	—	—	—	—	—
Zungenbein	1	1	—	—	—	—	—	—	—	—	—	—	—	—	—	—	—	—	—
Halswirbel	—	4	7	—	—	—	—	—	—	—	—	—	—	—	—	—	—	—	—
Brustwirbel	4	12	5	—	—	—	—	—	—	—	—	—	—	—	—	—	—	}2	—
Lendenwirbel	5	5	5	—	—	1	—	—	1	1	—	—	—	—	—	—	—		—
Kreuzbein	—	2	—	—	—	—	—	—	—	—	—	—	—	—	—	—	—	—	—
Schwanzwirbel	—	—	—	—	—	—	—	—	6	—	—	—	—	—	1 Pygostyl	—	—	—	—
Rippen	17	21	18	—	—	1	—	—	4	—	—	—	—	—	—	—	—	—	—
Brustbein	2	1	—	—	—	—	—	—	—	—	—	—	—	—	—	—	1 A	—	—
Schulterblatt	—	1	5	—	—	—	—	1 Clavicula	—	2	—	—	—	—	—	—	—	—	—
Oberarmbein	3	15	9	—	—	2	—	—	—	2	1	—	—	—	—	—	1 K	—	—
Speiche	2	7	4	—	—	1	—	—	—	—	—	1	—	—	—	—	—	—	—
Elle	3	1	2	—	—	1	1	—	—	2	—	1	—	—	—	1 Z	1 K	—	—
Handwurzel	1	4	2	—	—	—	—	—	1	—	—	—	—	—	—	—	—	—	—
Becken	3	1	2	—	—	2	—	—	1	2	—	—	—	—	—	—	—	—	—
Oberschenkelbein	7	27	11	—	—	1	—	—	—	—	—	—	—	—	1	—	—	—	—
Patella	1	—	—	—	—	—	—	—	—	—	—	—	—	—	—	—	—	—	—
Schienbein	6	14	11	—	—	—	—	—	—	—	—	—	—	—	—	—	1 A	—	2
Wadenbein	—	1 Malleolare	3	—	—	—	—	—	—	—	—	—	—	—	—	—	—	—	—
Talus	—	—	2	—	—	—	—	—	—	—	—	—	—	—	—	—	—	—	—
Calcaneus	—	1	1	—	—	—	—	—	—	—	—	—	—	—	—	—	—	—	—
Fußwurzel, Rest	1	—	4	—	—	1	—	—	—	—	—	—	—	—	—	—	—	—	—
Metapodien	11	32	9	—	5	1	—	—	—	—	—	—	—	1 Metacarpus	—	—	1 MtE	—	—
Phalanx 1	8	16	7	—	—	—	—	—	—	—	1 anterior	—	—	—	—	—	—	—	—
Phalanx 2	7	10	4	—	—	—	—	—	—	—	—	—	—	—	—	—	—	—	—
Phalanx 3	3	6	2	—	—	—	—	—	—	—	—	—	—	—	—	—	—	—	—
Sesambeine	2	—	1	—	—	—	—	—	—	—	—	—	—	—	—	—	—	—	—
Penisknochen	—	—	—	—	—	—	—	—	—	—	—	—	—	—	—	—	—	—	—
Insgesamt	104	199	142	2	6	23	1	1	17	14	2	2	1	1	1	1 Z	2 A 1 E 2 K	2	2
MIZ	3	5	5	1	1	3	1	1	1	2	1	1	1	1	1	1	1	1	2

daß das Tier sicherlich kleiner war als der adulte Dachs aus der Falkensteinhöhle (J. BOESSNECK 1978b, vgl. unten S. 93, Tab. 5). Im übrigen fehlen in der Literatur vergleichbare Angaben über alluviale Funde. Der Calcaneus von 30 mm Länge und die anderen Dachsknochen passen in der Größe zu den Metapodien.

Baummarder, *Martes martes*

Ebenso wie in der benachbarten Falkensteinhöhle lieferte der Marder auch in Inzigkofen von den Raubtieren mit Abstand die meisten Knochen. In allen Fundeinheiten ist er belegt (Tab. 1–7). Auf die Unterscheidungsmöglichkeiten zwischen Baum- und Steinmarder (*Martes foina*) ging ich bei der Besprechung der Knochen aus der Falkensteinhöhle ein (J. BOESSNECK 1978b, vgl. oben S. 87–99). Wie dort und am Lautereck (J. BOESSNECK, im Druck) gibt es wieder keinerlei Hinweise auf das Vorkommen des Steinmarders, wenn auch nicht bei allen Funden die Zugehörigkeit zu *Martes martes* gesichert werden kann. Von den

mindestens 7 Mardern, von denen Knochen vorliegen, war einer juvenil. Bei den vermessenen Knochen (Tab. 12) versuchten wir auf Grund der Größe in Anlehnung an die entsprechenden Bemühungen bei den Funden aus der Falkensteinhöhle und vom Lautereck (BOESSNECK 1978b, Tab. 6, vgl. oben S. 94; im Druck) die Geschlechtsbestimmung.

Iltis, *Putorius putorius*

Die 5 Iltisreste sind von mindestens 3 adulten Tieren, weil der lose Caninus für die beiden Kieferhälften zu groß ist. Der Vergleich der fragmentären Unterkieferhälften an rezentem Material zeigte, daß sie klein und sicherlich von ♀♀ sind. Die Maße (Tab. 13) im Vergleich mit den Angaben M. DEGERBØLs (1933, 552) und J.-P. JEQUIERs (1903, 52) bestätigen diese Geschlechtsbestimmung. Bei dem Kiefer aus 3a) war als einzige Zahnreihenstrecke die Länge von P3 – M1 abzunehmen. Dem Kiefer aus 1a) fehlt die Alveole für den P2.

Tab. 5 Verteilung der Knochenfunde aus 4): Mesolithschicht, untere Hälfte < 50 cm vom Fels

Tierart	Rothirsch	Reh	Wildschwein	Fuchs	Dachs	Baummarder	Iltis	Wildkatze	Eichhörnchen	Kleinvögel	Erdkröte
Hornzapfen, Geweih	—	—	—	—	—	—	—	—	—	—	—
Hirnschädel	—	—	2	—	—	—	—	—	—	—	—
Gesichtsschädel	—	1	—	—	—	—	—	—	—	—	—
Unterkiefer	1	—	1	—	—	2	—	1	—	—	—
Lose Zähne	—	—	—	—	—	—	1	—	1	—	—
Zungenbein	—	—	—	—	—	—	—	—	—	—	—
Halswirbel	1	—	—	—	—	—	—	—	—	—	—
Brustwirbel	—	1	—	—	—	—	—	—	—	—	—
Lendenwirbel	—	1	—	—	—	—	—	—	—	—	—
Kreuzbein	—	—	—	—	—	—	—	—	—	—	—
Schwanzwirbel	—	—	—	—	—	—	—	—	—	—	—
Rippen	1	2	1	1	2	—	—	1	—	—	—
Brustbein	—	—	—	—	—	—	—	—	—	—	—
Schulterblatt	—	—	—	—	—	—	—	—	—	—	—
Oberarmbein	—	2	—	—	—	1	—	—	—	1	1♀
Speiche	—	—	—	—	—	—	—	—	—	—	—
Elle	—	—	2	—	—	—	—	—	—	—	—
Handwurzel	—	1	—	—	—	—	—	—	—	—	—
Becken	—	—	—	—	—	—	—	—	—	—	—
Oberschenkelbein	—	—	1	1	—	—	—	—	—	—	—
Patella	—	1	—	—	—	—	—	—	—	—	—
Schienbein	—	1	—	—	—	—	—	—	—	—	1
Wadenbein	—	—	—	—	—	—	—	—	—	—	—
Talus	—	1	—	—	—	—	—	—	—	—	—
Calcaneus	—	—	—	—	1	—	—	—	—	—	—
Fußwurzel, Rest	—	—	—	—	—	—	—	—	—	—	—
Metapodien	—	—	2	—	—	—	—	4	—	—	—
Phalanx 1	—	2	2	—	—	—	—	—	—	—	—
Phalanx 2	1	2	1	—	—	—	—	—	—	—	—
Phalanx 3	—	—	1	—	—	—	—	—	—	—	—
Sesambeine	—	—	—	—	—	—	—	—	—	—	—
Penisknochen	—	—	—	—	—	—	—	—	—	—	—
Insgesamt	4	15	13	2	3	3	1	6	1	1	2
MIZ	1	2	2	1	1	1	1	2	1	1	1♀

Luchs, *Lynx lynx*

Der Luchs, der in Ausgrabungsfunden in Württemberg von R. VOGEL schon verschiedentlich nachgewiesen wurde (1929, 1941, 1955), war in den Urwäldern dieses Gebiets überall verbreitet. Er wurde nach VOGEL (1941, 103; 1955, 65) Ende des 18. Jahrhunderts in seinem letzten südwestdeutschen Rückzugsgebiet, dem Schwarzwald, ausgerottet. Ein Irrläufer wohl aus dem bayerischen Allgäu wurde 1846 am Reußenstein auf der Alb erlegt.

Alle 24 Luchsknochen vom Felsdach Inzigkofen stammen von demselben Tier, obwohl sie aus verschiedenen Abtragungen kommen (s. S. 102). Von den beiden Metacarpen ist der eine von der rechten, der andere von der linken Seite und die 22 Phalangen verteilen sich auf alle vier Extremitäten. Zu den Maßen der Knochen (Tab. 14) fehlen vorerst die Vergleichsmöglichkeiten.

Wildkatze, *Felis silvestris*

Die Wildkatze war im Mesolithikum im Gebiet der oberen Donau häufig. Sie nimmt in den Funden der mesolithischen Schichten vom Felsdach Lautereck den ersten Rang unter den Raubtieren ein, in der Falkensteinhöhle und in Inzigkofen hinter dem Edelmarder den zweiten. Von den mindestens 4 Individuen waren zwei adult und zwei juvenil. Aus den wenigen Maßen (Tab. 15) sind diejenigen des Unterkiefers und eines Caninus superior hervorzuheben. Sie lassen in den beiden Funden Kuderreste vermuten. Der kleine Caninus inferior wird von einer ♀ Katze sein. Bei den anderen, meist kleineren Knochen, ist die Geschlechtszugehörigkeit nicht zu bestimmen. Vergleichsangaben können den folgenden und anderen Arbeiten entnommen werden: M. DEGERBØL 1933, 408 ff.; J.-P. JEQUIER 1963, 54; J. BOESSNECK 1978 b, Tab. 8, vgl. oben S. 97, und im Druck).

Tab. 6 Verteilung der Knochenfunde aus 5): Mesolithschicht, obere Hälfte < 50 cm vom Fels

Tierart	Rot-hirsch	Reh	Wild-schwein	Rot-fuchs	Dachs	Baum-marder	Luchs	Wild-katze	Biber	Eich-hörnchen	Maul-wurf	Auer-huhn	Eichel-häher	Sing-drossel	Klein-vögel	Aspis-viper
Hornzapfen, Geweih	—	—	—	—	—	—	—	—	—	—	—	—	—	—	—	—
Hirnschädel	1	1	3	1	—	1	—	—	—	—	—	—	—	—	—	—
Gesichtsschädel	—	—	1	—	—	—	—	—	—	—	—	—	—	—	—	—
Unterkiefer	—	—	—	—	—	—	—	—	—	—	—	—	—	—	—	—
Lose Zähne	—	—	2	—	—	—	—	—	3	—	—	—	—	—	—	—
Zungenbein	2	—	—	—	—	—	—	—	—	—	—	—	—	—	—	—
Halswirbel	—	5	1	—	—	—	—	—	5	—	—	—	—	—	—	
Brustwirbel	—	7	—	—	—	—	—	—	3	—	—	—	—	—	—	} 1¹
Lendenwirbel	—	3	2	—	—	—	—	—	1	—	—	—	—	—	—	
Kreuzbein	—	—	—	—	—	—	—	—	—	—	—	—	—	—	1	—
Schwanzwirbel	—	—	—	—	—	—	—	—	2	—	—	—	—	—	—	—
Rippen	1	3	5	—	—	—	—	—	10	—	—	—	—	—	—	—
Brustbein	—	—	—	—	—	—	—	—	—	—	—	—	—	—	—	—
Schulterblatt	—	2	—	—	—	—	—	—	2 Clavi-culae	—	1	1♂ Cora-coid	—	1 Cora-coid	—	—
Oberarmbein	—	2	—	1	—	—	—	—	1	—	2	—	—	—	—	—
Speiche	—	3	2	—	—	—	—	—	1	—	—	—	—	—	—	—
Elle	—	2	—	—	—	—	—	—	—	—	—	—	—	—	—	—
Handwurzel	1	5	—	—	—	1	—	—	—	—	—	—	—	—	—	—
Becken	—	—	—	—	—	—	—	—	—	1	1	—	—	—	—	—
Oberschenkelbein	1	1	1	—	—	—	—	—	—	2	2	—	—	—	1	—
Patella	—	—	—	—	—	—	—	—	—	—	—	—	—	—	—	—
Schienbein	2	4	3	—	—	—	—	—	—	—	1	—	—	—	1	—
Wadenbein	—	—	—	—	—	—	1	—	—	—	—	—	—	—	—	—
Talus	—	—	—	—	—	—	—	—	—	—	—	—	—	—	—	—
Calcaneus	—	—	—	—	—	—	—	—	—	—	—	—	—	—	—	—
Fußwurzel, Rest	—	—	—	1	1	—	—	—	—	—	—	—	—	—	—	—
Metapodien	1	7	3	1	—	—	—	—	—	—	—	—	1 Mt	—	—	—
Phalanx 1	3	7	2	—	—	—	1	—	1	—	—	—	—	—	—	—
Phalanx 2	3	4	1	—	—	—	—	—	—	—	—	—	—	—	—	—
Phalanx 3	2	—	5	—	—	—	—	—	—	—	—	—	—	—	—	—
Sesambeine	—	—	2	—	—	—	—	—	—	—	—	—	—	—	—	—
Penisknochen	—	—	—	—	—	—	—	—	—	—	—	—	—	—	—	—
Insgesamt	17	56	33	4	1	2	1	1	28	3	7	1♂	1	1	3	1
MIZ	3	3	3	1	1	1	(zu 1)	1	2	1	2	1♂	1	1	1	1

¹ gehört zu 2 Wirbeln aus 3).

Biber, *Castor fiber*

Unter den zahlreichen Knochen des Bibers, der hoffentlich wie in anderen Ländern Europas auch in Süddeutschland wieder eingebürgert werden kann, nachdem er hier in der zweiten Hälfte des vorigen Jahrhunderts ausgerottet wurde, ist ein erheblicher Teil aus dem Bereich des Rumpfes. Die Mindestindividuenzahl errechnet sich auf Grund von zwei adulten Claviculae einer Seite und eines juvenilen Schlüsselbeins. Zu vermessen war nur eine Scapula: Kleinste Länge am Hals 13, größte Breite der Gelenkfläche 11,8 mm.

Eichhörnchen, *Sciurus vulgaris*

Der Vollständigkeit wegen wurden auch die Knochen des Eichhörnchens vermessen, soweit dies möglich war (Tab. 16). Dabei ergab sich, daß die Längen der Backenzahnreihen an und über der von G. GAFFREY (1961, 91) angegebenen Obergrenze der Variation liegen.

Maulwurf, *Talpa europaea*

Beim Maulwurf, der ebenso wie das Eichhörnchen auch in der Falkensteinhöhle und am Lautereck nachgewiesen wurde, als einem Grabtier ist nicht ausgeschlossen, daß er sich in die mesolithischen Schichten hineingegraben hat und hier umgekommen ist. Die Knochen sind über die oberen und unteren Lagen verteilt und von mindestens 5 Individuen. Falls Maulwürfe in dem Boden vor dem Felsdach ihre Gänge zogen, würde das vielleicht die Verlagerung von Knochen eines Luchses erklären können, die in unterschiedlichen stratigraphischen Niveaus lagen. Die Maße von Maulwurfsknochen sind in Tabelle 17 zusammengestellt. Das einzige Maß, das sich vergleichen ließ, die Länge der Zahnreihe des Unterkiefers, fällt in allen drei Fällen ebenso wie bei dem Kiefer vom Lautereck mitten in den von G. GAFFREY (1961, 33) angegebenen Variationsbereich.

Tab. 7 Verteilung der Knochenfunde aus 6): Mesolithschicht, allgemein

Tierart	Rothirsch	Reh	Wild-schwein	Baum-marder	Biber	Auer-huhn
Hornzapfen, Geweih	—	—	—	—	—	—
Hirnschädel	1	—	2	—	—	—
Gesichtsschädel	—	—	1	—	—	—
Unterkiefer	—	—	—	—	—	—
Lose Zähne	1	—	4	—	1	—
Zungenbein	—	—	—	—	—	—
Halswirbel	—	—	—	—	—	—
Brustwirbel	—	—	—	—	1	—
Lendenwirbel	—	1	—	—	—	—
Kreuzbein	—	—	—	—	—	—
Schwanzwirbel	—	—	—	—	—	—
Rippen	—	—	1	—	3	—
Brustbein	—	—	—	—	—	—
Schulterblatt	—	—	—	—	—	1♂
Oberarmbein	—	1	1	1	1	—
Speiche	—	2	—	—	—	—
Elle	1	—	—	—	—	—
Handwurzel	1	—	1	—	—	—
Becken	—	2	—	—	—	—
Oberschenkelbein	2	—	1	—	—	—
Patella	—	—	—	—	—	—
Schienbein	2	3	2	—	—	—
Wadenbein	—	—	—	—	—	—
Talus	1 ⎫	1	—	—	—	—
Calcaneus	1 ⎬	1	—	—	—	—
Fußwurzel, Rest	2 ⎭	—	—	—	—	—
Metapodien	—	4	2	—	—	—
Phalanx 1	—	1	1	—	—	—
Phalanx 2	1	—	2	—	1	—
Phalanx 3	—	—	1	—	—	—
Sesambeine	—	—	—	—	—	—
Penisknochen	—	—	—	—	—	—
Insgesamt	13	16	19	1	7	1♂
MIZ	1	2	2	1	1	(zu 5)

Stockente, *Anas platyrhynchos*

Mit 7 Knochenteilen ist die Stockente, unsere gewöhnlichste Wildentenart und Vorfahrin unserer Hausenten, der am häufigsten in den Funden von Inzigkofen nachgewiesene Vogel. Aber alle Stücke könnten vom gleichen Tier sein. Sie ist auch in den Funden vom Lautereck verhältnismäßig zahlreich belegt, meist aber für nachmesolithische Schichten. Gemessen werden konnte nur die größte Breite distal – 14,5 mm – und die kleinste Breite des Schaftes – 7 mm – an einem Humerusfragment aus 2a). Diese Maße liegen im mittleren Bereich der Variation, die E. WOELFLE (1967, 81) für die Stockente angibt.

Krickente, *Anas crecca*

Das Scapulafragment aus Abtragung 2b) kann ohne weiteres zu den Ossa antebrachii aus Schicht 3b) gehören, womit nur ein einziges Exemplar der Krickente, unserer kleinsten Entenart, nachgewiesen wäre. Die Länge der

Ulna ist nur ungefähr anzugeben, weil der Knochen an seinem proximalen Ende ausgebrochen ist. Sie beträgt etwa 52 mm und liegt damit noch über dem Mittelwert für die Erpel der Krickente (E. WOELFLE 1967, 113). Da auch die kleinsten Ulnae der Knäkente, *Anas querquedula*, nicht größer sind, kann diese Art nicht ausgeschlossen werden. An der Scapula mißt die »Breite proximal« (s. E. WOELFLE 1967, Abb. 40) 7,8 mm. Dieser Wert entspricht dem Mittelwert für die Krickente, kann aber wiederum auch noch bei kleinen Exemplaren der Knäkente zu finden sein.

Sperber, *Accipiter nisus*

Der bereits auf Seite 101 besprochene Metacarpus eines Sperbers ist auch nach dem Zusammensetzen der beiden Stücke noch nicht vollständig. Im unmittelbaren Vergleich an Skeletten heutiger Sperber konnte er nach seiner Größe als Rest eines ♀ bestimmt werden.

Tab. 8 Maße an Rothirschknochen

1. Talus, Abtragung	6a)[1]		
Länge der lateralen Hälfte	54		
Länge der medialen Hälfte	48,7		
Dicke der lateralen Hälfte	29		
Breite des Caput	33		
2. Calcaneus, Abtragung	6a)[1]		
Größte Länge	113		
Größte Breite	35		
3. Centrotarsale, Abtragung	6a)[1]		
Größte Breite	42		
4. Phalanx 1, Abtragung	3a)		
Größte Länge der peripheren Hälfte	59		
Größte Breite proximal	22,5		
Kleinste Breite der Diaphyse	17		
Größte Breite distal	20,5		
5. Phalanx 2, Abtragung	3b)	3b)	
vorn oder hinten	v	h	
Größte Länge	42,5	43,5	
Größte Breite proximal	21,5	21	
Kleinste Breite der Diaphyse	15,5	15,5	
Größte Breite distal	18,5	18	
6. Phalanx 3, Abtragung	3b)	3b)	5)
vorn oder hinten	v	h	h
Diagonale Länge der Sohle	54	47	48,5
Länge der Dorsalseite	48,5	44	47

[1] zusammengehörig

Birkhuhn, *Lyrurus tetrix*

Alle 6 Knochen sind der Größe nach von Birkhähnen, und zwar einem jungen und mindestens einem adulten Tier. An Hand des verhältnismäßig reichhaltigen Skelettmaterials von Birk- und Auerwild in unserer Sammlung konnten die Birk- und die Auerhenne ausgeschlossen werden. Maße waren an den fragmentären Knochen nicht zu nehmen.

Auerhuhn, *Tetrao urogallus*

An den beiden schon erwähnten (S. 102) Knochen des Auerhahns konnten die folgenden Maße genommen werden: Coracoid, mediale Länge ca. 83 mm, Scapula, »Breite distal« 22,5 mm. Zu den Meßstrecken und Vergleichszahlen siehe E. ERBERSDOBLER (1968, Abb. 2 und 3).

Haselhuhn, *Tetrastes bonasia*

Der einzige vorliegende Knochen vom Haselhuhn ist ein Pygostyl.

Waldkauz, *Strix aluco*

Alle 5 Knochen bzw. Knochenfragmente des Waldkauzes könnten vom gleichen Tier sein. Maße konnten nicht genommen werden.

Ziegenmelker, *Caprimulgus europaeus*

An dem einzigen Beleg für die Nachtschwalbe, einer Ulna, sind beide Gelenkteile abgebrochen.

?Dohle, *Coloeus monedula*

Bei einem Tibiotarsusschaft von einem Jungvogel kommt am ehesten die Zugehörigkeit zu einer Dohle in Betracht.

Eichelhäher, *Garrulus glandarius*

Zwei proximal und distal ausgebrochene Metatarsen der gleichen Körperseite passen in Größe und Wuchs bestens zum Eichelhäher. Die Metatarsen der Elster sind zwar gleichfalls schlank, aber länger, diejenigen von Tannenhähern gedrungener gebaut, die Mittelfußknochen von Dohlen ebenfalls und meist auch größer.

Turdus spec.

Die Schwierigkeiten der Bestimmung von Drosselknochen wurden in der Abhandlung über die Funde vom Lautereck besprochen (J. BOESSNECK, im Druck). Bei den 4 Knochen einer großen Drosselart in den Funden von Inzigkofen kommen vier Arten in Betracht, und keine davon war morphologisch auszuschließen: Die Misteldrossel, *Turdus viscivorus*, die Wacholderdrossel, *Turdus pilaris*, die Amsel, *Turdus merula,* und die Ringdrossel, *Turdus torquatus*. Die zuletzt genannte Art kam aber wahrscheinlich im Mesolithikum im Gebiet der Schwäbischen Alb und im oberen Donautal nicht vor, weil sie an rauheres Klima angepaßt ist. Die wenigen Maße, die an zwei Tibiotarsen genommen werden konnten, können bei allen vier genannten Arten vorkommen. An der linken Tibia proximal aus 3 b) beträgt die größte Breite 6,9 mm. Der rechte Tibiotarsus distal aus 2 b) ergab als größte Breite distal 4,5 und als kleinste Breite der Diaphyse 2 mm. Ihrer Stärke nach könnten beide Knochen und das Sternum wie das Becken vom gleichen Individuum sein.

Singdrossel, *Turdus philomelos*

Ein kleinerer Drosselknochen, ein nicht ganz vollständig erhaltenes Coracoid, konnte im Gegensatz zu den anderen, größeren Drosselknochen, sicher zugeordnet werden. Es stimmt vollkommen mit dem Vergleichsmaterial der Singdrossel überein. Die Rotdrossel, *Turdus iliacus*, die als Durchzügler in Frage käme, ist ein wenig kleiner.

Tab. 9 Maße an Rehknochen

1. Unterkiefer, Abtragung	1a)	2a)	3a)	3b)	3b)
Länge der Backzahnreihe	—	—	—	—	67
Länge der Praemolarreihe	—	—	27	—	27,5
Länge der Molarreihe	—	—	—	—	40
Länge von M3	15,5	16	—	16	15,5
Breite von M3	7,5	7,8	—	7,5	7,7
Abkauung	mittel	mittel	gering	im Beginn	gering

2. Humerus, Abtragung	1a)
Breite der Trochlea	25

3. Radius, Abtragung	2a)
Größte Breite proximal	26,3
Größte Breite der proximalen Gelenkfläche	24

4. Ulna, Abtragung	5)
Kleinster Durchmesser des Olecranon	20,5
Größter Durchmesser im Bereich des Proc. anconaeus	24

5. Metacarpus, Abtragung	5)
Größte Breite distal	22,3

6. Tibia, Abtragung	2a)
Größte Breite distal	28,5

7. Talus, Abtragung — zusammengehörig

	1a		4)	6a)
Länge der lateralen Hälfte	32	—	30	31
Länge der medialen Hälfte	30	30	28	29,5
Dicke der lateralen Hälfte	18,2	—	16,5	17,5
Breite des Caput	20	—	18	19

8. Metatarsus, Abtragung	1a)	3a)	3b)
Größte Breite proximal	—	19	—
Größte Breite distal	25,5	—	26

9. Phalanx 1, Abtragung

	3a)	zusammengehörig 3b)		5)	3b)	3b)	zusammengehörig 3b)	5)	6b)
vorn oder hinten	v	v	v	v	h	h	h	h	h
Größte Länge der peripheren Hälfte	(33,5)	(33)	33	32	41	36,5	38	38	40
Größte Breite proximal	—	10,2	10	10,7	12,5	(12)	(11)	11,1	11,8
Kleinste Breite der Diaphyse	6,5	7	7	—	8,8	8,2	8	8	8,5
Größte Breite distal	(8)	8,8	8,7	—	11,5	10,3	10	10	10,8
		subad.					subad.		

10. Phalanx 2, Abtragung

	1a)	3a)	3b)	3b)
vorn oder hinten	v	h	h	h
Größte Länge	24,5	27	(27)	26
Größte Breite proximal	10	10,3	10,3	10,5
Kleinste Breite der Diaphyse	6,8	6,7	7	7
Größte Breite distal	7,3	7,5	7,6	8

11. Phalanx 3, Abtragung

	1a)	1a)	3a)	1a)	2a)	3a)	3b)	3b)	3b)	3b)
vorn oder hinten	v	v	v	h	h	h	h	h	h	h
Diagonale Länge der Sohle	(28,5)	28	28,5	25,5	26,2	23,5	27,7	24,3	24	23,5
Länge der Dorsalseite	(27)	25,7	26,7	24,5	26	23,3	27,7	—	—	23

Tab. 10 Maße an Wildschweinknochen

1. Epistropheus[1], Abtragung	3b)		
Größte Breite der kranialen Gelenkfläche	60		
2. Humerus, Abtragung	3b)		
Größte Breite distal	(46)		
3. Metapodien, Abtragung	1a)	3b)	3b)
Strahl	Mc II	Mc II	Mt II
Größte Länge	71,5	68,7	78,3
Größte Breite distal	13,2	11,6	12
4. Phalanx 1, Abtragung	1a)	1a)	3a)
Größte Länge der peripheren Hälfte	50,5	46,5	43,5
Größte Breite proximal	23,8	24	19,5
Kleinste Breite der Diaphyse	17,7	16,3	—
Größte Breite distal	20,5	20	—
5. Phalanx 2, Abtragung	3b)	3b)	5)
Größte Länge	33	31	27,5
Größte Breite proximal	21,5	19	18,7
Kleinste Breite der Diaphyse	17	15,8	14,5
Größte Breite distal	18	16,7	15
		subad.	
6. Phalanx 3, Abtragung	1a)		
Diagonale Länge der Sohle	40		

[1] Die Wirbelscheibe war noch nicht angewachsen.

Kleinere Singvögel

Die 6 Knochen von kleineren Singvögeln konnten nicht bestimmt werden. Sie sind von mindestens 2 Tieren, einem von der Größe eines Baumpiepers und einem von der Größe einer Blaumeise.

Aspisviper, *Vipera aspis*

Bei den 3 kleinen zusammengehörigen Schlangenwirbeln war es nicht schwierig, sie auf Grund ihres dornartigen Ventralfortsatzes median am Wirbelkörper als Reste einer Viper anzusprechen. An den zahlreichen zur Verfügung stehenden Skeletten der Kreuzotter, *Vipera berus*, war aber dieser ventrale Dornfortsatz schwächer ausgebildet, während sich bei der Aspisviper beste Übereinstimmung fand. Da die Aspisviper heute noch im südlichsten Schwarz-

Tab. 11 Maße an Metapodien des Dachses

Abtragung	3a)	3b)	3a)
Strahl	Mc II	Mc IV	Mt III
Größte Länge	26,3	27,7	30,2
Größte Breite proximal	6	5,8	6,3
Kleinste Breite der Diaphyse	5	4,8	4,7
Größte Breite distal	6,3	6,5	6

wald auftrit (R. MERTENS 1952, 22), überrascht ihr Vorkommen an der Schwäbischen Alb während des Mesolithikums nicht, legt aber die Annahme eines wärmeren, trockeneren Klimas im Sommer nahe.

Erdkröte, *Bufo bufo*

Ein Humerus und eine Tibia aus 4) wurden auf Grund ihres gedrungenen Baus als Reste einer Erdkröte bestimmt. Die Knochen der Wechselkröte, *Bufo viridis*, sind schlankwüchsiger. Für die Kreuzkröte, *Bufo calamita*, sind die beiden Knochen zu groß. Aus dem Humerus ist ohne weiteres zu erkennen, daß es sich um den Rest eines ♀ handelt.

Kröte, *Bufo* spec.

Einige Knochen kleiner, vielleicht junger Kröten sind nicht weiter zu bestimmen.

Frosch, *Rana* spec.

Bei den beiden Tibiae des Frosches ist die Zugehörigkeit zum Grasfrosch, *Rana temporaria*, wahrscheinlich, aber die anderen Ranaarten konnten nicht alle gänzlich ausgeschlossen werden.

Schluß

In den Knochenfunden von Inzigkofen fehlen unsere größten Wiederkäuer, Ur und Wisent, ebenso wie das größte Raubtier, der Bär. Es gibt auch keinen Beleg für ein Haustier, was, wenn man vom Hund absieht, an sich selbstverständlich ist, da es sich um Funde aus dem Mesolithikum handelt. Hervorzuheben ist der Nachweis des Luchses, denn von ihm fehlte jeder Rest in der Falkensteinhöhle und am Felsdach Lautereck, aber für die nachmesolithisch-vorgeschichtliche Zeit Württembergs wurde er von R. VOGEL (1929, 1941, 1955) mehrfach nachgewiesen. Das Reh nimmt in den Funden von Inzigkofen die erste Stelle ein, der Rothirsch erst die dritte. An zweiter Stelle in der Fundzahl steht das Wildschwein (Tab. 1). Bei aller nötigen Vorsicht diesem Befund gegenüber wegen der nur kleinen Untersuchungsfläche und der nicht großen Fundmengen ist er wohl doch nicht als reiner Zufall abzutun, denn auch in den beiden anderen letzthin ausgewerteten mesolithischen Fundkomplexen von der oberen Donau (J. BOESS-

Tab. 12 Maße an Baummarderknochen

1. Oberkiefer[1], Abtragung

	1a)	zusammengehörig	
		3b)	3b)
Länge des P4 außen	—	9,4	—
Länge des M_1	7,5	7	7
Breite des M_1	9,5	9	9
Geschlecht	♂	♂	♂

2. Unterkiefer, Abtragung

	1a)	3b)	3b)	3b)	3b)	4)
Länge: Proc. condyloideus – C-Alveole, Hinterrand	50	—	—	—	(47)	—
Länge der Backzahnreihe, P_1–M_2	31	—	32	—	(28,5)	(29)
Länge von P_2–M_2	30	—	31	—	27,5	(27)
Länge von P_2–M_1	26,5	—	27,5	—	24,5	24
Länge der Molarreihe, M_1–M_2	14,5	15,3	15,2	14,8	(13)	(13)
Länge des Reißzahns	10,8	11,3	11	10,6	—	10
Breite des Reißzahns	4,5	4,7	4,5	4,3	—	4,2
Höhe des Kiefers hinter M_1, medial	10,5	11	10,5	11	10	—
Höhe des Kiefers zwischen M_1 und P_4, medial	8,7	9,5	—	—	9	—
Geschlecht	♂	♂	♂	♂	♀	♀

3. Humerus, Abtragung

	3a)
Größte Breite distal	13,4
Größte Breite der distalen Gelenkfläche	10,3
Geschlecht	♀

4. Acetabulum, Abtragung

	1a)	3b)	5)
Länge einschließlich des Labium	11	11	10,5
Geschlecht	♂	♂	♂

5. Calcaneus, Abtragung

	1a)
Größte Länge	21,1
Geschlecht	♂

6. Metatarsus III, Abtragung

	1a)
Größte Länge	35
Kleinste Breite der Diaphyse	2,9
Größte Breite distal	4,5
Geschlecht	♂

[1] Der Reißzahn fehlt, seine Alveole ist zugewachsen.

NECK 1978 b, vgl. oben S. 87–99, und im Druck) war das Reh im Vergleich zum Rothirsch – gemessen an den Befunden für das Neolithikum – verhältnismäßig häufig. Der im Mesolithikum wohl noch nicht in dem Maße wie im Neolithikum geschlossene Wald entsprach den Anforderungen des Rehs an den Lebensraum besser als der Landschaftscharakter des Neolithikums, oder die örtlichen Bedingungen auf der Albhochfläche waren überhaupt besonders gut als Lebenssphäre für das Reh geeignet. Auch für das Wildschwein müssen hervorragende Lebensbedingungen bestanden haben. Rehe und Wildschweine erreichten besondere Größen. Bei den Hirschen wird dies erst im Neolithikum beobachtet. Im übrigen hat sich in dem Bild von der Säugetierfauna, das uns die Stationen Jägerhaus-Höhle, Inzigkofen, Falkensteinhöhle und Lautereck zusammengenommen vermitteln, seit dem Mesolithikum bis zum Beginn der Neuzeit kaum noch etwas geändert. Nur die Arten, die das offenere Land bevorzugen, kamen später hinzu oder nahmen später zu, so der in den Funden von Inzigkofen ganz fehlende Hase (vgl. z. B. R. VOGEL. 1941).

Auch die Vogelfauna paßt zu diesem Bild einer mehr oder weniger geschlossenen Waldfauna, die von Wasserflächen unterbrochen war. Ihre Zusammensetzung ist aber viel zufälliger.

Bemerkenswert ist der Fund der Aspisviper in dem Mate-

Tab. 13 Maße an Unterkiefern vom Iltis

Abtragung	1a)	3a)
Länge von P_3–M_2	16,5	—
Länge von P_3–M_1	14,3	14
Länge des Reißzahns	7,5	7,7
Breite des Reißzahns	3	2,7
Höhe des Kiefers hinter M_1, medial	6,9	—
Höhe der Kiefers vor M_1, medial	6,7	6,9

Tab. 14 Maße an Luchsknochen

1. Metacarpus, Strahl	IV	V				
Größte Länge	72,7	59,7				
Kleinste Breite der Diaphyse	6,5	5,3				
Größte Breite distal	10,9	10,2				
2. Phalanx 1, Strahl	I	II	V	V	IV	V
vorn oder hinten	v	v	v	v	h	h
Größte Länge	18,5	32	28,5	28,2	39	30
Größte Breite proximal	10,5	10,2	9,8	9,8	11,7	9
Kleinste Breite der Diaphyse	7	6,7	5,5	5,5	7,3	5,5
Größte Breite distal	9	8,5	8	8	9,5	8,5

3. Phalanx 2, Strahl	II	III	IV	V	II	III	V
vorn oder hinten	v	v	v	v	h	h	h
Größte Länge	22,2	28,5	26,5	20,5	23,7	29,2	21,6
Größte Breite proximal	8,8	9,2	9	8,2	10,2	10,6	8,8
Kleinste Breite der Diaphyse	4,8	4,3	4,5	5	6	5,3	5
Größte Breite distal	8	8	7,7	7,5	8,7	8,5	7,5

Tab. 15 Maße an Wildkatzenknochen

1. Caninus, Abtragung	1a)	1a)	2a)
superior oder inferior	sup.	inf.	inf.
„Länge" (Höhe)	25,6	24	21,7
2. Unterkiefer, Abtragung		5)	
Länge der Backzahnreihe, P3–M1		23	
Länge des Reißzahns		9,7	
Breite des Reißzahns		4,2	
3. Humerus, Abtragung		1a)	
Kleinste Breite der Diaphyse		6,5	
Größte Breite distal		20	
4. Becken, Abtragung		1a)	
Länge des Acetabulum, einschließlich des Labium		13	
5. Talus, Abtragung		1a)	2a)
Größte Länge		17,6	18,5
6. Metatarsus II, Abtragung		1a)	
Größte Länge		51,7	
Kleinste Breite der Diaphyse		3,7	
Größte Breite distal		5,8	

Tab. 16 Maße an Eichhörnchenknochen

1. Unterkiefer, Abtragung	1a)	1a)	1a)
Länge der Backzahnreihe, P4–M3	10,2	10,1	10
2. Humerus, Abtragung	1a)		
Größte Breite distal	9,4		
3. Femur, Abtragung	1a)		
Größte Breite distal	8,4		
4. Tibia, Abtragung	1a)		
Größte Breite proximal	9,5		

rial von Inzigkofen, weist er doch zusammen mit der Sumpfschildkröte und der Äskulapschlange vom Felsdach Lautereck auf ein wärmeres, trockeneres Klima während der Sommermonate hin.

Welche der nachgewiesenen Tiere vom Menschen an die Fundstelle gebracht, und welche Reste der natürlichen Thanatocoenose entstammen, ist im einzelnen nicht zu entscheiden. Die größten Tiere werden weitgehend vom Menschen erbeutet und verzehrt worden sein. Hervorzuheben ist hier der verhältnismäßig hohe Anteil an Jungtieren bei Hirsch und Wildschwein, aber auch bei der Wildkatze. Unter den Kleintieren werden zumindest manche, wie die Kröten und die Viper, an Ort und Stelle eingegangen und zufällig in die Abfälle geraten sein.

Nachtrag

Im Nachgang erhielt der Bearbeiter der Tierknochenfunde noch zwei Dutzend Geweih-, Zahn- und Knochenstücke, die zumeist für den Werkzeug- oder Schmuckgebrauch hergerichtet worden waren. Alle diese Funde kommen aus der Mesolithschicht (vgl. Teil 1: W. TAUTE).

7 dieser Fundstücke sind aus Hirschgeweih. Zwei davon, aus dem oberen Drittel der Mesolithschicht, sind zu Harpunen geschnitzt, andere als Pfriem angespitzt. Bei den übrigen handelt es sich um Geweihsprossen, die abgesägt, dann aber nicht mehr weiter zugerichtet wurden.

6 Eberzahnteile sind zum Teil der Länge nach aufgeschnitten.

7 Pfrieme, Spitzen und Knochensplitter konnten nicht bestimmt werden.

Eine Hirschgrandel (C superior) ist nicht handwerklich bearbeitet.

Tab. 17 Maße an Maulwurfsknochen

1. Unterkiefer, Abtragung
Länge: M$_3$-Alveole, Hinterrand-Infradentale

	zusammengehörig		
	3b)	3b)	3b)
	13,5	13,5	12,8

2. Scapula, Abtragung
Größte „Länge"

	3b)	3b)
	24,5	23,8

3. Humerus, Abtragung

	1a)	1a)	3b)	3b)	zusammengehörig	
					5)	5)
Größte Länge	(15,5)	—	16	15,4	16	16
Größte Breite proximal	—	—	11,5	11,1	11,6	—
Kleinste Breite der Diaphyse	4,5	4	4,5	4,3	4,3	4,3
Breite distal ohne die Vorsprünge	8,9	8	8,8	8,5	8,7	8,7

4. Ulna, Abtragung

	zusammengehörig	
	3b)	3b)
Größte Länge	20,5	20,5

5. Becken und Kreuzbein, Abtragung

	3b)	3b)	5)
Größte Länge des Beckens	26,3	24,5	—
Größte Länge des Kreuzbeins	20,5	18,5	20,5
Größte Breite über die Acetabula	9	7,8	—

6. Femur, Abtragung

	5)	5)
Größte Länge	17	16,8
Kleinste Breite der Diaphyse	2,1	2
Größte Breite distal	4,3	4,3

7. Tibia, Abtragung

	5)
Größte Länge	18,9

Auch die ovale, 7 mm lange und 4 mm breite Öffnung auf der Achsialseite eines Fesselbeins von einem Rothirsch muß nicht handwerklich bedingt sein. Sie liegt an der Stelle, wo die Wand der Phalanx am dünnsten ist. Möglicherweise ist sie eingebissen worden, vielleicht aber auch nur eingebrochen.

Der Caninus inferior eines Fuchses ist unmittelbar distal der Wurzelbasis durchbohrt und die Öffnung nachträglich ausgebrochen.

Die Tibia einer Wildkatze wurde in Distalrichtung zu einem Pfriem angespitzt.

Literaturverzeichnis

BLOME, W., 1968: Tierknochenfunde aus der spätneolithischen Station Polling. Diss. München 1968

BOESSNECK, J., 1963: In BOESSNECK, J., JÉQUIER, J.-P. und STAMPFLI, H. R.: Seeberg, Burgäschisee-Süd. Die Tierreste. Acta Bernensia II, Teil 3, Bern 1963

– 1964: Die Tierknochen aus den Grabungen 1954–1957 auf dem Lorenzberg bei Epfach. In WERNER, J.: Studien zu Abodiacum – Epfach, 213–261, München 1964

– 1978 a: Die Tierknochenfunde aus den mesolithischen Kulturschichten der Jägerhaus-Höhle, Markung Bronnen, im oberen Donautal. In TAUTE, W. (Hrsgb.): Das Mesolithikum in Süddeutschland. Teil 2: Naturwissenschaftliche Untersuchungen. Tübingen 1978 (vgl. oben S. 77–86)

– 1978 b: Die Tierknochenfunde aus der mesolithischen Kulturschicht der Falkensteinhöhle, Markung Thiergarten, im oberen Donautal. In TAUTE, W. (Hrsgb.): Das Mesolithikum in Süddeutschland. Teil 2: Naturwissenschaftliche Untersuchungen. Tübingen 1978 (vgl. oben S. 87–99)

– im Druck: Die Tierknochenfunde. In TAUTE, W., Die Kulturschichtenfolge unter dem Felsdach Lauereck an der oberen Donau (Gemeinde Lauterach, Alb-Donau-Kreis). Forschungen und Berichte zur Vor- und Frühgeschichte in Baden-Württemberg

BOESSNECK, J. und v. d. DRIESCH-KARPF, A., 1967: Die Tierknochenfunde des fränkischen Reihengräberfeldes in Kleinlangheim, Landkreis Kitzingen. Zeitschr. f. Säugetierkde. 32, 193–215, 1967

BOSOLD, K., 1966/68: Geschlechts- und Gattungsunterschiede an Metapodien und Phalangen mitteleuropäischer Wildwiederkäuer. Diss. München 1966. Säugetierkundl. Mitt. 16, 93–153, 1968

BUBENIK, A. B., 1966: Wo liegt der Kern der Rehwildhege? Die Pirsch 18, 518–520, 566–570, 1966

DEGERBØL, M., 1933: Danmarks Pattedyr i Fortiden. I. Vidensk. Medd. fra Dansk Nathist. Forening 96, Festskrift II, 357–641, København 1933

ERBERSDOBLER, K., 1968: Vergleichend morphologische Untersuchungen an Einzelknochen des postkranialen Skelettes in Mitteleuropa vorkommender mittelgroßer Hühnervögel. Diss. München 1968

FEUSTEL, H. und SCHEER, G., 1963: Ausgestorbenes und bedrohtes deutsches Wild. Naturwiss. Verein Darmstadt, Bericht 1961/62, 27–73, 1963

GAFFREY, G., 1961: Merkmale der wildlebenden Säugetiere Mitteleuropas. Leipzig 1961

HAGMANN, G., 1899: Die diluviale Wirbeltierfauna von Völklinshofen (Ober-Elsaß). I. Raubtiere und Wiederkäuer. Abh. z. Geol. Specialkarte v. Elsaß-Lothringen NFH. 3, Straßburg 1899

HESCHELER, K. und RÜEGER, J., 1942: Die Reste der Haustiere aus den neolithischen Pfahlbaudörfern Egolzwil 2 (Wauwilersee, Kt. Luzern) und Seematte-Gelfingen (Baldeggersee, Kt. Luzern). Vierteljahrsschr. d. Natforsch. Ges. Zürich 87, 383–486, 1942

JÉQUIER, J.-P., 1963: In BOESSNECK, J., JÉQUIER, J.-P. und STAMPFLI, H. R.: Seeberg, Burgäschisee-Süd. Die Tierreste. Acta Bernensia II, Teil 3, Bern 1963

LEPIKSAAR, J., 1978: Fischreste aus den mesolithischen Kulturschichten der Falkensteinhöhle bei Thiergarten und des Felsdaches Inzigkofen im oberen Donautal. In TAUTE, W. (Hrsgb.): Das Mesolithikum in Süddeutschland. Teil 2: Naturwissenschaftliche Untersuchungen. Tübingen 1978 (vgl. unten S. 153–157)

MERTENS, R., 1952: Welches Tier ist das? Kriechtiere und Lurche. Kosmos, Stuttgart 1952

REICHENBACH-KLINKE, H.-H., 1978: Fischschuppen aus den mesolithischen Kulturschichten der Falkensteinhöhle bei Thiergarten und des Felsdaches Inzigkofen im oberen Donautal. In TAUTE, W. (Hrsgb.): Das Mesolithikum in Süddeutschland. Teil 2: Naturwissenschaftliche Untersuchungen. Tübingen 1978 (vgl. unten S. 151)

STORCH, G., 1978: Kleinsäugerfunde (Mammalia) aus der mesolithischen Kulturschicht unter dem Felsdach Inzigkofen im oberen Donautal. In TAUTE, W. (Hrsgb.): Das Mesolithikum in Süddeutschland. Teil 2: Naturwissenschaftliche Untersuchungen. Tübingen 1978 (vgl. unten S. 131 f.)

TAUTE, W., 1967: Grabungen zur mittleren Steinzeit in Höhlen und unter Felsdächern der Schwäbischen Alb, 1961–1965. Fundber. aus Schwaben N. F. 18/I, 14–21, Stuttgart 1967

– in Vorbereitung: Das Mesolithikum in Süddeutschland. Teil 1: Chronologie und Ökologie

VOGEL, R., 1929: Vor- und frühgeschichtliche Tierreste aus dem Federseemoor. Württemberg-Monatsschr. im Dienste von Volk und Heimat 1929, 455–461

– 1940: Die alluvialen Säugetiere Württembergs. Jahresschr. d. Ver. f. vaterl. Naturkde. in Württemberg 96, 1940, 89–112, Stuttgart 1941

– 1955: Die Tierknochen. In PARET, O.: Das Steinzeitdorf Ehrenstein bei Ulm (Donau), 64–71, Stuttgart 1955

WAGNER, K., 1930: Rezente Hunderassen, eine osteologische Untersuchung. Oslo 1930

WOELFLE, E., 1967: Vergleichend morphologische Untersuchungen an Einzelknochen des postcranialen Skelettes in Mitteleuropa vorkommender Enten, Halbgänse und Säger. Diss. München 1967

WOLDŘICH, J., 1878: Über Caniden aus dem Diluvium. Denkschr. d. math. nat. Classe d. kaiserl. Akad. d. Wiss. Wien 39, 97–148 (1–52), Wien 1878

10

Aus dem Institut für Palaeoanatomie, Domestikationsforschung und Geschichte der Tiermedizin der Universität München

(Vorstand: Prof. Dr. JOACHIM BOESSNECK)

Prähistorische Tierknochenfunde von den Fohlenhaus-Höhlen im Lonetal (Schwäbische Alb)

von JOACHIM BOESSNECK, München

Auf dem Vorplatz der beiden Fohlenhaus-Höhlen im Lonetal, Markung Langenau, Alb-Donau-Kreis, hat W. TAUTE in den Jahren 1962 und 1963 archäologische Grabungen durchgeführt (W. TAUTE: vgl. Teil 1). Während die Kleinsäugerreste aus den Kulturschichten von G. STORCH (1978, vgl. unten S. 133–137) bearbeitet wurden und die Vogelknochen von J. LEPIKSAAR (1978, vgl. unten S. 141 bis 150), werden im folgenden die wenigen Knochen von größeren Säugern und von Amphibien abgehandelt.

Die Tierknochen aus den verschiedenen stratigraphischen Niveaus (vgl. das Profil in Teil 1: W. TAUTE) wurden zu drei Proben vereinigt:

Probe 1 a = 2. Kulturschicht, oberer : Frühmesolithikum
Teil (gegen gestörtes
Sediment grenzend)
Probe 1 b = 2. Kulturschicht, : Frühmesolithikum
unterer Teil
Probe 2 = 3. Kulturschicht : Spätpaläolithikum

A. Knochen von größeren Säugetieren

Probe 1 a enthielt einen einzigen bestimmbaren Knochen von einem größeren Säugetier, nämlich eine Phalanx 1, die aber allem Anschein nach von einem Schaf oder einer Ziege stammt, was bei einer Herkunft aus dem Mesolithikum nicht sein dürfte (vgl. J. BOESSNECK 1978, vgl. unten S. 123–126). Hirsch, Reh und Gemse ließen sich ausschließen, dann aber wurde es schwierig. Der Splitter ist zu klein, um ihn weiter zu bestimmen. Als einzig mögliche Wildart käme der Steinbock in Frage. Aber auch der sollte im Mesolithikum im Lonetal nicht mehr gelebt haben. Da der obere Teil der 2. Kulturschicht nach Mitteilung des Ausgräbers gegen eine gestörte Zone grenzt, ist es nicht

ausgeschlossen, daß es sich bei dem Fundstück um eine Einmischung aus späterer Zeit handelt, denn dann könnte das Fundstück von einem Hausschaf oder von einer Hausziege sein.

5 kleine Knochensplitter aus Probe 1 a, die von kleinen bis mittelgroßen Säugetieren stammen, sind unbestimmbar.

Der einzige bestimmbare Fund von einem größeren Säugetier aus Probe 1 b ist der Prämolar eines Dachses. 2 Splitter sind unbestimmbar.

Probe 2, mit Material aus dem Spätpaläolithikum, ist etwas ergiebiger. Nachweisbar sind Knochen von folgenden Arten: Rothirsch, Reh, beide mit etwa 10 Stücken am zahlreichsten, weiterhin 1 Wildpferd, durch einen Milchschneidezahn nachgewiesen, dann der Braunbär, der Wolf, der Rotfuchs, das Hermelin und eine Hasenart – Feld- oder Schneehase –, alle mit einer kleineren Anzahl von Knochen belegt. Unbestimmbar sind etwa 50 Splitter meist von Tieren von Hirschgröße.

B. Froschknochen

Probe 1 b enthielt den Distalteil eines Metatarsus von einer nicht näher bestimmten Ranaart.

Die beiden einzigen Amphibienreste aus Probe 2 bilden zwei Humeri von »Braunfröschen«. Der eine der Humeri ist von einem ♀ Tier, der andere von einem ♂. Dieser Humerus von einem ♂ Frosch zeigt die beste Übereinstimmung zum Moorfrosch, *Rana arvalis. Rana arvalis* wurde bisher aus dem Spätpleistozän dieser Gegend noch nicht festgestellt. Die Froschknochen aus der Brillenhöhle, Gemarkung Weiler, nahe Blaubeuren, waren, soweit sie genau bestimmbar waren, vom Grasfrosch, *Rana temporaria* (J. BOESSNECK und A. von den DRIESCH 1973).

117

Literaturverzeichnis

BOESSNECK, J, 1978: Die Tierknochenfunde von einer steinzeitlichen Fundstelle auf der Kleinen Kalmit bei Arzheim, Stadt Landau (Pfalz). In TAUTE, W. (Hrsgb.): Das Mesolithikum in Süddeutschland. Teil 2: Naturwissenschaftliche Untersuchungen. Tübingen 1978 (vgl. unten S. 123–126)

BOESSNECK, J. und von den DRIESCH, A., 1973: Die jungpleistozänen Tierknochenfunde aus der Brillenhöhle. Forschungen und Berichte zur Vor- und Frühgeschichte in Baden-Württemberg 4/II. Stuttgart

LEPIKSAAR, J., 1978: Vogelknochen aus spätpaläolithischen und mesolithischen Kulturschichten der Bettelküche bei Sulzbach-Rosenberg (Oberpfalz) und der Fohlenhaus-Höhlen im Lonetal (Schwäbische Alb). In TAUTE, W. (Hrsgb.): Das Mesolithikum in Süddeutschland. Teil 2: Naturwissenschaftliche Untersuchungen. Tübingen 1978 (vgl. unten S. 141–150)

STORCH, G., 1978: Paläolithische und mesolithische Kleinsäugerfunde (Mammalia) von den Fohlenhaus-Höhlen im Lonetal (Schwäbische Alb). In TAUTE, W. (Hrsgb.): Das Mesolithikum in Süddeutschland. Teil 2: Naturwissenschaftliche Untersuchungen. Tübingen 1978 (vgl. unten S. 133–137)

TAUTE, W., in Vorbereitung: Das Mesolithikum in Süddeutschland. Teil 1: Chronologie und Ökologie

11

Aus dem Institut für Palaeoanatomie, Domestikationsforschung und Geschichte der Tiermedizin der Universität München

(Vorstand: Prof. Dr. JOACHIM BOESSNECK)

Steinzeitliche Tierknochenfunde aus der Bettelküche bei Sulzbach-Rosenberg (Oberpfalz)

von JOACHIM BOESSNECK, München

Mit 1 Tabelle

Unmittelbar vor der Höhle Bettelküche bei Breitenbrunn, Stadt Sulzbach-Rosenberg in der Oberpfalz, und unter einem Felsdach direkt daneben führte W. TAUTE, Tübingen, im Jahre 1967 Ausgrabungen durch. Das Fundgut wurde in der Prähistorischen Staatssammlung in München inventarisiert. Die Tierknochenfunde übergab der Ausgräber dann zur osteologischen Untersuchung an das Institut für Palaeoanatomie der Universität München.

Vor der Bettelküche wurden die folgenden Kulturschichten festgestellt (vgl. Teil 1: W. TAUTE):

1. Kulturschicht –   ?
2. Kulturschicht – Mittelneolithikum
3. Kulturschicht – Spätmesolithikum
4. Kulturschicht – Frühmesolithikum (Beuronien C)
5. Kulturschicht – Spätpaläolithikum

Aus der 2. Kulturschicht liegt als einziger Tierknochen eine Phalanx 1 von einem großen Wildschwein vor. Die größte Länge der peripheren Hälfte mißt 48 mm, die größte Breite proximal 21,5 mm, die kleinste Breite der Diaphyse 17 mm und die größte Breite distal 20 mm (Inv.-Nr. 1968/310 c).

Aus der 3. Kulturschicht liegen, ebenso wie aus der 1. Kulturschicht, keine Tierknochen vor. Die Funde der 4., frühmesolithischen, und der 5., spätpaläolithischen Kulturschicht sind dagegen vielseitig. Sie enthalten Reste von Säugern, Vögeln, Reptilien und Amphibien. Nachdem ich die Funde vorsortiert hatte, bat ich Herrn Dr. G. STORCH, Frankfurt a. M., um die detaillierte Untersuchung der Kleinsäugerknochen (G. STORCH 1978, vgl. unten S. 139 bis 140) und Herrn Dr. J. LEPIKSAAR, Göteborg, um die Bestimmung der Vogelknochen (J. LEPIKSAAR 1978, vgl. unten S. 141–150). Die Knochen der größeren Säuger einschließlich der kleinen Raubtiere, der einzige Schlangen-

knochen und die Amphibienreste werden nachstehend besprochen.

4. Kulturschicht

Die Knochen der 4., d. h. der frühmesolithischen Kulturschicht, stammen aus dem mittleren und unteren Drittel dieser Schicht. Soweit es sich um Reste großer Säuger handelt, sind die Knochen äußerst splitterhaft, wie es bei Tierknochenfunden aus mesolithischen Stationen gewöhnlich festzustellen ist. Auch die meisten Kleintierknochen sind bruchstückhaft. Manche der Fundstücke sind verkohlt oder kalziniert.

Vom Rothirsch, der in vorgeschichtlichen Funden Mitteleuropas meist vorherrscht, ist kein einziger Rest zu belegen, obwohl der Stärke nach Knochen von ihm unter den etwa 20 unbestimmbaren Splittern aus Schicht 4 sein könnten.

Am häufigsten, mit 12 Splittern, die aber theoretisch alle von einem einzigen Tier sein könnten, ist das Reh (*Capreolus capreolus*) nachgewiesen. 1 Incisivus, 3 kleine Rippenfragmente, 1 Humerussplitter, 2 Femurstücke und 5 Tibiasplitter liegen vor.

Vom Rotfuchs (*Vulpes vulpes*) konnten 2 Rippen und 2 Metacarpen, einer von einem Jungtier und ein Mc V von einem adulten Tier, bestimmt werden. An dem Mc V mißt die größte Länge 43,2 mm, die größte Breite distal 6,7 mm.

Auch der Dachs (*Meles meles*) ist viermal belegt, durch einen Brustwirbel, einen verkohlten Lendenwirbelkörper, eine Rippe und ein Metatarsusfragment. Alle 4 Knochen könnten vom gleichen Tier sein.

Tab. 1 Verteilung der Funde der 5. Kulturschicht (Inv.-Nr. 1968/301 d) und der wenigen Knochen, die dicht unter der 5. Kulturschicht gefunden wurden (Inv.-Nr. 1968/302)

Art	Rind	Rot-hirsch	Ren	Reh	Pferd	Wolf?	Rot-fuchs	Dachs	Baum-marder	Herme-lin	Hase	Grasfrosch
Hirnschädel	—	—	—	—	3	—	—	—	—	—	1	—
Gesichtsschädel	—	—	—	—	—	—	1	—	1	—	—	—
Oberkieferzähne	—	—	—	—	3	—	—	—	—	—	—	—
Unterkiefer	—	—	—	—	1	—	1 verk.	—	1	1	1	2
Unterkieferzähne	—	—	—	1	—	—	2	—	1	—	—	—
Halswirbel	—	—	1	—	—	—	—	—	—	—	—	—
Schwanzwirbel	—	—	—	—	—	—	—	—	1	—	—	3
Rippen	—	1	—	—	—	—	1	1	—	—	—	—
Brustbein	—	—	—	—	—	—	1	—	—	—	—	—
Oberarmbein	—	—	—	—	—	—	1	—	—	2	1	5
Speiche	—	—	—	—	—	1	—	—	—	—	1	} 7
Elle	—	—	—	—	—	—	1	—	1	1	1	
Mittelhand	1	—	1	—	—	—	2	—	1	—	—	—
Becken	—	—	1	—	—	—	—	—	—	—	—	39
Oberschenkelbein	—	—	—	3	—	—	1	—	1	1	1	26
Patella	—	—	—	—	—	—	1	—	—	—	—	—
Schienbein	—	—	—	—	—	—	1	—	—	—	1	} 66
Wadenbein	—	—	—	—	—	—	2	—	—	—	—	
Talus	—	—	—	—	—	—	—	—	—	—	—	} 8
Calcaneus	—	—	—	—	—	—	—	—	—	—	—	
Mittelfuß	—	1	—	1	—	—	2	—	3	—	—	—
Phalanx 1	—	—	1	—	—	—	1	—	1	—	—	—
Phalanx 2	—	—	—	—	—	—	2	—	—	—	—	—
Phalanx 3	—	—	1	—	—	—	—	—	—	—	—	—
Insgesamt	1	2	4	6	7	1	20	1	11	5	7	156
MIZ	1	1	1	2	2	1	2	1	1	2	2	30

unbestimmbar ca. 100 meist kleinste Splitter, verk. = verkohlt.

Der Humerus eines Welpen scheint von einem Marder (*Martes* spec.) zu sein.

Von einem Hasen (*Lepus* spec.) stammt ein Splitter von einem Tibiakörper.

Die Bestimmung des Distalteils einer Ulna und des Distalteils vom Corpus einer Fibula vom Eichhörnchen (*Sciurus vulgaris*) verdanken wir Herrn J. LEPIKSAAR.

Bei dem erwähnten Schlangenknochen handelt es sich um das Quadratum einer Ringelnatter (*Natrix natrix*).

Von den 11 Amphibienknochen aus Kulturschicht 4 sind 4 von der Erdkröte (*Bufo bufo*), nämlich ein Scapularest, 2 Femurteile der gleichen Körperseite von kleineren Tieren und 1 Bruchstück eines Os cruris von einer großen Kröte. Die 7 Froschknochen zeigen beste Übereinstimmung mit dem Grasfrosch (*Rana temporaria*); der Moorfrosch (*Rana arvalis*) ist aber nicht in allen Fällen auszuschließen. Es liegen vor: 1 Unterkieferhälfte, 1 Os coccygis, 1 Os antebrachii, 2 Darmbeinstücke, 1 Os cruris, 1 Talus. Wegen der Größenunterschiede stammen die Knochen von mindestens 2 Tieren.

5. Kulturschicht

Über die Verteilung der Knochen der 5. Kulturschicht, die als spätpaläolithisch eingestuft wird, orientiert die nebenstehende Übersicht (Tab. 1). Die nachgewiesene Fauna ist zum Teil sicher späteiszeitlich, aber wie es scheint enthält die Schicht Komponenten einer früheren, kälteren und einer späteren, wärmeren Epoche. Daß die Pferde- und die Rentierknochen in die ältere Phase einzuordnen sind, läßt sich schon daran erkennen, daß Knochen der gleichen Individuen in dem Sediment dicht unter der 5. Kulturschicht und in dieser Kulturschicht selbst gefunden wurden (s. u.). Reh, Dachs und Baummarder dürften aber in einer wärmeren Phase, in der die Gegend stärker bewaldet war, in der Umgebung der Höhle gelebt haben. Mir will es als möglich erscheinen, daß es sich zumindest bei dem Knochen des Dachses bereits um einen nacheiszeitlichen Rest und zwar aus mesolithischer Zeit handelt. Bei den beiden Rothirschknochen ist die Artbestimmung unsicher. Wolf, Hermelin und Grasfrosch kamen ebenso in der Späteiszeit vor wie danach. Da die Fuchsknochen alle vom Rotfuchs sind, gilt in diesem Fall das gleiche. Bei dem einzigen Knochen eines Rindes und bei den Hasenknochen würde die Artdiagnose Klarheit über ihre zeitliche Einstufung bringen. Sie sind aber nicht weiter bestimmbar. Im einzelnen ist zu den Funden der verschiedenen Tierarten folgendes zu sagen:

Der Rinderknochen ist die distale Hälfte eines schlankwüchsigen Jungtiermetacarpus, bei dem die distalen Epiphysen fehlen. Schon weil wir kein Vergleichsmaterial von Jungtieren des Steppenwisents *(Bison priscus)* zur Verfügung oder gesehen haben, ist es mir unmöglich, die Artzugehörigkeit des Fundes zu bestimmen.

Weder das wenige Zentimeter lange Rippenfragment noch der unscheinbare, kurze Schaftteil eines Metatarsus sind mit Sicherheit dem Rothirsch *(Cervus elaphus)* zuzuordnen.

Von den 4 Knochen des Rentiers *(Rangifer tarandus)* wurde das Fesselbein im Sediment dicht unter der 5. Kulturschicht gefunden (Inv.-Nr. 1968/302). Es paßt aber so vollkommen an die Mittelhandtrochlea, die in der Kulturschicht selbst gefunden wurde (Inv.-Nr. 1968/301 d), daß angenommen werden darf, beide Knochen kommen vom gleichen Tier. Die größte Breite distal des Metacarpus mißt ca. 41 mm. An der Phalanx 1 beträgt die größte Länge der peripheren Hälfte 47 mm, die größte Breite proximal 20 mm, die kleinste Breite der Diaphyse 14,5 mm und die größte Breite distal 16,5 mm.

Unter den 6 Belegen für das Reh *(Capreolus capreolus)* befindet sich die distale Hälfte eines Jungtierfemur ohne Epiphyse, der proximal des Distalendes des Corpus verkrümmt ist.

Das Pferd *(Equus* spec.) ist aus der 5. Kulturschicht nur mit 2 kleinen, vielleicht zusammengehörigen Kalottenfragmenten und einem M superior vertreten. Ein weiteres kleines Hirnschädelstück, 2 M_3 superior und eine Unterkieferhälfte, bei der M_2 kurz vor dem Durchbruch stand, kommen aus dem Sediment dicht unter der 5. Kulturschicht. Der Oberkiefermolar aus Schicht 5 scheint der zu einem der M_3 passende M_2 zu sein. Beide sind mittelgradig abgekaut. Die Länge des M_3 mißt 29, die Breite 24,5 mm. Bei dem M_2 beträgt die Länge 31, die Breite 29 mm. An dem zweiten M_3 superior, der stärker abgekaut ist, mißt die Länge 29, die Breite 25 mm. Die Maße wurden jeweils nahe der Kaufläche abgenommen. An dem stärker abgekauten M_3 ist die Zahnzeichnung einfach, an den beiden anderen Oberkiefermolaren differenzierter. Der Protocon ist bei den beiden M_3 lang und schmal, bei dem anderen Oberkiefermolar kürzer und breiter. Der Größe und Zahnzeichnung nach passen die Zähne besser zu den Funden der Schichten VII bis V der Brillenhöhle bei Blaubeuren (G. RIEK, 1958, 1973) als zu denen der Schicht IV, der letzten späteiszeitlichen Schicht dieses Fundortes (J. BOESSNECK und A. v. d. DRIESCH, 1973). Die Pferde der jüngsten Schicht, die ein Harpunen führendes Magdalénien enthielt, waren kleiner, von der Größe des Przewalskipferdes.

Als einziger Nachweis des Wolfes *(Canis lupus)* liegt ein Stück vom Schaft eines Radius vor. Der Knochen muß von einem großen Wolf sein. Er ist aber so schlecht erhalten, daß die Bestimmung nicht ganz sicher ist.

Am häufigsten von allen Säugetieren ist in Kulturschicht 5 der Rotfuchs *(Vulpes vulpes)* festgestellt worden. Für den Eisfuchs *(Alopex lagopus)* sind die Knochen zu groß.

An einer Ulna mißt der kleinste Durchmesser des Olecranon 13,5 mm, der Durchmesser im Bereich des Processus anconaeus 16 mm und die größte Breite des Gelenkteiles 11,5 mm. Ein Metacarpus II hat eine größte Länge von 49,5 mm und eine größte Breite distal von 6,8 mm. Die gleichen Maße eines Mc IV betragen 49,8 und 6 mm. Er ist damit relativ kleiner. An einem langen, schlankwüchsigen Mt IV messen diese Strecken 73,5 und 6 mm.

Der einzige Knochen des Dachses *(Meles meles)* aus der 5. Kulturschicht, eine erste Rippe, unterscheidet sich im Aussehen nicht von den Funden aus der mesolithischen Schicht.

Während der Edelmarder *(Martes martes)* in den späteiszeitlichen Funden aus der Brillenhöhle gänzlich fehlt (J. BOESSNECK und A. v. d. DRIESCH 1973), ist er in den Funden der 5. Kulturschicht der Bettelküche verhältnismäßig zahlreich. Man möchte an eine spätere Zeitphase denken. Die Knochen sind von großen Tieren. An einem Oberkiefer mißt die Länge von P_2–M_1 am Alveolenrand abgenommen 25,5 mm, die Länge des P_4 ohne Berücksichtigung des oromedialen Vorsprungs 9,6 mm, die Breite des P_4 einschließlich des oromedialen Vorsprungs 6,4 mm und die Breite des M_1 9,3 mm. Eine Unterkieferhälfte läßt folgende Strecken abnehmen: Länge der Backzahnreihe, P_1–M_2, Alveolenmaß 34,7 mm, Länge von P_2–M_2, Alveolenmaß 33,2 mm, Länge von P_2–M_1, Alveolenmaß 29,5 mm, Länge der Molarreihe, M_1–M_2, Alveolenmaß 16,0 mm, Länge von M_1 am Cingulum gemessen 12,2 mm, Breite von M_1 am Cingulum gemessen 5,1 mm, Höhe des Corpus mandibulae zwischen P_4 und M_1 auf der Medialseite 10,5 mm. An einem Mt V mißt die größte Länge 37 mm, die größte Breite distal 4,8 mm. Alle 3 meßbaren und die nicht meßbaren Knochen könnten zusammengehören. Der Größe nach sollten sie von einem ♂ Tier sein (vgl. J. BOESSNECK, 1978, vgl. oben S. 87–99).

Unter den 5 Knochen des Hermelins *(Mustela erminea)* ist die lose proximale Epiphyse eines Humerus und das Corpus eines adulten Humerus, wodurch sich die Mindestindividuenzahl von 2 ergibt. Eine Unterkieferhälfte ließ folgende Maße abnehmen: Länge vom Hinterrand der Alveole des M_2 zum Vorderrand der Alveole des C 14 mm, Länge der Backzahnreihe, P_2–M_2, Alveolenmaß 11,5 mm, Länge der Molarreihe, M_1–M_2, Alveolenmaß 6,5 mm, Länge der Prämolarreihe, P_2–P_4, Alveolenmaß 5,5 mm, Länge des M_1 am Cingulum gemessen 5,5 mm, Breite des M_1 am Cingulum gemessen 2,0 mm (vgl. J. BOESSNECK und A. v. d. DRIESCH, 1973, Tab. 21). Die größte Länge eines Femur beträgt 24,5 mm. Sie gleicht der Länge dieses Knochens vom Caput aus gemessen. Die kleinste Breite der Diaphyse dieses Femur mißt 2,0 mm, die größte Breite distal 4,5 mm.

Wenn bei den Hasenknochen die zeitliche Einordnung in die Späteiszeit zutrifft, müßte es sich um den Schneehasen *(Lepus timidus)* handeln. An den kleinen Fragmenten sind keine Artcharakteristika zu entdecken.

Die zahlreichen Froschknochen stimmen mit den Froschknochen aus der Brillenhöhle überein. Ich verweise auf die Ausführungen von J. BOESSNECK und A. v. d. DRIESCH (1973) zu den Funden dieser Höhle des oberen Donaugebiets. Die Knochen stammen vom Grasfrosch (*Rana temporaria*). Von den 66 Unterschenkelknochen sind 60 Mitteile. Daraus ergibt sich die Mindestzahl von 30 Individuen. Am nächsthäufigen Knochen, dem Darmbein, beträgt die Mindestindividuenzahl 21, denn 21 Teilen der gleichen Region des linken Os ilium stehen 18 Darmbeinstücke der rechten Seite gegenüber. Alle 5 Humeri stammen von männlichen Tieren.

Literaturverzeichnis

BOESSNECK, J., 1978: Die Tierknochenfunde aus der mesolithischen Kulturschicht der Falkensteinhöhle, Markung Thiergarten, im oberen Donautal. In TAUTE, W. (Hrsgb.): Das Mesolithikum in Süddeutschland. Teil 2: Naturwissenschaftliche Untersuchungen. Tübingen 1978 (vgl. oben S. 87–99)

BOESSNECK, J. und v. d. DRIESCH, A., 1973: die jungpleistozänen Tierknochenfunde aus der Brillenhöhle. Forschungen und Berichte zur Vor- und Frühgeschichte in Baden-Württemberg 4/II. Stuttgart

LEPIKSAAR, J., 1978: Vogelknochenfunde aus spätpaläolithischen und mesolithischen Kulturschichten der Bettelküche bei Sulzbach-Rosenberg (Oberpfalz) und der Fohlenhaus-Höhlen im Lonetal (Schwäbische Alb). In TAUTE, W. (Hrsgb.): Das Mesolithikum in Süddeutschland. Teil 2: Naturwissenschaftliche Untersuchungen. Tübingen 1978 (vgl. unten S. 141–150)

RIEK, G., 1958: Das Paläolithikum der Brillenhöhle im Achtal bei Blaubeuren (Schwäb. Jura). In KRÄMER, W. (Hrsgb.): Neue Ausgrabungen in Deutschland, Berlin 1958. S. 6–22

– 1973: Das Paläolithikum der Brillenhöhle bei Blaubeuren (Schwäbische Alb). Forschungen und Berichte zur Vor- und Frühgeschichte in Baden-Württemberg 4/I. Stuttgart

STORCH, G., 1978: Kleinsäugerfunde (Mammalia) aus spätpaläolithischen und mesolithischen Kulturschichten der Bettelküche bei Sulzbach-Rosenberg (Oberpfalz). In TAUTE, W. (Hrsgb.): Das Mesolithikum in Süddeutschland. Teil 2: Naturwissenschaftliche Untersuchungen. Tübingen 1978 (vgl. unten S. 139 f.)

TAUTE, W., in Vorbereitung: Das Mesolithikum in Süddeutschland. Teil 1: Chronologie und Ökologie

12

Aus dem Institut für Palaeoanatomie, Domestikationsforschung und Geschichte der Tiermedizin der Universität München

(Vorstand: Prof. Dr. JOACHIM BOESSNECK)

Die Tierknochenfunde von einer steinzeitlichen Fundstelle auf der Kleinen Kalmit bei Arzheim, Stadt Landau (Pfalz)

von JOACHIM BOESSNECK, München

Mit 2 Tabellen

Das Fundmaterial ist 1962 und 1963 durch A. MORA, Arzheim, W. STORCK, Mutterstadt, und W. TAUTE, Tübingen, in mehreren kurzen Grabungen geborgen worden. Die Fundstelle liegt auf der Kleinen Kalmit, einer Bergkuppe in der westlichen Randzone des Oberrheingrabens nahe Landau in der Pfalz.

Die Tierknochenfunde sind ganz außergewöhnlich fragmentär und zumeist in so kleine Stücke zerschlagen oder zerfallen, daß ihre Bestimmung unmöglich ist. Die große Mehrzahl der Splitter ist kürzer als ein Fingerglied. Nach mühevollem, zeitraubendem Zusammensuchen und Verleimen aneinander passender Knochen- oder Zahnteile ließ sich die Fundmenge um annähernd 100 Stücke vermindern. Es blieben 4122 Knochen, Knochenstücke, Zähne und Zahnteile, von denen aber nur 537, das sind 13 %, bestimmt werden konnten. Vor allem waren es Zähne und Zahnfragmente, deren Artzugehörigkeit zu erkennen war (s. Tab. 1). Um zu verdeutlichen, wie klein die Masse der Fundstücke ist, habe ich das gesamte Material gewogen. 3530 unbestimmbare Knochensplitter wiegen nur 2695 g, das heißt ein Stück im Durchschnitt nur 0,76 g. 55 unbestimmbare Zahnsplitter wiegen gar nur 20 g. Rund ein Viertel der Knochensplitter ist verkohlt oder kalziniert. Unter den bestimmbaren befinden sich naturgemäß vor allem größere Stücke, so daß nach dem Gewichtsanteil viel mehr, nämlich etwa 40 % des Materials erkannt werden konnte (s. Tab. 1). Es ist hervorzuheben, daß die unbestimmbaren Fragmente auch von mittelgroßen und größeren Säugetieren sind und kaum etwas anderes repräsentieren dürften als der bestimmbare Fundanteil. Den in Tabelle 1 mit angegebenen Mindestindividuenzahlen kommt bei dem geschilderten Zustand des Materials nur eine untergeordnete Bedeutung zu.

Einen anscheinend ähnlich hohen Zertrümmerungsgrad stellte E. SCHMID (1964, 93) an den Mahlzeitresten mesolithischer Jäger der Birsmatten-Grotte fest. Sie behielt einen Anteil unbestimmbarer Knochen(stücke) von 87,5 % zurück. Ich selbst machte eine entsprechende Beobachtung an Funden aus praekeramischen Schichten Thessaliens (V. MILOJČIĆ, J. BOESSNECK und M. HOPF 1962, 27 f.), konnte aber damals infolge günstigerer Zusammensetzung des Fundguts einen erheblich größeren Anteil der Stücke bestimmen.

W. TAUTE hielt anfänglich – unmittelbar nach Abschluß der Grabungen und noch vor der detaillierten archäologischen Analyse – das gesamte Fundgut von der Grabungsstelle auf der Kleinen Kalmit für mesolithisch. Unter dieser Voraussetzung war es von größtem Interesse, daß Knochen von Schaf oder Ziege und von verhältnismäßig kleinen Schweinen, bei denen die Zugehörigkeit zu domestizierten Tieren naheliegt, unter den Funden sind (s. u.). Damit nicht voreilig das Vorkommen von anderen Haustieren als dem Hund in einer mittelsteinzeitlichen Kultur behauptet wird, mußte zunächst versucht werden, zu ermitteln, ob das Fundgut wirklich keine nachmesolithischen Anteile enthält. Dies geschah, indem E. SCHMID (1978, vgl. unten S. 127 f.) an einer Auswahl von Knochen des Fundplatzes eine relative Altersbestimmung unter der ultravioletten Lampe vornahm. Nach dieser UV-Analyse stammen die Knochen nicht aus einer einheitlichen Kulturphase. TAUTE (brieflich) stellte nun »auch unter dem Steingerät, das zusammen mit den Tierknochen gefunden wurde, einige wenige sichere neolithische Typen« fest, darunter eine Klinge mit Lackglanz-Politur, wie solche als Einsatzklingen in Erntemessern gelten. Die sehr zahlreichen mesolithischen Funde sind frühmesolithisch. Es »liegt

Tab. 1 Verteilung der Funde nach Zahl und Gewicht

Tierart	Knochen Knochenstücke	Gewicht in g	Zähne Zahnstücke	Gewicht in g	Knochen u. Zähne	Gewicht in g	Mindest-individuenzahl
Wildrind							
Bos/Bison	5	50	5	80	10	130	2
Rothirsch							
Cervus elaphus L.	130	880	90	115	220	995	5
Reh							
Capreolus capreolus L.	26	54	4	2	30	56	3
Schaf/Ziege							
Ovis/Capra	3	4	6	4	9	8	2
Schwein							
Sus scrofa L.	90	360	160	210	250	570	5
Hund							
Canis familiaris L.	2	3,5	2	1,5	4	5	2
Biber							
Castor fiber L.	3	7	10	7	13	14	2
Eichhörnchen							
Sciurus vulgaris L.	—	—	1	—	1	—	1
Summen	259	1358,5	278	419,5	537	1778	—
Unbestimmt	3530	2695	55	20	3585	2715	—
Prozentanteil der bestimmten Knochen/Zähne	6,84	33,51	83,48	95,45	13,03	39,57	—

keine mesolithische Stufe vor, die mit dem Neolithikum zeitlich in Berührung stand, oder die gar eine Übergangskultur repräsentiert. Danach bleibt auch von der Archäologie her nur der Schluß, daß hier frühmesolithische und neolithische Altsachen vermischt sind. Die Lagerung der Funde dicht unter der Oberfläche und am Hang der »Kleinen Kalmit« macht es leicht, sich eine solche Vermischung vorzustellen.« (Vgl. dazu Teil 1: W. TAUTE.)

Das Faunenbild des Fundplatzes »Kleine Kalmit« ist wenig vielseitig (s. Tab. 1). Es enthält eine ganze Reihe von Arten, vor allem an Raubtieren, nicht, deren gewöhnliches Vorkommen in der Gegend als sicher angenommen werden darf. Sicherlich handelt es sich bei den Knochenresten ganz oder nahezu ausschließlich um Speisereste. Am häufigsten sind die Funde vom Rothirsch und vom Schwein, die sich etwa die Waage halten. Aus der Liste der übrigen Arten tritt nur noch das Reh in der Menge etwas hervor.

Die Funde umfassen alle Regionen des Skeletts. Bei der Zufälligkeit des Bestimmbaren erscheint es aber nicht als notwendig, die Verteilung im einzelnen anzugeben.

An den wenigen Wildrindknochen und -zahnstücken läßt sich die Gattungszugehörigkeit nicht bestimmen. Die Zugehörigkeit zum Hausrind (*Bos taurus* L.) ist nach der Größe ganz unwahrscheinlich. Ein einziger Zahn, ein M₃ superior, ist annähernd vollständig erhalten, nur proximal ausgebrochen. Seine vordere Hälfte ist geringgradig abgekaut, die hintere im Beginn der Abkauung. Die größte Länge des Zahnes mißt 38 mm.

Für die Knochen des Rothirschs (*Cervus elaphus* L.) ist hervorzuheben, daß sie nicht, wie so oft in vorgeschichtlichen Stationen, bemerkenswert große Tiere repräsentie-

ren. Der einzige ganz erhaltene Knochen, ein adulter Calcaneus, weist als größte Länge 112,5 mm auf. Er liegt damit deutlich unter dem Durchschnittswert (120,1 mm) aus der Station der Cortaillod-Kultur Seeberg, Burgäschisee-Süd (J. BOESSNECK, J.-P. JÉQUIER und H. R. STAMPFLI 1963, 77, 91), die bisher die breiteste Materialbasis bietet. An einer Phalanx 2 mißt die größte Länge der peripheren Hälfte ca. 40 mm – Mittelwert aus Burgäschisee-Süd 43,2 mm – und an zwei Phalangen 1 die größte Breite distal 20 bzw. 19,5 mm – Mittelwert aus Burgäschisee-Süd 20 mm. Aber nicht nur nach diesen wenigen meßbaren Knochen, sondern auch nach den nicht meßbaren Fragmenten, soweit sie eine Beurteilung der Größe zulassen, waren die Hirsche nicht besonders groß. Bei dem erheblichen Geschlechtsdimorphismus und dem wenigen Material sollten aus dieser Beobachtung für sich allein jedoch keine Folgerungen gezogen werden.

Anders als beim Rothirsch sind beim Reh (*Capreolus capreolus* L.) die Knochen über mittelgroß im Vergleich mit den Funden von Burgäschisee-Süd. Sie sind damit deutlich größer als bei den meisten rezenten mitteleuropäischen Rehen. Wieder ließen sich aber nur wenige Stücke vermessen. Ein mittelgradig abgekauter M₃ inferior ist 16,5 mm lang (vgl. J. BOESSNECK, J.-P. JÉQUIER und H. R. STAMPFLI 1963, 105). Von zwei Calcanei ließ einer die größte Länge von 63 mm abnehmen (vgl. J. BOESSNECK 1956, 126; J. BOESSNECK, J.-P. JÉQUIER und H. R. STAMPFLI 1963, 110). Der andere war etwa ebenso lang oder minimal – bis zu 1 mm – länger. Bemerkenswert ist eine Phalanx 1 mit einer größten Länge der peripheren Hälfte von ca. 37 mm, weil sie – soweit zu erkennen – von einer Vorderextremität stammt und damit der größten Phalanx 1 anterior von Burgäschisee-Süd gleicht (J. BOESSNECK, J.-P. JÉQUIER und H. R. STAMPFLI 1963, 110). Als einziges Breitenmaß ließ sie die kleinste Breite der Diaphyse messen: 7,7 mm.

Von größtem Interesse waren anfänglich die Funde von Schaf *(Ovis)* oder Ziege *(Capra)*, als ihre mesolithische Herkunft vermutet werden mußte.

Bis vor kurzem waren Wildschafe aus der Nacheiszeit vom europäischen Festland unbekannt oder zumindest nicht sicher nachgewiesen (s. J. BOESSNECK 1956a, 19 ff.). Auch die Angaben von P. DUCOS (1958) für Südfrankreich überzeugen nicht. Hier könnte es sich bereits von den mesolithischen Schichten an um domestizierte Tiere handeln, ist doch auch der Hund im Fundgut belegt und die Zuordnung der wenigen vermessenen Schweineknochen zum Wildschwein nach den angegebenen Maßen nicht zwingend. Abgesehen davon ist fraglich, ob wirklich alle dem Schaf zugeordneten Knochen auch von *Ovis* stammen. So sieht der in Figur 1 abgebildete Hornzapfen ganz wie der Zapfen einer ♀ Hausziege aus. Zuletzt aber haben C. RADULESCO und P. SAMSON (1962) eingehend über das Vorkommen wilder Schafe in der Dobrudscha vom oberen Pleistozän bis ins Postglazial hinein berichtet. In diesem Raum, in dem auch andere der Kälte ausweichende Arten die Eiszeit überstanden oder den sie mit deren Rückgang wieder eroberten, hat dieses Vorkommen mehr für sich, muß aber noch besser bestätigt werden. – Von *Capra* ist für das europäische Festland nur der Steinbock in mehreren Unterarten nachgewiesen, nicht aber *Capra aegagrus* ERXLEBEN, die eigentliche Wildziege und Vorfahrin unserer Hausziegen (s. J. BOESSNECK 1956a, 23 f.).

Die Funde von *Ovis/Capra* von der Kleinen Kalmit sind unscheinbar: Ein ganzer P superior und die Außenwand eines anderen oberen Prämolaren; 4 kleine Fragmente von oberen Molaren; ein kleines Unterkieferfragment (Zuordnung nicht gesichert); ein kleines Beckenstück vom Kranialteil des Acetabulum bis zu der wenig ausgeprägten Rektusgrube, für das beste Übereinstimmung bei *Ovis* gefunden wurde, und schließlich eine unvollständige Tibia distal, deren Zuordnung zu *Ovis/Capra* mit Vorbehalt erfolgen muß. Die Bestimmung der Zähne bestätigte mir Herr Dr. J. LEPIKSAAR, Göteborg. Für den Alpensteinbock *(Capra ibex ibex* L.), der auch tiergeographisch kaum in Betracht kommt, waren die Zähne, soweit zu erkennen, außergewöhnlich hochkronig und klein. Das Beckenstück stimmt bei *Capra ibex* nicht überein. Die Gemse *(Rupicapra rupicapra* L.) – ebenfalls schon tiergeographisch unwahrscheinlich – konnte an mehreren Zahnfunden, dem Beckenstück und der Tibia ausgeschieden werden. Somit bleibt nur die Zugehörigkeit zu domestizierten Schafen oder evtl. Ziegen (– wenn man nicht das Vorkommen kleinerer Wildschafe über Süd- oder Südosteuropa hinaus gar auch für Miteleuropa annehmen will). Mir scheint am naheliegendsten zu sein, daß die Reste von domestizierten

Tieren stammen, nachdem auch der Haushund im Fundgut vorkommt und unter den nunmehr zu besprechenden Schweineknochen möglicherweise ebenfalls solche von domestizierten Tieren sind. Diese Diagnose, die unter den anfänglich gegebenen Voraussetzungen gestellt wurde, paßt zu den neuen Gegebenheiten der Datierung des Fundguts (s. o.). Die Knochen werden z. T. aus neolithischer Zeit sein.

An den Schweineknochen fiel – von einigen Stücken abgesehen – auf, daß sie nicht so groß sind wie Knochen des Wildschweins *(Sus scrofa* L.) in vorgeschichtlicher Zeit. Man denkt sofort an den ähnlichen Befund beim Rothirsch. Beim Schwein aber liegen andere wichtige Maße nicht nur unter dem Mittelwert der Wildschweinknochen von Burgäschisee-Süd, sondern in dem fundleeren Bereich zwischen dem Wildschwein und dem in Burgäschisee-Süd kleinen Hausschwein und verglichen mit den Knochen anderer Stationen des Neolihtikums liegen sie teils wieder im Grenzbereich zwischen Wild- und Hausschwein bis in den für das Hausschwein angenommenen Variationsbereich hinein. Von den meßbaren Knochen ist nur einer groß: Ein Epistropheus mit einer größten Breite der kranialen Gelenkfläche von 57 mm. Die Zahnmaße sind in Tabelle 2 zusammengestellt. Während die M_3 superior auch in einem neolithischen Fundzusammenhang sicher von vielen Bearbeitern einem Wildschwein zugeordnet worden wäre, wäre der M_3 inferior wohl meist zum Hausschwein gezählt worden (s. G. OPITZ 1958, Tab. 33). Das kleinste Maß für das Wildschwein betrug in Burgäschisee-Süd 40 mm (J. BOESSNECK, J.-P. JÉQUIER und H. R. STAMPFLI 1963, 61 f.). Eine Ulna mit einem kleinsten Durchmesser über den Processus anconaeus von 41 mm liegt im Vergleich mit den zahlreichen Funden von Burgäschisee-Süd in der Lücke zwischen Wild- und Hausschwein, näher den Minima des Wildschweins (l.c. S. 65 f.), im Vergleich mit anderen vor- und frühgeschichtlichen Funden (BOESSNECK 1956 b, 48; 1958, 161) gleichfalls im fraglichen Bereich. Eine zweite Ulna könnte minimal größer gewesen sein. Ebenso wie die Ulnae verhält sich ein Talus mit ca. 44 mm Länge der lateralen Hälfte im Vergleich mit dem Befund von Burgäschisee-Süd (J. BOESSNECK, J.-P. JÉQUIER und H. R. STAMPFLI 1963, 67 f.). Er liegt im übrigen im Überschneidungsbereich zwischen Wild- und Hausschwein (J. BOESSNECK 1958, 52; H. HARTMANN-FRICK 1960, 181 f.; J. BOESSNECK, J.-P. JÉQUIER und H. R. STAMPFLI 1963, 71). Ein Mc_5 mit einer größten Länge von 69 mm und einer größten Breite distal von 14,5 mm und die distale Hälfte einer Phalanx 1 mit einer größten Breite distal von 18,5 mm und einer kleinsten Breite der Diaphyse von 16 mm passen zu kleineren Stücken von Wildschweinen aus Burgäschisee-Süd, haben aber als Maße für die Domestikationsfrage keine Bedeutung.

Dieser Befund an den Schweineknochen läßt die Herkunft mancher der Reste von neolithischen Hausschweinen als wahrscheinlich erscheinen. Dafür spricht auch das Ergebnis der UV-Analyse (E. SCHMID 1978, vgl. unten S. 127 bis 128). Die Größenminderung, die für die Domestikation charakteristisch ist (J. BOESSNECK 1958, 1958 a), war noch nicht fortgeschritten.

Vom H u n d (*Canis familiaris* L.) liegen neben einem unscheinbaren Caninusstück und einem Reißzahnfragment des Unterkiefers zwei kleine Beckenstücke verschiedener Individuen vor. Die Beckenfragmente passen in der Größe zum Torfhund (*Canis familiaris palustris* RÜTIMEYER). Die Zähne lassen die Größe kaum beurteilen. Sie könnten wohl ebenfalls vom Torfhund, aber auch von Hunden anderer Größen stammen.

Reste des B i b e r s (*Castor fiber* L.) finden sich in den meisten vorgeschichtlichen Stationen (Literatur s. J. BOESSNECK 1956 b, 24; 1958, 56; außerdem H. HARTMANN-FRICK 1960, 18 f.; J. BOESSNECK, J.-P. JÉQUIER und H. R. STAMPFLI 1963, 21 ff.), denn er war früher in Europa weit verbreitet und wurde wegen seines Pelzes und seines Fleisches viel gejagt.

Tab. 2 Maße von Schweinezähnen

| | superior | | inferior | | |
	M$_3$	M$_2$	M$_3$	M$_2$	M$_2$
Länge	39,5	25,3	38,5	23,5	22
Breite	20,5	20	—	15	15
Abkauung	gering	gering	stark	gering	stark

Vom E i c h h ö r n c h e n (*Sciurus vulgaris* L.) liegt nur ein unterer Nagezahn vor.

Zusammenfassend ist festzustellen, daß die Funde von der »Kleinen Kalmit« trotz des außerordentlich schlechten Erhaltungszustands der meisten Fundstücke und des deshalb nur geringen Erfolges bei der Arbeit der Bestimmung doch die besondere Aufmerksamkeit verdienten, weil die vorgefundenen vermutlichen Haustierknochen die Frage der Datierung des Fundplatzes ins Rollen brachten.

Literaturverzeichnis

BOESSNECK, J., 1956: Zur Größe des mitteleuropäischen Rehes (*Capreolus capreolus* L.) in alluvial-vorgeschichtlicher und früher historischer Zeit. Zeitschr. f. Säugetierkde. *21*, 121–131, 1956

– 1956 a: Zu den Tierknochen aus neolithischen Siedlungen Thessaliens. 36. Bericht der Römisch-Germanischen Kommission 1955, 1–51, 1956

– 1956 b: Tierknochen aus spätneolithischen Siedlungen Bayerns. Studien an vor- und frühgeschichtlichen Tierresten Bayerns *1*, München 1956

– 1958: Zur Entwicklung vor- und frühgeschichtlicher Haus- und Wildtiere Bayerns im Rahmen der gleichzeitigen Tierwelt Mitteleuropas. Studien an vor- und frühgeschichtlichen Tierresten Bayerns *2*, München 1958

– 1958 a: Herkunft und Frühgeschichte unserer mitteleuropäischen landwirtschaftlichen Nutztiere. Züchtungskde. *30*, 289–296, 1958

BOESSNECK, J., JÉQUIER, J.-P. und STAMPFLI, H. R., 1963: Seeberg, Burgäschisee-Süd, Teil 3: Die Tierreste. Acta Bernensia II, Teil 3, Bern 1963

DUCOS, P., 1958: Le gisement de Châteauneuf-lez-Martigues (B.-du-R.). Les mammifères et les problèmes de domestication. Bull. du Musée d'Anthropologie Préhistorique de Monaco No. 5, 119–133, 1958

HARTMANN-FRICK, H., 1960: Die Tierwelt des prähistorischen Siedlungsplatzes auf dem Eschner Lützengüetle, Fürstentum Liechtenstein (Neolithikum bis La Tène). Jb. histor. Ver. f. d. Fürstentum Liechtenstein *59*, 5–223, 1960

MILOJČIĆ, V., BOESSNECK, J. und HOPF, M., 1962: Argissa Magula I. Das Präkeramische Neolithikum sowie die Tier- und Pflanzenreste. Beiträge z. Ur- und Frühgesch. Arch. d. Mittelmeer-Kulturraumes *2*, Bonn 1962

OPITZ, G., 1958: Die Schweine des Latène-Oppidums Manching. Studien an vor- und frühgeschichtlichen Tierresten Bayerns *3*, München 1958

RADULESCO, C. und SAMSON, P., 1962: Sur un centre de domestication du Mouton dans le Mésolithique de la grotte »La Adam« en Dobrogea. Zeitschr. f. Tierzüchtg. u. Züchtungsbiol. *76*, 282–320, 1962

SCHMID, E., 1963: Die Tierknochen. In BANDI, H.-G. (Hrsgb.): Birsmatten-Basisgrotte, Eine mittelsteinzeitliche Fundstelle im unteren Birstal, 93–100, Acta Bernensia I, Bern 1963

– 1978: Relative Altersbestimmung einiger Knochenreste von einer steinzeitlichen Fundstelle auf der Kleinen Kalmit bei Arzheim, Kreis Landau (Pfalz). In TAUTE, W. (Hrsgb.): Das Mesolithikum in Süddeutschland. Teil 2: Naturwissenschaftliche Untersuchungen. Tübingen 1978 (vgl. unten S. 127 f.)

TAUTE, W., in Vorbereitung: Das Mesolithikum in Süddeutschland. Teil 1: Chronologie und Ökologie

13

Relative Altersbestimmung einiger Knochenreste von einer steinzeitlichen Fundstelle auf der Kleinen Kalmit bei Arzheim, Stadt Landau (Pfalz)

von ELISABETH SCHMID, Basel

Die bei der Bergung der Funde auf der Kleinen Kalmit gewonnenen Tierknochen (vgl. Teil 1: W. TAUTE), erhielt J. BOESSNECK, München, von W. TAUTE, Tübingen, zur Bestimmung zugeschickt. Diese Untersuchung (J. BOESSNECK 1978, vgl. oben S. 123–126) lieferte das erstaunliche Ergebnis, daß die – wie es zunächst schien – ausschließlich mesolithischen Silexartefakte mit Knochen nicht nur von Wildtieren, sondern auch von (kleinen) Haustieren vermischt waren. Erst später stellte sich heraus, daß sich unter den Artefakten von frühmesolithischer Stellung auch einige wenige sicher neolithische Typen befinden, darunter eine mit Lackglanz-Politur versehene Einsatzklinge für ein Erntemesser. J. BOESSNECK empfahl angesichts des überraschenden Befundes, prüfen zu lassen, ob alle Knochen gleich alt seien. Die einfachste Methode hierfür ist die Kontrolle der Leimsubstanz unter der ultravioletten Lampe (UV-Licht). Hierfür sandte mir W. TAU-TE die von J. BOESSNECK zusammengestellte kleine Auswahl von Knochen und Zähnen, da schon bei einer anderen mesolithischen Station mit dieser Methode jüngere Knochen identifiziert werden konnten:

In der mesolithischen Station Birsmatten-Basisgrotte gehörten die Bovidenreste der tieferen Schichten (Horizonte 2–4) zu Wildrindern. Die weniger kräftigen Bovidenknochen der obersten Schicht (Horizont 1) schienen von Hausrindern zu stammen und waren damit zu den hier eingestreuten jüngeren Kulturresten einzuordnen. Diese Feststellung war jedoch erst gesichert, als das geringe Alter der obersten Bovidenreste durch eine gegenüber der tiefer liegenden Knochen weniger starke Verwitterung bewiesen war (E. SCHMID, 1963). Die UV-Analyse hatte dies aus folgendem Grunde ermöglicht:

Alle Knochen enthalten durchschnittlich 33 % Leimsubstanz. Diese ist es, die den frischen Knochen im gefilterten ultravioletten Licht mit weißgelber Farbe aufleuchten läßt. Daß es der organische Anteil des Knochens ist und nicht der mineralische, der die Fluoreszenz im UV-Licht auslöst, zeigen die verbrannten, weißen (»kalzinierten«) Knochen, die unter der UV-Lampe dunkel und matt erscheinen.

Während der Einlagerung im Boden zersetzt sich die Leimsubstanz des Knochens, so daß er im UV-Licht an Leuchtkraft verliert. Je länger ein Knochen dem Zerfall ausgesetzt war, um so geringere Fluoreszenz besitzt er. Deshalb können in gemischten Knochenansammlungen ältere Anteile von jüngeren unterschieden werden, falls das Zeitintervall groß genug ist; d. h. es muß – je nach dem Sediment – mindestens einige Jahrzehnte oder auch Jahrhunderte betragen. Ein absolutes Maß für das Alter oder die Altersdifferenz kann jedoch nicht gegeben werden. Es läßt sich auch keine »Uhr« dafür aufstellen, da die Geschwindigkeit, mit der sich die Leimsubstanz zersetzt, vor allem von der Art des Sediments (Dichte, Chemismus, Feuchtigkeit usw.) abhängt.

Um das relative Alter verschiedener Knochen zu prüfen, genügt es, an den einzelnen Stücken von einer kleineren Stelle der Oberfläche die störende Verschmutzung abzukratzen und dann die so präparierten Objekte unter den Analysenschirm der UV-Lampe zu legen. Gleiches und unterschiedliches Leuchten der Knochen ermöglicht entsprechende Gruppierungen.

Die von der »Kleinen Kalmit« stammenden Knochen wurden auf diese Weise untersucht. Im Abstand von drei Tagen wiederholten wir die Analyse, um die Objektivität des Urteils zu erhöhen. Zudem hat die Assistentin, Frl. Dr. I. GRÜNINGER, die UV-Analyse unabhängig von mir vorgenommen. Alle Ergebnisse bestätigten sich gegenseitig.

Folgende Intensitäten der Fluoreszenz dienten zur Aufgliederung der Knochen:

nicht leuchtend (verbrannter Knochen)
schwach leuchtend
mittel leuchtend
stärker leuchtend

In diese Gruppen verteilten sich die Knochen und Zähne wie es die Tabelle zeigt:

	nicht	schwach	mittel	stärker leuchtend
Schwein 1 (Zähne)	–	–	–	5
Schwein 2 (Knochen)	1	1	–	3
Ovis/Capra	–	–	1	1
Hund	–	1	–	1
Hirsch	–	4	1	–

Die deutlichen Unterschiede in der Fluoreszenz müssen von einer unterschiedlich langen Einlagerung im Boden herrühren, denn das Einbettungsmaterial zeigte, nach brieflicher Mitteilung von W. TAUTE, weder horizontal noch vertikal genügend Abweichungen, um so starke Ungleichheiten in der Zersetzungsintensität gleichalter Knochen zu ermöglichen.

Danach lieferte die UV-Analyse folgendes Ergebnis: Die von der Fundstelle auf der Kleinen Kalmit für die Analyse zur Verfügung gestellten 14 Knochenfragmente und 5 Zähne stammen n i c h t aus einer einheitlichen Kulturphase. Es liegt altersmäßig eine Mischfauna vor, so daß mit Störungen, zumindest durch Bodenfließen am Hang, gerechnet werden muß.

Literaturverzeichnis

BOESSNECK, J., 1978: Die Tierknochenfunde von einer steinzeitlichen Fundstelle auf der Kleinen Kalmit bei Arzheim, Stadt Landau (Pfalz). In TAUTE, W. (Hrsgb.): Das Mesolithikum in Süddeutschland. Teil 2: Naturwissenschaftliche Untersuchungen. Tübingen 1978 (vgl. oben S. 123–126)

SCHMID, E., 1963: Die Tierknochen. In BANDI, H.-G. (Hrsgb.): Birsmatten-Basisgrotte, Eine mittelsteinzeitliche Fundstelle im unteren Birstal, 93–100, Acta Bernensia I, Bern 1963

TAUTE, W., in Vorbereitung: Das Mesolithikum in Süddeutschland. Teil 1: Chronologie und Ökologie

14

Die Tierknochenfunde
aus den jungpaläolithischen und mesolithischen Kulturschichten
der Schuntershöhle bei Weilersteußlingen
(Schwäbische Alb)

von EDELGARD HARBISON-SOERGEL, Dublin

Bei den archäologischen Grabungen, die W. TAUTE 1961 und 1962 in der Schuntershöhle durchgeführt hat (vgl. Teil 1: W. TAUTE), sind in den steinzeitlichen Kulturschichten nur wenige bestimmbare Tierknochen gefunden worden. Da die 3. und die 4. Kulturschicht, die beide mesolithische Funde enthielten, während der Grabung infolge älterer Störungen nicht überall deutlich voneinander unterschieden werden konnten, werden die mesolithischen Tierknochen hier zusammengefaßt:

3. und 4. Kulturschicht (Mesolithikum)

Wildrind	Bos s. Bison spec.	1 Incisivus
Reh	Capreolus capreolus	1 Metacarpus, Fragment
Ostschermaus	Arvicola terrestris	1 li. Humerus
		1 Tibia
Erdmaus	Microtus agrestis	1 re. Unterkiefer
Feldmaus	Microtus arvalis	2 re. Unterkiefer
		1 li. Unterkiefer

Maulwurf	Talpa europaea	1 li. Unterkiefer
Auerhahn	Tetrao urogallus	1 Humerus
Wacholderdrossel	Turdus pilaris	1 Tibia
Drossel	Turdus (torquatus?) spec.	1 Tibia

5. Kulturschicht (Jungpaläolithikum: Magdalénien)

Rentier	Rangifer tarandus	1 Metacarpus
		1 Phalanx
(Schnee-)Hase	Lepus (timidus ?) spec.	10 Zähne

Literaturverzeichnis

TAUTE, W., in Vorbereitung: Das Mesolithikum in Süddeutschland. Teil 1: Chronologie und Ökologie

15

Kleinsäugerfunde (Mammalia) aus der mesolithischen Kulturschicht unter dem Felsdach Inzigkofen im oberen Donautal

von GERHARD STORCH, Frankfurt a. M.

Die Kleinsäuger-Knochen wurden im Herbst 1965 von W. TAUTE, Tübingen, bei archäologischen Grabungen unter einem Felsüberhang bei Inzigkofen, Kreis Sigmaringen, geborgen. Sie entstammen einer homogenen mesolithischen Kulturschicht von maximal 1 m Mächtigkeit, die bei der Ausgrabung schematisch in drei Abtragungen abgebaut worden ist. Das untere Drittel der Kulturschicht enthält die frühmesolithische Stufe Beuronien C, das obere Drittel enthält das Spätmesolithikum (vgl. Teil 1: W. TAUTE). Da J. BOESSNECK (1978, vgl. oben S. 101 bis 116) bei der Bearbeitung der Knochen größerer Säuger mehrfach festgestellt hat, daß zusammengehörige Stücke in verschiedenen der schematischen Abtragungen gefunden worden sind, habe ich mich entschlossen, die Kleinsäuger-Funde nicht nach den Abtragungen getrennt, sondern sie gemeinsam zu besprechen.

Es sind 4 Arten in folgenden Mindestindividuenzahlen belegt: Gelbhalsmaus (*Apodemus flavicollis*) 4, Erdmaus (*Microtus agrestis*) 1, Rötelmaus (*Clethrionomys glareolus*) 2, Siebenschläfer *(Glis glis)* 2. Bei einigen Fundstükken kann über die Zuordnung zu Erd- oder Feldmaus *(Microtus arvalis)* nicht sicher entschieden werden.

Siebenschläfer, Gelbhals- und Rötelmaus sind bezeichnende Waldfaunen-Elemente, die Erdmausreste künden von etwas offeneren Stellen. Diese Kleinsäuger fügen sich sehr gut in das von BOESSNECK (1978, vgl. oben S. 101–116) für das Mesolithikum der oberen Donau entworfene Bild einer mehr oder weniger geschlossenen Waldfauna.

Maxillare Alveolenreihe	4,2; 4,3
Mandibulare Alveolenreihe	4,2; 4,2; 4,2; 4,5 4,5; 4,6; 4,7
Höhe des Unterkiefers über der Incisura praeangularis	3,3; 3,5; 3,6; 3,6; 3,7; 3,7; 3,8
Femur. Größte Länge mit Epiphyse	20,4
ohne Epiphyse	18,0; 18,7
Tibia. Größte Länge ohne Epiphyse	22,3; 22,5

Die Reste stimmen größenmäßig mit weiteren mesolithischen und neolithischen Gelbhalsmaus-Funden aus dem oberen Donautal und dem Lonetal überein (G. STORCH im Druck und 1978, vgl. unten S. 136). Bezüglich ihrer Artzuordnung gilt das an anderer Stelle Gesagte: Dort, wo Reste von Wald- und Gelbhalsmaus nebeneinander vorliegen, sind erstere deutlich kleiner (G. STORCH 1978, vgl. unten S. 136). Wie in den anderen Fundkomplexen, in denen nur Reste der Gelbhalsmaus auftreten, stammen auch hier im Inzigkofen-Material die kleinsten Stücke immer von jüngeren Tieren, was z. B. in der fehlenden Knochenresorption der rostralen Alveolenränder der Unterkiefer deutlich wird. Aufgrund der engen zeitlichen und räumlichen Nachbarschaft der Fundstellen werden alle gleich dimensionierten Reste auf die gleiche Art bezogen.

Gelbhalsmaus. – *Apodemus flavicollis* (MELCHIOR, 1834).

2 z. T. bezahnte Maxillen; 7 z. T. bezahnte Unterkieferfragm.; 3 isolierte Molaren; 2 Beckenfragm.; 3 Femora; 2 Tibien; 1 prox. Tibiafragm.

Erdmaus. – *Microtus agrestis* (L., 1761).

Rostr. Schädelfragm. mit I, M2 li und M1 re.

Maxillare Alveolenreihe   5,6

Die *agrestis*-Schlinge ist deutlich ausgeprägt.

Erdmaus und/oder **Feldmaus.** – *M. agrestis* und/oder *M. arvalis* (PALLAS, 1779).

6 z. T. bezahnte Unterkieferfragm.

Mandibulare Alveolenreihe 6,3

M₁. Kauflächenlänge	2,8; 2,9; 2,9; 2,9 3,1; 3,2

Die Abmessungen dieser Reste sprechen im Vergleich zu heutigen Tieren z. T. auch eher für die Zugehörigkeit zu *Microtus agrestis*.

Rötelmaus. – *Clethrionomys glareolus* (SCHREBER, 1780).

4 bezahnte Unterkieferfragm.; 1 Tibia.

Mandibulare Alveolenreihe	5,3; 5,5; 5,7
M₁. Kauflächenlänge	2,2; 2,2; 2,3; 2,3
Tibia. Größte Länge ohne Epiphyse	16,8

Siebenschläfer. – *Glis glis* (L., 1776).

1 Beckenfragm.; 1 Femur; 2 Tibiafragm.

Femur. Größte Länge ohne Epiphyse 23,5.

Die Stücke befinden sich im Senckenberg-Museum, Frankfurt a. M., und tragen die Inventar-Nummern SMF 69/ 69–102.

Literaturverzeichnis

BOESSNECK, J., 1978: Tierknochenfunde aus der mesolithischen Kulturschicht unter dem Felsdach Inzigkofen im oberen Donautal. In TAUTE, W. (Hrsgb.): Das Mesolithikum in Süddeutschland. Teil 2: Naturwissenschaftliche Untersuchungen. Tübingen 1978 (vgl. oben S. 101–116)

STORCH, G., im Druck: Die Kleinsäugerfunde (Mammalia). In TAUTE, W., Die Kulturschichtenfolge unter dem Felsdach Lautereck an der oberen Donau (Gemeinde Lauterach, Alb-Donau-Kreis). For-schungen und Berichte zur Vor- und Frühgeschichte in Baden-Württemberg

– 1978: Paläolithische und mesolithische Kleinsäugerfunde (Mammalia) von den Fohlenhaus-Höhlen im Lonetal (Schwäbische Alb). In TAUTE, W. (Hrsgb.): Das Mesolithikum in Süddeutschland. Teil 2: Naturwissenschaftliche Untersuchungen. Tübingen 1978 (vgl. unten S. 133–137)

TAUTE, W., in Vorbereitung: Das Mesolithikum in Süddeutschland. Teil 1: Chronologie und Ökologie

16

Paläolithische und mesolithische Kleinsäugerfunde (Mammalia) von den Fohlenhaus-Höhlen im Lonetal (Schwäbische Alb)

von GERHARD STORCH, Frankfurt a. M.

Die Kleinsäugerreste wurden 1962 und 1963 von W. TAUTE, Tübingen, auf dem Vorplatz vor den beiden Fohlenhaus-Höhlen in der Markung Langenau, Alb-Donau-Kreis, ausgegraben (vgl. Teil 1: W. TAUTE). Die Knochen von größeren Säugern und von Amphibien hat J. BOESSNECK (1978, vgl. oben S. 117 f.) abgehandelt, die Vogelknochen bearbeitete J. LEPIKSAAR (1978, vgl. unten S. 141–150).

Die Tierknochen aus den verschiedenen stratigraphischen Niveaus wurden zu drei Proben vereinigt (vgl. dazu das Profil in Teil 1: W. TAUTE):

Probe 1 a = 2. Kulturschicht, oberer Teil (gegen gestörtes Sediment grenzend): Frühmesolithikum

Probe 1 b = 2. Kulturschicht, unterer Teil: Frühmesolithikum

Probe 2 = 3. Kulturschicht: Spätpaläolithikum.

Folgende Kleinsäuger-Arten sind in den drei Proben belegt. (Auf die Angabe von Mindestindividuenzahlen wird verzichtet, da die postcranialen *Microtus*-Knochen nicht sicher unterschieden werden können.)

	2	1 b	1 a
Maulwurf	+	+	+
Waldspitzmaus	+	—	—
Wasser- oder Sumpfspitzmaus	—	+	—
Weißzahnspitzmaus	—	+	—
Abendsegler	—	+	—
Zwergpfeifhase	+	—	—
Hamster	+	+	—
Halsbandlemming	+	—	—
Nordische Wühlmaus	+	—	—
Schmalschädlige Wühlmaus	+	—	—
Erd-/Feldmaus	+	+	—
Schermäuse	+	+	+
Rötelmaus	—	+	+
Gelbhalsmaus	—	+	—
Waldmaus	—	+	+

Aus dieser Aufstellung geht der gravierende und rasche Wandel der Kleinsäuger-Fauna an der Pleistozän-Holozän-Grenze deutlich hervor. Bezeichnende Elemente der jungpleistozänen Kaltsteppengesellschaft wie Zwergpfeifhase, Halsbandlemming und Schmalschädlige Wühlmaus enden in der spätpaläolithischen Probe 2, und dafür erscheinen in den mesolithischen Proben 1 a und 1 b Vertreter der gemäßigten Waldfauna wie Abendsegler, Rötelmaus und Gelbhalsmaus (s. unter Besprechung der Arten).

Besprechung der Arten.

Maulwurf, *Talpa europaea* (LINNAEUS, 1758)

Probe 2: 2 prox. Scapulafragm. 1 Humerusfragm. 1 prox. Tibiafragm.

Probe 1 b: 2 unbezahnte Unterkieferfragm. 1 prox. Scapulafragm. 2 Ulnae. 1 Radius.

Probe 1 a: 1 Radius

	2	1 b	1 a
Unterkiefer. Corpushöhe bei M 2	—	—	2,1; 2,3
Humerus. Diaphysenbreite	4,5	—	—
Ulna. Länge	—	—	19,3; 20,3
Radius. Länge in Schaftrichtung	—	(12,6)	12,4

Der Humerus aus der spätpaläolithischen Probe liegt größenmäßig im alleröbersten Variationsbereich rezenter mitteleuropäischer Maulwurfshumeri (vgl. E. BAHLO & F. MALEC 1969; G. STORCH, 1973), die mesolithischen Fundstücke fügen sich dagegen gut in rezentes Vergleichsmaterial ein. Überaus große Abmessungen sind kennzeichnend für jungpleistozäne Maulwurfsreste aus Mitteleuropa (für das Gebiet der oberen Donau vgl. STORCH, 1973).

Diese großwüchsige Maulwurfsform verschwindet an der Pleistozän-Holozän-Grenze gemeinsam mit den bezeichnenden Vertretern der offenen jungpleistozänen Kaltsteppe wie Lemmingen oder Pfeifhasen. Die bisherigen Befunde haben keinen gleitenden Übergang zu der »normalwüchsigen« Form erkennen lassen, die im Holozän mit den Vertretern einer Waldfauna erscheint. Eine ökologisch bedingte Größenverschiebung innerhalb der gleichen Population läßt sich als Erklärung daher wohl kaum heranziehen. Eine taxonomische Kennzeichnung der großwüchsigen Form ist angebracht (*T. e. magna* WOLDŘICH, 1893 bzw. *T. magna* WOLDŘICH, 1893).

Waldspitzmaus, *Sorex araneus* LINNAEUS, 1758

Probe 2: 1 Unterkieferfragm. ohne I 2 und P 1. 1 Tibia.

Unterkiefer. Ramushöhe	4,8
Tibia. Länge	13,0

Wasser- oder **Sumpfspitzmaus**, *Neomys* spec.

Probe 1 b: 1 Unterkieferfragm. ohne I 2 und P 1.

Unterkiefer. Ramushöhe	4,5
Corpushöhe zwischen M 1 und M 2	1,6

Beide Maße liegen in dem Überschneidungsbereich von *N. anomalus* und *N. fodiens*. Der Erhaltungszustand des Unterkiefers erlaubt keine Bestimmung nach weiteren Merkmalen (P. BÜHLER 1964; U. REMPE & P. BÜHLER 1969).

Weißzahnspitzmaus, *Crocidura* sp.

Probe 1 b: 1 Unterkiefer ohne P 1. 2 Femora mit bzw. ohne Epiphyse.

Unterkiefer.	Zahnreihe (I 2–M 3, Alveolenmaß)	5,5
	Condylarlänge	9,4
	Ramushöhe	4,5
Femur.	Länge mit Epiphyse	9,4
	Länge ohne Epiphyse	9,4

Wie bei *Neomys* sind auch hier die Maße so gelagert, daß eine sichere Bestimmung ausgeschlossen ist.

Abendsegler, *Nyctalus noctula* (SCHREBER, 1774)

Probe 1 b: 1 dist. Humerusfragm.
Es liegen aus Probe 1 b noch Reste einer zweiten, kleineren Fledermausart vor, die sich aber nicht bestimmen lassen.

Zwergpfeifhase, *Ochotona pusilla* (PALLAS, 1769)

Probe 2: 2 Unterkieferfragm. mit M 1 und M 3 bzw. unbezahnt. 2 isolierte Zähne. 1 Humerus. 1 prox. Humerusfragm. 1 Femurfragm. 1 Tibia. 4 Metapodien.

Untere Zahnreihe (Alveolenmaß)	7,8
Humerus. Länge	21,2
Tibia. Länge	27,7

Das Humerusfragment stammt von einem stärkeren Tier als der vollständige Knochen. Auch die Tibia gehört zu einem jüngeren Tier. Die Fundstücke liegen größenmäßig im Variationsbereich jungpleistozäner Zwergpfeifhasen-Reste.

Hamster, *Cricetus major* WOLDŘICH, 1880

Probe 2: 1 unbezahntes Unterkieferfragm. 1 M 1. 1 Molarenfragm. 1 Humerusfragm. 1 prox. und 1 dist. Radiusfragm. 1 Metapodium.

Probe 1 b: 1 unterer I.

Untere Zahnreihe (Alveolenmaß)	8,9

Die Knochen aus der spätpaläolithischen Probe zeichnen sich gegenüber denen rezenter Hamster durch ihre großen Abmessungen aus. An 70 rezenten deutschen Hamstern stellte ich ein Maximum der mandibularen Alveolenreihe von 8,8 mm fest, das einmal als Ausnahme auftrat. Noch etwas größere Alveolenmaße als das Unterkieferfragment aus Probe 2 zeigen Hamsterreste aus spätpaläolithischen Schichten der Höhle Bettelküche bei Sulzbach-Rosenberg, Oberpfalz (G. STORCH 1978, vgl. unten S. 139f.). Ich bezeichne die großwüchsige jungpleistozäne Hamsterform als *C. major*. Der Nagezahn aus Probe 1 b stellt den dritten Hamsterfund aus mesolithischen Schichten der Schwäbischen Alb dar (J. BOESSNECK 1978a, vgl. oben S. 77–86; H. TOBIEN 1939).

Halsbandlemming, *Dicrostonyx gulielmi* (SANFORD, 1870)

Probe 2: 1 M₁-Fragm.

Nordische Wühlmaus, *Microtus oeconomus* (PALLAS, 1776)

Probe 2: 1 M₁-Fragm. 2 rostrale Unterkieferfragm. mit I bzw. unbezahnt.

Schmalschädlige Wühlmaus *Microtus gregalis* (PALLAS, 1779)

Probe 2: 1 M₁.

M₁. Kauflächenlänge	2,5

Feld- oder/und **Erdmaus**, *Microtus arvalis* (PALLAS, 1779) oder/und *M. agrestis* (LINNAEUS, 1761)

Probe 2:   1 M₁. 2 M₁-Fragm. 1 rostales Unterkieferfragment mit I.
Probe 1 b: 4 Unterkieferfragm. (mit I, M 1-Fragm. und M 2; M 1; I; unbezahnt). 2 M₁.

	2	1 b
M₁. Kauflächenlänge	2,7	2,4; 2,5; 2,8

Die Form der Vorderloben aller M₁ ist sehr einheitlich und erinnert aufgrund einer ± ausgeprägten lingualen Kante an der Vorderkappe an den »Typus neolithicus« von E. v. MANDACH (1927). MANDACH findet diesen beherrschend und in »markanter Reinheit der Form« allerdings nicht, wie es hier der Fall ist, neben *Dicrostonyx*, sondern erst in frühneolithischen Schichten einer prähistorischen Station im Kanton Schaffhausen, Schweiz. Die vielerorts festgestellte erhebliche Variabilität des M₁-Kauflächenmusters der Erd-/Feldmausgruppe im Jungpleistozän wird in dem Bereich Spätpaläolithikum-Frühneolithikum von einer erstaunlichen Einheitlichkeit abgelöst.

Das übereinstimmende Kauflächenmuster spricht dafür, daß nur eine der beiden genannten Arten vorliegt. Ein Vergleich mit rezentem Erd- und Feldmausmaterial zeigt, daß der »Typus neolithicus« aber nicht für *M. agrestis* kennzeichnend ist, wie es F. HELLER (1932) oder M. MOTTL (1953) vermuten.

Schermäuse, *Arvicola* LACEPÈDE, 1799

Probe 2:   5 unbezahnte Unterkieferfragm. 2 M₁. 2
(*A. antiquus*)   M₁-Fragm. 2 Molarenfragm. 1 unterer I. 1 prox. Scapulafragm. 2 dist. Humerusfragmente. 1 prox. Ulnafragm. 1 Radius. 3 Femora ohne Epiphysen. 1 prox. Femurfragm.
Probe 1 b: 1 unbezahntes Unterkieferfragm. 2 Mola-
(*A. terrestris*)   renfragm. 3 untere I. 1 Scapulafragm. 2 Humeri ohne Epiphysen. 2 Ulnae. 5 Ulnafragm. 4 Radii. 2 Femora ohne Epiphysen. 1 prox Femurfragm. 1 Metapodium.
Probe 1 a: 1 prox. Femurfragm.
(*A. t.*)

	A. antiquus 2	*A. terrestris* 1 b
M₁. Kauflächenlänge	3,9; 4,0	—
Humerus. Länge ohne Epiphyse	—	18,5; 19,5
Ulna. Länge	—	20,5; 21,7
Radius. Länge	20,1	15,3; 15,7; 16,8; 17,5
Femur. Länge ohne Epiphyse	23,3; 24,9	18,5; 21,5

Die Schermaus-Knochen aus der jungpleistozänen Probe 2 sind größer als diejenigen aus den holozänen Proben. Dieser Unterschied zeigt sich in den Radius- und Femurmaßen, wobei allerdings der Vergleich von Extremitätenknochen ohne Epiphysen nicht wirklich schlüssig ist. Er wird jedoch viel deutlicher in den Fragmenten, an denen leider kaum Maße zu nehmen sind. Die größten Elemente aus Probe 2 werden weder von mesolithischen noch rezenten süddeutschen Vergleichsstücken erreicht. Dieser Befund stimmt mit den Verhältnissen in einem weiteren Fundkomplex von der oberen Donau überein (G. STORCH, 1973), wo eine größere, robustere Form mit den charakteristischen Arten der jungpleistozänen Kaltsteppe verschwindet und im Holozän von Populationen ersetzt wird, die mit heutigen süddeutschen übereinstimmen. Dagegen weist E. v. MANDACH (1927) in einer prähistorischen Station im Kanton Schaffhausen, Schweiz, nebeneinander beide Formen in einer jungpleistozänen Tundren- und Steppenfauna nach, und H. TOBIEN (1939) wiederum findet beide im Mesolithikum der Falkensteinhöhle im oberen Donautal. In einem spätpaläolithischen Niveau aus der Höhle Bettelküche bei Sulzbach-Rosenberg, Oberpfalz, gehört schließlich nur die kleinere Form der jungpleistozänen Kaltsteppenfauna an (G. STORCH, 1978, vgl. unten S. 139 f.) Beide Formen zeigen sich dort, wo genügend erhaltenes Material vorliegt, nicht nur größenmäßig unterschieden. Es liegen auch größen-unabhängige strukturelle Unterschiede vor: Die jungpleistozäne Form zeichnet sich gegenüber der holozänen u. a. durch stark proodonte obere Schneidezähne und ein komplizierteres Kauflächenmuster der unteren M 1 aus (G. STORCH, 1973). Stücke, die einen Anhalt für die Vermischung beider Formen bieten, sind mir nicht bekannt.

Diese Befunde führen gemeinsam zu der Deutung, daß die Reste zwei verschiedenen *Arvicola*-Arten angehören, die sich im Bereich der Pleistozän-Holozän-Grenze ablösten, was regional zu etwas unterschiedlichem Zeitpunkt erfolgen mußte. Die Art der offenen jungpleistozänen Kaltsteppe war stärker an eine subterrane Lebensweise angepaßt (G. STORCH, 1974), auf sie kann der Name *A. antiquus* POMEL, 1853 bezogen werden (vgl. M. A. C. HINTON, 1926). Die mesolithischen Knochen stimmen dagegen eindeutig mit denen rezenter süddeutscher Schermäuse überein.

Rötelmaus, *Clethrionomys glareolus* (SCHREBER, 1780)

Probe 1 a: 2 Unterkieferfragm. mit I bzw. unbezahnt. 2 M$_1$. 2 isolierte Molaren.

Probe 1 b: Unterkieferfragm. mit M$_1$ bzw. I. 2 isolierte Molaren.

	1 a	1 b
M$_1$. Kauflächenlänge	2,3; 2,4	2,2

Gattung *Apodemus* KAUP, 1829

In der mesolithischen Probe 1 b liegen Reste von Wald- und Gelbhalsmaus vor, in Probe 1 a läßt sich nur die Waldmaus nachweisen. Beide Arten sind durch ihre Unterkieferabmessungen ganz klar zu unterscheiden, wobei die kleinen Unterkiefer nicht etwa von Jungtieren stammen, denn ihre Cristae massetericae sind sehr prominent und die Oralränder der rostralen M1-Alveolen schon ± stark resorbiert. Die Größenunterschiede mesolithischer süddeutscher Wald- und Gelbhalsmäuse sind sehr betont. Alle postcranialen Knochen werden gemeinsam aufgeführt, da nur bei einzelnen Stücken eine Bestimmung sicher erscheint (z. B. gehört die Tibia aus Probe 1 b sicherlich zu *A. flavicollis*).

Gelbhalsmaus, *Apodemus flavicollis* (MELCHIOR, 1834)

Probe 1 b: 2 unbezahnte Unterkieferfragm. 2 obere I.

Unterkiefer. Zahnreihe (Alveolenmaß)	4,6; 4,6
Corpushöhe bei Inc. praeangularis	3,5
I oben. Dicke*	1,5; 1,7

* vgl. hierzu J. NIETHAMMER (1969).

Waldmaus, *Apodemus sylvaticus* (LINNAEUS, 1758)

Probe 1 b: 2 Unterkieferfragm. mit I bzw. unbezahnt.
Probe 1 a: 1 unbezahntes Unterkieferfragm.

	1 b	1 a
Unterkiefer. Zahnreihe (Alveolenmaß)	3,5	3,7
Corpushöhe bei Inc. praeangularis	2,5; 2,7	2,8

Apodemus **sp. —**

Probe 1 b: 1 oberer I. 1 Ulna. 2 Beckenfragm. 3 Femora ohne Epiphysen. 8 prox. Femurfragm. 1 Tibia. 1 prox. Tibiafragm.

Probe 1 a: 1 Ulnafragm. 3 prox. Femurfragm. 1 Tibia.

	1 b	1 a
I oben. Dicke	1,4	—
Ulna. Länge	16,9	—
Femur. Länge ohne Epiphyse	15,3; 16,3; 16,5	—
Tibia. Länge	23,6	21,2

Literaturverzeichnis

BAHLO, E. und MALEC, F., 1969: Insectivoren (Mammalia) aus den Oberen Mosbacher Sanden (Mittelpleistozän) bei Wiesbaden-Biebrich/Hessen. Mainz. naturwiss. Arch. 8, 56–76

BOSSNECK, J., 1978 a: Die Tierknochenfunde aus den mesolithischen Kulturschichten der Jägerhaus-Höhle, Markung Bronnen, im oberen Donautal. In TAUTE, W. (Hrsgb.): Das Mesolithikum in Süddeutschland. Teil 2: Naturwissenschaftliche Untersuchungen. Tübingen 1978 (vgl. oben S. 77–86)

– 1978 b: Prähistorische Tierknochenfunde von den Fohlenhaus-Höhlen im Lonetal (Schwäbische Alb). In TAUTE, W. (Hrsgb.): Das Mesolithikum in Süddeutschland. Teil 2: Naturwissenschaftliche Untersuchungen. Tübingen 1978 (vgl. oben S. 117 f.)

BÜHLER, P., 1964: Zur Gattungs- und Artbestimmung von *Neomys*-Schädeln, Gleichzeitig eine Einführung in die Methodik der optimalen Trennung zweier systematischer Einheiten mit Hilfe mehrerer Merkmale. Zeitschr. f. Säugetierkde. 29, 65–93

HELLER, F., 1932: Fossile Kleinfaunenreste aus der Raumgrotte im Hersbrucker Jura. Cbl. Min. Geol. Paläont. 1932 B, 349–362

HINTON, M. A. C., 1926: Monograph of the voles and lemmings (Microtinae) living and extinct. London

LEPIKSAAR, J., 1978: Vogelknochenfunde aus spätpaläolithischen und mesolithischen Kulturschichten der Bettelküche bei Sulzbach-Rosenberg (Oberpfalz) und der Fohlenhaus-Höhlen im Lonetal (Schwäbische Alb). In TAUTE, W. (Hrsgb.): Das Mesolithikum in Süddeutschland. Teil 2: Naturwissenschaftliche Untersuchungen. Tübingen 1978 (vgl. unten S. 141–150)

MANDACH, E. von, 1927: Die kleineren Wirbeltiere der prähistorischen Station »Bsetzi« bei Thayngen (Kanton Schaffhausen) Schweiz. Ber. naturforsch. Ges. Freiburg i. Br. 27, 97–143

MOTTL, M., 1953: Eiszeitforschungen des Joanneums in Höhlen der Steiermark. Mitt. Mus. Bergbau, Geol., Techn. Landesmus. »Joanneum«, Graz, 11, 1–58

NIETHAMMER, J., 1969: Zur Frage der Introgression bei den Waldmäusen *Apodemus sylvaticus* und *A. flavicollis* (Mammalia, Rodentia). Zeitschr. zool. Syst. Evolutionsforsch. 7, 77–127

REMPE, U. und BÜHLER, P., 1969: Zum Einfluß der geographischen und altersbedingten Variabilität bei der Bestimmung von *Neomys*-Mandibeln mit Hilfe der Diskriminanzanlayse. Ztschr. f. Säugetierkde. *34*, 148–164

STORCH, G., 1969: Über Kleinsäuger der Tundra und Steppe in jungeiszeitlichen Eulengewöllen aus dem nordhessischen Löß. Natur und Museum 99, 541–551

– 1973: Jungpleistozäne Kleinsäugerfunde (Mammalia: Insectivora, Chiroptera, Rodentia) aus der Brillenhöhle. Forschungen und Berichte zur Vor- und Frühgeschichte in Baden-Württemberg 4/II. Stuttgart

– 1974: Die Pleistozän-Holozän-Grenze bei *Arvicola* in Süddeutschland. Symp. Theriol. II, Brno 1971, 347–353

– 1978: Kleinsäugerfunde (Mammalia) aus spätpaläolithischen und mesolithischen Kulturschichten der Bettelküche bei Sulzbach-Rosenberg (Oberpfalz). In TAUTE, W. (Hrsgb.): Das Mesolithikum in Süddeutschland. Teil 2: Naturwissenschaftliche Untersuchungen. Tübingen 1978 (vgl. unten S. 139 f.)

TAUTE W., in Vorbereitung: Das Mesolithikum in Süddeutschland. Teil 1: Chronologie und Ökologie

TOBIEN, H., 1939: Die Kleinsäugerreste aus der Falkensteinhöhle im oberen Donautal. Bad. geol. Abh. *10*, 126–130

17

Kleinsäugerfunde (Mammalia) aus spätpaläolithischen und mesolithischen Kulturschichten der Bettelküche bei Sulzbach-Rosenberg (Oberpfalz)

von GERHARD STORCH, Frankfurt a. M.

Die Höhle Bettelküche liegt am Ostrande der Fränkischen Alb im Ortsteil Breitenbrunn der Stadt Sulzbach-Rosenberg, Kreis Amberg-Sulzbach (Oberpfalz). 1967 führte W. TAUTE, Tübingen, direkt vor der Höhle und unmittelbar daneben unter einem Felsdach archäologische Ausgrabungen durch (vgl. Teil 1: W. TAUTE). Die Knochen größerer Säuger einschließlich der kleinen Raubtiere, den einzigen Schlangenknochen und die Amphibienreste hat J. BOESSNECK (1978, vgl. oben S. 119–122) bearbeitet, die Vogelknochen J. LEPIKSAAR (1978, vgl. unten S. 141 bis 150). Im folgenden werden die Kleinsäugerfunde beschrieben.

Die Fundstücke gehören einer spätpaläolithischen Kulturschicht an (5. Kulturschicht, Prähistorische Staatssammlung München 1968/301 d). Nur zwei Knochen des Maulwurfs entstammen einer frühmesolithischen Schicht, und zwar dem Beuronien C (4. Kulturschicht, Prähistorische Staatssammlung München 1968/304 b).

Es lassen sich die folgenden Arten belegen:

Igel. – *Erinaceus europaeus* L., 1758.

1 Unterkieferfragm. mit Alveolen von M 1 bis Mitte M 2. 1 dist. Humerusfragm. 1 prox. Radiusfragm.
Unterkiefer: Corpushöhe bei M 1   7,0 mm.

Maulwurf. – *Talpa europaea magna* WOLDŘICH, 1893.

1968/301 d: Unterkieferfragm. mit P 1–3. 6 prox. Scapulafragm. 2 Humerusfragm. 2 Radiusfragm. 2 Femurfragm.
1968/304 b: 1 unbezahntes Unterkieferfragm. 1 Femur.

	1968/301 d	1968/304 b
Unterkiefer. Postcanine Alveolenreihe.	12,0	11,4
Corpushöhe bei M 2	2,5	2,1
Humerus. Diaphysenbreite	3,9 *	
Radius. Länge in Schaftrichtung	(13,2)	
Femur. Länge		15,6

Hamster. – *Cricetus major* WOLDŘICH, 1880.

5 Unterkieferfragm. (M 2–3; I; 3 unbezahnte). 2 Molaren. 5 obere und 6 untere I. 3 dist. Humerusfragm. 5 prox. Ulnafragm. 1 prox. Radiusfragm. 1 Beckenfragm. 6 Femurfragm. (3 prox.; 3 leicht beschädigt). 8 Tibiafragm. (4 prox.; 4 dist.). 3 Metapodien.
Untere Zahnreihe (Alveolenmaß): 9,1; (9,2).
Ein Teil der postcranialen Knochen stammt von Jungtieren. Ein oberer Schneidezahn ist ungewöhnlich groß, stimmt formal aber mit Hamsterincisiven überein.

Halsbandlemming. – *Dicrostonyx gulielmi* (SANFORD, 1870).

1 M1-Fragm.

Nordische Wühlmaus. – *Microtus oeconomus* (PALLAS, 1776).

1 Unterkieferfragm. mit I. 1 M 1.
Kauflächenlänge des M 1   2,4.

---

* Das Maß stammt von einem jugendlichen Humerus. Aus der gleichen Fundschicht liegt ein Fragment eines sehr viel stärkeren Stücks vor.

Feld- oder/und **Erdmaus.** – *Microtus arvalis* (PALLAS, 1779) oder/und *M. agrestis* (L., 1761).

4 Unterkieferfragm. (M 1–2; M 1; M 1; unbezahnt). Kauflächenlänge der M 1   2,5; 2,6; 2,8.

Schermaus. – *Arvicola terrestris* (L., 1758).
5 Unterkieferfragm. (I, M 1–2; I, M 1–2; I, M 2; 2 unbezahnte). 3 M 1. 1 M 1-Fragm. 5 Molaren. 10 obere und 8 untere I. 7 Humeri ohne Epiphysen. 2 dist. Humerusfragm. 3 Ulnae. 6 prox. Ulnafragm. 4 Radii. 1 prox. Radiusfragm. 6 Beckenfragm. 6 Femora (3 mit; 3 ohne Epiphysen). 5 prox. Femurfragm. 3 Tibiae. 2 Tibiafragm. (1 prox.; 1 dist.).

Untere Zahnreihe (Alveolenmaß)	8,7; 8,9
Kauflächenlänge der M 1	3,3; 3,6; 3,7; 3,7; 3,8
Humerus. Länge ohne Epiphyse	16,1; 16,5; 16,9; 17,1; 18,5; 20,0; 20,1
Ulna. Länge	23,0; 24,5; 25,2

Radius. Länge	18,6; 18,8; 19,1; 19,7
Femur. Länge mit Epiphyse	25,0; 25,7; 26,0
Länge ohne Epiphyse	21,6; 21,9; 23,8
Tibia. Länge	28,0; 28,6; 28,7

Die Maulwurfs- und Hamsterreste zeichnen sich, ebenso wie in anderen jungpleistozänen Schichten des Untersuchungsgebiets, gegenüber holozänen Knochen durch überlegene Abmessungen aus. Dies wird hier besonders deutlich beim Vergleich der Fragmente, an denen aber leider kaum Maße zu nehmen sind. Die Fundstücke der Schermaus gehören der Art an, die auch heute in Mitteleuropa lebt. Sie ersetzte im Gebiet der oberen Donau im Übergangsbereich Pleistozän-Holozän eine größere, prognathe Art, wobei die Ablösung regional zu etwas unterschiedlichem Zeitpunkt erfolgte (G. STORCH 1973 und 1978, vgl. oben S. 133 bis 137). Maulwurf, Hamster, Halsbandlemming, Nordische Wühlmaus, Feld-/Erdmaus und Schermaus sind verbreitete Arten in den jungpleistozänen Kaltsteppenfaunen aus Mitteleuropa, während Igelfunde aus paläolithischen Schichten bislang sehr selten sind. Gemeinsam künden diese Kleinsäuger von einer offenen Landschaft mit feuchten, gedeckteren Stellen.

Literaturverzeichnis

BOESSNECK, J., 1978: Steinzeitliche Tierknochenfunde aus der Bettelküche bei Sulzbach-Rosenberg (Oberpfalz). In TAUTE, W. (Hrsgb.): Das Mesolithikum in Süddeutschland. Teil 2: Naturwissenschaftliche Untersuchungen. Tübingen 1978 (vgl. oben S. 119–122)

LEPIKSAAR, J., 1978: Vogelknochenfunde aus spätpaläolithischen und mesolithischen Kulturschichten der Bettelküche bei Sulzbach-Rosenberg (Oberpfalz) und der Fohlenhaus-Höhlen im Lonetal (Schwäbische Alb). In TAUTE, W. (Hrsgb.): Das Mesolithikum in Süddeutschland. Teil 2: Naturwissenschaftliche Untersuchungen. Tübingen 1978 (vgl. unten S. 141–150)

STORCH, G., 1973: Jungpleistozäne Kleinsäugerfunde (Mammalia: Insectivora, Chiroptera, Rodentia) aus der Brillenhöhle. Forschungen und Berichte zur Vor- und Frühgeschichte in Baden-Württemberg 4/II. Stuttgart
– 1978: Paläolithische und mesolithische Kleinsäugerfunde (Mammalia) von den Fohlenhaus-Höhlen im Lonetal (Schwäbische Alb). In TAUTE, W. (Hrsgb.): Das Mesolithikum in Süddeutschland. Teil 2: Naturwissenschaftliche Untersuchungen. Tübingen 1978 (vgl. oben S. 133 bis 137)
TAUTE, W., in Vorbereitung: Das Mesolithikum in Süddeutschland. Teil 1: Chronologie und Ökologie

18

Vogelknochenfunde aus spätpaläolithischen und mesolithischen Kulturschichten der Bettelküche bei Sulzbach-Rosenberg (Oberpfalz) und der Fohlenhaus-Höhlen im Lonetal (Schwäbische Alb)

von JOHANNES LEPIKSAAR, Göteborg

Vorbemerkung: Die nicht ganz zweifelsfrei, jedoch mit großer Wahrscheinlichkeit artbestimmbaren Funde sind in Klammern [] aufgeführt. Alle Maße sind in mm angegeben, an erster Stelle immer die Länge des Fundstückes. Die unvollständigen Maße der Bruchstücke sind durch »+« markiert, was das Auffinden dieser Funde für eine Nachkontrolle erleichtern soll.

I. Bettelküche

Die Bettelküche im Ortsteil Breitenbrunn der Stadt Sulzbach-Rosenberg (Oberpfalz), ist eine kleine Höhle in einer Felsgruppe am Hang des Spitzer Bachtales. 1967 führte W. TAUTE, Tübingen, unmittelbar vor und unter einem Felsüberhang direkt neben der Höhle archäologische Grabungen durch (vgl. W. TAUTE: Teil 1). Von J. BOESSNECK (1978 b; vgl. oben S. 119–122) wurden die Knochen größerer Säuger einschließlich der kleinen Raubtiere, der einzige Schlangenknochen und die Amphibienreste untersucht, die Kleinsäugerfunde durch G. STORCH (1978 b; vgl. oben S. 139 f.). Hier werden nun die Vogelknochen beschrieben und die unterschiedlichen Ansprüche der verschiedenen Arten an ihren Lebensraum dargelegt.

A. 5. Kulturschicht

Die Kulturschicht enthielt Steinartefakte des ausklingenden Paläolithikums und gehört somit dem Spätglazial an. Die Knochenfunde stammen aus dem Grabungssektor unmittelbar vor dem Höhleneingang.

1. Funde
Prähistorische Staatssammlung München 1968/301 d.

Singschwan, *Cygnus cygnus* (L.)
2 Funde, 1? Ind.
Vertebra cervicalis (VII): beschädigter Wirbel (40+, größte Länge des Corpus vert. 36,2, mediane Länge des C. v. 32,1, kleinste Breite des Neurarcus 7,7)
Radius sin.: proximal abgebrochen, distal beschädigt (174,5+)

Stockente, *Anas platyrhynchos* L.
6 Funde, 1–2 Ind.
Furcula: medianes Fragment (18,8+)
[Humerus dext.: mediodistale Scherbe (16,6+)]
Ulna dext.: intakter Knochen (79,2, proximale Breite 10,1, Durchmesser in der Mitte 5,3×5,6, distale Breite 9,2, distale Höhe 8,8)
Carpometacarpus sin.: intakter Knochen (58, proximale Höhe 13,7, prox. Gelenkbreite 6,2, kleinste Breite des Mc II 4,6)
[Carpometacarpus sin.: distales Fragment des Mc II (12+)]
Femur sin.: distales Fragment (21,2+)

Krickente, *Anas crecca* L.
3 Funde, 1? Ind.
Coracoideum dext.: mediobasale Scherbe (18+)
Radius dext.: distale Hälfte (29,3+, Durchmesser an der schmalsten Stelle 1,7×2,1, distale Höhe 4,6)
Carpometacarpus sin.: Mc III in der Mitte aufgebrochen (37,2, proximale Höhe 8,3, proximale Gelenkbreite 3,4, kleinste Breite des Mc II 2,7)

141

Pfeifente, *Anas penelope* L.
1 Fund
Scapula sin.: Gelenkteil (21,2+, größter Durchmesser proximal 9) mit Säugerbißspuren

Steinadler, *Aquila chrysaëtos* (L.)
3 Funde, 1 Ind. (♀)
Humerus dext.: beschädigter proximaler Teil (69,6+) mit Säugerbißspuren
Ulna dext.: intakter Knochen (216, proximale Breite 21,2, Durchmesser in der Mitte 10,2×10,2, distale Breite 18, dist. Höhe 16)
Phalanx II dig. II manus dext.: intakter Knochen (28,5, größter Durchmesser der Gelenkfläche 8,2)
Alle drei Fundstücke können von einem und demselben Flügel sein.

Moorschneehuhn, *Lagopus lagopus* (L.)
10 Funde, mindestens 2 Ind. (1 ad., 1 pull.)
[Sternum: 2 Fragmente des Processus lateralis posterior (26+, 12,8+)]
Costae: 4 Rippenfragmente (18,2+, 18+, 14,3+, 14,2+)
Coracoideum dext.: ohne basalen Teil (36, Durchmesser des Furcula-Ansatzes 6, kleinste Breite 4,5, Höhe des Humeralgelenkes 10,1)]
Carpometacarpus sin.: Mc III größtenteils abgebrochen (34, proximale Höhe 9,5, proximale Gelenkbreite 4,4, laterale Länge des Mc II 32, kleinste Breite des Mc II 3,3)
[Tibiotarsus dext. von pull.: beschädigte proximale Hälfte (29,2+)
Tibiotarsus sin. von pull.: intakter Knochen mit unverknöcherten Gelenkenden (69, proximale Breite 8,7, kleinster Durchmesser 3×3, distale Breite 7,2)]
Keines der Fundstücke ließ sich mit Sicherheit vom Alpenschneehuhn, *Lagopus mutus* (MONTIN), herleiten.

Birkhuhn, *Lyrurus tetrix* (L.)
7 Funde, mindestens 2 Ind. (1 ♂, 1 ♀)
Sternum, craniomedianer Teil der Crista sterni (16,1+)
Coracoideum sin.: apikaler Teil (21+, Durchmesser des Furcula-Ansatzes 5,2, Höhe des Humeralgelenkes 11,6)
Radius sin.: beschädigter distaler Teil (21,5+, kleinster Durchmesser 3,3×2)
Carpometacarpus sin.: proximale Hälfte, Mc III abgebrochen (28,5+, proximale Höhe 10,2, proximale Gelenkhöhe 5,1, kleinste Breite des Mc II 3,4)
Femur dext. ♂ (juv.): proximaler Teil (23,3+, prox. Breite 11,8, Breite des Trochanter 11)
Femur dext. ♀: subproximales Fragment (23+)

Tarsometatarsus sin. ♂: proximale Hälfte (22,4+, prox. Breite 10)

Auerhuhn, *Tetrao urogallus* L.
3 Funde, 1 Ind. (♂)
Humerus dext.: laterale Scherbe des Corpus (32,5+)
Humerus sin. ♂: ohne Endteile (89+, Durchmesser an der schmalsten Stelle 13×10)
Tibiotarsus dext. ♂: supradistale Scherbe der Vorderseite (28,2+)

Rebhuhn, *Perdix perdix* (L.)
1 Fund
Radius sin.: intakter Knochen (41,1, proximale Durchmesser 3,3×4,1, Durchmesser in der Mitte 1,9×2, distale Höhe 4,6)
Dieser Knochen ist demjenigen des Haselhuhnes recht ähnlich, er hat jedoch einen kürzeren Seitenhöcker am Distalende und seine Dorsalkante bildet einen kleinen Absatz vor der Distalspitze.

Wachtel, *Coturnix coturnix* (L.)
1 Fund
Humerus sin.: mit abgebrochenen Endteilen (22,3+, Durchmesser an der schmalsten Stelle des Corpus 2,1×2)

Doppelschnepfe, *Gallinago media* LATH.
1 Fund
Tarsometatarsus sin.: ohne proximalen Teil (30,6+, kleinste Breite 2,3, dist. Breite 5,9)

Waldschnepfe, *Scolopax rusticola* L.
1 Fund
Carpometacarpus dext.: proximale Hälfte (22,1+, proximale Höhe 9,2, proximale Gelenkbreite 4,1)

Uhu, *Bubo bubo* (L.)
1 Fund
Phalanx II dig. I pedis sin.: beinahe intakter Knochen (große Kurvatur 25,3, die Sehne der Kurvatur 23, Gelenkhöhe 5,7, Höhe des Basalhöckers 7, Höhe des Krallenzapfens an der Basis 10,4, Höhe an der Basis 12,3, Breite des Basalhöckers 5,2), mit Säugergebißspuren an der Krallenzapfenbasis.

(Wald)ohreule, *Asio (otus* L.)
2 Funde, 1 Ind.
Coracoideum dext.: stark korrodierter Mittelteil (17,9+)
Femur sin.: beschädigte proximale Hälfte (34,7+, Breite in der Mitte 4,1)

Schwalbe, *Hirundo* sp.
1 Fund
Ulna sin.: intakter Knochen (25,1, proximale Gelenkbreite 3,6, distale Breite 2,9, distale Höhe 2)
Ob dieser Rest der gegenwärtig streng an Gebäude gebundenen und als Kulturfolgerin sekundär weitverbreiteten Rauchschwalbe, *H. rustica* L., zuzuweisen ist oder der gegenwärtig noch im Alpengebiet brütenden Felsenschwalbe, *H. rupestris* SCOP., wage ich nicht zu entscheiden. Nach Angaben bei G. P. DEMENTJEV und N. A. GLADKOV 1954, 748) soll die letztgenannte Art wenigstens in den zentralasiatischen Hochgebirgen unter klimatisch recht ungünstigen Bedingungen (häufige Nachtfröste!) brüten. Erst eventuelle Funde aus vorneolithischen Schichten außerhalb der Berggegend Mitteleuropas könnten das primäre Vorkommen der Rauchschwalbe indizieren.

Dohle, *Corvus monedula* L.
3 Funde, mindestens 2 Ind.
Tibiotarsus dext.: distale Hälfte (27+, Durchmesser an der schmalsten Stelle 3,2×2,5, distale Breite 6,2), supradistal pathologisch deformiert (Callus-Bildung, Trochlea schiefgestellt – geheilter Bruch?)
Tibiotarsus sin.: intakter Knochen (Länge von der proximalen Gelenkfläche aus 67, physiologische Länge 66,3, proximale Breite 6,2, kleinste Breite 3, distale Breite 6,1)
Tibiotarsus sin.: distale Hälfte (38,2+, kleinste Breite 2,9, distale Breite 5,8)

Größere **Drossel,** *Turdus* sp.
2 Funde, 1? Ind.
Femur sin.: proximale Hälfte (18+, proximale Breite 5,4, Durchmesser in der Mitte 2,6×2,3)
Tibiotarsus dext.: proximale Hälfte (23,3+, proximale Gelenkbreite 4,7, Breite am Fibularansatz 3,5, kleinste Breite 2,1)
Ihrer Größe nach kommen die osteologisch kaum mit Sicherheit an Einzelknochen unterscheidbaren Arten Amsel, *T. merula* L., Wacholderdrossel, *T. pilaris* L., und Ring-

drossel, *T. torquatus* L., in Betracht. Aus historischen und topographischen Gründen scheint die Zugehörigkeit zur letzten Art das Wahrscheinlichste zu sein.

(Bach)stelze, *Motacilla (alba* L.)
2 Funde, 1 Ind.
Ulna dext.: ohne proximalen Teil (17+, distale Breite 2,6, distale Höhe 2,2)
Ulna sin.: ohne proximalen Teil (16,4+, distale Breite 2,6)

Nicht mit Sicherheit artbestimmbare Funde
Radii?: 2 Fragmente von mittelgroßen Vögeln (21,5+, 13,1+), 1 Fragment von einem kleineren Entenvogel (14,8+)
Ulna?: 1 Fragment eines mittelgroßen Vogels (16,7+)
Femora: 2 Corpus-Scherben vom Moorschneehuhn? (18,3+, 15+), 1 Kleinscherbe vom Birkhuhn? (11+)
Phalanx pedis: defekter Knochen (14+)
Scherbe eines Röhrenknochens (17+)

2. Ökologische Verteilung der Arten

Formation	Art	Fundzahl
Gewässer	1. *Cygnus cygnus*	2
	2. *Anas platyrhynchos*	6
	3. *Anas crecca*	3
	4. *Anas penelope*	1
	5. *Motacilla alba*	2
		14
Flur, Steppe	1. *Perdix perdix*	1
	2. *Coturnix coturnix*	1
		2
Moor, Heide und lichtes Gehölz	1. *Lagopus lagopus*	10
	2. *Gallinago media*	1
	3. *Lyrurus tetrix*	7
		18
Wald	1. *Tetrao urogallus*	3
	2. *Scolopax rusticola*	1
	3. *Bubo bubo*	1
	4. *Asio (otus)*	2
		7
Felsen	1. *Aquila chrysaëtos*	3
	2. *Hirundo* sp.	1
	3. *Corvus monedula*	3
		7

3. Verteilung der Arten entsprechend ihrer gegenwärtigen Zugehörigkeit zu den zoogeographischen Regionen und ihrer Verbreitung in den klimatischen Lebenszonen

Region	Verbreitungstyp	Art	Niedrigste Juli-Isotherme der gegenwärtigen Verbreitung (nach VOOUS 1960)
paläarktisch	nichthocharktisch	*Motacilla alba*	4°
paläarktisch	niederarktisch-boreal	*Anas penelope*	7–8°
holarktisch	niederarktisch-boreal	*Lagopus lagopus*	4°
holarktisch	überwiegend nichtarktisch	*Anas platyrhynchos*	(5) 10–12°
holarktisch	nichtarktisch	*Aquila chrysaëtos*	10°
paläarktisch	nichtarktisch	*Bubo bubo*	14°
holarktisch	nichtarktisch	*Asio (otus)*	15°
paläarktisch	boreal	*Cygnus cygnus*	7°
paläarktisch	boreal	*Anas crecca*	8–10°
westpaläarktisch	boreal	*Gallinago media*	12°
paläarktisch	boreomontan	*Lyrurus tetrix*	11°
westpaläarktisch	boreomontan	*Tetrao urogallus*	12°
paläarktisch	temperiert	*Scolopax rusticola*	12°
arktogäisch	überwiegend südlich (der Borealzone)	*Coturnix coturnix*	16°
westpaläarktisch	überwiegend südlich (der Borealzone)	*Perdix perdix*	(13–14) 16°
westpaläarktisch	überwiegend südlich (der Borealzone)	*Corvus monedula*	12°

Landschaftlich indizieren die in der 5. Kulturschicht der Bettelküche angetroffenen Arten eine bergige Gegend in der Nähe von Gewässern, wo der Wald (wenigstens zum Teil Kiefernwald) mit den Flächen der Heide- oder Flurvegetation (Steppe?) abgewechselt hat. Der letztgenannte Umstand kann auf ein kontinentales Gepräge des Klimas weisen. Der Klimatypus ist dementsprechend nicht arktisch, sondern boreal zu nennen, mit einer Mitteltemperatur des Hochsommers um etwa 15° C.

Von den angetroffenen Vogelarten fehlt das gegenwärtig überwiegend boreale Moorschneehuhn der heutigen Avifauna der Fundgegend. Keines der Fundstücke ist verkohlt oder weißgebrannt. Auch zeigen sie keine deutlichen Schnittmarken, wodurch sie als menschliche Mahlzeit- oder Beutereste identifiziert werden könnten. Dagegen findet man an mehreren Knochen Bißmarken von Raubsäugern. Es ist hervorzuheben, daß im Gegensatz zu Vogelresten aus anderen untersuchten Höhlen die hier vorgefundenen Reste überwiegend von größeren und demzufolge auch schwereren Arten stammen, was auf entsprechend größere Prädatoren (Fuchs, Marder, Adler, Uhu?) hinweist.

B.   Liegendes der 5. Kulturschicht

Die Funde (Prähistorische Staatssammlung München 1968/302) stammen aus dem Sediment unmittelbar unterhalb der grau gefärbten 5. Kulturschicht. Sie gehören dem Spätglazial an.

Pfeifente, *Anas penelope* L.
1 Fund
Tarsometatarsus sin.: intakter Knochen (39, proximale Breite 7,7, kleinste Breite 3,3, distale Breite 7,8)

Moorschneehuhn, *Lagopus lagopus* (L.)
2 Funde, 2 Ind.
Tarsometatarsus sin.: intakter Knochen (37,1, proximale Breite 8,6, kleinste Breite 3,2, distale Breite 7,8)
Tarsometatarsus sin.: proximal beschädigt (39+, kleinste Breite 3,1, distale Breite 8,1)

C.   4. Kulturschicht

Das Fundmaterial stammt aus dem mittleren und unteren Drittel der 4. Kulturschicht, die Steinartefakte der frühmesolithischen Stufe Beuronien C enthielt. Die Funde sind demnach borealzeitlichen Alters.

1. Funde
Prähistorische Staatssammlung München 1968/304 b.

Schellente, *Bucephala clangula* (L.)
2 Funde, 1 Ind.
[Humerus dext.: supradistaler Teil (25,5+)]
Radius sin.: Mittelteil (42,8+, Durchmesser in der Mitte 2,1×2,3)

[Rebhuhn, *Perdix perdix* (L.)
1 Fund
Femur dext. von pull.: ohne distalen Teil, proximal unvoll-ständig verknöchert (28,2+, Durchmesser in der Mitte 2,7×2,7)]

Waldkauz, *Strix aluco* L.
3 Funde, 1 Ind.
Mandibula: Vorderteil von Ramus dext. (23,4+)
Radius dext.: supradistales Fragment (32,1+, Durchmesser in der Mitte der »Knochenbrücke« 3×2,3)
Femur sin.: Corpus-Fragment (19,4+, kleinster? Durch-messer 3,9×4,2)

Unbestimmter Singvogel
1 Fund
Ulna sin.: an beiden Enden beschädigt (22,8+)

2. Ökologische Verteilung der Arten

Formation	Art	Fundzahl
Gewässer	*Bucephala clangula*	2
Flur, Steppe	*Perdix perdix*	1
Wald	*Strix aluco*	3

3. Verteilung der Arten entsprechend ihrer gegenwärtigen Zugehörigkeit zu den zoogeographischen Regionen und ih-rer Verbreitung in den klimatischen Lebenszonen.

Region	Verbreitungstyp	Art	Niedrigste Juli-Isotherme der gegenwärtigen Verbreitung (nach VOOUS 1960)
holarktisch	boreal	*Bucephala clangula*	10°
westpaläarktisch	überwiegend südlich der Borealzone	*Perdix perdix*	(13–14) 16°
paläarktisch	überwiegend südlich der Borealzone	*Strix aluco*	14–20°

Die Schellente kann ein Durchzügler oder Wintergast ge-wesen sein. Rebhuhn und Waldkauz deuten ein milderes Winterklima an (die Jahresisotherme der Nordgrenze des Waldkauzes verlief nach VOOUS (1960) bei 2–4°!). All-gemein muß das Klima als temperiert bezeichnet werden.

II. Fohlenhaus

1962 und 1963 führte W. TAUTE, Tübingen, archäologi-sche Grabungen auf dem Vorplatz der beiden Fohlenhaus-Höhlen im Lonetal, Stadt Langenau, Alb-Donau-Kreis, durch (vgl. W. TAUTE: Teil 1), wobei auch die hier abge-handelten Vogelknochen geborgen wurden. J. BOESSNECK (1978 a; vgl. oben S. 117 f.) hat die Knochen der grö-ßeren Säuger und der Amphibien bearbeitet, G. STORCH (1978 a; vgl. oben S. 133–137) die der Kleinsäuger.

A. 3. Kulturschicht

Die 3. Kulturschicht (Knochen-Probe 2) gehört dem aus-klingenden Paläolithikum bzw. dem Spätglazial an.

1. Funde

Stockente, *Anas platyrhynchos* L.
5 Funde, 1? Ind.
Vertebra cervicalis (V): beschädigter Wirbel (18,7, cra-niale Breite 12, kleinste Breite des Neurarcus 4,2, caudale Breite 9,3+)
Carpometacarpus dext.: distale Seitenscherbe des Mc II (22+)
Carpometacarpus dext.: Fragment des Mc III (19,5+)
Phalanx II dig. II manus dext.: distales Fragment (11,5+)
Phalanx dig. pedis: intakter Knochen (10, proximale Brei-te 2,5)

Krickente, *Anas crecca* L.
1 Fund
Carpometacarpus dext.: Mc III in der Mitte abgebrochen (38,7, proximale Höhe 9,1, kleinste Breite des Mc II 2,7)

Turmfalke, *Falco tinnunculus* L.
1 Fund
Coracoideum sin.: Acrocoracoideum beschädigt, Basalteil abgebrochen (21,3+, kleinster Durchmesser 3,5) – erscheint stärker als beim Merlin ♀ zu sein.

Moorschneehuhn, *Lagopus lagopus* (L.)
26 Funde, wenigstens 3 Ind.
Oberschnabel: Spitzenteil (Abstand von dem oralsten Punkt der Naris bis an die Schnabelspitze, direkt genom-men: 6,6+)
Mandibula: Symphysenteil (mediane Länge 6,8+, Ab-stand des oralsten Punktes der Seitengrube bis zu der knö-chernen Schnabelspitze 9 mm, Abstand vom oralsten Punkt des Seitenloches bis zur Schnabelspitze etwa 18)

[Sternum: Fragment des Processus lateralis posterior sin. (20,6+)

Furcula: Ramus-Fragment (16,2+)]

Furcula: Fragment mit Teil des Ramus dext. und Hypocleidium (19,5+)

[Coracoideum sin.: Fragment mit dem Humeralgelenk (12+)]

Humerus dext.: intakter Knochen (61,3, proximale Breite sine Crista lateralis 15,5, Dicke vom Caput 7, Durchmesser an der schmalsten Stelle des Corpus 5,6×4,7, distale Breite 11,8)

[Radius sin.: distale Hälfte (12+)]

Carpometacarpus sin.: Mc III zum größten Teil abgebrochen (32, laterale Länge des Mc II 30,2, proximale Gelenkbreite 4, proximale Höhe 9, kleinste Breite des Mc II 3,2)

Carpometacarpus sin.: beschädigter Knochen, distaler Teil und Mc III abgebrochen (29+, proximale Höhe 10,2, proximale Gelenkbreite 4,3, kleinste Breite des Mc II 3,3)

[Carpometacarpus sin.: distaler Teil (15,9+, kleinste Breite des Mc II 3,2)

Phalanx II dig. II manus sin.: intakter Knochen (13)

Femur sin.: hintere Scherbe vom Corpus mit Foramen nutritium und Muskelleisten (19+)]

Tarsometatarsus dext.: defektes proximales Fragment (19,4+, proximale Breite 8)

Tarsometatarsus dext.: distales Fragment (17+, distale Breite 9)

Tarsometatarsus dext.: defektes distales Fragment (14,8+)

Tarsometatarsus sin.: beschädigter Knochen in 2 Teilen (etwa 37,5, proximale Breite 7,6+, distale Breite 8,2)

Tarsometatarsus sin.: proximales Fragment (18+)

Tarsometatarsus sin.: defekte distale Hälfte (28+, kleinste Breite 3,2)

Tarsometatarsus sin.: distales Fragment (23,8+, distale Breite 8,3)

[Phalanx I dig. II pedis dext.: intakter Knochen (11)

Phalanx I dig. II pedis sin.: intakter Knochen (10,2)

Phalanx II dig. II pedis: intakter Knochen (8,2)

Phalanx I dig. III pedis: 4 dext., 4 sin. – intakte Knochen

Phalanx dig. pedis: defekter Knochen (10+)

Phalanx dig. pedis: defekter Knochen (10,8+)]

Birkhuhn, *Lyrurus tetrix* (L.)

11 Funde, 3 Ind. (1 ♂, 2 ♀♀)

[Sternum: Fragment vom Processus lateralis posterior (26+)

Furcula: medianer Teil (15,5+)]

Humerus dext.: proximolaterale Scherbe

Humerus dext.: abgebrochener Condylus lateralis (13,7) ♂

Humerus sin.: distales Fragment (15+, distale Breite 14,2) ♂

Sämtliche Oberarmbeinfunde können vom selben Birkhahn herstammen.

Ulna sin.: distales Fragment (28+, Durchmesser an der schmalsten Stelle 5,6×4,2, distale Breite 8, distale Höhe 7,3) ♂

Carpometacarpus dext.: mit Mc III abgebrochen (35, laterale Länge des Mc II 33, kleinste Breite des Mc II 3,4), wahrscheinlich ♀

Carpometacarpus dext.: distales Fragment (16+)

Carpometacarpus sin.: intakter Knochen (36,8, laterale Länge des Mc II 34,3, proximale Höhe 10,2, proximale Gelenkbreite 4,4, kleinste Breite des Mc II 3,3) wahrscheinlich ♀

Carpometacarpus sin.: beschädigter Knochen (35+, laterale Länge des Mc II 33,6, kleinste Breite des Mc II 3,8) wahrscheinlich ♀

[Phalanx II dig. III pedis dext.: intakter Knochen (16)]

Wiesenralle, *Crex crex* (L.)

4 Funde, 2 Ind.

Ulna sin.: intakter Knochen (39,2, proximale Breite 4,3, Durchmesser in der Mitte 2,7×2, distale Breite 4,1, distale Höhe 3,9)

Carpometacarpus dext.: distale Hälfte abgebrochen (18,7+, proximale Gelenkbreite 2,2, Breite des Mc II in der Mitte 1,5)

Carpometacarpus sin.: intakter Knochen (27,3, laterale Länge des Mc II 27,2, proximale Höhe 6, proximale Gelenkbreite 2,6, Breite des Mc II in der Mitte 1,9)

[Vertebra thoracica: Corpus-Fragment (mediane Länge 10,5)]

Sumpfohreule, *Asio flammeus* (PONT.)

1 Fund

Phalanx I dig. II manus dext.: dorsodistales Fragment (12,2+)

Größere **Drossel**, *Turdus* sp.

4 Funde, 2–3 Ind.

Coracoideum sin.: intakter Knochen (28)

Humerus dext.: proximale Hälfte (22+, proximale Breite s. C. l. 10,2+, Durchmesser in der Mitte 3×2,4)

Humerus sin.: defekter proximaler Teil (13,5+, proximale Breite s. C. l. 10,2)

Humerus sin.: distales Fragment (10+, distale Breite 7,7)

Ihrer Größe nach können diese Funde entweder von der Misteldrossel, *T.viscivorus*, Amsel, *T.merula*, Wacholderdrossel, *T.pilaris*, oder der Ringdrossel, *T.torquatus* L., herstammen. Aus zoogeographischen und ökologischen Gründen sind die beiden letztgenannten Arten am wahrscheinlichsten.

[Blaukehlchen, *Luscinia svecica* (L.)
1 Fund
Coracoideum dext.: intakter Knochen (16, Länge des Humeralgelenkes 3, kleinste Breite 0,6, Breite des Basalgelenkes 3,3)]

Nicht mit Sicherheit artbestimmbare Singvögel
3 Funde
Coracoideum sin. von juv.: obere Hälfte (10+), vielleicht einer Schwalbe, *Hirundo* sp., zugehörend
Femur sin.: proximale Hälfte (9,5+), vielleicht von einem Steinschmätzer, *Oenanthe oenanthe* (L.)

Tibiotarsus sin.: proximales Fragment (9,5+), vielleicht von einem Wasserpieper, *Anthus spinoletta* (L.)

2. Ökologische Verteilung der Arten

Formation	Art	Fundzahl
Gewässer	*Anas platyrhynchos*	5
	Anas crecca	1
Sümpfe	*Asio flammeus*	1
Wiesen	*Crex crex*	3
Moorheide mit	*Lagopus lagopus*	24
Sträuchern	(*Luscinia svecica*)	(1)
Moore und Heiden mit oder an	*Lyrurus tetrix*	11
lichtem Gehölz	*Falco tinnunculus*	
Felsen	(*Hirundo* sp. ?)	1
	(*Turdus torquatus*)	(1?)
	(*Oenanthe oenanthe*?)	(3)
	(*Anthus spinoletta*?)	(1?)
		(1?)

3. Verteilung der Arten entsprechend ihrer gegenwärtigen Zugehörigkeit zu den zoogeographischen Regionen und ihrer Verbreitung in den klimatischen Lebenszonen

Region	Verbreitungstyp	Art	Niedrigste Juli-Isotherme der gegenwärtigen Verbreitung (nach VOOUS 1960)
holarktisch	niederarktisch-boreal	*Lagopus lagopus*	4°
holarktisch	niederarktisch-temperiert	*Asio flammeus*	8°
paläarktisch	niederarktisch-temperiert	(*Luscinia svecica*)	8–10°
holarktisch	überwiegend nichtarktisch	*Anas platyrhynchos*	(5) 10–12°
arktogäisch	überwiegend nichtarktisch	*Falco tinnunculus* (K)	13°
paläarktisch	boreal-temperiert	*Anas crecca*	8–10°
paläarktisch	boreo-montan	*Lyrurus tetrix*	11°
westpaläarktisch	überwiegend temperiert	*Crex crex* (K)	14°
paläarktisch	atlantisch-montan	(*Turdus torquatus*)	10°

Anmerkung: Die mit (K) bezeichneten Arten sind gegenwärtig kulturfolgend, was ihren ursprünglichen Verbreitungstyp stark modifiziert haben kann!

Das Moorschneehuhn fehlt der gegenwärtigen Avifauna des Fundortes. Keine hocharktische oder reinarktische Art ist vertreten, ebenso keine erst südlich der Borealregion brütende Art. Nur westpaläarktische, transpaläarktische oder holarktisch und eine arktogäische Art sind festgestellt worden, keine Art ostpaläarktischen Ursprungs (»Sibirisches Faunenelement«, das offensichtlich erst postglazial in den europäischen Teil der Borealregion eingewandert ist).

Die Artzusammensetzung deutet auf eine Berglandschaft subarktischen oder subalpinen Charakters, d. h. eine ziemlich offene Landschaft mit Wiesen- oder Heidevegetation, die von vereinzelten Sträuchern durchsetzt war, wo es jedoch wenigstens stellenweise auch schon lichtes Gehölz gab. Die beiden Entenarten sind an Wasser gebunden, jedoch sind sie auch mit den kleinsten Tümpeln oder Kleinbächen zufrieden. Von den hier aus den Ablagerungen in den Höhlen Bettelküche und Fohlenhaus untersuchten Vogelresten scheinen die aus der 3. Kulturschicht vor dem Fohlenhaus den kältesten Klimatyp anzudeuten, mit einer Julitemperatur kaum über 12–14°.

Auch in diesem Fall liegen keine verbrannten, verkohlten oder angeritzten Knochenreste vor. Deutliche Biß-Spuren sind ebenfalls nicht zu entdecken. Die Zusammensetzung und Zerstückelung lassen auch hier am ehesten Beutereste eines Raubvogels annehmen. Da der Uhu aus klimatischen Gründen kaum anzunehmen ist, muß man am wahrscheinlichsten mit einem größeren Greifvogel rechnen. Die starke Zerstückelung der Knochen scheint eher für den Adler als den Falken als Urheber zu sprechen.

B. 2. Kulturschicht

Die 2. Kulturschicht enthält Steingerätfunde der frühmesolithischen Stufe Beuronien B und dürfte deshalb dem ausklingenden Präboreal und dem Boreal zugehören.

1. Funde aus dem unteren Teil der 2. Kulturschicht (Knochen-Probe 1 b)

Birkhuhn, *Lyrurus tetrix* (L.)
1 Fund
Oberschnabel: Spitzenteil (Länge vom oralsten Punkt der Nasenöffnung bis zur Schnabelspitze: direktes Maß 11,2)

Rebhuhn, *Perdix perdix* (L.)
1 Fund
Furcula: Oberteil des Ramus dext.

Wachtel, *Coturnix coturnix* (L.)
2 Funde, 1 Ind.
Humerus dext.: defekte distale Hälfte (18,8+)
Radius dext.: proximales Fragment (11,2+)

Wiesenralle, *Crex crex* (L.)
2 Funde, 1 Ind.
Phalanx I dig. II pedis sin.: intakter Knochen (12,3)
Phalanx I dig. IV pedis sin.: intakter Knochen (9,6)

Aaskrähe, *Corvus corone* L.
1 Fund
Radius sin.: proximales Fragment (12+)

Eichelhäher, *Garrulus glandarius* (L.)
2 Funde, 1 Ind.
Coracoideum sin.: defekter Apikalteil (14+, Höhe des Humeralgelenkes 6)
Ulna sin.: proximale Hälfte (25,6+, proximale Breite 5,8)

Misteldrossel, *Turdus viscivorus* L.
1 Fund
Humerus sin.: defekte proximale Hälfte (19+)

Größere Drossel, *Turdus* sp. (von der Größe der Amsel, *T. merula* L., Wacholderdrossel, *T. pilaris* L., oder der Ringdrossel, *T. torquatus* L.)
2 Funde, 1–2 Ind.
Tibiotarsus sin.: distales Fragment (12+, distale Breite 4,2)
Tarsometatarsus dext.: distales Fragment (11,5+, distale Breite 3,6)

Singdrossel, *Turdus philomelos* BREHM
2 Funde, 1–2 Ind.

Ulna sin.: ohne Olecranon (31,6+, proximale Breite 4,1, distale Breite 3,3, dist. Höhe 2,6)
[Ulna sin.: distales Fragment (9,5+, distale Breite 3,4)]

[**Mönchsgrasmücke**, *Sylvia atricapilla* (L.)
1 Fund
Coracoideum sin.: proximaler Teil (10,6+)]

Laubsänger, *Phylloscopus* sp.
1 Fund
Coracoideum sin.: mediodistal beschädigt (12 mm)

[**Grauschnäpper**, *Muscicapa striata* (PALL.)
2 Funde, 2 Ind.
Ulna dext.: ohne distalen Teil (17+, proximale Breite 2,7)
Ulna dext.: beschädigter proximaler Teil (10,3+, proximale Breite 2,8)]

[**Wasserpieper**, *Anthus spinoletta* (L.)
2 Funde, 1 Ind.
Coracoideum dext.: defekter Knochen (18)
Ulna sin.: ohne distalen Teil, proximal beschädigt (20+, proximale Breite 3,1)]

(Bach)stelze, *Motacilla (alba* L.)
1 Fund
Humerus sin.: ohne distalen Teil (18+, proximale Breite 5,8, Durchmesser in der Mitte 1,7×1,4)

[Singvögel von der Form und Größe einer Bachstelze oder eines Piepers, *Motacilla alba* L. oder *Anthus* sp.
3 Funde, 2–3 Ind.
Ulna dext.: proximales Fragment (14+)
Ulna dext.: Corpus-Fragment (14,5+)
Ulna sin.: Corpus-Fragment (17+)]

Star, *Sturnus vulgaris* L.
2 Funde, 1 Ind.
Coracoideum sin.: defekte Basalhälfte (14,8+)
Carpometacarpus sin.: ohne distalen Teil und ohne Metacarpus III (17+)

Gimpel, *Pyrrhula pyrrhula* (L.)
1 Fund
Coracoideum sin.: ohne Acrocoracoideum, laterodistal beschädigt (15,5+)

Zeisig, *Carduelis spinus* (L.)
1 Fund
Coracoideum dext.: Enden beschädigt (12+)
Gute Übereinstimmung mit dem entsprechenden Skelettteil des Zeisigs. Verwechslungsmöglichkeit mit Birkenzeisig und Zitronengirlitz, jedoch nicht ganz ausschließbar.

Kleinere Singvögel (Art?)
6 Funde
Scapula dext.: ohne caudalen Teil (8,2+), etwa buchfinkengroß
Ulna dext.: proximales Fragment (8+), etwa kohlmeisengroß
Ulna dext.: distales Fragment (11,2+), etwa rotkehlchengroß
Ulna sin.: distales Fragment (8+), etwa steinschmätzergroß
Phalanx dig. pedis: intakter Knochen (8,4)

2. Funde aus dem oberen Teil der 2. Kulturschicht (Knochen-Probe 1 a)

Wachtel, *Coturnix coturnix* (L.)
1 Fund
Coracoideum sin.: intakter Knochen (24,3, Länge senkrecht zur Basis 22,3, Breite des Basalgelenkes 5,6)

[**Feldlerche, *Alauda arvensis* L.**
2. Funde aus dem oberen Teil der 2. Kulturschicht
Ulna dext.: proximale Hälfte (14,7+, proximale Breite 3,5)
Carpometacarpus dext.: supradistales Fragment des Metacarpus II (12+)]

Schwalbe, *Hirundo* sp.
2 Funde, 1–2 Ind.
Ulna dext.: distale Hälfte (13,3+, distale Breite 2,9, dist. Höhe 2,3)
Tibiotarsus dext.: distales Drittel (9+, distale Gelenkbreite 1,8)

(Wasser)pieper, *Anthus (spinoletta* (L.))
2 Funde, 1 Ind.
Ulna sin.: defekte proximale Hälfte (15,2+, proximale Breite 3,2)
Tarsometatarsus dext.: distales Fragment (10,8+, distale Breite 2,2)

Mittelgroßer Singvogel (Drosselart, *Turdus* sp.?)
1 Fund
Phalanx (II) dig. pedis (6,3)

3. Ökologische Verteilung der Arten aus der 2. Kulturschicht

Formation	Art	Fundzahl	
		unterer Teil	oberer Teil
Gewässer	1. *Motacilla alba*	1	—
Gehölz (Arten, die lichteres Gehölz oder den Waldrand vorziehen, sind mit »R« gekennzeichnet)	1. *Lyrurus tetrix* (R)	1	—
	2. *Corvus corone* (R)	1	—
	3. *Garrulus glandarius*	2	—
	4. *Turdus viscivorus*	1	—
	5. *Turdus philomelos*	2	—
	6. *Sylvia atricapilla* (R)	1	—
	7. *Phylloscopus* sp.	1	—
	8. *Muscicapa striata*	2	—
	9. *Sturnus vulgaris* (R)	2	—
	10. *Carduelis spinus*	1	—
	11. *Pyrrhula pyrrhula*	1	—
		15	—
Wiese, Flur	1. *Perdix perdix*	1	—
	2. *Coturnix coturnix*	2	1
	3. *Crex crex*	2	—
	4. *Alauda arvensis*	—	2
		5	3
Felsen	1. *Hirundo* sp.	—	2
	2. *Anthus spinoletta*	2	2
		2	4

4. Verteilung der Arten entsprechend ihrer gegenwärtigen Zugehörigkeit zu den zoogeographischen Regionen und ihrer Verbreitung in den klimatischen Lebenszonen

Region	Verbreitungstyp	Art	Niedrigste Juli-Isotherme der gegenwärtigen Verbreitung (nach VOOUS 1960)
paläarktisch	nicht-hocharktisch	*Motacilla alba* (K)	4°
paläarktisch	nicht-arktisch	*Alauda arvensis* (K)	12°
paläarktisch	nicht-arktisch	*Corvus corone* (K)	10°
paläarktisch	nicht-arktisch	*Garrulus glandarius*	14°
westpaläarktisch	nicht-arktisch	*Turdus viscivorus*	12°
westpaläarktisch	nicht-arktisch	(*Muscicapa striata*) (K)	11°
westpaläarktisch	nicht-arktisch	*Sturnus vulgaris* (K)	10—12°
paläarktisch	überwiegend boreomontan	*Lyrurus tetrix*	11°
westpaläarktisch	überwiegend boreomontan	*Turdus philomelos*	12°
paläarktisch	überwiegend boreomontan	*Carduelis spinus*	13°
paläarktisch	überwiegend boreomontan	(*Pyrrhula pyrrhula*)	12°
westpaläarktisch	überwiegend temperiert	*Crex crex* (K)	14°
westpaläarktisch	überwiegend südlich der Borealzone	(*Sylvia atricapilla*)	14°
westpaläarktisch	überwiegend südlich der Borealzone	*Perdix perdix* (K)	(13—14) 16°
arktogäisch	überwiegend südlich der Borealzone	*Coturnic coturnix* (K)	16°
holarktisch	atlantisch-montan	*Anthus spinoletta*	4°

Anmerkung: Die mit (K) bezeichneten Arten sind gegenwärtig kulturfolgend, was ihren ursprünglichen Verbreitungstyp stark modifizieren kann.

Keine der oben erwähnten Arten fehlt gegenwärtig der Fundgegend als Brutvogel. Keine typisch arktische oder boreale – mit Ausnahme der boreomontanen – Arten ist im Fundmaterial vertreten. Nur westpaläarktische oder transpaläarktische Vögel (der Zeisig mit diskontinuierlicher Verbreitung) sind vorhanden.

Das Vorkommen des gegenwärtig sehr stark kulturgebundenen Stares, der Krähe, der Feldlerche, des Rebhuhns und der Wachtel ist hervorzuheben.

Die Artzusammensetzung indiziert eine Gebirgslandschaft, in der offene Felsenhänge mit Wald und Wiesen abgewechselt haben. Hervorzuheben ist das Fehlen von typischen Wasservögeln. Dieser Befund deutet vielleicht darauf hin, daß zu dieser Zeit des frühen Postglazials (Präboreal bis Boreal) das Lonetal bei den Fohlenhaus-Höhlen bereits – wie heute – trocken lag, die Lone also schon ihr unterirdisches Bett gefunden hatte. Die Waldformen dominieren im unteren Teil, fehlen dagegen gänzlich im oberen Teil der 2. Kulturschicht. Mehrere Arten mit südlich der Borealzone liegender Verbreitung deuten ein temperiertes Klima mit Julitemperatur über 16° an. Das Vorkommen von an trockenere Wiesen und Fluren gebundenen Arten (Wachtel, Rebhuhn) kann vielleicht auf ein etwas kontinentales Gepräge des Klimas deuten.

Keiner von den vorliegenden Vogelknochen zeigt Schnittspuren, keiner von ihnen ist verkohlt oder verbrannt. Offensichtlich stammen sie nicht von Nahrungsresten des höhlenbewohnenden Menschen, sondern sind als Beutereste von tierischen Prädatoren zu deuten. Die meisten Funde gehören zum Flügel- und Fuß-Skelett. Keine Biß-Spuren sind entdeckt worden. Am meisten ähneln die vorgefundenen Knochenreste den Beuteresten eines Raubvogels. Dem Gewicht dieser Beutetiere nach – von dem weniger als 10 g wiegenden Laubsänger bis zu dem um 500 g schweren Rebhuhn wie der Rabenkrähe samt dem über 1 kg schweren Birkhuhn – dürfte es sich um eine wenigstens mittelgroße Art handeln. Die Artzusammensetzung der Beutetiere, die auch nichtfliegende Formen (Kleinnager, Eidechse, Frösche) einschließt, läßt am ehesten eine felsenbewohnende größere Eule (Uhu) annehmen.

Literaturverzeichnis

BOESSNECK, J., 1978 a: Prähistorische Tierknochenfunde von den Fohlenhaus-Höhlen im Lonetal (Schwäbische Alb). In TAUTE, W. (Hrsgb.), Das Mesolithikum in Süddeutschland. Teil 2: Naturwissenschaftliche Untersuchungen. Tübingen 1978 (vgl. oben S. 117 f.)

– 1978 b: Steinzeitliche Tierknochenfunde aus der Bettelküche bei Sulzbach-Rosenberg (Oberpfalz). In: TAUTE, W. (Hrsgb.), Das Mesolithikum in Süddeutschland. Teil 2: Naturwissenschaftliche Untersuchungen. Tübingen 1978 (vgl. oben S. 119–122)

DEMENTJEV, G. P., und GLADKOV, N. A., 1954: Pticy Sovjetskogo Sojuza, Band IV. Moskva 1954

STORCH, G., 1978 a: Paläolithische und mesolithische Kleinsäugerfunde (Mammalia) von den Fohlenhaus-Höhlen im Lonetal (Schwäbische Alb). In TAUTE, W. (Hrsgb.), Das Mesolithikum in Süddeutschland. Teil 2: Naturwissenschaftliche Untersuchungen. Tübingen 1978 (vgl. oben S. 133–137)

– 1978 b: Kleinsäugerfunde (Mammalia) aus spätpaläolithischen und mesolithischen Kulturschichten der Bettelküche bei Sulzbach-Rosenberg (Operpfalz). In TAUTE, W. (Hrsgb.), Das Mesolithikum in Süddeutschland. Teil 2: Naturwissenschaftliche Untersuchungen. Tübingen 1978 (vgl. oben S. 139 f.)

TAUTE, W., in Vorbereitung: Das Mesolithikum in Süddeutschland. Teil 1: Chronologie und Ökologie

VOOUS, K. H., 1960: Atlas van de europeese vogels. Amsterdam–Brussel 1960

Aus dem Institut für Zoologie und Hydrobiologie der Universität München

Fischschuppen aus den mesolithischen Kulturschichten der Falkensteinhöhle bei Thiergarten und des Felsdaches Inzigkofen im oberen Donautal

von HEINZ-HERMANN REICHENBACH-KLINKE, München

Durch Vermittlung von J. BOESSNECK, München, und W. TAUTE, Tübingen, haben mir Fischschuppen aus mesolithischen Kulturschichten der Falkensteinhöhle bei Thiergarten und des Felsdaches Inzigkofen zur Bestimmung vorgelegen. Beide Plätze sind im Tal der oberen Donau, oberhalb von Sigmaringen in der Schwäbischen Alb gelegen. Von beiden Fundstellen wurden weitere Fischreste durch J. LEPIKSAAR (1978, vgl. unten S. 153–157) bestimmt.

Falkensteinhöhle bei Thiergarten

Das Material stammt aus den Grabungen, die 1963/64 von W. TAUTE in der Höhle durchgeführt wurden (W. TAUTE: vgl. Teil 1).

Unteres Drittel der Mesolith-Schicht
Rotauge *(Rutilus rutilus* L.), Knochenfisch, Familie Cyprinidae: 4 Schuppen

Mittleres Drittel der Mesolith-Schicht
Rotauge *(Rutilus rutilus* L.): 2 Schuppen

Oberes Drittel der Mesolith-Schicht
Rotauge *(Rutilus rutilus* L.): 56 Schuppen
Aitel *(Squalius cephalus* L.), Familie Cyprinidae: 8 Schuppen
Nerfling *(Idus idus* L.), Familie Cyprinidae: 6 Schuppen

Güster *(Blicca björkn*a L.), Familie Cyprinidae: 5 Schuppen

Mesolith-Schicht allgemein
Rotauge *(Rutilus rutilus* L.): 5 Schuppen

Felsdach Inzigkofen

Es handelt sich hier um einen Teil der wenigen Funde aus der von E. PETERS 1938 unter dem Felsdach durchgeführten Grabung, die nicht 1945 verlorengegangen sind (E. PETERS 1946, 13; W. TAUTE: vgl. Teil 1).

Mesolith-Schicht allgemein
Rotauge *(Rutilus rutilus* L.): 42 Schuppen
Nerfling *(Idus idus* L.): 3 Schuppen
Aitel *(Squalius cephalus* L.): 2 Schuppen
Die Zugehörigkeit weiterer Schuppen konnte mit Sicherheit nicht festgestellt werden, es ist möglich, daß dieselben den Cyprinidenarten Rotauge *(Rutilus rutilus* L.), Nase *(Chondrostoma nasus* L.), Rotfeder *(Scardinius erytrophthalmus* L.) und Güster *(Blicca björkna* L.) sowie dem Hecht *(Esox lucius* L.) angehören.

Eine Reihe weiterer Bruchstücke von Inzigkofen und auch Thiergarten ließ sich nicht einordnen.

Literaturverzeichnis

LEPIKSAAR, J., 1978: Fischreste aus den mesolithischen Kulturschichten der Falkensteinhöhle bei Thiergarten und des Felsdaches Inzigkofen im oberen Donautal. In TAUTE, W. (Hrsgb.): Das Mesolithikum in Süddeutschland. Teil 2: Naturwissenschaftliche Untersuchungen. Tübingen 1978 (vgl. unten S. 153–157)

PETERS, E., 1946: Meine Tätigkeit im Dienst der Vorgeschichte Südwestdeutschlands, mit einer Übersicht über meine Grabungen und einer Zusammenstellung meiner Veröffentlichungen. Veringenstadt 1946
TAUTE, W., in Vorbereitung: Das Mesolithikum in Süddeutschland. Teil 1: Chronologie und Ökologie

20

Fischreste aus den mesolithischen Kulturschichten der Falkensteinhöhle bei Thiergarten und des Felsdaches Inzigkofen im oberen Donautal

von JOHANNES LEPIKSAAR, Göteborg

Die Falkensteinhöhle (Markung Thiergarten, Gemeinde Beuron) und das Felsdach Inzigkofen (Gemeinde Inzigkofen) liegen 11 km bzw. 4 km oberhalb der Kreisstadt Sigmaringen im Tal der oberen Donau. In beiden Fundstellen sind Kulturschichten festgestellt worden, die in ihrem unteren Drittel dem Frühmesolithikum (Stufe Beuronien C) und im oberen Drittel dem Spätmesolithikum angehören (vgl. W. TAUTE: Teil 1). In den spätmesolithischen Horizonten wurden jeweils aus Hirschgeweih geschnitzte zweireihige Zackenharpunen gefunden, die wahrscheinlich der Fischjagd dienten (E. PETERS 1934, Taf. 9, 1–4; 1935, Taf. 2, 1–4; W. TAUTE 1975, Abb. 5, 1–2).

Falkensteinhöhle

Die Falkensteinhöhle ist 1930–1933 von E. PETERS und V. TOEPFER fast vollständig ausgegraben worden. In den Vorberichten über diese Grabungen (E. PETERS 1934 und 1935; V. TOEPFER 1935) wurden bereits die in der mesolithischen Kulturschicht überall zahlreich gefundenen Fischreste erwähnt sowie eine Anzahl durchlochter Schmuckanhänger, die nach Bestimmung von M. RAUTHER aus Schlundzähnen des heute in der Donau nicht mehr lebenden Frauen- oder Perlfisches hergestellt sind. Schon 1935 legte dann RAUTHER einen Bericht über Fischreste aus der mesolithischen Kulturschicht der Falkensteinhöhle vor. Danach gehörte der mengenmäßig überwiegende Teil der Fischknochenfunde (Wirbel, Rippen, Flossenstrahlbruchstücke und etwa 50 Zähne) dem Frauen- oder Perlfisch an, eine große Zahl von Schuppen der Äsche, 9 bzw. ein Schlundknochen dem Hasel und der Zährte sowie einige Dentalien dem Hecht.
Eine vergleichsweise kleine Anzahl von Fischresten aus der Falkensteinhöhle, die allem Anschein nach RAUTHER seinerzeit nicht vorgelegen hat, fand sich im Nachlaß des Ausgräbers E. PETERS. Diese Fischreste werden zusammen mit einigen Neufunden, die W. TAUTE 1963–1964 bei einer Nachuntersuchung in der Falkensteinhöhle bergen

konnte, in dem vorliegenden Aufsatz abgehandelt. Dieses Material bestätigt im wesentlichen das von RAUTHER beschriebene Artenspektrum, erweitert es jedoch um den Döbel (Aitel) und den Huchen. Hinzuweisen ist darüber hinaus auf die Bestimmung einer Anzahl von Schuppen aus der Nachuntersuchung TAUTE durch H.-H. REICHENBACH-KLINKE (1978, vgl. S. 151), der erneut den Döbel (Aitel) feststellen konnte und zusätzlich das Rotauge, den Nerfling und die Güster.

Dem Verfasser haben die im folgenden beschriebenen Funde vorgelegen.

Lachsfische, Salmonidae

Äsche, *Thymallus thymallus* (L.)
Grabung PETERS, Mesolithschicht allgemein:
3 Wirbel (1 vertebra praecaudalis, 2 vert. caudales) von ca. 30–40 cm langen Fischen (Fisch?)
Grabung TAUTE, unteres Drittel der Mesolithschicht:
2 Wirbel (v. praecaudalis, v. caudalis) von ca. 40 cm langen Fischen (Fisch?)
Am sichersten lassen sich die präcaudalen Wirbel bestimmen: artcharakteristisch ist die tiefe Einsenkung in der Mitte der stark eingeschnürten Ventralflächen, – bei den entsprechenden Wirbeln der *Salmo*- und *Coregonus*-Arten findet man statt der Einsenkung eine spongiöse Fläche. Die kaudalen Wirbelreste erinnern durch ihre stark entwickelte spongiöse Struktur, die auch an den Basen der Bogenansätze zu sehen ist, gewissermaßen an *Coregonus*-Wirbel. Eine merkbare Tendenz zur Ausbildung eines kielförmig hervortretenden Seitenstranges scheint mir jedoch für die Äsche zu sprechen.

Huchen, *Hucho hucho* (L.) von 65–70 cm

Grabung PETERS, Mesolithschicht allgemein:
1 Wirbelkörper (v. praecaudalis anter.)

Grabung TAUTE, mittleres Drittel der Mesolithschicht:
1 Wirbelkörper (v. praecudalis anter.)

Durch ihre tiefen dorso- und ventrolateralen Gruben für die Ansätze der freien Neuralbogenstücke und Rippen und die charakteristische retikulärporöse Struktur der Seiten- und Ventralflächen sind diese Funde als präkaudale Salmonidenwirbel gekennzeichnet. Bei den ebenfalls mit den erwähnten Gruben versehenen Wirbeln des Hechtes ist die Flächenstruktur faserig. Die auffallend regelgebundene Anordnung der Poren in Längsreihen schließt die Zugehörigkeit zur Äsche aus. Die fraglichen Wirbelkörper müssen entweder von einer *Salmo*- oder *Coregonus*-Art stammen.

Auf Grund ihrer Größe und der gegenwärtigen Verbreitung der Salmoniden möchte man am ehesten diese Reste dem Huchen (Donaulachs), *Salmo hucho*, zuschreiben. Die Übereinstimmung mit dem rezenten Vergleichsmaterial von diesem Donaufisch ist gut. Es ist zu betonen, daß ein Vergleich mit dem rezenten Skelettmaterial anderer Lachsarten (*Salmo salar, trutta* und der dem Huchen nahestehende *alpinus*) dazu zwingt, diese Arten sämtlich mit Sicherheit auszuschließen, und zwar auf Grund der Kürze der subfossilen Wirbel und ihrer für die oben erwähnten *Salmo*-Arten ungewöhnlichen Breite der Ventrafläche zwischen den beiden Rippengruben.

Hechte, Esocidae

Hecht, *Esox lucius* L.
Grabung PETERS, Mesolithschicht allgemein:
3 Schädelknochen (entopterygoideum sin., articulare dext. & sin.) von wahrscheinlich 2 ca. 50 cm langen Individuen.

Karpfenfische, Cyprinidae

Döbel (Aitel), *Leuciscus cephalus* L.
Grabung PETERS, Mesolithschicht allgemein:
3 untere Schlundknochen (ossa pharyngea inferiora: 2 dext., 1 sin.) von 3 ca. 20, 30 und 40 cm langen Fischen.

? Unbestimmte **Karpfenfische** von ca. 35–50 cm Länge
Grabung PETERS, Mesolithschicht allgemein:
6 Wirbel (1 v. praecaudalis IV, 1 v. praecaudalis, 3 v. caudales anter., 1 v. caudalis post.-vorletzte),
1 Flossenrest (basipterygium dext. der Bauchflosse),
5 Schuppen (können auch der folgenden Art zugehören).
Grabung TAUTE, Mesolithschicht, unteres Drittel:
4 Flossenstrahlen
Mesolithschicht, oberes Drittel:
1 Schädelrest (frontale dext.), 5 Rippenreste
Genauere Artbestimmung ist kaum möglich. Teilweise können diese Reste vom Döbel oder von jüngeren Individuen der folgenden Form stammen.

Großer Karpfenfisch von ca. 60–70 cm Länge,
der **Frauen-** oder **Perlfisch,** *Rutilus frisii* (NORDMANN)
Grabung PETERS, Mesolithschicht allgemein:
32 Schädelreste (frontale dext. & sin., parietale dext., sphenoticum sin., occipitale laterale dext., corpus ossis basioccipitalis, 3 proc. pharyng. basioccip., infraorbitale poster. dext., 2 opercularia dext., 2 parasphenoidea, praemaxillare dext., 3 maxillaria sin., quadratum dext. & sin., hyomandibulare sin., 3 articularia sin., 3 dentalia dext.),
2 Fragmente und 3 lose Zähne der unteren Schlundknochen (ossa pharyng. infer.: Hinterfortsatz, ein Fragment des zahntragenden Teiles mit dem vorletzten Zahn in situ und Basen des letzten und des vorvorletzten Zahnes, 2 Zwischenzähne, 1 der vordersten Zähne – wahrscheinlich der zweite),
13 Reste der Weberschen Knochen (3 tripus dext., 6 do sin., 3 ossa suspensoria dext., 1 do sin.),
30 Wirbelreste (3 v. praecaudales I, 1 v. praecaudalis III, 1 v. praecaudalis IV, 8 v. praecaudales, 4 v. praecaudales/ caudales, 8 v. caudales, 1 v. caudalis poster., 2 urostyli, 2 hypuralia),
über 50 Rippenfragmente,
4 Reste der paarigen Flossen (cleithrum sin., coracoideum sin., supracleithrale ventr. dext., basipterygium dext.),
7 Flossenträger (pterygiophori) der unpaarigen Flossen,
11 Schwanzflossenstrahlen – von mindestens 6 Individuen.
Grabung TAUTE, Mesolithschicht allgemein:
1 Weberscher Knochen (os suspensorium), 2 Wirbel (v. praecaudales)
Mesolithschicht, unteres Drittel:
1 Schädelknochen (proc. pharyng. basioccip.), Wirbelfragmente, 1 Flossengürtelrest (coracoideum sin.), 7 Schwanzflossenreste (1 hypurale, 6 Flossenstrahlen)
Mesolithschicht, mittleres Drittel:
1 Schädelknochen (articulare dext.), 6 Rippenreste, 2 Schwanzflossenstrahlen

Die meisten Fischreste der Falkensteinhöhle stammen von über 60 cm langen Karpfenfischen. Soweit mehrere Reste desselben Skelett-Teiles vorliegen, deuten diese auf Zugehörigkeit zu einer und derselben Art. Entsprechende Körpergröße wird in der Gegenwart von den im Gebiet vorkommenden Cypriniden nur vom Karpfen (*Cyprinus carpio*), Schleie (*Tinca tinca*), Flußbarbe (*Barbus barbus*), Rapfen (*Aspius aspius*), Brachsen (*Abramis brama*), Döbel (*Leuciscus cephalus*) und Aland (*L. idus*) erreicht. Soweit die vorliegenden Reste neben den für Cypriniden allgemein üblichen Merkmalen noch spezifische Züge erkennen lassen, schließen diese die Zugehörigkeit zu den vier erstgenannten Arten gänzlich aus. Mit den letztgenannten drei Arten besteht nur eine partielle Ähnlichkeit. Die Funde scheinen zu einer *Leuciscus-/Rutilus*-Form zu gehören, jedoch nicht zum Döbel oder Aland. Von anderen in dem Gebiet vorkommenden Arten scheint die Plötze, *Rutilus rutilus*, der subfossilen Form am nächsten zu stehen.

Z. B. ist der Schlundfortsatz (proc. pharyng.) der Basioccipitale bei diesen ebenso wie bei der Plötze im Spitzenteil zungenförmig (parallelseitig) ausgebreitet. Von den im Gebiet vorkommenden Cypriniden ist eine entsprechende Form nur bei der Plötze, bei der Nase und beim Karpfen zu finden. Bei den anderen Arten ist der Fortsatz schmal oder er verjüngt sich nach hinten. Der Fortsatz der subfossilen Form ist auffallend kurz, viel kürzer als bei der Nase und der Plötze. Im Gegensatz zum Karpfen ist die Kauplattengrube nicht scharfkantig von dem niedrigen Mediankiel der Ventralseite des Fortsatzes abgesetzt.

Die Maxillaria aus der Falkensteinhöhle haben ihre hohen Vorderkanten mit denjenigen des Brachsen, der Nase, des Aland und der Plötze gemein. Die inneren Fortsätze der subfossilen Form und der Plötze unterscheiden sich durch ihre gestreckte Form von demjenigen des Brachsen, durch die mehr nach vorn zeigende Richtung vom entsprechenden Fortsatz der Nase. Die zungenförmige Form des oberen Fortsatzes unterscheidet sich von den dreieckigen beim Aland.

Die Articularia sind relativ kürzer und höher als dieselben Knochen beim Döbel und der Plötze, denen sie sonst am meisten ähneln.

Sämtliche 9 Tripus-Knochen aus der Falkensteinhöhle haben ihren langen und nur wenig gebogenen hinteren Fortsatz mit der Plötze gemeinsam. Bei den meisten Cypriniden ist die Spitze sonst beinahe rechtwinkelig medial abgebogen.

Auch gegenüber der Plötze bestehen, wie man sieht, recht markante Abweichungen. Auch scheint die Größe der subfossilen Reste gegen die Zugehörigkeit zur Plötze zu sprechen. Die Maximallänge wird für die Plötze bis 53 cm angegeben. Daß es während des Mesolithikums nahe der Fundstelle eine Riesenform der Plötze gegeben hätte, scheint mir ganz unwahrscheinlich zu sein.

Eine recht unerwartete, jedoch sehr interessante Lösung scheinen die Funde des Schlundknochens und der Zähne zu bieten. In der Größe entsprechen diese gut den übrigen Funden. Der gut erhaltene Hinterfortsatz des Knochens weist eine bei den *Leuciscus-/Rutilus*-Arten übliche spitze Ecke am Übergangsteil zum zahntragenden Teil am Hinterrande auf. Die Form ist auffallend robust und die Zähne weichen stark von denjenigen der anderen *Leuciscus-/Rutilus*-Arten ab. Sie sind plump, kurz, mit abgerundeten knopfförmigen Kronen, die durch eine Halseinschnürung von ihren breiten Basalstielen abgesondert sind. Die Kronen der Zähne sind sehr schwach komprimiert, auch die hintersten; der vermutlich zweite Zahn hat beinahe eine vierkantige Krone. Die lateralen Seiten der Krone sind doppelt so hoch wie

die medialen, sie bilden keinen Haken, sondern nur ein ziemlich stumpfes Höckerchen oder eine Ecke. Die Form der Zahnkronen dieser Form ähnelt meist denjenigen der Schleie, jedoch besitzt die Oberfläche bei der subfossilen Form keine Furche in ihrer Mitte, sondern sie ist unregelmäßig abgerundet.

Soviel ich den Beschreibungen der Cypriniden-Schlundzähne entnehmen kann, scheint mir die Form des Schlundknochens und der Zähne mit derjenigen von *Rutilus frisii meidingeri*, des Perl- oder Frauenfisches, übereinzustimmen.

Leider steht mir in unseren Sammlungen Vergleichsmaterial von der Nominatform nicht zur Verfügung. Meine Ergebnisse stehen jedoch in Einklang mit den eingangs zitierten Bestimmungen durch M. RAUTHER (1935), die mir erst nachträglich bekannt geworden sind. RAUTHER beruft sich ausdrücklich auf den Vergleich der ihm vorgelegten Reste mit einem rezenten Frauenfisch-Exemplar. Die Übereinstimmung mit zwei Skeletten des rezenten Perlfisches aus dem Mondsee in unseren Sammlungen ist gut.

Der Perlfisch des Chiem-, Mond-, Atter- und Traunsees wird als eine Reliktform des im Schwarzen Meer lebenden *Rutilus frisii* betrachtet, der alljährlich zur Laichzeit – mit Ausnahme der Donau – in die westlichen und nördlichen Zuflüsse des Schwarzen Meeres wandert. Der Reliktbestand in den erwähnten Voralpenseen zeigt, daß diese Art früher auch die Donau aufwärts gestiegen ist. Die Funde aus der Falkensteinhöhle sind deshalb faunengeschichtlich sehr interessant. Da im weiteren Umkreis der Falkensteinhöhle zu mesolithischer Zeit kein See existiert hat, in dem – wie in den Salzburgischen Seen heute – ein jetzt ausgestorbener Reliktbestand gelebt haben könnte, da also nur die Donau als Fanggebiet in Frage kommt, ist anzunehmen, daß damals noch *R. frisii* selbst (vor der Absonderung der Unterart *meidingeri*?) in der Donau als Gangfisch aufgetreten ist. Die mesolithische Kulturschicht der Falkensteinhöhle, aus der die Belege des Perl- oder Frauenfisches in der oberen Donau stammen, wird in das späte bis ausklingende Boreal datiert. Die drei Daten konventioneller Radiokarbon-Chronologie liegen in der ersten Hälfte des 6. Jahrtausends B. C. (H. OESCHGER und W. TAUTE 1978; vgl. oben S. 15–19).

Felsdach Inzigkofen

Auch unter dem Felsdach Inzigkofen wurden 1935 und 1938 von E. PETERS (1946, 13) und 1965 von W. TAUTE (vgl. zusammenfassend Teil 1) archäologische Grabungen veranstaltet. Eine kleinere Anzahl von Fischschuppen aus der Grabung PETERS hat H.-H. REICHENBACH-

KLINKE (1978; vgl. oben S. 151) bestimmt und dabei das Rotauge, den Nerfling und den Döbel (Aitel) festgestellt, während die Zugehörigkeit weiterer Schuppen zu den Cyprinidenarten Rotauge, Nase, Rotfeder und Güster sowie zum Hecht als möglich bezeichnet wird. Nachfolgend werden einige Fischknochen aus dem Mesolithikum von Inzigkofen beschrieben – zusammen mit den erwähnten Schuppen die einzigen Fundgegenstände der Grabung PETERS, die nicht 1945 verlorengegangen sind. Etwas umfangreicher ist das Fischknochenmaterial, das TAUTE 1965 aus derselben Kulturschicht aussammeln konnte.

Grabung PETERS, Mesolithschicht allgemein:

Lachsfische, Salmonidae

Lachsart, vermutlich **Huchen,** *Salmo hucho*
1 Wirbel (vert. praecaudalis posterior) von einem ca. 90 (!) Zentimeter langen Fisch

? Lachsfische von 25–70 cm Länge
Wirbelreste (2 v. praecaudales anter., 6 Fragmente) von mindestens 3–4 Individuen (70, 60 und 25 cm)
Die am besten erhaltenen zwei größeren Wirbelkörper stimmen mit entsprechenden Funden der Falkensteinhöhle überein.

Karpfenfische, Cyprinidae
1 Weberscher Knochen (os suspensorium) eines ca. 35 cm langen Fisches, 2 Rippenfragmente mittelgroßer Fische und 2 Schwanzwirbel (vert. caudales) von ca. 30 cm langen Individuen (1–2 Ind.)
Eine Artbestimmung ist kaum möglich, wahrscheinlich handelt es sich um *Leuciscus*-Arten.

Grabung TAUTE

Untere Hälfte der Mesolithschicht:

Huchen, *Hucho hucho* (L.) – 1 Ind. (etwa 75 cm)
2 Schädelknochen (Frontale dext., Articulare sin.)

Obere Hälfte der Mesolithschicht:

Huchen, *Hucho hucho* (L.) – 2 Ind. (etwa 60–80 cm)
2 Wirbel (Vertebrae praecaudales)

Äsche, *Thymallus thymallus* (L.) – 1 Ind. (etwa 30 cm)
1 Wirbel (Vertebra praecaudalis)

Döbel, *Leuciscus cephalus* (L.) – 1 Ind. (etwa 45–50 cm)
1 Schlundknochen (Os pharyngis inf. dext.)

Unbestimmte Karpfenfische, *Cyprinidae* indet.
1 Wirbel (Vert. caudalis), 1 Fragment vom Gürtelskelett (Coracoideum sin.) – vielleicht vom Döbel

Unbestimmte Fischreste, *Pisces* indet.
2 Rippen (Costae), 4 unbest. Fragmente

Unteres Drittel der Mesolithschicht:

Huchen, *Hucho hucho* (L.) 1–2 Ind. (etwa 70–90 cm)
4 Schädelteile (Parietale dext., Sphenoticum, Radius branchiostegi, Basihyale), 1 Teil des Gürtelskelettes (Supracleithrale dorsale), 3 Wirbel (Vert. praecaudales)

Äsche, *Thymallus thymallus* (L.) – mehrere? Individuen
Etwa 150 Schuppen

Döbel, *Leuciscus cephalus* (L.) – 1 Ind. (etwa 30 cm)
1 Schlundknochen (Os pharyngis inf. sin.)

Unbestimmte Karpfenfische, *Cyprinidae* indet.
2 Schädelteile (Operculum sin., Urohyale), 1 Wirbel (Vert. praecaudalis), 1 Rippe (Costa), 1 Flossenstrahl (Lepidotrich pinnae caudalis)

Hecht, *Esox lucius* L. – 1–2 Ind. (etwa 40–80 cm)
5 Schädelteile (Ectopterygoideum, Supramaxillare, Dentale dext., Epihyale, Keratohyale), 2 Wirbel (lose Haemalbogen von Vert. caudales post.), 2 Gürtelskelett-Teile (Cleithrum)

Unbestimmte Fischreste, *Pisces* indet.
15 Unbestimmte Reste

Mittleres Drittel der Mesolithschicht:

Äsche, *Thymallus thymallus* (L.) – 1 Ind. (etwa 45 cm)
1 Wirbel (Vert. caudalis), vielleicht auch 1 Schuppe

Döbel, *Leuciscus cephalus* (L.) – 2 Ind. (etwa 40–50 cm)
2 Teile des Weberschen Apparates (Costae vert. IV dext.), vielleicht hierzu auch 1 Schädelrest (Basioccipitale) und 1 Wirbel (Urostyl)

Unbestimmte Karpfenfische, *Cyprinidae* indet.
1 Wirbel (Vert. praecaudalis), 1 Rippe (Costa), 1 Gürtelskelett-Teil (Cleithrum), 1 Flossenskelett-Teil (Pterygiophorus)

Hecht, *Esox lucius* L. – 1 Ind. etwa 40 ? cm)
1 Schädelfragment (Quadratum), vielleicht hierzu auch 3 Kiemenstrahlreste (Radii branchiostegi)

Unbestimmte Fischreste, *Pisces* indet.
7 Reste, einschl. Rippen- und Flossenstrahlreste

Oberes Drittel der Mesolithschicht:

Huchen, *Hucho hucho* (L.) – 2–3 Individuen
(etwa 50–100 cm)
3 Schädelreste (Frontale dext., Occipitale laterale dext., Dentale dext.), 27 Wirbel (2 Vertebrae praecaudales, 25 Vert. caudales)

Äsche, *Thymallus thymallus* (L.) – 1 Ind.
1 Schuppe

Perlfisch, *Rutilus frisii* (NORDMANN) – 1 Ind.
(etwa 70–80 cm)
2 abgebrochene Schlundzähne (Kronenmaß 8 × 5 mm)

Döbel, *Leuciscus cephalus* (L.) – 1 Ind. (etwa 30 ? cm)
1 Schlundknochen (Os pharyngis inf. sin.), vielleicht hierzu auch 1 Wirbel (Vert. praecaudalis III) und 1 Gürtelskelett-Teil (Cleithrum dext.)

Hecht, *Esox lucius* L. – 3 Ind. (etwa 50–80 cm)
3 Schädelreste (2 Palatina sin., 1 Dentale dext.), vielleicht hierzu noch 1 Kiemendeckelstrahl (Radius branchiostegi)

Unbestimmte Fischreste, *Pisces* indet.
16 Reste, einschl. Rippen

Literaturverzeichnis

OESCHGER, H. und TAUTE, W., 1978: Radiokarbon-Altersbestimmungen zum süddeutschen Mesolithikum und deren Vergleich mit der vegetationsgeschichtlichen Datierung. In TAUTE, W. (Hrsgb.), Das Mesolithikum in Süddeutschland. Teil 2: Naturwissenschaftliche Untersuchungen. Tübingen 1978 (vgl. oben S. 15–19)

PETERS, E., 1934: Das Mesolithikum an der oberen Donau. Germania 18, 81–89

– 1935: Die Falkensteinhöhle bei Thiergarten. Fundberichte aus Hohenzollern 3, Anhang II der Fundberichte aus Schwaben N. F. 8, 2–12

– 1946: Meine Tätigkeit im Dienst der Vorgeschichte Südwestdeutschlands, mit einer Übersicht über meine Grabungen und einer Zusammenstellung meiner Veröffentlichungen. Veringenstadt 1946

RAUTHER, M., 1935: Fischreste aus der mesolithischen Kulturschicht der Falkensteinhöhle an der oberen Donau. Jh. Ver. vaterl. Naturkunde Württ. 91, 121–124

REICHENBACH-KLINKE, H.-H., 1978: Fischschuppen aus den mesolithischen Kulturschichten der Falkensteinhöhle bei Thiergarten und des Felsdaches Inzigkofen im oberen Donautal. In TAUTE, W. (Hrsgb.), Das Mesolithikum in Süddeutschland. Teil 2: Naturwissenschaftliche Untersuchungen. Tübingen 1978 (vgl. oben S. 151)

TAUTE, W., 1975: Ausgrabungen zum Spätpaläolithikum und Mesolithikum in Süddeutschland. Ausgrabungen in Deutschland, gefördert von der Deutschen Forschungsgemeinschaft 1950–1975. Monographien des Römisch-Germanischen Zentralmuseums 1, Teil I. Mainz 1975. S. 64–73

– in Vorbereitung: Das Mesolithikum in Süddeutschland. Teil 1: Chronologie und Ökologie

TOEPFER, V., 1935: Die vorgeschichtlichen Kulturen der Falkensteinhöhle im oberen Donautal. Hohenzollerische Jahreshefte 2, 175–186

21

Die Muschelreste aus den mesolithischen Kulturschichten der Jägerhaus-Höhle an der oberen Donau

von MARGRIT BRUNNACKER †, Köln

Mit 1 Tabelle

Die Jägerhaus-Höhle (vgl. Teil 1: W. TAUTE) ist am Hang des tief eingeschnittenen Donautales zwischen Beuron und Fridingen gelegen, etwa 70–80 m über der Donau und 300 m vom Fluß entfernt. In einigen der mesolithischen Kulturschichten (KS), nämlich in KS 7, Abtragung c (= 7 c) bis KS 8, Abtragung f (= 8 f) sowie in KS 10 kommen als standortsfremde Elemente zahlreiche Bruchstücke großer Muschelklappen vor. Es könnte sich um Reste von *Unio crassus* (RETZIUS), die Flußmuschel, handeln, eine Art, die in Bächen und Flüssen mit reinem, bewegtem Wasser lebt. Jedoch ist eine genaue Bestimmung wegen des Fehlens von Fragmenten aus der Schloß- bis Wirbelregion erschwert. In diesen Horizonten sind außerdem einige Exemplare der Wasserschnecken *Galba truncatula* (O. F. MÜLLER) und *Radix ovota* (DRAP.) vertreten. Wegen der unmittelbaren Nachbarschaft eines Kalktuff absetzenden Gewässers ist bei den Schnecken eine bewußte Verschleppung, eventuell durch den Menschen, nicht beweisbar. Der Erhaltungszustand der Klappenbruchstücke ist im allgemeinen in den Bereichen über 1 cm ⌀ gut. Lediglich in KS 8f ist der Anteil an oberflächenparallel aufgewitterten kleinsten Fragmenten besonders hoch.

Tab. 1 zeigt eine in den verschiedenen Horizonten gleichbleibende Größe der Klappenfragmente. Besonders reichlich (innerhalb des überlassenen Gesamtmaterials) sind die Reste von Schalen in KS 8 d, 8 f und 10 vorhanden, was auch dann gilt, wenn die Bruchstücke unter 1 cm ⌀, weil zu sehr verwittert, abgezogen werden. Es ist naheliegend, die Häufung zerbrochener Muschelklappen bei Fehlen bestimmter Teile aus der Umgebung des Schlosses mit der Lebensweise des mesolithischen Menschen in Verbindung zu bringen. Derartige Weichtiere wurden gebietsweise bis in die jüngste Zeit hinein vom Menschen verzehrt. Bemerkenswert im Profil der Jägerhaus-Höhle ist aber, daß dies gerade in einer Zeit geschehen ist, in der sich eine gewisse Umstellung im Lebensraum bemerkbar macht. So liegen KS 8f bis 7c in einem Schutthorizont, welcher die Bildung des Kalktuffs unterbricht (K. BRUNNACKER und M. BRUNNACKER 1978, vgl. oben S. 47–76). Dieser Horizont ist zugleich die Schicht mit den jüngsten Vorkommen des altholozänen *Discus ruderatus* (STUDER).

Tab. 1 Muschelreste in den mesolithischen Kulturschichten (in Stück-%)

| Kulturschicht | Form und Erhaltungszustand: | | | | | Gesamtzahl der Fragmente |
| | aufgeblättert | quadratisch | | länglich | | |
	0,5–1	1–2	2–3	3–4	4–5 cm ⌀	
7 c	60	35	5	—	—	20
8 d	55	38	5	2	—	218
8 e	67	28	1	1	3	82
8 f	71	22	4	2	1	407
10	52	31	8	8	1	158

Literaturverzeichnis

BRUNNACKER, K. und BRUNNACKER, M., 1978: Die Sedimente und die Mollusken in spät- und postglazialen Höhlen-Profilen Süddeutschlands. In: TAUTE, W. (Hrsgb.): Das Mesolithikum in Süddeutschland. Teil 2: Naturwissenschaftliche Untersuchungen. Tübingen 1978 (vgl. oben S. 47–76)

TAUTE, W., in Vorbereitung: Das Mesolithikum in Süddeutschland. Teil 1: Chronologie und Ökologie.

22

Gyraulus trochiformis als Schmuckschnecke aus mesolithischen Kulturschichten Süddeutschlands

(Jägerhaus-Höhle, Große Ofnet, Bettelküche)

von FRIEDRICH STRAUCH, Köln

Bei archäologischen Grabungen, die W. TAUTE, Tübingen, in der Jägerhaus-Höhle, Gemarkung Fridingen-Bronnen, nahe Beuron an der oberen Donau und in der Bettelküche bei Sulzbach-Rosenberg (Oberpfalz) durchgeführt hat (vgl. Teil 1: W. TAUTE), wurde je ein Gehäuse der tertiären Süßwasser-Schnecke *Gyraulus trochiformis* gefunden. Die Fundstücke entstammen mesolithischen Kulturschichten, und zwar dasjenige der Jägerhaus-Höhle der dortigen 7. Kulturschicht (Spätmesolithikum) und das der Bettelküche der dortigen 4. Kulturschicht (Frühmesolithikum).

Das Exemplar aus der Jägerhaus-Höhle ist als Schmuckanhänger zentral durchbohrt. Es handelt sich um *Gyraulus trochiformis kleini* (GOTTSCHICK & WENZ) aus dem Miozän des Steinheimer Beckens. Diese Schnecken sind dort in Mergeln und Kalksilten in großer Zahl eingelagert. Es gibt im Quartär auch im Bereich zwischen Tuttlingen und Sigmaringen – die Jägerhaus-Höhle liegt zwischen diesen beiden Orten – meines Wissens entsprechende Formen, die mit den Steinheimern durchaus zu verwechseln sind. Sie kommen jedoch an unauffälliger Stelle nur in Tonen vor und sind außerordentlich schlecht erhalten und zerfallen leicht. Zudem dürften sie aufgrund ihrer unansehnlichen Farbe kaum als Schmuckgegenstand in Frage gekommen sein. Die Steinheimer hingegen sind fest, strahlend weiß und wittern zu Tausenden aus und haben wahrscheinlich auch schon im frühen Postgazial die Hänge überkleidet.

Die ursprünglich weiße Gehäusefarbe des Exemplars aus der Jägerhaus-Höhle muß auf sekundärer Lagerstätte, nämlich in der dunkelgrau bis schwarz gefärbten Kulturschicht, verlorengegangen sein. Das Exemplar erscheint gegenüber frisch gewonnenem Steinheimer Material etwas abgegriffen. (Ein entsprechender Abschliff durch Transport vor der Einbettung scheidet bei diesen autochthon abgesetzten Fossilien aus.) Das deutet auf eine längere Benutzung des Schmuckstückes hin.

Stammt das in der Jägerhaus-Höhle gefundene Exemplar m. E. mit großer Wahrscheinlichkeit aus dem westlich Heidenheim auf der Schwäbischen Alb gelegenen Steinheimer Becken, so ist diese Herkunft für das fragmentarische Exemplar aus der Bettelküche mit Sicherheit anzunehmen. In der näheren Umgebung dieser in der Oberpfalz gelegenen Höhle sind mir jungtertiäre oder pleistozäne Fundstellen von *Gyraulus trochiformis* nicht bekannt.

Schon Anfang des Jahrhundert war *Gyraulus trochiformis* in großer Zahl als Schmuckschnecke bei den mesolithischen Kopfbestattungen in der Schicht VII der Großen Ofnet im Nördlinger Ries festgestellt worden (R. R. SCHMIDT 1912, 38, Taf. 13, 12: zitiert als *Carinifex multiformis;* vgl. Teil 1: W. TAUTE).

Interessant ist die saubere Bohrung der flach planspiral eingerollten Gehäuse. Sie durchfährt die älteren, zwar schmaleren, aber durch sekundäre Kalkausscheidung stabileren und daher schwer zerstörbaren Windungen. Versuche, in ähnlicher Weise Vergleichsexemplare zu durchbohren, endeten stets mit dem Bruch des äußeren, letzten Umganges.

Wie es scheint (vgl. auch R. R. SCHMIDT 1912) sind die flach tellerförmigen Gehäuse bevorzugt gesammelt und benutzt worden. Im Steinheimer Becken überwiegen von dieser außerordentlich variablen Form hoch »trochiforme« Gehäuse der Unterart *G. trochiformis trochiformis.* Jedoch lassen diese sich wahrscheinlich wegen ihrer geschlossenen Gestalt schlechter mit einer Bohrung versehen. Die anderen bei den Ofnet-Schädeln gefundenen Schneckenarten zeigen andere Gehäuse-Baupläne: Die zwar ebenfalls geschlossenen Formen der oval kugeligen rezenten *Lithoglyphus naticoides* (PFEIFFER) und *Theodoxus fluviatilis* (LINNÉ) (als *Neritina fluviatilis* zitiert!) lassen sich an ihrer ohrförmigen Apertur der letzten Windung gut lochen, während für die im Mittelmeer außerordentlich häufig vorkommende, gestreckte *Columbella rustica* (LINNÉ) sogar mehrere Bearbeitungsmöglichkeiten beständen. Übrigens lassen sich rezente Gehäuse aufgrund ihres Konchiolin-Gehaltes, was den Gehäusen eine gewisse Elastizität verleiht, wesentlich leichter durchbohren als die fossilen, spröden Gehäuse von *Gyraulus trochiformis.*

Es sei darauf hingewiesen, daß sich unter den Schmuckschnecken aus dem Mesolithikum der Burghöhle Dietfurt an der oberen Donau unter den 19 Exemplaren von *Gyraulis trochiformis* nicht nur die flach tellerförmige, sondern auch die hoch »trochiforme« Unterart findet (R.

RÄHLE 1978, vgl. den nachfolgenden Beitrag mit Abb. 1 f–i).

Abbildungen der Schmuckschnecken aus der Jägerhaus-Höhle, der Bettelküche und – in je einem Beispiel – aus der Großen Ofnet finden sich bei W. TAUTE (vgl. Teil 1).

Literaturverzeichnis

RÄHLE, W., 1978: Schmuckschnecken aus mesolithischen Kulturschichten Süddeutschlands und ihre Herkunft. In TAUTE, W. (Hrsgb.), Das Mesolithikum in Süddeutschland. Teil 2: Naturwissenschaftliche Untersuchungen. Tübingen 1978 (vgl. unten S. 163–168)

SCHMIDT, R. R., 1912: Die diluviale Vorzeit Deutschlands. Stuttgart

TAUTE, W., in Vorbereitung: Das Mesolithikum in Süddeutschland. Teil 1: Chronologie und Ökologie

23

Schmuckschnecken aus mesolithischen Kulturschichten Süddeutschlands und ihre Herkunft

(Propstfels, Falkensteinhöhle, Burghöhle Dietfurt, Zigeunerfels, Große Ofnet)

von WOLFGANG RÄHLE, Tübingen

Mit 2 Abbildungen und 1 Tabelle

Bis heute sind in den mesolithischen Kulturschichten von sieben Höhlen und Felsdächern Süddeutschlands (vgl. Teil 1: W. TAUTE) Schmuckschnecken verschiedener Art und Herkunft gefunden worden. Über das Vorkommen von *Gyraulus trochiformis* in der Jägerhaus-Höhle, der Großen Ofnet und der Bettelküche hat F. STRAUCH (1978; vgl. oben S. 161 f.) berichtet. Auf neuere Funde dieser Art aus der Burghöhle Dietfurt (K. BRUNNACKER et al. im Druck) wird weiter unten eingegangen. Darüber hinaus kennen wir andere Arten durchbohrter Schmuckschnecken des Mesolithikums aus älteren Grabungen im Propstfels bei Beuron und in der Falkensteinhöhle bei Thiergarten an der oberen Donau (E. PETERS 1934 und 1935), in der Großen Ofnet im Nördlinger Ries (R. R. SCHMIDT 1912) und neuerdings wiederum aus der Burghöhle Dietfurt sowie aus dem ebenfalls nahe Sigmaringen gelegenen Zigeunerfels.

Die im Propstfels und in der Falkensteinhöhle von ihm geborgenen Schmuckschnecken sind bereits von E. PETERS (1934 und 1935) abgebildet und beschrieben worden. Unter diesen Stücken sind die eindeutig als Meeresschnecken zu erkennenden Formen von ganz besonderem Interesse. PETERS (1934) nahm auf Grund der Diagnosen von B. RENSCH und W. WENZ an, daß die Stücke aus der Falkensteinhöhle und vom Propstfels alle mediterranen Ursprungs seien. Besonders *Columbella rustica* (L.) aus der Falkensteinhöhle (Abb. 1a), eine in ihrer Verbreitung auf das Mittelmeer und die spanisch-portugiesische Atlantikküste beschränkte Art, wies eindeutig auf Beziehungen der mesolithischen Bevölkerung des oberen Donauraumes nach Südeuropa hin. Ein Exemplar dieser mediterranen Form ist interessanterweise auch unter den Schmuckschnecken aus der Großen Ofnethöhle bei Nördlingen vertreten (Abb. 1s; – R. R. SCHMIDT 1912). In neuerer Zeit wurde *Columbella rustica* im obersten mesolithischen

Horizont von Birsmatten-Basisgrotte bei Basel (H.-G. BANDI 1964, 1 Schale) und in weit größerer Zahl (12 Schalen) bei der Ausgrabung einer mesolithischen Bestattung in Sous-Balme à Culoz (östlich Lyon) entdeckt (R. VILAIN 1966). Im nahe der Mittelmeerküste gelegenen Abri de Châteauneuf-lez-Martigues (westlich Marseille) kommen sowohl in mesolithischen, als auch in neolithischen und frühbronzezeitlichen Schichten durchbohrte Schalen einer ganzen Reihe mediterraner Molluskenarten vor. Dabei nimmt *Columbella rustica* mit ihren im frischen Zustand außerordentlich vielfältig bunt gezeichneten und porzellanartig glänzenden Gehäusen stets den ersten Platz in der Beliebtheit der zu Schmuck verarbeiteten Naturobjekte ein (M. ESCALON DE FONTON 1956).

Wenn die aufgezählten Fundplätze durchbohrter *Columbella rustica* auch weit voneinander entfernt liegen, so wird doch ein Weg deutlich, auf dem die offenbar sehr beliebten Schneckenschalen rhônetalaufwärts bis in die Schweiz, in das obere Donautal und schließlich bis zum Nördlinger Ries gelangt sein können (Abb. 2). Bemerkenswert ist in diesem Zusammenhang, daß sowohl in der Großen Ofnethöhle, als auch in der Falkensteinhöhle, in Birsmatten-Basisgrotte und in Sous-Balme à Culoz, durchbohrte Schalen von *Columbella* immer zusammen mit durchbohrten Hirschgrandeln gefunden worden sind (R. R. SCHMIDT 1912, E. PETERS 1934, H.-G. BANDI 1964, R. VILAIN 1966).

Die übrigen aus der Falkensteinhöhle und vom Propstfels nur fragmentarisch erhaltenen Exemplare (Abb. 1 b bis e), wurden von B. RENSCH als mehr oder weniger abgeschliffene Schalen der ebenfalls mediterranen Schneckenart *Cerithium rupestre* RISSO bestimmt (E. PETERS 1934). Was das erste dieser Stücke betrifft (Abb. 1 b), so ist diese Diagnose sicher unrichtig, da *Cerithium rupestre* eine ganz andere Schalenskulptur besitzt. Bei den Grabun-

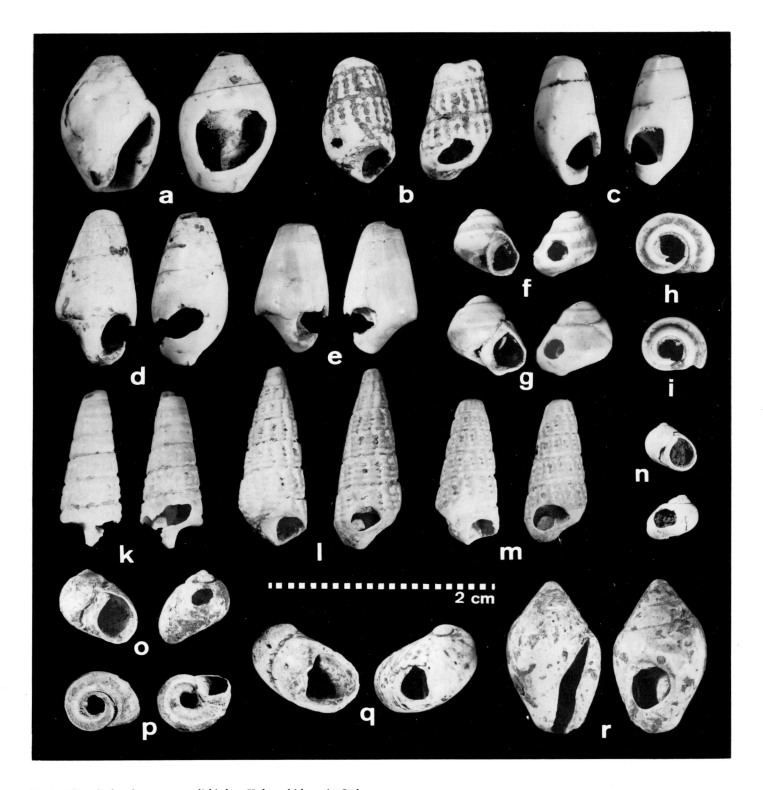

Abb. 1: Schmuckschnecken aus mesolithischen Kulturschichten in Süddeutschland.

a = *Columbella rustica* (L.), b = *Potamides plicatus* BRUG., c und d = *Potamides laevissimus* (SCHLOTH) aus der Falkensteinhöhle bei Thiergarten;

e = *Potamides laevissimus* vom Propstfels bei Beuron;

f–i = *Gyraulus trochiformis* (STAHL), k = *Potamides lamarcki* BRONGN., l und m = *Potamides plicatus* aus der Burghöhle Dietfurt;

n = *Lithoglyphus naticoides* (C. PFR.) vom Zigeunerfels bei Sigmaringen;

o = *Lithoglyphus naticoides*, p = *Gyraulus trochiformis*, q = *Theodoxus gregarius* (THOMAE)?, r = *Columbella rustica* aus der Großen Ofnethöhle bei Nördlingen.

Mit Ausnahme von h und i werden die Fundstücke von zwei Seiten her gesehen wiedergegeben.)

Tab. 1 Schmuckschnecken aus dem Mesolithikum Süddeutschlands, Frankreichs und der Schweiz

Art	Vermutliche Herkunft	Sous-Balme à Culoz (R. VILAIN 1966)	Birsmatten-Basisgrotte (H.-G. BANDI 1964)	Propstfels bei Beuron	Falkenstein-höhle bei Thiergarten	Burghöhle Dietfurt	Zigeunerfels bei Sigmaringen	Große Ofnethöhle bei Nördlingen (R.R. SCHMIDT 1912)
1. Marine Schnecken								
Potamides laevissimus	Mainzer Becken, Meeressande bei Alzey	—	—	1 Ex.	2 Ex.	—	—	—
Potamides lamarcki	Mainzer Becken	—	—	—	—	1 Ex.	—	—
Potamides plicatus	Mainzer Becken	—	—	—	1 Ex.	2 Ex.	—	—
Columbella rustica	Mittelmeer, Südfrankreich	12 Ex.	1 Ex.	—	1 Ex.	—	—	einige Ex.
2. Limnische Schnecken								
? *Theodoxus gregarius*	Mainzer Becken	—	—	—	—	—	—	ca. 50 Ex.
Lithoglyphus naticoides	östliches Mittel-europa (Donaugebiet)	—	—	—	—	—	1 Ex.	ca. 4000 Ex.
*Gyraulus trochiformis**	Steinheimer Becken	—	—	—	—	19 Ex.	—	ca. 160 Ex.

* Zu erinnern ist noch an je 1 Exemplar von *Gyraulus trochiformis* aus der Jägerhaus-Höhle an der oberen Donau und aus der Bettelküche in der Oberpfalz, die nach F. STRAUCH (1978, vorstehender Beitrag) ebenfalls aus dem Steinheimer Becken herstammen.

gen in der Burghöhle Dietfurt wurden 1973 zwei ähnliche Schmuckschnecken gefunden (K. BRUNNACKER et al. im Druck, mit deren Hilfe es eher möglich war, die Frage nach der Herkunft dieser Schalen zu beantworten (Abb. 1, f–g). Nach der Feststellung, daß in der heutigen europäischen Meeresfauna entsprechende Formen fehlen, konnte es sich nur um Fossilien handeln. Bei einem Vergleich mit ähnlich gut erhaltenem fossilem Material aus den Sammlungen des Instituts und Museums für Geologie und Paläontologie der Universität Tübingen ergab sich ein hohes Maß an Übereinstimmung mit Gehäusen des aus dem mittleren und oberen Oligozän des Mainzer Beckens bekannten, dort häufigen und außerordentlich polymorphen *Potamides plicatus* BRUG. Dabei erinnert die besonders dickschalige, relativ eng gerippte Form aus der Falkensteinhöhle an die var. *papillatus* SANDB., die dünnschaligere und weitläufiger gerippte Form aus der Burghöhle Dietfurt eher an die var. *intermedius* SANDB. dieser Art.

Eine dritte in Dietfurt gefundene Schale (Abb. 1 h) ist den Stücken von *Potamides plicatus* sehr ähnlich, unterscheidet sich jedoch von diesem durch die etwas andere Skulpturierung. Jene stimmt völlig mit den bei F. SANDBERGER (1862/63) abgebildeten und für *Potamides lamarcki* BRONGN. bezeichnenden Verhältnissen überein. *Potamides lamarcki* gehört ebenfalls zu den häufigsten Fossilien des Mainzer Tertiärbeckens und kommt zusammen mit *Potamides plicatus* in denselben fossilführenden Schichten (Meeressande, Cyrenenmergel, Cerithienschichten) vor. Größere Schwierigkeiten bereitete die Identifizierung der drei aus der Falkensteinhöhle und vom Propstfels stammenden, glattschaligen Fragmente (Abb. 1 c–e). Versuche an rezenten *Cerithium rupestre* ergaben, daß sich durch Abschleifen der Gehäuse niemals eine diesen Abbildungen entsprechende Form erzielen ließ wie dies B. RENSCH angenommen hatte. Die Schalen wurden des großen Wölbungsgrades der Umgänge wegen stets an verschiedenen Stellen zu dünn und zerbrachen. Gerade die gleichförmige Wandstärke der Schmuckschneckenschalen spricht dafür, daß die Glattschaligkeit den Gehäusen eher eigentümlich als auf Abschleifen zurückzuführen ist. Vergleichbare Formen gibt es in der heutigen europäischen Meeresmolluskenfauna keine. Eine eingehende Prüfung ergab schließlich, daß die Schalenbruchstücke am ehesten mit Schalen des aus den Meeressanden des Mainzer Beckens bekannten *Potamides laevissimus* (SCHLOTH) übereinstimmen. Bei dieser Form, die sich durch eine fast glatte, hoch kegelförmige Schale mit kaum gewölbten Umgängen auszeichnet, haben nach F. SANDBERGER (1862/63) die noch nicht ganz ausgewachsenen Stücke eine mehr eiförmige Gestalt. Dies trifft für das kleinere Exemplar (Abb. 1 c) zu, das trotz seiner etwas abweichenden Form ebenfalls hierher gehören dürfte.

Interessant ist, daß es für *Potamides plicatus, lamarcki* und *laevissimus* im Gebiet des Mainzer Beckens einen Fundort gibt, wo alle drei häufig und in gutem Erhaltungszustand nebeneinander vorkommen: die Meeressande von Weinheim bei Alzey (F. SANDBERGER 1862/63). Es handelt sich zugleich um den einzigen bekannten Ort, wo *Potamides laevissimus* häufig anzutreffen ist, so daß

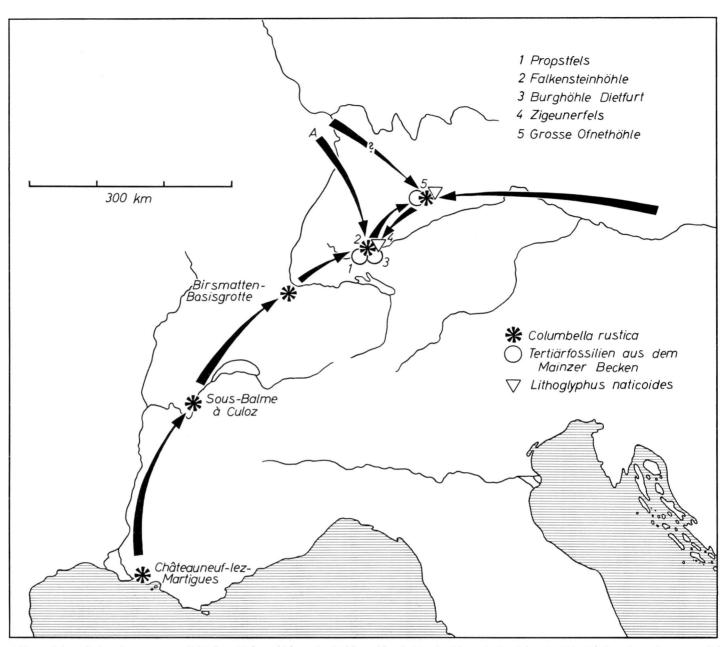

Abb. 2: Schmuckschnecken aus mesolithischen Kulturschichten in Süddeutschland, Frankreich und der Schweiz. Die Pfeile geben die vermutliche Herkunft der Objekte an (A = Alzey, südwestlich Mainz).

das Herkunftsgebiet der untersuchten Schmuckschnecken in diesem Fall etwas näher bestimmt werden kann (vgl. Tab. 1).

Da sich die meisten der marinen Schmuckschnecken als Tertiärfossilien herausstellten, war zu prüfen, ob sich die eingangs als *Columbella rustica* bezeichnete Form nicht ebenfalls als Fossil erweisen könnte, zumal bei dem Stück aus der Falkensteinhöhle keine Spur der für *Columbella rustica* typischen Mündungsbezahnung zu finden ist und auch die Form des Gehäuses von der Norm der allerdings sehr variablen Art abweicht. Aus dem Tertiär des Mainzer Beckens ist nur eine sehr seltene, spitzwindige Form *(Columbella inornata* SANDB.) beschrieben, die für einen

Vergleich nicht in Betracht kommt. Mehr Ähnlichkeit haben *Columbella helvetica* MAYER, die u. a. im Miozän Ungarns und des Wiener Beckens vorkommt, und die sehr seltene *Columbella curta* DUJARDIN aus dem Miozän des Loirebeckens (L. STRAUSZ 1966). Beide Tertiärformen haben jedoch ein Gehäuse mit stufenförmig gegeneinander abgesetzten Umgängen und unterscheiden sich darin deutlich von der rezenten *Columbella rustica*. Es ist demnach kaum zu bezweifeln, daß es sich bei der *Columbella* aus der Falkensteinhöhle um diese mediterrane Art handelt. Die charakteristische Mündungsarmatur der Schale ist möglicherweise durch das Tragen an einer Schnur abgescheuert worden.

166

Außer den schon oben erwähnten Schmuckschnecken fanden sich im Mesolithikum der Burghöhle Dietfurt insgesamt 19 durchbohrte, mehr oder weniger gut erhaltene Schalen des Tertiärfossils *Gyraulus trochiformis* (STAHL), die aus dem Steinheimer Becken bei Heidenheim stammen dürften (K. BRUNNACKER et al. im Druck. Im Gegensatz zur Jägerhaus-Höhle, Großen Ofnethöhle und Bettelküche (F. STRAUCH 1978; vgl. oben S. 161 f.) sind in der Burghöhle nicht nur flache (Abb. 1, l–m), sondern auch hochgewundene Gehäuse (Abb. 1, i–k) dieser Art zu Schmuck verarbeitet worden. Im Zigeunerfels (W. TAUTE 1972) schließlich wurde in einer von Kulturschicht A ausgehenden Grube im Quadratmeter F5 zusammen mit vermischten frühmesolithischen Artefakten und mittelneolithischer Keramik ein einzelnes Exemplar der Süßwasserschnecke *Lithoglyphus naticoides* (C. PFR.) geborgen. Es wird vermutet, daß dieses Stück ebenfalls aus dem Mesolithikum stammt (Abb. 1 n).

In beiden Fällen ergeben sich beachtenswerte Parallelen zur Großen Ofnethöhle bei Nördlingen (Tab. 1); wo zu Schmuckschnecken verarbeitete *Gyraulus* und *Lithoglyphus* (Abb. 1 o–p) sehr zahlreich vertreten sind. *Lithoglyphus naticoides* ist in Osteuropa, vor allem in den Zuflüssen des Schwarzen Meeres verbreitet und kommt auch im Donaugebiet vor. Erst im vorigen Jahrhundert ist diese Art im Zuge von Kanalbauten und durch die Schifffahrt nach Mittel- und Westeuropa verschleppt worden. Im Altholozän hingegen dürfte *Lithoglyphus naticoides* in der Donau nicht weiter als bis Regensburg aufgestiegen und dort nicht gerade häufig gewesen sein. Fossillagerstätten mit *Lithoglyphus naticoides* oder einer ähnlichen Form sind aus Süddeutschland nicht bekannt, im Gegensatz zu Südost- und Osteuropa, wo vor allem aus pliozänen Ablagerungen zahlreiche verwandte Arten beschrieben worden sind (W. WENZ 1928). So weisen die Funde dieser Schmuckschnecken in jedem Fall – gleichgültig, ob es sich um fossile oder subrezente Stücke handeln sollte – auf Beziehungen der mesolithischen Bevölkerung an der oberen Donau und im Nördlinger Ries zum östlichen Mitteleuropa hin.

In diesem Zusammenhang ist anzumerken, daß unter den Schmuckschnecken der Großen Ofnethöhle eine Süßwasserschnecke aus der Gattung *Theodoxus* vorkommt, die von GEYER als *Theodoxus fluviatilis* (L.) bestimmt wurde (R. R. SCHMIDT 1912). Diese Art fehlt im gesamten Flußgebiet der Donau und ebenso im gesamten Voralpenraum sowie in den Oberläufen der übrigen deutschen Flüsse. Als mögliche und am nächsten gelegene Herkunftsgebiete nannte GEYER, der offenbar davon überzeugt war, daß es sich bei diesen Schnecken nur um subrezente Stücke handeln könne, den unteren Neckar, den Rhein und den Main. Über die Geschichte der Besiedlung der mitteleuropäischen Flüsse durch diese Art im Laufe des Holozäns ist noch wenig bekannt. Es gibt immerhin Anzeichen dafür, daß diese ausgesprochen warmzeitliche Form erst relativ spät zugewandert ist. Nach A. ZILCH & S. G. A. JAECKEL (1962) tritt sie z. B. in Westfalen erst ab dem Atlantikum auf.

Nun gibt es wiederum im Gebiet des Mainzer Tertiärbeckens zahlreiche und reichhaltige Fundstellen mit einer fossilen, aus dem Untermiozän stammenden und nach Schalenmerkmalen von *Theodoxus fluviatilis* nicht zu unterscheidenden Form. Es handelt sich um *Theodoxus gregarius* (THOMAE) aus den Hydrobienschichten bei Wiesbaden, Mainz, Oppenheim, Frankfurt etc. (F. SANDBERGER 1862/63, K. FISCHER & W. WENZ 1912). Obgleich die Schalen aus der Ofnethöhle (Abb. 1 q) ganz mit denjenigen von *Theodoxus gregarius* übereinstimmen, fehlt der letzte Beweis für das Vorliegen dieser fossilen Form. So bleibt es vorerst bei der Vermutung, daß die mesolithischen Bewohner des Nördlinger Rieses, von denen die Kopfbestattungen in der Großen Ofnet mit ihren Schmuckbeigaben herrühren, die gleichen Beziehungen zum Mainzer Becken unterhielten wie die mesolithische Bevölkerung des oberen Donautales (Tab. 1 und Abb. 2).

Die besprochenen Schmuckschnecken aus der Falkensteinhöhle, der Burghöhle Dietfurt, dem Zigeunerfelsen und der Großen Ofnet befinden sich im Institut für Urgeschichte der Universität Tübingen, das Exemplar aus dem Propstfelsen in der Fürstlich Hohenzollerischen Sammlung Sigmaringen.

Literaturverzeichnis

BANDI, H.-G. (Hrsgb.), 1964: Birsmatten-Basisgrotte, eine mittelsteinzeitliche Fundstelle im unteren Birstal. Acta Bernensia 1

BRUNNACKER, K., KOENIGSWALD, W. v., RÄHLE, W., SCHWEINGRUBER, F. H., TAUTE, W. und WILLE W., im Druck: Der Übergang vom Pleistozän zum Holozän in der Burghöhle Dietfurt an der oberen Donau. Festschrift H. SCHWABEDISSEN. Kölner Jahrbuch für Vor- und Frühgeschichte

ESCALON DE FONTON, M., 1956: Préhistoire de la Basse-Provence. Préhistoire 12

FISCHER, K. & WENZ, W., 1912: Verzeichnis und Revision der tertiären Land- und Süßwasser-Gastropoden des Mainzer Beckens. – N. Jb. Min. Geol. Pal., Beilage-Band 34, 431-512

PARENZAN, P., 1970: Carta d'identità delle conchiglie del Mediterraneo, Vol. I, Gasteropodi. Tarent

PETERS, E., 1934: Das Mesolithikum an der oberen Donau. Germania 18, 81–89

PETERS, E., TOEPFER, V. & WÄGELE, H., 1935: Die Falkensteinhöhle bei Thiergarten. Fundber. aus Hohenzollern 3, Anh. 2 der Fundber. aus Schwaben, N. F. 8, 2–12

SANDBERGER, F., 1862/63: Die Conchylien des Mainzer Tertiärbeckens. Wiesbaden

SCHMIDT, R. R., 1912: Die diluviale Vorzeit Deutschlands. Stuttgart

STRAUCH, F., 1978: *Gyraulus trochiformis* als Schmuckschnecke aus mesolithischen Kulturschichten Süddeutschlands. In TAUTE, W. (Hrsgb.), Das Mesolithikum in Süddeutschland. Teil 2: Naturwissenschaftliche Untersuchungen. Tübingen 1978 (vgl. oben S. 161 f.)

STRAUSZ, L., 1966: Die Miozän-Mediterranen Gastropoden Ungarns. Budapest

TAUTE, W., 1972: Die spätpaläolithisch-frühmesolithische Schichtenfolge im Zigeunerfels bei Sigmaringen (Vorbericht). Archäologische Informationen 1, 29–40

– in Vorbereitung: Das Mesolithikum in Süddeutschland. Teil 1: Chronologie und Ökologie

VILAIN, R., 1966: Le gisement de Sous-Balme à Culoz (Ain) et ses industries microlithiques Doc. Lab. Géol. Fac. Sci. Lyon 13, 1–219

WENZ, W., 1928: Gastropoda extramarina tertiaria VIII. Fossilium Catalogus I (Animalia), Teil 38, Berlin

ZILCH, A. & JAECKEL, S. G. A., 1962: Mollusken. Ergänzungsband zu BROHMER, EHRMANN, ULMER: Die Tierwelt Mitteleuropas, Band 2, Lief. 1. Leipzig

24

Die menschlichen Skelettreste aus der mesolithischen Kulturschicht der Falkensteinhöhle bei Thiergarten an der oberen Donau

von ALFRED CZARNETZKI, Tübingen

Mit 4 Abbildungen und 1 Tabelle

Bereits 1933 fand E. PETERS in der mesolithischen Kulturschicht der Falkensteinhöhle verschiedene Reste eines menschlichen Skelettes. Bei der Durchsicht der wenigen heute noch vorhandenen Funde dieser Grabung durch W. TAUTE im Anschluß an dessen Nachuntersuchung in der Höhle 1963/64 konnte die Schmelzkappe eines menschlichen Molaren identifiziert werden. Im Katalog von H. VALLOIS und H. L. MOVIUS jr. (1952) wird die Vermutung ausgesprochen, daß die dort aufgeführten Reste durch die Kriegs- und Nachkriegswirren verloren gegangen seien. Der Katalog von K. P. OAKLEY, T. MOLLESON und B. G. CAMPBELL (1971) gibt den neuerlichen Lagerungsort, das Institut für Anthropologie und Humangenetik an der Universität Tübingen, mit der Inventarnummer 2306, wieder. Auf welchem Wege die Stücke nach Tübingen gelangt sind, konnte bisher nicht geklärt werden.

Der Grund für das Fehlen einer Bearbeitung dieser Menschenreste geht aus einem Zitat in der Arbeit E. PETERS, V. TOEPFER und H. WÄGELE (1935) hervor. Dort heißt es, »die Stücke« seien »leider so zerbrochen, daß sich nichts Besonderes daraus herleiten läßt«. Diese Aussage stammt von dem Anthropologen, dem die Stücke zur Bearbeitung vorgelegt wurden. Wenn sich auch wirklich nichts »Besonderes« an Hand der vorliegenden Skelettreste aussagen läßt, so sollten doch die wenigen Informationen, die erfaßbar sind, ausgeschöpft werden. Zur Beurteilung liegen im Augenblick folgende Reste vor (Abb. 1 bis 4):

Zahlreiche (28) inkohlte oder dunkel gefärbte Kalottenfragmente,
das Fragment einer rechten Unterkieferhälfte mit dem zweiten und dritten Molaren,
die Schmelzkappe eines linken unteren ersten Molaren,
ein rechter Radius,
die Diaphyse einer linken Fibula,
vier nicht genau bestimmbare Bruchstücke vom postkranialen Skelett.

Elf Kalottenfragmente konnten zu einem größeren Teil zusammengesetzt werden. Die übrigen Knochenfragmente ließen sich an Hand markanter morphologischer Merkmale dem Os frontale (vier Stücke), dem Os parietale (mit Ausnahme des zusammengesetzten Teiles weitere 21) und den Extremitätenknochen ohne genauere Bestimmung zuordnen.

An dem Unterkieferfragment ist der Processus coronalis und articularis sowie ein Teil des Angulus postmortal, jedoch während der Lagerung im Boden, abgebrochen. Vom Corpus ist nur noch die Pars alveolaris bis zur Alveole der distalen Wurzel des ersten Molaren erhalten. An der buccalen Seite und den angrenzenden Teilen der occlusalen Fläche ist der Schmelz des zweiten rechten unteren Molaren noch erhalten. Das Höcker- oder Fissurenmuster kann nicht mehr exakt rekonstruiert werden. Doch war der Zahn mit hoher Wahrscheinlichkeit vierhöckrig. Vom dritten Molaren im Unterkiefer fehlt der Schmelz vollständig. Die von W. TAUTE identifizierte Schmelzkappe war sicher fünfhöckrig. Die Fissuren verliefen +-förmig. Schliffacetten am Schmelz des Interdentalraumes (interstitial wear) weisen darauf hin, daß der Molar im Unterkiefer axial gedreht war. Dabei ist der proximale Teil des Molaren nach lingual gewandert. Die Zahnachse verlief daher von proximal lingual nach distal buccal. Eine leichtere im entgegengesetzten Sinne vollzogene Drehung ist am rechten zweiten unteren Molaren zu erkennen.

Der rechte Radius ist so gut wie vollständig erhalten. Am proximalen und distalen Ende ist er schwarz gefärbt und die Kompakta jeweils lateral leicht beschädigt. Wegen der nach der Ausgrabung vollzogenen Härtung kann nicht mehr entschieden werden, ob diese Verfärbung allein durch die Lagerung in der Asche entstanden ist, oder ob die Teile leicht inkohlt sind. Bei den menschlichen Skelettresten aus der Brillenhöhle (W. GIESELER und A. CZARNETZKI 1973) konnte an Teilen des kindlichen Unterkiefers nachgewiesen werden, daß die Schwärzung durch

Abb. 1: Menschliche Skelettreste aus der Falkensteinhöhle bei Thiergarten.

Die Kalottenfragmente und vier Bruchstücke vom postkranialen Skelett. In der Abbildung ist der Stirnbereich oben und der Occipitalbereich unten. Maßstab 1:2

feine Aschepartikel verursacht wurde und nicht, wie zunächst angenommen, durch die Einwirkung von Feuer. Von der linken Fibula sind Caput und Malleolus postmortal abgebrochen. Die Bruchkanten lassen keine Verwitterungsspuren erkennen. Im proximalen Bereich der Diaphyse ist der Markkanal eröffnet, distal nicht. Bei der allgemein ausgezeichnet erhaltenen Knochensubstanz verwundert es weiter nicht, daß an den Bruchkanten wie an der gesamten Diaphyse keine Verwitterungsspuren zu erkennen sind.

Die Bestimmung von Alter und Geschlecht des Individuums, zu dem die Knochen gehören, stößt auf einige Schwierigkeiten. Einmal kann nicht entschieden werden, ob alle vorhandenen Skelettreste zu einem Individuum gehören. Zum anderen kann zwar an der Kalotte das Sterbealter ziemlich genau bestimmt werden, nur sehr grob aber an den Resten der langen Extremitätenknochen. Umgekehrt verhält es sich bei der Geschlechtsbestimmung. Für die Geschlechtsbestimmung an der Kalotte können lediglich die Dicke der Schädelknochen herangezogen werden, für die Altersbestimmung jedoch fast alle großen Schädelnähte. Aber selbst die Dicke des Os parietale von maximal 9 mm in der Nähe der Sut. sagittalis gemessen (vor der Aufwölbung zum Sulcus sagittalis), liegt innerhalb der normalen Schwankungsbreite für männliche und weibliche Individuen. Erst wenn man voraussetzt, daß alle vorhandenen Skelettelemente von einem Individuum stammen, kann das Geschlecht dieses Individuums mit einiger Wahrscheinlichkeit angegeben werden. Dazu eignet sich am Unterkiefer der Angulus mandibulae. Da er sich stark dem rechten Winkel nähert (Abb. 2), kann das als ein Hinweis auf männliches Geschlecht gewertet wer-

170

den; denn bei Männern ist der Angulus mandibulae durchweg steiler als bei Frauen. Mit ähnlicher Sicherheit sagen die Muskelmarken des m. massetericus und m. pterygoideus med. etwas über das Geschlecht des Individuums aus. Die vorher gestellte Diagnose für die Zugehörigkeit zum männlichen Geschlecht wird durch die deutlichen Muskelmarken – die des m. pterygoideus medialis ist besonders kräftig modelliert – unterstützt. Denn eine deutliche Modellierung, nicht Vergrößerung, der Muskelinsertionsgebiete sprechen nach den bisherigen Erfahrungen eher für eine Zuordnung zum männlichen Geschlecht. Dabei wird meistens stillschweigend vorausgesetzt, daß das deutlichere Relief innerhalb eines Muskelansatzes mit kräftigeren Muskeln identisch ist.

In wie weit diese Annahme nicht unbedingt zutreffen muß, mag an Hand statisch-funktionaler Gesetze deutlich werden. Wenn an diesem Unterkiefer der m. pterygoideus med. wegen der deutlicheren Modellierung seines Ansatzgebietes kräftiger ist als der m. massetericus, so müßte der Angulus mandibulae nach außen gebogen sein, um dem überwiegenden Zug entgegen zu wirken. Diese Art der Reaktion zeigen alle bisherigen Untersuchungen über die Wechselwirkung zwischen Belastung und Form des Knochens. Denn bei gleichsinniger Biegung würde die statische Kraft nicht ausreichen, dem Muskelzug entgegenzuwirken. An diesem Unterkiefer ist der Angulus jedoch eindeutig in Richtung auf den Muskel gebogen, der in seinem Ansatzgebiet stärker modelliert ist. Da bisher noch keine eindeutigen Hinweise auf eine Korrelation zwischen der Stärke der Modellierung eines Muskelansatzgebietes und der Stärke des Muskels vorgelegt wurden, die Gesetze der funktionalen Statik jedoch gut belegt sind, scheint die Modellierung allein kein genügender Hinweis für die relative Stärke eines Muskels zu sein.

Das relativ große Capitulum des Radius (die Relation ist zwischen der Länge des Radius und der Größe des Capitulum gesehen) könnte ähnlich wie bei Humerus und Femur als ein Hinweis auf männliches Geschlecht angenommen werden. Hinzu kommt die kräftige Ausbildung des Tuberculum bicipitis und der Tuberositas radii. An der Fibula sind die Ansatzgebiete der mm. peronei und des m. tibialis anterior kräftig ausgebildet. Unter der oben gemachten Voraussetzung, daß die hier gefundenen Skelettreste zu einem Individuum gehören, steigert sich mit den verschiedenen Befunden die Wahrscheinlichkeit, daß die Reste eher zu einem männlichen als zu einem weiblichen Individuum gehören.

Die erhaltenen Schädelnähte reichen aus, um das Sterbealter des Individuums, zu dem der Schädel gehörte, mit hinreichender Genauigkeit festzustellen; denn es sind alle großen Schädelnähte vorhanden. Da bei zerbrochenen und vor allem bei verbrannten Kalotten das Bersten der Schädelnähte bekannt ist, auch wenn diese schon teilweise verknöchert waren, wurden die Nähte bei 25- und 75facher Vergrößerung untersucht. Dabei zeigte sich, daß alle großen Schädelnähte an der Tabula interna verstrichen waren. Die Teile der Sagittalnaht waren etwa bis zur Hälfte der Dicke des Schädeldaches verknöchert. Dieser Verknöcherungsstatus wird am häufigsten von Menschen erreicht, die

Abb. 2: Menschliche Skelettreste aus der Falkensteinhöhle bei Thiergarten.
Unterkiefer- und Schmelzkappenfragment. 1: Das Unterkieferfragment von lateral, 2: von medial, 3: Die Schmelzkappe des linken unteren ersten Molaren von occlusal. Maßstab 1:1

das 4. Lebensdezennium erreicht, aber noch nicht überschritten haben.
Unter den vorher genannten Bedingungen kann man damit die vorliegenden Skelettreste einem Manne zuordnen, der im spätadulten Alter (ca. 30–40 J.) starb.
Neben den in der Beschreibung erwähnten morphologischen Eigenarten gibt die Tabelle 1 die metrisch erfaßbaren und die bestimmbaren diskontinuierlich-variieren-

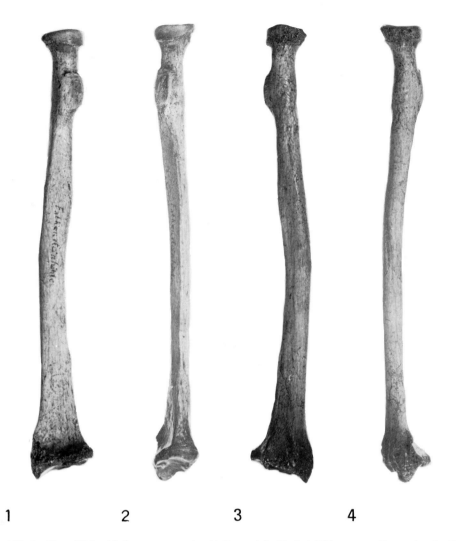

| 1 | 2 | 3 | 4 |

Abb. 3: Menschliche Skelettreste aus der Falkensteinhöhle bei Thiergarten.

Der rechte Radius. 1: In der Ansicht von palmar, 2: von ulnar, 3: von volar und 4: von radial. Maßstab 1:2

den Merkmale wieder. An Hand dieser wenigen Daten ist es leicht einzusehen, daß ein Vergleich mit anderen menschlichen Skelettresten aus dem Mesolithikum nicht gerechtfertigt ist.

Tab. 1: Merkmale der Skelettreste aus der Falkensteinhöhle

a) metrische

Dicke des Os frontale	8 mm
Dicke des Os parietale	9 mm
Länge des Radius (Martin, 1)	241 mm
Capitulumdurchm. (Martin, 5 [1])	21 mm
Breite der dist. Epiph. (Martin, 5 [6])	32 mm
Körperhöhe	169/170 cm

b) diskontinuierlich-variierende

For. emiss. pariet.	rechts vorhanden
Ossa. inters. sut. lambd.	rechts vorhanden

Nimmt man an, daß die Geschlechtsdiagnose »männlich« zutrifft, so kann man unter den entsprechenden Voraussetzungen (A. CZARNETZKI 1972) die Körperhöhe dieses Mannes schätzen. Sie würde nach den Tabellen von M. TROTTER und G. C. GLESER (1952) 170 cm betragen haben und nach E. BREITINGER (1938) 169 cm. Das ist für heutige Verhältnisse unter mittelgroß. Es steht in gewissem Gegensatz zu den bisherigen Vorstellungen, daß die Mesolithiker klein gewesen seien.

Einige Fragmente der Ossa parietalia sind an der Tabula externa im Bereich der Sutura lambdoidea stark porös und leicht verdickt. In Anlehnung an die Hyperostosis spongiosa in den Orbitadächern könnte es sich hier um eine ähnliche Bildung handeln. Es ist auch nicht auszuschließen, daß diese poröse Auflagerung ein schwächeres Stadium oder das Anfangsstadium zum Bürstenschädel bildet. In jedem Falle könnte das Erscheinungsbild durch Eisenmangel entstanden sein, der auf verschiedene Ursachen zurückgeführt werden kann.

Besondere Erwähnung verdient hier die Tatsache, daß einige Teile der Knochen ausgeglüht, inkohlt, von Asche verfärbt sind oder keine Spuren von einem Kontakt zu einer Feuerstelle oder einem Aschenrest erkennen lassen. Über die Lage der einzelnen Skelettelemente innerhalb der mit Brandresten durchsetzten Kulturschicht wissen wir nichts Genaues. Da Pläne von der Grabung PETERS nicht vorhanden sind, kann über die Ursachen, die zu der geschilderten Brandspurenverteilung an den Knochen führten, nichts Stichhaltiges gesagt werden. Nach den Untersuchungen von B. HERRMANN (1972) scheidet ein Verbrennen des vollständigen Schädels jedenfalls aus, denn die Stellen des Schädels, die ausgeglüht sind, grenzen an Stellen geringerer Inkohlung, während weiter entfernte Partien wieder eine tief schwarze Farbe zeigen. Da die Fundschicht insgesamt sehr dunkel gefärbt und von Holzkohlebröckchen durchsetzt war, muß davon ausgegangen werden, daß nicht nur die eine von E. PETERS erkannte Herdstelle in der Schicht bestanden hat, sondern daß im Verlaufe der mehrere Jahrhunderte währenden Nutzung der Höhle während der mittleren Steinzeit immer erneut an verschiedenen Stellen und in verschiedenen Niveaus der schließlich bis zu 1 m mächtigen Kulturschicht Feuerstellen angelegt worden sind (vgl. W. TAUTE: Teil 1). Unter diesen Voraussetzungen ist es leicht möglich, daß die wenigen vorliegenden Skelettreste z. T. in das Sediment eingebettet waren, als sie der Wirkung des Feuers ausgesetzt wurden bzw. in Kontakt mit feinsten Aschepartikeln gerieten. Nur so läßt sich der unterschiedliche Einfluß der Hitze mit einiger Wahrscheinlichkeit erklären. Die Inkohlung allerdings setzt den Kontakt mit Sauerstoff voraus. Das würde bedeuten, daß einige Stücke teilweise nur in den Bereich der Hitze, andere direkt in die Feuerstelle hineinragten. Die scharfen Grenzen machen eine teilweise Überdeckung mit Sediment dann noch wahrscheinlicher.

Welcher Art das Schicksal dieser menschlichen Gebeine gewesen sein mag, bevor sie derart in die Ablagerung einer bewohnten Höhle gerieten, muß an dieser Stelle unerörtert bleiben.

Leider ist nicht bekannt, aus welchem Niveau der mesolithischen Kulturschicht die Skelettreste stammen. Nach W. TAUTE (vgl. Teil 1) hat sich die Schicht während einer längeren Phase gebildet, die Teile des Früh- und auch noch des Spätmesolithikums umfaßte. Die vegetationsgeschichtlichen Hinweise der Holzkohlenanalyse (F. SCHWEINGRUBER 1978; vgl. oben S. 33–46) in Verbindung mit drei Radiokarbondaten (H. OESCHGER und W. TAUTE 1978; vgl. oben S. 15–19) sprechen für ein Gesamtalter der Kulturschicht, das etwa von der Mitte des Boreals bis in die Wende vom Boreal zum Atlantikum reicht. Damit ist auch der Rahmen für das Alter der menschlichen Skelett-

reste abgesteckt. Sie gehören in die Zeit zwischen dem Ausklang des 7. und der Mitte des 6. Jahrtausends B. C. der konventionellen C^{14}-Chronologie.

1   2   3   4

Abb. 4: Menschliche Skelettreste aus der Falkensteinhöhle bei Thiergarten.

Die Diaphyse der linken Fibula. 1: In der Ansicht von ventral, 2: von lateral, 3: von dorsal, 4: von medial. Maßstab 1:2

Literaturverzeichnis

BREITINGER, E., 1938: Zur Berechnung der Körperhöhe aus den langen Gliedmaßenknochen. Anthrop. Anz. *14*, 249–274

CZARNETZKI, A., 1972: Ein menschliches Skelett aus einem Grab der Rössener Kultur bei Trebur, Kr. Groß-Gerau. Homo *3*, 272–280

GIESELER, W. und CZARNETZKI, A., 1973: Die menschlichen Skelettreste aus dem Magdalénien der Brillenhöhle. In: RIEK, G., Das Paläolithikum der Brillenhöhle bei Blaubeuren (Schwäbische Alb). Forschung und Berichte zur Vor- und Frühgeschichte in Baden-Württemberg 4/I. S. 165–168

HERRMANN, B., 1972: Zur Lage des Leichnams auf dem Scheiterhaufen. Z. Morph. Anthrop. *64*, 80–89

MARTIN, R., 1928: Lehrbuch der Anthropologie I. G. FISCHER, Leipzig

OAKLEY, K. P., MOLLESON, T. and CAMPBELL, B. G., 1971: Catalogue of fossil hominids, II. Europe, British Museum (Natural History), London

OESCHGER, H. und TAUTE, W., 1978: Radiokarbon-Altersbestimmungen zum süddeutschen Mesolithikum und deren Vergleich mit der vegetationsgeschichtlichen Datierung. In TAUTE, W. (Hrsgb.), Das Mesolithikum in Süddeutschland. Teil 2: Naturwissenschaftliche Untersuchungen. Tübingen 1978 (vgl. oben S. 15–19)

PETERS, E., TOEPFER, V. und WÄGELE, H., 1935: Die Falkensteinhöhle bei Thiergarten. Fundberichte aus Hohenzollern 3, Anhang II der Fundberichte aus Schwaben N. F. *8*, 2–12

SCHWEINGRUBER, F., 1978: Vegetationsgeschichtlich-archäologische Auswertung der Holzkohlenfunde mesolithischer Höhlensedimente Süddeutschlands. In TAUTE, W. (Hrsgb.), Das Mesolithikum in Süddeutschland. Teil 2: Naturwissenschaftliche Untersuchungen. Tübingen 1978 (vgl. oben S. 33–46)

TAUTE, W., in Vorbereitung: Das Mesolithikum in Süddeutschland. Teil 2: Chronologie und Ökologie

TROTTER, M. and GLESER, G. C., 1952: Estimation of stature from long bones of American whites and negroes. Am. J. Phys. Anthrop. *10*, 463–514

VALLOIS, H., et MOVIUS, H. L., jr., 1952: Catalogue des hommes fossiles. Alger

25

Die menschlichen Zähne aus dem Mesolithikum der Jägerhaus-Höhle und des Felsdaches Inzigkofen an der oben Donau

von ALFRED CZARNETZKI, Tübingen

Mit 3 Abbildungen

Der Schmelzüberzug der Zahnkrone und das Dentin sind die widerstandsfähigsten Bildungen des Ekto- bzw. Meso- derm. Auf dieser Tatsache baut ein ganzer Wissenschafts- zweig auf, die Paläontologie der Wirbeltiere. Das bedeu- tet allerdings nicht, daß diese nur die Zähne zur Bestim- mung ihrer Objekte verwenden kann. Die Zähne bilden lediglich ihrer Häufigkeit wegen das Hauptkriterium für eine Bestimmung. Dabei wird in erster Linie die gesamte Form beachtet. Mit dem Auftreten eines stark differenzier- ten Gebisses – Incisivi, Canini, Prämolaren und Molaren – konnte neben der Anzahl, Form und Lage der Höcker auch mit der Zahnformel eine weitere Unterscheidung vorge- nommen werden.

Das hominide Gebiß bildete sich nach dem heutigen Stand der Forschung im Pliozän heraus. Seitdem hat es nur noch geringfügige Veränderungen erfahren. Das wird zum Bei- spiel an *Ramapithecus brevirostris* deutlich, dessen Gebiß von einigen als hominid, von anderen als pongid ange- sprochen wurde. Innerhalb der Gattung *Homo* wird nun versucht, an Hand der beiden Kronendurchmesser eine weitere Untergliederung durchzuführen. Welch geringe Sicherheit in dieser Methode liegt, hat vor einiger Zeit P. V. TOBIAS (1966) an einem Molaren aus Ubeidiya am Jordan gezeigt, der anfangs als altpleistozän galt, aber nach D.A. HOOIJER (1968) ins Mittelpleistozän (Mindel oder Mindel-Riß) gehört. Der Molar von Ubeidiya kann nach seinen Maßen sowohl in die *Erectus*- Gruppe, wie auch unter die Neandertaler und zum *Homo sapiens* ge- stellt werden, da seine Maße in die Variationsbreite der Hominidae passen. Allerdings müßte man ihn einmal zu den kleinsten (bei *Australopithecus*), den größeren oder den größten (beim *Homo sapiens*) innerhalb der Varia- tionsbreite rechnen.

Dieses Beispiel soll nur zeigen, wie wenig aussagekräftig ein einzelner Zahn für die systematische Einreihung sein kann. Neben den Maßen sind auch die morphologischen Merkmale – Schaufelform der oberen Incisivi, Auftreten und Häufigkeit des Tuberculum carabelli sowie weitere zusätzliche Höcker – für die Zuordnung einer bestimm- ten Gruppe benutzt worden. Das um so mehr, als einige Autoren diese Merkmale formalgenetisch untersucht ha- ben und entsprechende Modelle entwickelten (J. F. CROW 1964 und J. N. SPUHLER 1951). Für die Zugehörigkeit zu einer Population liefern die Zähne bisher den schlech- testen Hinweis.

Jägerhaus-Höhle

Zwei menschliche Zähne wurden in der spätmesolithischen Kulturschicht 7 der Jägerhaus-Höhle bei Bronnen, Stadt Fridingen an der oberen Donau, gefunden (W. TAUTE: Teil 1). Sie stammen beide aus demselben Quadratmeter (K 5). Es handelt sich um das Fragment eines rechten obe- ren ersten Incisivus und um einen rechten unteren Milch- caninus.

Von dem Incisivus ist nur noch ein Teil der Wurzel und der palatinale Teil der Schmelzkappe erhalten. In Abb. 1 sind die Umrisse des Bruchstückes in die eines vollständi- gen Zahnes eingezeichnet. Vom labialen Teil der Schmelz- kappe ist an der Vorderseite nur die mesiale und laterale Grenze derselben zu sehen. Sie wurde in der Zeichnung ge- strichelt.

Die durch den Bruch geöffnete Pulpahöhle zeigt die typi- sche Größenabnahme und leichte Veränderung in der Form. Im Bereich der Wurzel ist sie noch groß und drei- eckig. Der kronenwärtige Teil läßt bereits die enge, in mediolateraler Richtung fast spaltförmige Pulpahöhle er- kennen. Es ist nicht völlig auszuschließen, daß die Krone des Zahnes schaufelförmig gewesen ist. Darauf weist ein- mal die bereits cervical ansetzende Konkavität des pala- tinalen Kronenteiles hin und sodann die Tatsache, daß im

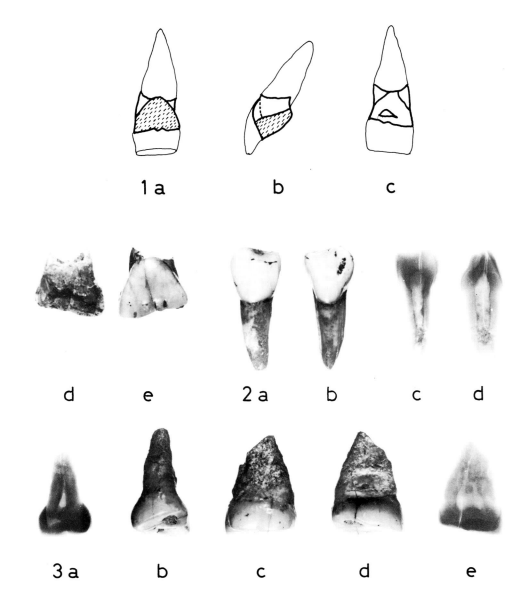

Abb. 1: Fragment eines menschlichen Incisivus (I¹) aus der Jägerhaus-Höhle: a–c) Das Fragment ist (dicke Linie) in den Umriß eines vollständigen Zahnes (dünne Linie) eingezeichnet, um das Bruchstück in seiner Erhaltung genauer zu kennzeichnen. Der erhaltene Schmelz ist durch die unterbrochene Schraffur hervorgehoben. Die gestrichelte Linie in b) stellt die Grenze der labialen Schmelzkappe dar, die im Original noch zu erkennen ist. a und e) der Zahn von lingual, b) von mesial, c und d) von labial.

Abb. 2: Menschlicher Caninus (c₁) aus der Jägerhaus-Höhle: a) der Zahn von labial, b) von lingual, c) Röntgenaufnahme von lingual und d) von distal.

Abb. 3: Menschlicher Molar (³M) aus dem Felsdach Inzigkofen: a) Röntgenbild von buccal und e) von distal, b) der Zahn von buccal, c) von mesial und d) von distal.

Maßstab 2:1.

Mesolithikum die schaufelförmigen Incisivi im Oberkiefer die häufigste Form darstellen. Wegen der bruchstückhaften Erhaltung können keine Maße genommen werden. Aus dem gleichen Grunde wurde auf eine röntgenographische Aufnahme verzichtet.

Der zweite Zahn aus der Jägerhaus-Höhle, der schon genannte rechte untere Milchcaninus, wurde zwar in derselben Kulturschicht und dicht neben dem Incisivus gefunden, doch gibt es keinen Anhaltspunkt, der es rechtfertigt, beide Zähne einem Individuum zuzuordnen.

Der Milchcaninus ist vollständig erhalten (Abb. 2). Lediglich an der Krone und der Wurzel sind Trockenrisse entstanden. Da alle Merkmale typisch ausgebildet sind, erübrigt sich eine genauere Beschreibung der Form. Eine Abweichung gegenüber heutigen Verhältnissen stellt die Schliffacette dar. An Stelle der kleineren medialen vom oberen I 2 und der größeren lateralen vom Caninus ist eine große mediale und eine sehr kleine laterale ausgebildet. Die Facette greift auch noch auf den labialen Teil der Krone über. Sie reicht dort etwa 1,8 mm apical. Diese Ausbildung der Abrasionsfläche entspricht genau der, die bei Kopfbiß entsteht. Das Übergreifen auf den labialen Teil der Kronenfläche deutet darauf hin, daß entweder der obere Caninus etwas nach labial schräg vorstand (alveolare Prognathie) oder der Oberkiefer nur um geringes größer war als der Unterkiefer (Prognathie). Die Länge der Krone und des ganzen Zahnes kann nicht mehr angegeben werden. Durch den Abschliff ist so viel von der Krone abradiert, daß bereits das Dentin angegriffen ist. Von den übrigen Maßen konnte der labiolinguale Durchmesser genommen werden. Er beträgt 6,0 mm und liegt damit unter dem Durchschnitt für die Zähne Erwachsener. Der mediolaterale Durchmesser erreicht mit 6,4 mm den Mittelwert für Canini Erwachsener.

Im Röntgenbild zeigt die Pulpahöhle normales Verhalten. Eine kleine Abweichung bildet die Füllung im unteren Teil des Zahnes. Es ist gut zu erkennen, daß die Füllung durch einen Riß in der Wurzel in deren Kanal gelangt sein muß.

Zudem konnte in den durchgehend großen langovalen Kanal feines Sediment eindringen und sich an den Wänden des Kanals abschlagen. Darauf könnten die Schatten entlang der seitlichen Begrenzung des Kanals hinweisen. Sicher ist das aber nicht.

Es ist bei diesen Zähnen nicht möglich, eine genaue Altersbestimmung durchzuführen. Dazu ist der Incisivus zu fragmentarisch erhalten. Sicher ist das Individuum älter als sechs Jahre gewesen. Bei dem Caninus kann ein Alter zwischen drei und elf Jahren angenommen werden. Denn der Milchcaninus ist mit 2,6 bis 3 Jahren vollständig ausgebildet und der Dauercaninus mit 10 bis 11 Jahren durchgebrochen. Rechnet man allerdings beide zu einem Individuum, so kann dessen Alter auf 6 bis 11 Jahre (infans II) eingeengt werden.

Felsdach Inzigkofen

Im Felsdach Inzigkofen, Gemeinde Inzigkofen an der oberen Donau, wurde ein einzelner menschlicher Zahn gefunden (W. TAUTE: Teil 1). Er lag im oberen Drittel der dortigen Mesolithschicht und gehört wie die beiden Zähne aus der Jägerhaus-Höhle dem Spätmesolithikum an. Es handelt sich um einen linken oberen dritten Molar (Abb. 3). Trotz des starken Abschliffes der Höcker — am distalen lingualen Höcker ist bereits das Dentin freigelegt — ist die Anlage von vier Höckern noch deutlich zu erkennen. Zusammen mit der einen kräftigen Wurzel entspricht die Form dieses Zahnes dem häufigsten Erscheinungsbild für dritte obere Molaren. Wegen seiner charakteristischen Abkauung muß im Unterkiefer ein dritter Molar voll ausgebildet gewesen sein. Die Occlusion war ebenfalls normal. Darauf weist die Schliffacette an der lingualen Seite hin. Man kann hier mit Sicherheit sagen, daß das zugehörige Individuum bei seinem Ableben älter als 20 Jahre gewesen sein muß.

Literaturverzeichnis

CROW, J. F., 1964: Genetic Notes (Fifth Edition). Minneapolis

HOOIJER, D. A., 1968: The Middle Pleistocene Fauna of the Near East. In: KURTH, G., Evolution und Hominisation. Stuttgart. 82–85

TAUTE, W., in Vorbereitung: Das Mesolithikum in Süddeutschland. Teil 1: Chronologie und Ökologie

TOBIAS, P. V., 1966: Fossil Hominid Remains from Ubeidiya, Israel. Nature 221, 130–133

SPUHLER, J. N., 1951: Some Genetic Variations in American Indians. In: LAUGHLIN, W. S., The Physical Anthropology of the American Indian. New York. 177–202

WETZEL, G., 1951: Lehrbuch der Anatomie für Zahnärzte (6. Auflg.). Jena

Anschriften der Autoren:

Prof. Dr. Joachim BOESSNECK
Institut für Palaeoanatomie, Domestikationsforschung und Geschichte der Tiermedizin der Universität München, Veterinärstraße 13, 8000 München 22

Prof. Dr. Karl BRUNNACKER
Geologisches Institut der Universität Köln, Abteilung Eiszeitenforschung, Zülpicher Straße 49, 5000 Köln 41

Dr. Margrit BRUNNACKER †

Dr. Alfred CZARNETZKI
Institut für Anthropologie und Humangenetik der Universität Tübingen, Wilhelmstraße 27, 7400 Tübingen

Prof. Dr. Paul FILZER
Eduard-Haber-Straße 14, 7400 Tübingen-Lustnau

Edelgard HARBISON-SOERGEL
Dublin Road, EIR-Malahide, Co. Dublin

Dr. Johannes LEPIKSAAR
Barytongatan 5 III, S-42138 Västra Frölunda (Göteborg)

Prof. Dr. Hans OESCHGER
Physikalisches Institut der Universität Bern, Sidlerstraße 5, CH-3000 Bern

Dr. Wolfgang RÄHLE
Institut Biologie III der Universität Tübingen, Lehrstuhl Zoologie, Auf der Morgenstelle 28, 7400 Tübingen

Prof. Dr. Heinz-Hermann REICHENBACH-KLINKE
Institut für Zoologie und Hydrobiologie der Universität München, Kaulbachstraße 37, 8000 München 22

Professor Dr. Elisabeth SCHMID
Laboratorium für Urgeschichte der Universität Basel, Stapfelberg 9, CH-4000 Basel

Dr. Fritz H. SCHWEINGRUBER
Eidg. Anstalt für das forstliche Versuchswesen, CH-8903 Birmensdorf ZH

Dr. Gerhard STORCH
Natur-Museum und Forschungs-Institut Senckenberg, Senckenberg-Anlage 25, 6000 Frankfurt a. M.-1

Prof. Dr. Friedrich STRAUCH
Geologisches Institut der Universität Köln, Paläontologische Abteilung, Zülpicher Straße 49, 5000 Köln 41

Prof. Dr. Wolfgang TAUTE
Institut für Urgeschichte der Universität Tübingen, Schloß, 7400 Tübingen